Praktische Theologie und Kultur
PThK 4

Herausgegeben von Wilhelm Gräb und Michael Meyer-Blanck

Jörg Herrmann

Sinnmaschine Kino

Sinndeutung und Religion im populären Film

Chr. Kaiser
Gütersloher
Verlagshaus

Die Deutsche Bibliothek – CIP-Einheitsaufnahme

Herrmann, Jörg:
Sinnmaschine Kino : Sinndeutung und Religion
im populären Film / Jörg Herrmann. – Gütersloh : Kaiser, Gütersloher Verl.-Haus, 2001
  (Praktische Theologie und Kultur ; 4)
  Zugl.: Bochum, Univ., Diss., 1999/2000
  ISBN 3-579-03482-0

Umwelthinweis:
Dieses Buch wurde auf chlorfrei gebleichtem und alterungsbeständigem Papier gedruckt.
Die vor Verschmutzung schützende Einschrumpffolie ist aus umweltschonender und recyclingfähiger PE-Folie.

ISBN 3-579-03482-0
© Chr. Kaiser/Gütersloher Verlagshaus, Gütersloh 2001

Das Werk einschließlich aller seiner Teile ist urheberrechtlich geschützt. Jede Verwertung außerhalb der engen Grenzen des Urheberrechtsgesetzes ist ohne Zustimmung des Verlages unzulässig und strafbar. Das gilt insbesondere für Vervielfältigungen, Übersetzungen, Mikroverfilmungen und die Einspeicherung und Verarbeitung in elektronischen Systemen.

Umschlaggestaltung: INIT, Bielefeld
Filmfotos: Cinetext Bild- und Text-Archiv GmbH, Frankfurt/M.
Gesamtherstellung: Druckerei Sommer, Feuchtwangen
Printed in Germany

Homepage: http://www.gtvh.de

Inhalt

Vorwort 7
Einleitung 9

I. Voraussetzungen 15
   1. Kulturhermeneutik als theologische Aufgabe 15
      1.1 Der postmoderne kulturelle Kontext 15
         1.1.1 Die Entdeckung des Ästhetischen 20
         1.1.2 Medialisierung 26
         1.1.3 Identität und Medien 28
         1.1.4 Wandel und kultureller Bedeutungsverlust des Religiösen 30
      1.2 Kulturhermeneutik als theologische Aufgabe 37
      1.3 Kultur und populäre Kultur - Begriffsklärungen ... 44
         1.3.1 Kultur 44
         1.3.2 Populäre Kultur 47
      1.4 Der Begriff der Religion 49
         1.4.1 Die Kontextualität des Religionsbegriffs 49
         1.4.2 Religionstheorie in der Moderne 49
         1.4.3 Der funktionale Religionsbegriff 51
         1.4.4 Religion und Wahrheit 63
   2. Film und Religion in protestantischer Perspektive .. 66
      2.1 Zur Geschichte evangelischer Filmarbeit 66
         2.1.1 Mission und Moral 68
         2.1.2 Kultur und Ästhetik 71
      2.2 Evangelische Filmarbeit als Dialog 72
      2.3 Die Ausblendung des populären Films 76
   3. Film und populärer Film 78
      3.1 Das Medium Film 78
         3.1.1 Die Anfänge 80
         3.1.2 Hollywood 81
         3.1.3 Europa holt auf 82
         3.1.4 New Hollywood 83
         3.1.5 Die Postmodernisierung 83
         3.1.6 Filmtheoretischer Exkurs 87
      3.2 Der populäre Film 88
         3.2.1 Die Dramaturgie des populären Films 90

3.2.2 Die kulturelle Bedeutung des populären Films 92
4. Gemeinsamkeiten und Differenzen von populärer Filmkultur und traditioneller Religionskultur 94
   4.1 Sinnvermittlung 94
   4.2 Erzählung 95
   4.3 Mythos 98
   4.4 Bild und Wort 99
   4.5 Kino und Kirche 100
5. Theologische Deutung des populären Films 103

II. Analysen 107
1. Filmauswahl 107
2. Vorgehensweise 109
3. Die Filme 112
   3.1 Pulp Fiction 112
   3.2 Pretty Woman 131
   3.3 Jurassic Park 142
   3.4 Forrest Gump 154
   3.5 Der König der Löwen 169
   3.6 Independence Day 178
   3.7 Titanic 192

III. Ergebnisse 209
1. Religion im populären Film 209
   1.1 Explizite und implizite Religion im populären Film ... 209
   1.2 Sinnstrukturen des populären Films in protestantischer Perspektive 212
      1.2.1 Die Liebe 212
      1.2.2 Die Natur 217
      1.2.3 Das Erhabene 221
   1.3 Das populäre Kino als Sinnmaschine 230
2. Wechselseitige Irritation – Populäre Filmkultur und traditionelle Religionskultur im Dialog 232
3. Populäre Filmkultur und traditionelle Religionskultur zwischen Ausdifferenzierung und Ablösung 238

Literatur 245

Vorwort

Bei Gesprächen über die vorliegende Arbeit begegnet mir gelegentlich eine spezifische Skepsis. Sie hat mit der Konzentration auf den populären Film zu tun. Er erscheint manchen als nur mäßig interessanter Untersuchungsgegenstand.
Der Grund ist, denke ich, das sich beim Populären schnell einstellende Gefühl, alles schon zu wissen. Es handelt sich dabei jedoch oftmals um eine Täuschung, die mit dem Genre des Populären zu tun hat, mit seiner Eingängigkeit und Verständlichkeit. Diese suggeriert, daß uns eben alles schon vollkommen klar ist, wenn wir den Kinosaal verlassen.
Inhalt und Charakter der Sinnmuster und Daseinsdeutungen des populären Films bleiben dabei häufig unerkannt und verschwinden im Dunkel des erlebten Kinoaugenblicks.
Die vorliegende Arbeit versucht, genauer hinzusehen. Dabei benutzt sie eine religionshermeneutische Optik. Diese zeigt, daß das populäre Kino nicht nur die »Tagträume der Gesellschaft« (Siegfried Kracauer) auf die Leinwand bannt, sondern in vieler Hinsicht auch die Religion einer Gesellschaft widerspiegelt und produziert – deutlicher zumal als das künstlerisch ambitionierte Kino, das stärker den subjektiven Weltsichten einzelner verpflichtet ist.
In der akademischen Welt Verbündete bei der Untersuchung des Populären zu finden, ist nicht leicht. Schon gar nicht in so einem traditionellen Fach wie der Theologie. Umso mehr danke ich darum Professor Dr. Wilhelm Gräb, daß er sich darauf eingelassen hat, meine Arbeit zu begleiten. Zum Gelingen haben außer ihm viele beigetragen. Mein besonderer Dank gilt Andreas Mertin. Ohne seine scharfsinnige und konstruktive Kritik wäre der Text ein anderer. Zu danken habe ich auch – auf unterschiedliche Weise – Joan Kristin Bleicher, Johann Claussen, Jens Eder, Matthias Elwardt, Christoph Fritze, Miriam Hollstein, Angelika Pfalz, Andreas Weber, Stefan Wolf, meinen ehemaligen KollegInnen von der Nordelbischen Medienzentrale Katharina Burkhardt und Manfred Burger, und den Studierenden meines Film-Seminars am Kunsthistorischen Institut der Hamburger Universität im Wintersemester 1998/99. Den Herausgebern der Reihe »Praktische Theologie und Kultur«, den Professoren Wilhelm Gräb und Michael Meyer-Blanck, danke ich für die Aufnahme in die Reihe, Diedrich Steen vom Gütersloher Verlagshaus für die kompetente und freundliche Betreuung der Publikation.

Für die Zuschüsse zum Druck danke ich der Nordelbischen Evangelisch-Lutherischen Kirche, dem Amt für Öffentlichkeitsdienst der Nordelbischen Kirche, der Zentralstelle Medien der Deutschen Bischofskonferenz, der Evangelischen Kirche in Berlin-Brandenburg und der Vereinigten Evangelisch-Lutherischen Kirche Deutschlands.

Berlin, im Mai 2001 *Jörg Herrmann*

Einleitung

Der populäre Film ist in den 90er Jahren so erfolgreich wie nie zuvor. Auf den ersten zehn Plätzen der weltweiten Einspielhitliste finden sich allein sieben Titel aus den 90er Jahren.[1] Angeführt wird die Liste der Kassenschlager von James Camerons »Titanic«, dem bis heute weltweit erfolgreichsten Film. Das 200 Millionen Dollar teure Opus verzeichnete im September 2000 ein weltweites Einspielergebnis von fast zwei Milliarden Dollar.[2] Allein in Deutschland haben den Film seit dem Kinostart am 8. Januar 1998 über 18 Millionen Zuschauer gesehen.[3]
Doch »Titanic« konnte nicht nur ökonomisch reüssieren. Die Schiffbruch-Geschichte war auch filmkulturell in vieler Hinsicht erfolgreich. In Hollywood stellte der Film mit elf Oscars den Rekord des bisherigen Spitzenreiters »Ben Hur« ein.[4] Beim Publikum löste Camerons Spektakel eine kultische Rezeption aus. Teenager sahen den Film vier-, fünfmal.[5] Das ubiquitär medienpräsente Konterfei des Hauptdarstellers Leonardo DiCaprio wurde zur temporären Ikone einer ganzen Teenager-Generation.
Camerons Film steht für eine neue Dimension des populären Kinos. Seine kultische Rezeption deutet darauf hin, daß das Phänomen auch religiöse Aspekte hat. Die Werbeslogans des Films erhärten diesen Religionsverdacht. »Collide with destiny!« fordern die PR-Strategen das Publikum auf, um sogleich mit dem Hinweis auf die unbedingte Liebe des Heldenpaares schon katastrophenprophylaktisch Trost zu spenden: »Nothing on earth could come between them«.[6] Es geht also um den Einbruch sinnverwirrender Kontingenz und den Einspruch der Liebe: um klassische Themen der Religion mithin.

1. The Internet Movie Database, The Top Grossing Movies of All Time at the Worldwide Box Office, http://us.imbd.com/Charts/worldtopmovies (1.12.1998, alle weiteren Zitationen dieser Quelle beziehen sich – wenn nicht anders vermerkt – auf dieses Datum).
2. Ebd.
3. Spitzenorganisation der Filmwirtschaft e. V., Die 50 erfolgreichsten Kinofilme in Deutschland seit 1985, Wiesbaden, 7. Dezember 1998, gefaxte Liste.
4. Vgl. Georg Seeßlen, Der Höhenflug des sinkenden Schiffs: Das Medienereignis »Titanic«, in: epd Film 5/1998, 8f.
5. Erik Fosnes Hansen, Der magische Schiffbruch. Die »Titanic«-Legende verzaubert Schiftsteller und Filmemacher – durch ihren Schatz von mächtigen Archetypen: Meer, Tod und Liebe, in: Der Spiegel, Nr. 13, 23.3.1998, 234-239, 235.
6. The Internet Movie Database, http://us.imdb.com/Taglines?Titanic+(1997)

»Titanic« ist dabei kein Ausnahmefall. Der Film ist vielmehr beispielhaft dafür, daß das populäre Kino sich nicht in der Inszenierung großer Gefühle erschöpft. Es traktiert im selben Atemzug letzte Fragen. Populäre Filme sind darum Unterhaltungsware und zugleich Medien der Weltdeutung und der Sinnvermittlung. Sie erfüllen eine der Religion vergleichbare Funktion.

Das populäre Kino steht dabei im Kontext eines breiten Spektrums kultureller Sinndeutungsangebote, das von der Therapieszene über die Esoterik bis zur bildenden Kunst reicht. »Die Stiftung von Sinnzuschreibungen, die Kontingenz aushalten helfen, hat in der Moderne westlicher Gesellschaften eine plurale Gestalt angenommen«, diagnostiziert Wilhelm Gräb.[7] Er kann die Sinndeutungsangebote der Gegenwartskultur vor diesem Hintergrund auch als »gelebte Religion« verstehen.

Daß auch und insbesondere das Kino als eine Form gelebter Religion interpretiert werden kann, ist keine neue These. Sie ist schon fast ein Allgemeinplatz und wird nicht nur von Theologen vertreten. Unlängst bekannte der prominente amerikanische Schriftsteller John Updike in einem Interview: »Jedenfalls hat das Kino mehr für mein spirituelles Leben getan als die Kirche. Meine Vorstellungen von Ruhm, Erfolg und Schönheit stammen alle von der Leinwand. Während sich die christliche Religion überall auf dem Rückzug befindet und immer mehr an Einfluß einbüßt, füllt der Film dieses Vakuum und versorgt uns mit Mythen und handlungssteuernden Bildern. Film war für mich während einer bestimmten Phase meines Lebens eine Ersatzreligion.«[8]

Im deutschsprachigen Kontext hat sich naturgemäß vor allem die Filmarbeit der Kirchen für den Zusammenhang von Religion und Film und von Kirche und Kino interessiert. Dabei stand lange Zeit das europäische Kunstkino im Mittelpunkt des Interesses.[9] Erst in letzter Zeit ist der populäre Film stärker in

---

7. Wilhelm Gräb, Lebensgeschichten – Lebensentwürfe – Sinndeutungen. Eine praktische Theologie gelebter Religion, Gütersloh 1998, 88f.
8. John Updike, »Amerika hat sein Versprechen gehalten.« Star-Autor John Updike über Kirche, Kino und das Land der unbegrenzten Möglichkeiten, in: Focus, 31/1998, 98.
9. So auch bei den Hamburger Dialogprojekten, die der Verfasser von seiten der evangelischen Medienarbeit gemeinsam mit dem Hamburger Abaton-Kino und der Evangelischen und der Katholischen Akademie seit 1990 in Hamburg realisiert hat. Vgl. Jörg Herrmann, »Götter auf der Durchreise.« Hamburger Dialoge zwischen Kirche und Kino, in: epd Film, 5/1998, 6-7; Dietrich Kuhlbrodt, Kino auf dem Evangelischen Kirchentag, in: epd Film, 8/1995, 2-3. Die Untersuchung entstand nicht zuletzt aus dem Bedürfnis, diese praktische Arbeit zum einen noch einmal kulturhermeneutisch zu reflektieren und sie zum anderen um die bisher vernachlässigte Auseinandersetzung mit dem populären Film zu ergänzen und zu vervollständigen.

den Blick gekommen. Im englischsprachigen Raum läßt sich ein gegenläufiger Trend beobachten: Dort hat man sich in der Theologie und in den Religionswissenschaften (religious studies) zunächst in erster Linie auf das populäre Kino konzentriert.[10] Erst neuerdings wird diese Orientierung kritisch hinterfragt und die theologische und religionshermeneutische Auseinandersetzung mit dem Kunstkino angemahnt. Seine anderen Bilder könnten andere Wahrnehmungsweisen anregen, Ausgeblendetes sichtbar machen und neue Perspektiven eröffnen.[11]

So begründet dieses Plädoyer für das Kunstkino ist: Hierzulande liegen die Dinge genau andersherum. Darum ist es bei uns an der Zeit, dem populären Kino mehr religionshermeneutische Beachtung zu schenken. Für seine theologische Thematisierung spricht dabei nicht zuletzt seine gegenwärtige Hochkonjunktur. Denn eine Theologie, die mit der Kultur ihrer Zeit im Gespräch bleiben will, muß sich auch mit den Kulturphänomenen auseinandersetzen, die faktisch im Gespräch sind. Erste theologische und religionspädagogische Ansätze dazu sind im übrigen im Blick auf verschiedene Bereiche der Populärkultur schon vorhanden.[12] Aber theologisch hoffähig ist die populäre Kultur deshalb noch lange nicht.

Das liegt nicht nur an dem bildungsbürgerlichen Dünkel des Protestantismus gegenüber der Massenkunst. Der Nachholbedarf an theologischer Auseinandersetzung mit der populären Kultur steht auch im Zusammenhang eines allgemeinen Kultur-Defizites von Theologie und Kirche. Dieser Mangel hat auch mit der Dominanz der Dialektischen Theologie im Nachkriegsdeutschland zu tun. Im Zeichen differenztheologischer Kulturskepsis bot sie keinen Nährboden für die Entwicklung und Renaissance kulturtheologischer Ambitionen. Das in der Konsequenz entstandene Defizit wurde erst in den letzten Jahren von einigen TheologInnen als Problem wahrgenommen. Inzwischen hat auch die Kirche die Relevanz des Themas erkannt: Die Evangelische Kirche in Deutschland hat gemeinsam mit der Vereinigung Evangelischer Freikirchen ein Impulspapier ver-

---

10. Vgl. S. Brent Plate, Religion/Literature/Film: Toward a Religious Visuality of Film, in: Literature & Theology, Vol. 12 No. 1, (Oxford University Press) 3/1998, 16-38, 22ff.
11. Ebd., 23ff.
12. Vgl. unter anderem: Hans-Martin Gutmann, Der Herr der Heerscharen, die Prinzessin der Herzen und der König der Löwen. Religion lehren zwischen Kirche, Schule und populärer Kultur, Gütersloh 1998; Inge Kirsner, Erlösung im Film. Praktisch-theologische Analysen und Interpretationen, Stuttgart 1996; Andreas Mertin, Videoclips im Religionsunterricht, Göttingen 1999; Bernd Schwarze, Die Religion der Rock- und Popmusik. Analysen und Interpretationen, Stuttgart 1997; Günter Thomas, Medien – Ritual – Religion. Zur religiösen Funktion des Fernsehens, Frankfurt/M. 1996.

öffentlicht, das einen Konsultationsprozeß über das Verhältnis von Protestantismus und Kultur einleiten soll.[13]
Die vorliegende Arbeit will einen Beitrag zur theologischen Hermeneutik der populären Kultur am Beispiel des populären Kinos beisteuern. Es geht darum, die religiösen Bezüge der erfolgreichsten populären Filme der 90er Jahre sichtbar zu machen. Die religiöse Spurensuche unterscheidet dabei zwischen expliziter und impliziter Religion. Gefragt wird zum einen danach, wie religiöse Traditionen sichtbar aufgegriffen und verarbeitet werden. Der Schwerpunkt der Arbeit liegt jedoch auf dem Herausarbeiten der impliziten Religion, auf den Sinnstrukturen also, die erst aus der Perspektive eines spezifischen Religionsbegriffes als religiös interpretiert werden können. Zugrunde gelegt wird dabei ein funktionaler Begriff von Religion, der Religion als die »Kultur der Symbolisierung letztinstanzlicher Sinnhorizonte« versteht.[14] Auf der Basis eines solchen sehr weiten Begriffes von Religion sollen zunächst sachliche Kontinuitäten zwischen Filmkultur und Religionskultur aufgezeigt werden. Es geht dabei um Schnittstellen und Übergänge. Gleichwohl soll die Arbeit nicht bei der Konstatierung solcher Gemeinsamkeiten stehenbleiben. Auf ihrer Grundlage sollen vielmehr erste Ansätze für einen Dialog aufgezeigt werden, in dem die Sinnmuster des populären Kinos und der protestantischen Religionskultur sich wechselseitig erschließen, kritisieren und irritieren.
Die Arbeit hat drei Teile. Sie folgt, so könnte man sagen, dem Dreiaktschema des populären Kinos. Dem Dreischritt von Exposition, Konfrontation und Auflösung entspricht die Unterteilung in Voraussetzungen, Analysen und Ergebnisse. Die Voraussetzungen werden in fünf Abschnitten dargelegt.
Zunächst wird in einem ersten Kapitel die kulturelle Gegenwartslage skizziert. Im Anschluß daran wird die Aufgabe theologischer Kulturhermeneutik als kritischer Dialog zwischen Gegenwartskultur und Religionskultur bestimmt.
Im folgenden werden die Begriffe der Kultur und der Religion näher beschrieben. Ein Schwerpunkt liegt dabei auf der Erörterung der Voraussetzungen, Bestimmungen und Probleme eines funktionalen Begriffes von Religion.
Auf diesen zuletzt vor allem systematisch orientierten Abschnitt folgen zwei Abschnitte, die stärker deskriptiv orientiert sind. Das zweite Kapitel rekapituliert die Geschichte der evangelischen Filmarbeit nach dem Krieg. Dabei zeigt sich, daß die in diesem Bereich entwickelten Theorieansätze in vieler Hinsicht mit den Überlegungen konvergieren, die im Kontext theologischer Kulturhermeneutik entwickelt wurden.
Ein drittes Kapitel geht auf den Film ein. Die wichtigsten Entwicklungen und

---

13. Vgl. EKD u.a. (Hg.), Gestaltung und Kritik. Zum Verhältnis von Protestantismus und Kultur im neuen Jahrhundert, Hannover und Frankfurt/M. 1999.
14. Wilhelm Gräb, a.a.O., 51.

Merkmale des Mediums werden am Leitfaden der Filmgeschichte skizziert. Vor dem Hintergrund dieser panoramatischen Skizze wird der populäre Film näher charakterisiert.

Nachdem die Kulturformen Film und Religion nun je für sich beschrieben worden sind, benennt ein viertes Kapitel grundlegende Gemeinsamkeiten und Differenzen unter den Stichworten Sinnvermittlung, Erzählung, Mythos, Bild und Wort und Kino und Kirche.

Abgeschlossen wird die Bestandsaufnahme und Reflexion der Voraussetzungen von einem fünften Kapitel, das den besonderen Charakter der theologischen Deutung des populären Films noch einmal akzentuiert. Dabei knüpft die theologische Filmhermeneutik methodisch an die klassischen Ansätze des Filmverstehens an. Hinzu kommt das spezifische Interesse am Sichtbarmachen expliziter und impliziter religiöser Strukturen. Der Akzent liegt dabei – wie schon betont – auf den existentiellen Sinndeutungsmustern, auf den Sinnpotentialen also, die erst aus der Perspektive eines funktionalen Religionsbegriffes als religiös interpretiert werden können.

Der zweite Analyseteil der Arbeit beginnt mit einer Erläuterung der Auswahlkriterien der Filme und der konkreten Vorgehensweise der einzelnen Filmanalysen. Darauf folgen die Filmanalysen. Am Anfang steht die Erörterung des Films »Pulp Fiction« (1994) von Quentin Tarantino. Er bildet eine Ausnahme, weil er das zugrunde gelegte Popularitätskriterium nicht in dem Maße erfüllt wie die übrigen, allein nach Zuschauerzahlen ausgewählten Filme. In ästhetischer Hinsicht bewegt sich »Pulp Fiction« auf der Grenze zwischen populärer und avancierter Filmästhetik. Der Film eignet sich darum als ein Beispiel, an dem die mit der Postmodernisierung einhergehenden ästhetischen Trends des Kunstkinos aufgezeigt werden können. Die Analyse von »Pulp Fiction« kann darum als Konstrastfolie dienen, vor deren Hintergrund die inhaltlichen und formalen Spezifika des populären Kinos im engeren Sinne noch deutlicher herausgearbeitet werden können.

Die sich an »Pulp Fiction« anschließenden Analysen folgen dann der Chronologie der deutschen Kinostarts der jeweiligen Filme.

In einem dritten und letzten Teil der Arbeit geht es darum, die Ergebnisse der Filmanalysen noch einmal zu resümieren. Welche expliziten und impliziten Religionsbezüge konnten erhoben werden? Unter drei thematischen Perspektiven werden die Sinnstrukturen der erörterten Film gebündelt beschrieben und mit den korrespondierenden Symbolkomplexen der christlichen Religionskultur korreliert.

Ein Abschnitt über das populäre Kino als Sinnmaschine charakterisiert daraufhin noch einmal kritisch die Eigenart seiner Sinndeutungsangebote. In diesem Zusammenhang kommt auch die Frage der filmischen Qualität des populären Kinos ins Spiel.

Im folgenden Abschnitt sollen die Differenzen und die wechselseitigen Herausforderungen der filmischen und der religionskulturellen Deutungsmuster zur Sprache kommen. Was unterscheidet die Botschaften des populären Films und der protestantischen Religionskultur? Was können populäres Kino und Religionskultur voneinander lernen? Welche Perspektiven eröffnet die Konfrontation der beiden Diskurse, die nicht schon von der Filmkritik und der Religionskritik formuliert werden beziehungsweise von diesen Instanzen im Prinzip formuliert werden könnten?

Das Schlußkapitel greift Offengebliebenes auf und versucht, abschließende Deutungsperspektiven zu der Frage zu formulieren, was die Pluralisierung kultureller Sinnstiftungsangebote für die protestantische Religionskultur bedeutet und ob das populäre Kino im Begriff ist, die Kirche als kulturelle Sinnagentur zu ersetzen.

I. Voraussetzungen

1. Kulturhermeneutik als theologische Aufgabe

1.1 Der postmoderne kulturelle Kontext

Eine theologische Kulturhermeneutik des populären Kinos bearbeitet ein Segment des gegenwartskulturellen Kontextes. Um dieses Segment adäquat einordnen zu können, soll der gegenwartskulturelle Gesamtkontext mit Hilfe einiger zentraler zeitdiagnostischer und kulturtheoretischer Begriffe skizziert werden. Im Mittelpunkt steht dabei der Begriff der Postmoderne. In einem ersten Durchgang soll ein Überblick über die unter dem Programmwort Postmoderne diskutierten soziokulturellen Entwicklungen gegeben werden, der unter den Stichworten Ästhetisierung, Medialisierung, Identität und Religion vertieft und akzentuiert werden soll. Verständigungen über den Kultur- und Religionsbegriff schließen sich an.

Als Hauptkennzeichen der Postmoderne gilt die Situation radikaler Pluralität.[1] Der Terminus Postmoderne beschreibt damit eine Radikalisierung der Moderne im Blick auf die sie kennzeichnenden Prozesse des Traditionsabbruches und der Pluralisierung. Doch mit dieser Radikalisierung sind auch Brüche und Diskontinuitäten gegenüber der Moderne verbunden. So konstatieren die Vordenker der Postmoderne, allen voran der Begründer des philosophischen Postmoderne-Begriffs, Jean-François Lyotard, den Abschied von den »großen Erzählungen« der Moderne wie universaler Vernunft, Fortschritt und Emanzipation.[2] Dieses Abdanken von Leitideen der Moderne und den ihnen inhärenten Absolutheitsansprüchen wird von den philosophischen Vertretern postmoderner Positionen jedoch nicht beklagt. Sie sehen darin vielmehr eine Chance zur Befreiung vom totalitaristischen Terror einheitssehnsüchtiger Vernunft. Sie begreifen diese Befreiung zugleich als eine Befreiung zur Pluralität und zur Differenz der Weltsichten. Im Ergebnis tritt »an die Stelle der Hoffnung auf eine einheitsstiftende universale Vernunft (...) die Anerkennung einer Pluralität von Rationalitätsformen (...), so daß die Einheit der Vernunft nicht mehr im Sinne einer übergreifenden Theorie (oder Ideologie), sondern nur noch lokal, mit Bezug

---

1. Wolfgang Welsch, Unsere postmoderne Moderne, Weinheim 3/1991, 4ff.
2. Vgl. Jean-François Lyotard, Das postmoderne Wissen. Ein Bericht, hrsg. von Peter Engelmann, Wien 1993.

auf bestimmte Probleme, im Übergang zwischen verschiedenen Rationalitätsformen (...) möglich erscheint«.[3]

Daß das kulturphilosophische Pluralitätstheorem auch lebensweltliche Beschreibungskraft hat, wird deutlich, wenn man sich im Lebensraum heutiger Großstädte umsieht: Noch nie koexistierte eine solche Vielfalt von Lebensformen, sozialen Milieus, kulturellen Teilsystemen, Medien, Weltanschauungen und Religionen in den urbanen Kontexten der westlichen Welt. Auf der Ebene des Sozialen entspricht dieser kulturellen Pluralisierung eine zunehmende soziale Individualisierung. Auch sie ist ein Erbe der Moderne, das in der Postmoderne eine Intensivierung erfährt.

Die Pluralisierungs- und Individualisierungsprozesse eröffnen einerseits neue Freiheitsspielräume, werfen andererseits aber auch neue Fragen und Probleme auf. Mit der Vielfalt wächst zugleich der Zwang zur Wahl. Das Subjekt ist mit Entscheidungslasten und Strukturierungsaufgaben in einem noch nie dagewesenen Ausmaß konfrontiert. Es muß sein Leben nun selbst gestalten. Die Ausdifferenzierung der soziokulturellen Welten wirft zugleich die Frage nach neuen Vermittlungen auf. Wie kann eine Gesellschaft ihre Pluralität reflexiv und kommunikativ bewältigen? Welche Konzepte und Institutionen greifen diese Herausforderungen auf? Der Geltungsverlust traditioneller Moralvorstellungen zieht die Frage nach einer neuen, selbstbestimmteren Ethik nach sich, und das Abdanken traditioneller Sinndeutungen hinterläßt ein Sinnvakuum, das nach neuen, selbstbestimmteren Formen der Lebensdeutung fragen läßt. Wie also können die Subjekte ihr Leben als sinnvoll erfahren, wenn weder die institutionalisierte Religion, noch die soziale Zugehörigkeit oder der Arbeitszusammenhang eine Integration in Sinnzusammenhänge leisten?

Welche Faktoren und Phasen die Pluralisierungs- und Individualisierungsprozesse in der westlichen Kultur und insbesondere im Kontext der bundesrepublikanischen Nachkriegsgeschichte im einzelnen geprägt haben, läßt sich mit Hilfe der Trendforschung und der Soziologie noch etwas genauer skizzieren.

Der Trendforscher Matthias Horx unterscheidet in seiner plausiblen Zeitdiagnose drei Phasen der Nachkriegsentwicklung.[4] Die Wirtschaftswunder-Phase mit Werten wie Leistung, Fleiß, Ordnung, Vernunft, Pflicht und Familie wurde abgelöst von der »Ego-Ära« des gesteigerten Individualismus mit den Werten Erlebnis, Lust, Intensität und Materialität. Ein wichtiger Faktor beim Übergang

---

3. Franz-Xaver Kaufmann, Zur Einführung: Probleme und Wege einer historischen Einschätzung des II. Vatikanischen Konzils, MS, Bielefeld 1995, 18. Zitiert nach: Karl Gabriel, Gesellschaft im Umbruch – Wandel des Religiösen, in: Hans-Joachim Höhn (Hg.), Krise der Immanenz. Religion an den Grenzen der Moderne, Frankfurt/M. 1996, 31-49, 34.

4. Matthias Horx/Trendbüro, Trendbuch 2. Megatrends für die späten 90er Jahre, Düsseldorf 1995, 19ff. bes. 33ff.

von der ersten zur zweiten Phase war die Studentenbewegung mit ihrer Revolte gegen traditionelle Bindungen und Autoritäten. Sie eröffnete im Zusammenwirken mit technologischen (Erfindung und Verbreitung der elektronischen Medien und der Pille!) und wirtschaftlichen Faktoren neue Freiheitsspielräume, nicht nur in kultureller, religiöser und politischer Hinsicht, sondern vor allem auch im Sozialen. In der Folge vermehrten sich die Singles. Die Geburtenrate sank, und auf Elternschaft wurde sich, wenn überhaupt, erst relativ spät eingelassen. Auch der Zeitpunkt der Eheschließung verschob sich im Zuge dieser Entwicklung weiter nach hinten. Nicht unberührt blieb auch der Charakter der Ehe. Zugespitzt: Aus Reproduktionsgemeinschaften wurden Beziehungsprojekte.[5]

Eine profunde Beschreibung der von Horx »Ego-Ära« genannten Phase bietet die kultursoziologische Studie »Die Erlebnisgesellschaft« von Gerhard Schulze.[6] Schulze arbeitet die hedonistische und ästhetische Orientierung dieser Kulturentwicklung differenziert heraus. Seine Studie macht unter anderem deutlich: Relativer Luxus als Massenphänomen ist die Bedingung autonomen Lebens für viele, für das also, was der Soziologe Ulrich Beck »eigenes Leben« nennt.[7] Helen Wilkinson weist darauf hin, daß die von Schulze diagnostizierte hedonistische Orientierung auch in den 90er Jahren weiterhin kulturbestimmend ist.[8] Entsprechendes gilt für die grundsätzliche Erlebnisorientierung. Ihre Bedeutung läßt sich auch an den populären Filmen der 90er Jahre ablesen. Sie zielen vor allem darauf, ihren Rezipienten ein intensives Erlebnis zu vermitteln.

Die dritte Phase der Nachkriegsentwicklung belegt Matthias Horx mit dem Titel »Soft-Individualismus«. Soft-Individualismus, ein sozial abgefederter Individualismus, sei der »Megatrend« der Mittneunziger in der gesamten westlichen Kultur.[9] Er mutet an wie eine Synthese höherer Ordnung der vorangegangenen Phasen und ist laut Horx mit den Werten Engagement, Erfahrung, Gelassenheit, Freundschaft, Ehrlichkeit, Spiritualität und Verantwortung verbunden. Aus Überfluß wird Ende der achtziger Jahre Überdruß. Die Spaß-Kultur kippt um, die Familie wird als Sehnsuchtsthema wiederentdeckt, der Fall der Mauer verändert in Deutschland die Perspektive, Ethik ist wieder angesagt, in den USA geht man »Shopping for a better World«, so der Titel eines Katalogs ethisch geprüfter Waren, und produziert Turnschuhe aus recyceltem Müll. Horx bringt

---

5. Vgl. dazu auch: Helen Wilkinson, Kinder der Freiheit. Entsteht eine neue Ethik individueller und sozialer Verantwortung? In: Ulrich Beck (Hg.), Kinder der Freiheit, Frankfurt/M. 1997, 85-123, 94ff.
6. Gerhard Schulze, Die Erlebnisgesellschaft, Frankfurt 1992.
7. Ulrich Beck/Wilhelm Vossenkuhl/Ulf Erdmann Ziegler, Eigenes Leben. Ausflüge in die unbekannte Gesellschaft, in der wir leben, München 1995.
8. Helen Wilkinson, a.a.O., 112.
9. Matthias Horx, a.a.O., 13ff. u. 19ff.

das, was er Soft-Individualismus nennt, auf die Formel: »Ich bin ich, und ich bleibe ich – aber ich will als eigenständiges Individuum auch Teil eines größeren, sinnvollen Ganzen sein.«[10] Betonte die Ego-Ära die Differenzen, so sucht man jetzt wieder nach Gemeinsamkeiten. Aber diese Suche ist differenzbewußt und individualitätsbetont. Ulrich Beck drückt es so aus: »Die Kinder der Freiheit praktizieren eine suchende, eine versuchende Moral, die verbindet, was sich auszuschließen scheint: Selbstverwirklichung und Dasein für andere, Selbstverwirklichung als Dasein für andere. Am Ende läuft dies darauf hinaus, den Gemeinwohl-Verwaltern das Monopol der Gemeinwohl-Definition streitig zu machen.«[11] Beck nennt das, was Horx als Soft-Individualismus bezeichnet, auch »altruistischen Individualismus«.[12] Er kritisiert das »Gejammere über den Verlust von ›Ligaturen‹« und setzt auf die freiheitlichen Traditionen der Moderne im Blick auf die gesellschaftliche Organisation von Solidariät nach dem Abdanken traditioneller Wertesysteme.[13] Helen Wilkinsons Untersuchungen über den Wertewandel in Großbritannien bestätigen die Diagnosen und Einschätzungen von Horx und Beck. Sie resümiert: »Die Generation der heute 20- bis Anfang 30jährigen erprobt in so unterschiedlichen Bereichen wie Tierschutz und Mutterschaft, Karriere und Politik eine neue Moral.« Dabei gehe es um ein neues »Verständnis von Selbstbestimmung und wechselseitiger Abhängigkeit (...), das in traditionellen Ordnungen niemals zu erreichen ist«.[14]

Befreit von Konventionen und Traditionen ist der einzelne vor die Aufgabe gestellt, die Balance zwischen Selbstverwirklichung und Solidarität immer wieder neu zu finden. Diese Aufgabenstellung ist Teil der Selbstgestaltungsaufgabe, die alle Lebensbereiche betrifft. Sie ist im heutigen Kontext radikaler Pluralität anspruchsvoller geworden als noch vor 30 Jahren. Die neuen Freiheitsspielräume, wie sie durch Auflösungsprozesse von kulturellen Traditionen, traditionellen Familienstrukturen und nicht zuletzt des Generationenkonfliktes auf der einen Seite und die Optionenvervielfältigung auf der anderen Seite entstehen, bringen insbesondere das Mittelschichtsubjekt in die so noch nie dagewesene Lage, Erfinder seiner eigenen Biographie sein zu können und zu müssen.

In den letzten Jahren hat die biographische Sinnproblematik für einen großen Teil der Bevölkerung durch die massive Entwicklung struktureller Arbeitslosigkeit noch einmal eine ganz anders gelagerte, existentielle Zuspitzung erfahren. Die ökonomisch bedingten Freiheitsgewinne beginnen umzukippen. Neue Va-

---

10. Ebd., 37.
11. Ulrich Beck, Kinder der Freiheit: Wider das Lamento über den Werteverfall, in: ders. (Hg.), Kinder der Freiheit, a.a.O., 9-33, 15.
12. Ebd., 19.
13. Ders., Ursprung als Utopie: Politische Freiheit als Sinnquelle der Moderne, in: ders. (Hg.), a.a.O., 382-401, 395ff.
14. Helen Wilkinson, a.a.O., 123.

kua entstehen. Nicht nur die kulturellen Sinntraditionen, auch die Sinnvermittlung der gesellschaftlichen Integration durch Arbeit bröckeln ab. Diese Situation beinhaltet ökonomisch-politische und kulturelle Herausforderungen. Das kulturelle Sinnproduktionspotential der Gesellschaft ist auf neue Weise angefragt. Denn wie können Subjekte ihr Leben als sinnvoll erfahren, wenn die Sinnvermittlungsleistungen der Arbeitszusammenhänge wegfallen oder durch Teilzeitarbeitsverhältnisse relativiert sind? Wie können sie ihr Leben in der Post-Arbeitsgesellschaft sinnvoll gestalten?

In diesem Selbstbildungsprozeß spielen Medien eine zunehmend wichtige Rolle, denn die neuen Gestaltungsaufgaben erzeugen einen immensen Orientierungs- und Reflexionsbedarf, auf den Medien und Kultur und insbesondere die populäre Kultur, die eine spezifische Symbiose von Medien und Kultur darstellt (s. u.), in vielfältiger Weise antworten. Die Medien liefern Anregungen und Vorbilder für die Selbstgestaltung. Bei ihnen können sich die postmodernen Konstrukteure des eigenen Lebens bei der schwierigen Aufgabe, ihr humanes Unbestimmtheitspotential in biographische Realität zu verwandeln, Rat holen. Auch und gerade in Sinnfragen. Denn die postmodernen Subjekte sind durch die beschriebenen Entwicklungen in neuer Weise herausgefordert, die Autoren ihres eigenen Lebenssinnes zu sein. Für ihren individuellen Lebenstext recherchieren sie in den Sinnarchiven der kulturellen Kontexte.

Dabei wird laut Horx eklektizistisch verfahren. Man sucht sich die geeigneten Versatzstücke für den eigenen Lebenstext überall zusammen. Es gelten die Prinzipien der Montage, des Sampling, der Vermischung. Die äußere Pluralität wird auch zum inneren Lebensgesetz. Galt für die 68er-Persönlichkeit noch das »Entweder-Oder«, so kennzeichnet die heute Zwanzigjährigen das »Sowohl-als-auch«. Horx charakterisiert die junge Generation als ambivalent, melancholisch und ironisch. Eindeutige Persönlichkeiten werden als eindimensional empfunden. Gefragt ist Vielseitigkeit: Frauen, die Beruf und Familie verbinden, Männer, die lernen, auch traditionelle Frauenrollen zu übernehmen. Der Multimensch ist androgyn und vielseitig. Er lebt in vielen Welten zugleich. Damit ihn diese Pluriformität nicht zerreißt, muß er ein Ganzes komponieren, das individuell ›Sinn macht‹. Dabei ist es nicht mit einer einmal kreierten Konstellation getan. Die Beschleunigungsdynamiken erfordern eine komplexe Dauerreflexion. Der Philosoph Wilhelm Schmid ist in diesem Zusammenhang der Meinung, daß Frauen mit der Komplexität der heutigen Lebenswelt oft besser umgehen können als Männer. Sie »können Zufälle, Widersprüche und Ungereimtheiten besser aushalten, sie müssen auch nicht jede Situation absolut zweifelsfrei und auf der Stelle bereinigen«. »Wenn ich es ganz böse und überspitzt ausdrücken will: Sie haben nicht das Hitler-Modell im Kopf.«[15] Der Religionssoziologe Karl

---

15. Wilhelm Schmid, »Lebenskunst: Die einzige Utopie, die uns geblieben ist.« Ein Ge-

Gabriel resümiert: »Der Umgang mit Andersheit, Ambivalenz und Unsicherheit wird zu einer entscheidenden Herausforderung und Bedingung für gelungene Identitätsbildung und Lebensführung im Kontext entfalteter Modernität.«[16]
Aber nicht alle können mit der Komplexität und den mit ihr einhergehenden Vieldeutigkeiten und Unsicherheiten gut leben. Nicht wenige werden Opfer ihrer Sehnsucht nach Eindeutigkeit, die das Anwachsen der Komplexität auch erzeugt, und flüchten sich in die Ordnungen fundamentalistischer Welten. Sie werden gewissermaßen vom »Hitler-Modell« eingeholt.
Eine konstruktive Bearbeitung von Unsicherheit ist auf die Auseinandersetzung mit Pluralität verwiesen. Das Ergebnis solcher Prozesse nennt Wolfgang Welsch »Pluralitätskompetenz«.[17] Sie erwachse aus dem Umgang mit Pluralität, nicht anders. Mit dieser Herausforderung der Pluralität ist auch die Theologie konfrontiert. Zwei Aspekte stehen dabei im Vordergrund: Zum einen verlangt die allgemeine Pluralisierung der kulturellen Kontexte theologisch-kulturhermeneutische Orientierungsarbeit, zum anderen unterliegen Theologie und Religion als Kulturformen selbst den aktuellen Pluralisierungsprozessen. Wie sich die religionskulturelle Situation im Zusammenhang der beschriebenen Kulturentwicklungen darstellt, soll weiter unten skizziert werden. Zuvor soll die Beschreibung des soziokulturellen Gesamtbildes unter den Stichworten Ästhetisierung, Medialisierung und Identität und Medien noch vertieft werden.

1.1.1 Die Entdeckung des Ästhetischen

Mit dem postmodernen Bedeutungsverlust der großen Erzählungen geht eine neue Aufmerksamkeit für das Ästhetische einher. Diese Konjunktur des Ästhetischen hat lebensweltliche, theoretische und kunstbezogene Aspekte.[18] Wolfgang Welsch spricht darum von einem generellen »Ästhetisierungsbefund«.[19] Er umfaßt Ästhetisierungsprozesse in der Warenwelt, in der Architektur und in den Formen der sozialen Selbstinszenierungen. Er betrifft die Kunst, die Konjunktur des Ästhetischen in der Philosophie und das neuerwachte Interesse an Naturästhetik. Geschuldet ist dieser Ästhetikboom einem Bündel kultureller, ökonomischer und technologischer Faktoren. Die ökonomische Freiheit zur Entfaltung

---

spräch mit dem Philosophen Wilhelm Schmid, in: Psychologie heute, 7/1996, 22-29, 28.

16. Karl Gabriel, Gesellschaft im Umbruch – Wandel des Religiösen, in: Hans-Joachim Höhn (Hg.), a.a.O., 31-49, 35.

17. Wolfgang Welsch, Haus mit vielen Wohnungen. Der Pluralismus läßt Absolutismus zu, wenn er privat bleibt, in: Evangelische Kommentare, 8/1994, 476-479, 479.

18. Vgl. Werner Jung, Von der Mimesis zur Simulation – Eine Einführung in die Geschichte der Ästhetik, Hamburg 1995, 203ff.

19. Wolfgang Welsch, Ästhetisierungsprozesse – Phänomene, Unterscheidungen, Perspektiven, in: Wolfgang Welsch, Grenzgänge der Ästhetik, Stuttgart 1996, 9-61, 20f.

des Ästhetischen und der Kunst ist ebenso im Spiel wie das ökonomische Interesse an der Verschönerung der Waren und das ökologische Interesse an einer neuen Naturästhetik. In kultureller Hinsicht lenkt der Abschied vom Big picture der Metaphysik den Blick auf die ästhetische Differenz des Besonderen.[20]
Die Vielfalt der Erscheinungsweisen des Ästhetischen und ihre vielfältigen Ursachen machen deutlich, daß der aktuelle ästhetische Diskurs die traditionellen Grenzen der Kunsttheorie einmal mehr überschritten hat: Das Ästhetische ist zu einem Focus und Signum der Gegenwartskultur insgesamt geworden. Der Höhepunkt der kulturphilosophischen Aufmerksamkeit für diese Konjunktur war mit dem Kongreß »Die Aktualität des Ästhetischen« in Hannover im Jahr 1992 erreicht. Seither ist das kulturwissenschaftliche Interesse am Ästhetischen wieder abgeebbt. Die beschriebene lebensweltliche Präsenz des Ästhetischen besteht jedoch fort und ist weiterhin kulturprägend.
Ich möchte auf drei Aspekte des Ästhetischen hinweisen, die im Zusammenhang der jüngsten Ästhetik-Debatten diskutiert wurden und die im Kontext der vorliegenden Arbeit Beachtung verdienen.
Die ersten beiden Aspekte stehen in engem Zusammenhang mit dem Begriff der ästhetischen Erfahrung, der sich seit der Mitte der 70er Jahre als Leitbegriff der philosophischen Ästhetik-Debatten etabliert hat.[21] Im Namen ästhetischer Erfahrung wendet sich das ästhetische Denken der Gegenwart gegen das logozentristische Konzept der Rationalität und damit zugleich auch gegen die Dominanz der Begrifflichkeit in den Wahrheits-Ästhetiken der Moderne von Hegel bis Adorno. Sinnlichkeit wird demgegenüber als Konstitutivum der ästhetischen Erfahrung hervorgehoben, mimetisches Sehen gegenüber dem kontrollierenden und objektivierenden Blick eingeklagt, Einzelnes gegenüber Rationalitätsformen mit Totalitätsansprüchen ins Recht gesetzt. »Der ästhetische Diskurs, der die Entwicklung einer Wahrnehmungsschule für sprengende Singularitäten betreibt, wird dem Hang zur Gesamtinterpretation widersprechen und abschwö-

---

20. Werner Jung interpretiert die Hinwendung zum Ästhetischen vor diesem Hintergrund auch als Ausdruck der Sehnsucht nach Haltbarkeit und Sichtbarkeit angesichts radikaler Kontingenz, vgl. Werner Jung, a.a.O., 241. Eine genau entgegengesetzte Tendenz im Kontext postmoderner Ästhetik entdeckt Jean-François Lyotard im Rahmen seiner Überlegungen zur Ästhetik des Erhabenen. Er identifiziert das Interesse am Nicht-Darstellbaren als Hauptmerkmal postmoderner Ästhetik. Postmoderne Kunst schärfe das Gefühl dafür, »daß es ein Undarstellbares gibt«. Vgl. Jean-François Lyotard, Beantwortung der Frage: Was ist postmodern?, in: Peter Engelmann (Hg.), Postmoderne und Dekonstruktion. Texte französicher Philosophen der Gegenwart, Stuttgart 1990, 33-48, 47.
21. Josef Früchtl, Ästhetische Erfahrung und Einheit der Vernunft. Thesen im Anschluß an Kant und Habermas, in: Franz Koppe (Hg.), Perspektiven der Kunstphilosophie. Texte und Diskussionen, Frankfurt/M. 1991, 147-164, 147ff.

ren müssen.«²² Mit diesem rationalitätskritischen Impuls knüpft heutige Ästhetik an die Intention ihres Begründers als philosophischer Disziplin, Alexander Gottlieb Baumgarten, an. Mit seiner »Wissenschaft von der sinnlichen Erkenntnis« (1750) beginnt im 18. Jahrhundert der Einspruch gegen die Vorherrschaft des mathematisch-logischen Wissenschaftsbegriffs und seines einseitigen Erkenntniskonzeptes.

Wegweisend für das neue ästhetische Denken der Gegenwart waren die Überlegungen von Rüdiger Bubner. Bubner bestimmt die ästhetische Erfahrung im Anschluß an Kant als sich konstituierend in der »Spannung zwischen sinnlichem Angerührtsein und schöpferischem Leisten«.²³ In dieser Spannung kommt ästhetische Erfahrung als Prozeß eines unabschließbaren Wechselspiels zwischen Reflexion und Sinnlichkeit zustande. Dieses Spiel kommt an kein Ende, weil die konkrete Sinnlichkeit der Kunst oder der Natur auf keinen Begriff zu bringen ist, weil ihr Besonderes in keinem Allgemeinen aufgeht.

Für diese Wahrnehmungsorientierung der ästhetischen Erfahrung, dem ersten Aspekt, den ich in diesem Zusammenhang hinweisen möchte, hat sich neben Wolfgang Welsch vor allem Martin Seel interessiert. Seel bestimmt die Ästhetik als Teilgebiet der Aisthetik, deren Thema die Wahrnehmung im allgemeinen ist. Ästhetische Wahrnehmungen unterscheiden sich durch spezifische Merkmale des Wahrnehmungsvorgangs selbst von anderen Wahrnehmungen, nicht aber durch ihren Gegenstandsbereich. Man kann Autos, rote Ampeln und Mülltonnen ebenso ästhetisch wahrnehmen wie Bäume, Gesichter oder Kunstwerke. In seiner Naturästhetik formuliert Seel als Bestimmung des Ästhetischen: »Ästhetisch ist eine Wahrnehmung, die sich in vollzugsorientierter Aufmerksamkeit an die sinnliche und/oder sinnhafte Präsenz und Prägnanz ihrer Gegenstände hält.«²⁴ Diese Wahrnehmung kann kontemplativ, korresponsiv oder imaginativ geprägt sein. Sie ist am reinsten vollzugsorientiert, also gegenwartsbezogen in der Wahrnehmung selbst verweilend, und sinnlich bestimmt in der Kontemplation. Seel definiert diese als »interesselose sinnliche Wahrnehmung«, die von allen Absichten, Affekten und Sinnzuschreibungen abstrahiert.²⁵ Sie hält sich allein an die Besonderheit der augenblicklichen Erscheinung der Dinge. Diese Konzentration auf den »Zeit-Raum« der Wahrnehmung kann uns in »einen Zustand erfüllter Freiheit gegenüber unseren pragmatischen Orientierungen«²⁶ versetzen. Ihr Gewinn ist Unterbrechung der chronischen Instrumentalität

---

22. Wolfgang Welsch, Zur Aktualität ästhetischen Denkens, in: Kunstforum Bd. 100, April/Mai 1989, 135-149, 136.
23. Rüdiger Bubner, Über einige Bedingungen gegenwärtiger Ästhetik, in: Rüdiger Bubner, Ästhetische Erfahrung, Frankfurt/M. 1989, 9-51, 38.
24. Martin Seel, Eine Ästhetik der Natur, Frankfurt/M. 1991, 35.
25. Vgl. ebd., 51.
26. Ders., Ästhetik und Aisthetik. Über einige Besonderheiten ästhetischer Wahrneh-

durch Selbstzweckhaftigkeit.[27] Ästhetische Erfahrung bildet so einen Gegenpol zur ubiquitären Zweckhaftigkeit einer durchökonomisierten Lebenswelt, in der keine zweckfreien Räume mehr existieren.

Ästhetische Wahrnehmung und Erfahrung ist mithin durch eine Modifikation der Raum-Zeit-Struktur von Wahrnehmung überhaupt gekennzeichnet: durch ein Verweilen im Hier und Jetzt der Wahrnehmung selbst.

Ob und wie dieser von Martin Seel hervorgehobene kontemplative Zug der ästhetischen Erfahrung in der Filmrezeption überhaupt zum Tragen kommt, ist zu fragen. Zwar arbeiten auch Filme mit dem sinnlichen Eindruck von Bildern. Sie laden jedoch selten zur Kontemplation einzelner Bilder ein. Die Bildermaschine Film steht zumeist in erster Linie im Dienst der Filmstory, und gerade populäre Filme erweisen sich als extrem durchkalkulierte Konstruktionen, in denen jedem Bild eine eindeutige Funktion im Kontext der Gesamtgeschichte zukommt. Ihren potentiellen ästhetischen Mehrwert können Filmbilder also nur bedingt entfalten. Dessen Wahrnehmung ist durch den Filmkontext in spezifischer Weise zeitlich und semantisch präfiguriert. Die ästhetische Erfahrung im Kino ist daher im Unterschied zu ästhetischen Erfahrungen anderer Art stark kontextuell strukturiert. Darüber, was das für das ästhetische Potential von Filmbildern bedeutet, welcher Stellenwert diesem Potential vor allem im Rezeptionsprozeß faktisch zukommt, können vielleicht nicht zuletzt die Filmanalysen weiteren Aufschluß geben.

In theoretischer Hinsicht scheint mir in diesem Zusammenhang darüberhinaus der Rückgriff auf sensualistische Traditionen der Ästhetik produktiv. So scheinen mir Edmund Burkes Überlegungen zum Schönen manchen Anknüpfungspunkt für die Beschreibung der ästhetischen Erfahrung mit populären Filmen zu bieten.[28] Burke sieht das Verlangen nach Schönem im menschlichen Harmoniebedürfnis verwurzelt.[29] Wie am Beispiel populärer Filme noch auszuführen sein wird, bemüht sich nun gerade das populäre Kino, dem Streben nach spontan empfundener Sinneslust und der Harmonie symmetrischer Ordnung und Schönheit nachzukommen. Auch die von Burke beschriebene Vergesellschaftungsfunktion des Schönen – es führt uns zusammen – scheint im populären Film wirksam zu sein.

Beat Wyss hat unter ausdrücklicher Einbeziehung des Kinos eine generelle Konjunktur des Bedürfnisses nach Schönheit in der Gegenwartskultur diagnosti-

> mung, in: Birgit Recki/Lambert Wiesing (Hg.), Bild und Reflexion, München 1997, 17-38, 38.
> 27. Vgl. ders., Eine Ästhetik der Natur, a.a.O., 197.
> 28. Darauf hat Beat Wyss hingewiesen, vgl. ders., Die Zukunft des Schönen, in: Kursbuch 122, Die Zukunft der Moderne, 1995, 1-10.
> 29. Vgl. Edmund Burke, Philosophische Untersuchungen über den Ursprung unserer Ideen vom Erhabenen und Schönen, hrsg. von W. Strube, Hamburg 1980.

ziert.³⁰ »Mit der Wucherung industriell hergestellter Häßlichkeit« entstehe »der Zwang, diese mit technisch produzierter Schönheit zu überblenden.«³¹
Der Vorteil dieser Überblendungstendenz sei unter anderem ein gesellschaftlicher Diskurs über das Schöne, ihr Nachteil ist – so wäre zu ergänzen – die gesellschaftliche Ausblendung des Häßlichen und der Armut.³²
Welchen Stellenwert das Schöne im einzelnen im populären Kino einnimmt, wird im Kontext der Filmanalysen genauer zu sagen sein.
Ästhetische Erfahrung konstituiert sich im freien Wechselspiel zwischen Wahrnehmung und Reflexion. Die mit der Reflexivität verbundene Subjektivität ästhetischer Erfahrung ist der zweite Aspekt, auf den ich im vorliegenden Zusammenhang eingehen möchte. Auch dieser Aspekt unterliegt im Kino der beschriebenen Strukturiertheit ästhetischer Erfahrung. Der von Thomas Lehnerer hervorgehobene Freiheitscharakter ästhetischer Erfahrung ist also eingeschränkt.³³
Gleichwohl lassen auch Filme der Reflexivität des Zuschauers einen gewissen Raum. Darum können die hauptsächlich im Kontext der Kunsttheorie entwickelten Überlegungen zum Reflexionsmoment ästhetischer Erfahrung auch für die Filmhermeneutik relevante Hinweise liefern – und sei es, daß die Differenzen zwischen populärem Kino und bildender Kunst dadurch verdeutlicht werden.
Die auf Kant zurückgehende Einsicht in die Reflexionsabhängigkeit und Subjektivität ästhetischer Erfahrung hat den kunstwissenschaftlichen Werkbegriff grundlegend verändert. Die Einheit eines Kunstwerkes muß danach verstanden werden als »Produkt aktiver Mitwirkung der Reflexion, die zwischen den Details und dem Ganzen hin und her spielt, um den Zusammenhang beider zu erfassen. Die Einheit des Werkes bleibt eine Aufgabe, die der ästhetischen Erfahrung übertragen ist, um jeweils anhand sinnlicher Gegebenheiten in Ausgriff auf die suggerierte Totalität durch Reflexionstätigkeit hergestellt zu werden.«³⁴
Dieser Einheit eignet allerdings eine bleibende Instabilität. Sie läßt sich nur prozessual beschreiben.
»Suche nach Totalität kommt nicht in einem Begriff zur Ruhe, der wohl bestimmt und endgültig sagte, was die Anschauung verheißt. Flüchtete sich die Reflexion zum Begriff, so gäbe sie die Basis der ästhetischen Erfahrung auf und tauschte das Reich der Kunst gegen die Selbstgewißheit des Denkens. Zwar tendiert die Reflexion dazu, in die Form des Begriffs zu überführen, was die höchst eigentümlich und unwiederholbar geprägte Anschauung des Werks an Totalität

---

30. Beat Wyss, a.a.O., 5ff.
31. Ebd., 8.
32. Ebd., 8f.
33. Thomas Lehnerer, Methode der Kunst, Würzburg 1994, 54ff.
34. Rüdiger Bubner, Zur Analyse ästhetischer Erfahrung, in: Rüdiger Bubner, a.a.O., 52-69, 63.

vorgaukelt. Dennoch muß jede Bemühung scheitern, klar und in einem Wort auszusprechen, was es in Wahrheit ist, was die ästhetische Erfahrung erfährt. Die begriffliche Aussage verfremdet die Lebendigkeit der Begegnung mit Kunst, so daß die Reflexion von der Leere des abstrakten Begriffs wieder zur Unmittelbarkeit der Anschauung zurückkehrt.«[35]
Diese strukturelle Unabgeschlossenheit und Vieldeutigkeit ästhetischer Erfahrung unterscheidet sie von anderen Erfahrungsformen. Niklas Luhmann spricht von der »Provokation einer Sinnsuche, die durch das Kunstwerk selbst Beschränkungen, aber nicht notwendigerweise auch Ergebnisse vorgezeichnet erhält.«[36] Zugespitzt und in Abgrenzung zur Religion formuliert Thomas Lehnerer: »Als generativer Kern hat Kunst die gegenteilige Funktion von Religion: Kunst transformiert nicht, wie die Religion, unbestimmbare Komplexität in bestimmbare (...), sondern sie erzeugt in ihren Werken neue unbestimmbare Komplexität.«[37] Die moderne Kunst, auf die Lehnerer sich bezieht, schafft neue Alteritäten, die zur Reflexion und Deutung herausfordern.

Sie ist dabei immer mehr an der Anregung von Fragen interessiert als an ihrer Beantwortung, mehr an der Irritation als an der Beruhigung, mehr an der Sinnsuche als an der Sinnvermittlung. Diese Offenheit unterscheidet sie von den geschlosseneren Formen des populären Films, der in dieser Hinsicht eher Ähnlichkeit mit der Religion aufweist. Dennoch gilt auch für den populären Film, daß auch er erst in der Interaktion mit dem Zuschauer zu seiner Realisation als Werk kommt. Die reflexiven Spielräume mögen im konkreten Prozeß der Filmrezeption kleiner sein als in der Wahrnehmung bildender Kunst. Es stellt sich jedoch die Frage, ob für den reflexiven Umgang mit der Erinnerungsspur des Films im Bewußtsein des Zuschauers nicht ganz ähnliche Überlegungen gelten, wie sie für die Analyse der Kunsterfahrung angestellt wurden. Denn mit der Distanz zum Kinoerlebnis selbst wächst die reflexive Freiheit des Rezipienten, die Filmbilder im Sinne Lehnerers ästhetisch zu erfahren und darüberhinaus in den individuellen Kontext der für die eigene Identität und Biographie bedeutsamen inneren Galerien einzubauen. Ob und in welcher Weise dies geschieht, ist eine Frage, die nur anhand konkreter Rezeptionsprozesse von Filmen beantwortet werden kann.

Ein dritter Aspekt der Entdeckung des Ästhetischen, den ich hervorheben möchte, ist die Bedeutung des ästhetischen Denkens für die Philosophie. Brigitte Scheer spricht von einem »aesthetic turn« in der Philosophie[38]. Wolfgang Welsch konstatiert eine »epistemologische Ästhetisierung«.[39]

35. Ebd., 64f.
36. Niklas Luhmann, Die Kunst der Gesellschaft, Frankfurt/M. 1997, 45.
37. Thomas Lehnerer, a.a.O., 152, Anm. 133.
38. Vgl. Brigitte Scheer, Einführung in die philosphische Ästhetik, Darmstadt 1997, 3.
39. Wolfgang Welsch, Ästhetische Grundzüge im gegenwärtigen Denken, in: ders., a.a.O., 62-105, 62ff., vgl. ebd. auch zu den folgenden Ausführungen.

Welsch geht bei seiner Rekonstruktion des zunehmenden Hervortretens des ästhetischen Charakters unserer Weltsichten innerhalb der Philosophie von Kant aus. Dieser habe den fiktionalen Charakter unserer Wirklichkeitserkenntnis in seiner transzendentalen Ästhetik erstmals klar herausgearbeitet. Fortan gelte: »Kein kognitiver Diskurs kann ohne das Bewußtsein seiner ästhetischen Grundelemente gelingen.«[40] Fortgeführt und radikalisiert sieht Welsch Kants Ansatz bei Nietzsche: »Bei Nietzsche sind Wirklichkeit und Wahrheit im ganzen ästhetisch geworden.«[41] Im 20. Jahrhundert werde Nietzsches Perspektive Allgemeingut. Von der Wissenschaftstheorie über die Hermeneutik bis hin zur neueren analytischen Philosophie sei die Einsicht verbindlich, daß Wahrheiten als kulturelle Artefakte zu betrachten seien. Der Unterschied zwischen wissenschaftlicher und ästhetischer Rationalität habe sich als nur graduelle Differenz entpuppt.[42] Wirklichkeit sei keine fest vorgegebene Größe, sondern immer Gegenstand einer Konstruktion. Fazit: »Die epistemologische Ästhetisierung ist das Vermächtnis der Moderne.«[43]

Nachdem das philosophische Denken sich in der Antike am Sein orientierte, in der Neuzeit am Bewußtsein und in der Moderne an der Sprache, scheint es in der Postmoderne auf das Ästhetische verwiesen. Vor dem Hintergrund dieser Diagnose ermutigt Welsch: »Daß nicht die ästhetische Verfassung des Denkens als solche, sondern nur die Aufmerksamkeit auf sie neu ist, mag uns den Schritt zur Anerkennung des ästhetisch-poietischen Charakters des Denkens erleichtern.«[44]

Die plausible Einsicht in die ästhetischen Grundzüge von Denken und Erkennen gilt auch für die Religion. Sie enthält selbst Elemente dieser Einsicht und Vorformen moderner Ästhetik. Ich denke an das Bilderverbot der jüdisch-christlichen Tradition, das sich als Vorgestalt ästhetisch aufgeklärten Konstruktionsbewußtseins deuten ließe. Ein daran anknüpfendes Verständnis der religiösen Traditionen und ihrer Symbole in ästhetischer Perspektive könnte dazu beitragen, den vormodernen Objektivitätsanspruch der religiösen Symbole ästhetisch zu brechen und dadurch die Distanz zur ästhetisch aufgeklärten Symbolwelt der Gegenwartskultur zu verringern. Auch Religion basiert auf ästhetischer Medialität, darauf macht das ästhetische Denken der Gegenwart aufmerksam.

1.1.2 Medialisierung

Die Medialisierung der Gesellschaft ist ein Prozeß, der die Moderne begleitet und der in der Postmoderne noch einmal eine – zunächst vor allem durch die

---

40. Ebd., 77.
41. Ebd., 84.
42. Ebd., 93.
43. Ebd., 96.
44. Ebd., 105.

1. Kulturhermeneutik als theologische Aufgabe 27

Entwicklung der elektronischen Medien bedingte – Zuspitzung erfährt. Im Vordergrund stehen dabei die audiovisuellen Medien. Ihr Vormarsch ist im Begriff, die Schriftkultur in eine multimedial geprägte Kultur zu verwandeln. Leitmedium ist gegenwärtig noch das Fernsehen. Es deutet sich jedoch an, daß die Digitalisierung zu einer Integration der elektronischen Medienangebote in die computervermittelte Kommunikation führen wird. Die dabei mit der zunehmenden Digitalisierung einhergehenden Umwälzungen sind im einzelnen noch nicht recht absehbar, weitreichend sind sie mit Sicherheit.

Doch auch die Medienentwicklungen, die sich im Verlauf der letzten drei Jahrzehnte vollzogen haben, haben das kulturelle Umfeld schon grundlegend verändert. Allein die Erfindung und Verbreitung des Fernsehens und die Vervielfältigung seines Programmangebotes seit der Einführung des dualen Rundfunksystems – in den vergangenen zehn Jahren hat sich das Programmangebot verzehnfacht – bedeutete eine einschneidende Veränderung für die mediale Öffentlichkeit der Gesellschaft. Heute rangiert das Fernsehen mit großem Abstand an erster Stelle im Zeitbudget des Medienhaushaltes eines Durchschnittsbürgers. 1997 betrug die durchschnittliche Sehdauer von erwachsenen Bundesbürgern mehr als drei Stunden. Kinder verbrachten im Durchschnitt rund 100 Minuten täglich vor dem Fernsehgerät.[45] Hinzu kommen die übrigen Medienangebote, zu denen neben einer Vielzahl an unterschiedlichen Printmedien auch die Videokassette, das Kino und der Computer gehören. Noch nie war das Angebot an audiovisuellen Medien so umfassend wie heute. Kinder- und Jugendliche wachsen heute darum im Unterschied zu ihren vielfach noch vorwiegend schriftkulturell sozialisierten Eltern in einer von audiovisuellen Medien geprägten Umgebung auf. Die audiovisuellen Medien sind zu einem bestimmenden Sozialisationsfaktor geworden. Man spricht auch von einer Mediensozialisation.[46] Sie spielt eine zunehmend wichtige Rolle im Identitätsbildungsprozeß von Kindern und Jugendlichen.

---

45. Fernsehende Kinder im Alter von drei bis 13 Jahren verbrachten 1997 im Durchschnitt 95 Minuten am Tag vor dem Fernsehgerät, Jugendliche 111 Minuten und Erwachsene 196 Minuten; vgl. Sabine Feierabend und Walter Klingler, Was Kinder sehen. Eine Analyse der Fernsehnutzung 1997 von Drei- bis 13jährigen, in: Media Perspektiven 4/1998, 167-178, u. Maria Gerhards und Walter Klingler, Fernseh- und Videonutzung Jugendlicher. Eine Analyse der Fernsehforschungsdaten 1997 von Zwölf- bis 19jährigen, in: Media Perspektiven 4/1998, 179-189. Vgl. auch Franz Josef Röll, Mythen und Symbole in populären Medien. Der wahrnehmungsorientierte Ansatz in der Medienpädagogik, Frankfurt/M. 1998, 29.
46. Vgl. Hans-Dieter Kübler, »Medienkindheit« und Mediensozialisation, in: medien praktisch 4/1997, 4-9.

1.1.3 Identität und Medien

In dem durch Traditionsabbruch, Pluralisierung und Individualisierung gekennzeichneten Kontext ist Identität zunehmend weniger bestimmt durch traditionelle Bindungen, soziale Herkunft oder berufliche Entscheidungen. Sie ist, wie oben schon ausgeführt, ein in stärkerem Maße reflexives Projekt geworden, eine permanente Strukturierungsleistung, die von den Subjekten selbst durch Auswahl und Reflexion erbracht werden muß. Das Subjekt erfährt dabei die Ambivalenz von Gestaltungsfreiheiten und Entscheidungslasten. Medien spielen in diesem Identitätsbildungsprozeß eine wesentliche Rolle: sie bieten Identifikations- und Sinnorientierungsmöglichkeiten an.[47] Dem Kino kommt dabei neben dem Fernsehen eine herausgehobene Bedeutung zu. Es ist noch vor der Diskothek der wichtigste medienbezogene Freizeitort für Jugendliche.[48] Besonders eifrige Kinogänger sind die 16-21jährigen.[49] Aber auch für Erwachsene ist der Kinobesuch die am weitesten verbreitete kulturelle Freizeitaktivität außer Haus.[50] Für Jugendliche hat das Kino die besondere Konnotation der Freiheit gegenüber Familie und Gesellschaft: Es ermöglicht, »die Schwellenerfahrung individueller Freiheit zu machen«.[51] Die Kinoerfahrung wirkt dabei über den Kinobesuch hinaus. Dieter Baake, Horst Schäfer und Ralf Vollbrecht resümieren in ihrer Untersuchung über die Bedeutung des Kinos für Jugendliche: »Jugendliche sind keineswegs nur passive Zuschauer. Sie eignen sich ihre soziale Umgebung vielmehr auch mit Hilfe des Kinos an und gestalten ihre eigenen Szenen durch Anregungen, die sie durch Filme erhalten. (...) Filme sind für Jugendliche nicht nur ästhetische Objekte oder Gegenstand der gemeinsamen Betrachtung, sondern sie gehen mit ihren Zeichen, Stilen, ihren Imitationsappellen ein Stück weit in die jugendlichen Szenen ein, werden im Netzwerk jugendlicher Aktivitäten angeeignet.«[52]

Das Kino ist somit ein relevanter Faktor im Prozeß der Identitätsbildung. Was diesen Prozeß im Kontext der Postmoderne generell charakterisiert, skizziert Douglas Kellner am Ende seiner Untersuchung über die Konstruktion postmoderner Identitäten anhand der TV-Krimiserie »Miami Vice«: »Der rasche Wechsel der Identität in Miami Vice legt (...) den Schluß nahe, daß das postmoderne Ich veränderliche Mehrfachidentitäten akzeptiert. Identität ist heute zu einem freien Spiel geworden, einer theatralischen Darstellung des Ich, bei der man sich in einer Vielzahl von Rollen, Bildern und Tätigkeiten zu prä-

---

47. Vgl. ebd., 409ff.
48. Dieter Baacke/Horst Schäfer/Ralf Vollbrecht, Treffpunkt Kino. Daten und Materialien zum Verhältnis von Jugend und Kino, Weinheim/München 1994, 17, 87.
49. Ebd.
50. Ebd.
51. Ebd., 22.
52. Ebd., 115.

sentieren vermag, und dies relativ unbeeindruckt von Veränderungen und dramatischen Wandlungen. Diese Analyse legt den Schluß nahe, daß es sich bei der sogenannten postmodernen Identität um eine erweiterte Form der aus freier Wahlentscheidung hervorgegangenen, vielfältigen Identität des modernen Ich handelt, eine erweiterte Form, die Instabilität und raschen Wandel und damit Bedingungen akzeptiert, welche für das moderne Ich ein Problem darstellten, weil sie Angst machten und eine Identitätskrise heraufbeschworen.«[53]

Die postmoderne Pluralisierung und Flexibilisierung von Identität hat auch die bildungstheoretischen und theologischen Identitätskonzepte beeinflußt. Sie betonen heute zunehmend den Prozeßcharakter von Identität und bewerten Heterogenität und Fragmentarität positiv. In der Theologie wurde diese prozeßorientierte Auffassung von Identität von Hennig Luther herausgearbeitet. Er rekurriert dabei nicht zuletzt auf den theologischen Sündenbegriff und resümiert: »Gegen ein Identitätskonzept, das Identität als herstellbare und erreichbare versteht und das für Identität Kriterien wie Einheitlichkeit, Ganzheit und dauerhafte Kontinuität konstitutiv macht, wären darum vielmehr die Momente des Nicht-Ganz-Seins, des Unvollständig-Bleibens, des Abgebrochenen – kurz: Momente des Fragments zur Geltung bringen.«[54]

Ist durch die Postmoderne-Diskussion der Prozeßcharakter und die Fragmentarität und Pluralität von Identität in den Blick gekommen, so hat die zeitgenössische Kulturphilosophie unter Aufnahme von Ideen von Ernst Cassirer erneut auf die kulturelle Vermitteltheit der Identitätsbildung aufmerksam gemacht. Identität konstituiert sich danach in der Auseinandersetzung mit den symbolischen Formen der Kultur. Oswald Schwemmer beschreibt diese Angewiesenheit des Menschen auf die kulturellen Symbolismen so: »Wir können unsere Ausdrucksformen nur dadurch finden, daß wir uns sozusagen in das Medium eines Symbolismus hineinbegeben. Ein Symbolismus ist aber als System von eigenen, nämlich außerorganisch existierenden, Dingen etwas ›zwischen‹ den Individuen und jedenfalls nicht etwas ›in‹ ihnen. Wir können uns in unserer individuellen Eigenart also nur darstellen, indem wir, so scheint es, über uns hinausgehen, nämlich in das Medium ›inter-subjektiver‹ Symbolismen hinein. Wiederum auf eine Formel gebracht: Individuation bedeutet Transzendenz, und zwar – wenn man die klassischen Ortszuweisungen beibehält – laterale Transzendenz in das Zwischenreich der Symbolismen, auf das hin auch alle anderen Individuen sich

---

53. Douglas Kellner, Populäre Kultur und die Konstruktion postmoderner Identitäten, in: Andreas Kuhlmann (Hg.), Philosophische Ansichten der Kultur der Moderne, Frankfurt/M. 1994, 214-237, 235.
54. Henning Luther, Religion und Alltag. Bausteine zu einer praktischen Theologie des Subjekts, Stuttgart 1992, 159.

überschreiten müssen, wenn sie sich verständlich machen und miteinander verständigen wollen.«[55]

Das Ineinanderliegen von objektiver Kultur und subjektiver Innenwelt bedeutet, daß Individualität unwillkürlich kulturell geprägt ist. Paul Tillich drückte es so aus: »Während er [der Mensch, d. Verf.] in den Formen lebt, die er selbst schafft, schafft er sich selbst durch sie um.«[56] Heute bedeutet das: Aufgrund ihrer kulturellen Präsenz spielen im Identitätsbildungsprozeß die Medien und vor allem die von ihnen transportierte populäre Kultur eine bedeutsame Rolle.

Der Medienwissenschaftler Lothar Mikos resümiert: »Ging man früher davon aus, daß sich Identität in sozialen Interaktionen entwickelt, muß man heute mediale Interaktionen hinzurechnen.«[57] Normen, Werte und Rollenbilder würden heute auch »aus den Erzählungen der Medien und der Populärkultur« gelernt.[58]

1.1.4 Wandel und kultureller Bedeutungsverlust des Religiösen

Gegenwärtig vollzieht sich eine »Neudefinition des religiösen Feldes«.[59] Diese ist durch verschiedene Faktoren bestimmt: durch die Krise der institutionalisierten Religion, durch die Wiederkehr des Religiösen außerhalb der Institutionen, durch das Vordringen des Fundamentalismus, durch das weitgehende Fehlen der Religion als Thema der kulturellen Eliten und schließlich durch die Umformung und partielle Substitution der religiösen Traditionen durch andere Kulturformen, vor allem durch die populäre Kultur.

Dabei spiegelt sich in den Erscheinungsformen des Religiösen die durch Pluralisierung und Individualisierung charakterisierte kulturelle Situation. Diese ist auch die Hauptursache für die Krise der Großkirchen.[60] Vor dem Hintergrund des durch die Aufklärung bedingten zunehmenden Bedeutungsverlustes der kirchlich organisierten Religiosität in der Moderne bringt die postmoderne Radikalisierung des Traditionsabbruches und der Individualisierung die Menschen noch einmal zusätzlich auf Distanz zu den Großkirchen. Hinzu kommt, daß die Kirchen mit der Modernisierungsdynamik vielfach nicht Schritt halten konnten, daß es ihnen also nur in begrenztem Maße gelungen ist, ihre Angebote durch bessere Vermittlungen zwischen ihren Glaubenstraditionen und den subjektiven religiösen Bedürfnissen mit der gesellschaftlichen Entwicklung zu syn-

---

55. Oswald Schwemmer, Die kulturelle Existenz des Menschen, Berlin 1997, 131.
56. Paul Tillich, Systematische Theologie, Bd. 1, a.a.O., 214.
57. Lothar Mikos, Erinnerung, Populärkultur und Lebensentwurf. Identität in der multimedialen Gesellschaft, in: medien praktisch, Heft 89, 23 Jg., 1/1999, 4-8, 5.
58. Ebd., 6.
59. Pierre Bourdieu, Die Auflösung des Religiösen, in: ders., Rede und Antwort, Frankfurt/M. 1992, 231-237, 233f.
60. Vgl. Karl Gabriel, a.a.O., 36ff.

chronisieren.⁶¹ Manche meinen, daß sie aufgrund ihrer Starrheit sogar dazu beigetragen haben, »die ›religiöse Kompetenz‹ ihrer Mitglieder zu ›vernichten‹«.⁶²
Waren die Nachkriegsjahre noch von einer Renaissance kirchlichen Lebens geprägt, so begann mit der Studentenbewegung der Exodus aus den Kirchen. In Hamburg ist der Anteil der Protestanten an der Wohnbevölkerung in den vergangenen 30 Jahren von etwa 75 Prozent auf etwa 35 Prozent gesunken.⁶³ Die Großkirchen haben ihre Monopolstellung auf dem Markt der Sinnanbieter verloren. Im Ergebnis sieht alles danach aus, als käme das Ende der konstantinischen Ära in Sicht, das Ende des Zeitraumes also, in dem das Christentum in der westlichen Welt eine Sache der Mehrheiten war. »Heute erscheint das institutionell verfaßte Modell des Religiösen nur noch gegenüber einer kleinen Minderheit tradierbar.«⁶⁴ Unter dem nicht zuletzt ökonomischen Druck dieser Situation zeichnen sich in Theologie und Kirche zwei vorherrschende Reaktionsmuster ab: die einen plädieren für eine Verstärkung der Arbeit an den Schnittstellen von Kirche, Kultur und Gesellschaft, die anderen geben der verstärkten Konzentration auf die Kernbestände des Glaubens und die Kernangebote kirchlicher Arbeit den Vorzug. Es handelt sich mithin um entgegengesetzte Bewegungsrichtungen: wo die einen eine Öffnung wollen, wenden sich die anderen nach innen. Gegenwärtig sieht es so aus, als sei die Selbstvergewisserungstendenz der weitaus bestimmendere Trend im Bereich der institutionalisierten Religion.⁶⁵
Das von manchen vorausgesagte Ende von Religion ist mit dem Bedeutungsverlust der großen religiösen Institutionen und Traditionen jedoch keineswegs gekommen. Denn die jüngste Krise der Großkirchen geht einher mit einer Wiederkehr des Religiösen außerhalb der Kirchenmauern.⁶⁶ Dieses neuerwachte Interesse an Religion steht im Kontext eines allgemeinen Interesses am »Anderen der Vernunft« (Böhme/Böhme). Die Dominanz technischer Rationalität erzeugt ein Bedürfnis nach nichtinstrumentellen Weltsichten. Diese werden jedoch nicht in den Großkirchen gesucht. Kirche und Religion fallen zunehmend auseinander.⁶⁷ Die Renaissance des Religiösen außerhalb der religiösen Institutio-

---

61. Vgl. dazu auch Wilhelm Gräb, Lebensgeschichten – Lebensentwürfe – Sinndeutungen. Eine praktische Theologie gelebter Religion, Gütersloh 1998, 32.
62. Matthias Kröger, Die Notwendigkeit der unakzeptablen Kirche. Eine Ermutigung zu distanzierter Kirchlichkeit, München 1997, 9.
63. Laut Auskunft der Pressestelle der Nordelbischen Evangelisch-Lutherischen Kirche in Hamburg.
64. Karl Gabriel, a.a.O., 37.
65. Vgl. auch Joachim Kunstmann, Christentum in der Optionsgesellschaft. Postmoderne Perspektiven, Weinheim 1997, 233.
66. Vgl. Karl Gabriel, a.a.O., 38ff.
67. Wilhelm Gräb weist unter Bezugnahme auf Ernst Troeltsch auf den neuzeitlichen

nen hat zwei Gesichter, die in der Tendenz auch die inzwischen erheblich pluralisierte Situation innerhalb der Kirchen prägen: Sie erscheint zum einen als die individualisierte Religion der Öko- oder Psycho-Spiritualität und zum anderen als Fundamentalismus der Religionen und Sekten.[68] Vieldimensionale, hochindividualisierte und offene Formen stehen eindimensionalen, geschlossenen Formen mit hohem Konformitätsdruck gegenüber. Dieses Muster läßt sich im übrigen in ähnlicher Weise auch in anderen Kulturbereichen beobachten. Es wird erzeugt durch die beiden Hauptreaktionsformen auf die verunsichernde Wirkung der Modernisierungsprozesse, deren Extreme durch die Flucht in Eindeutigkeit und den fundamentalistischen Rückgriff auf Traditionen auf der einen Seite und durch die Bereitschaft zur offenen Auseinandersetzung mit den Unsicherheiten der Situation auf der anderen Seite charakterisiert werden können. Insgesamt ist das Spektrum der Religionsrenaissance außerhalb der Großkirchen sehr breit: Es reicht vom Buddhismus bis zur Moon-Organisation, von der Esoterik bis zu den Spiritualitätsformen der Öko-, New Age- und Psychoszenen.[69] Eine gewisse Dominanz des Öko-Spiritualismus läßt sich dabei ausmachen. Die spirituell aufgeladene Ökologie ist auf dem besten Weg, zu einer neuen Weltreligion zu werden. Matthias Horx vermutet gar: »Ökologie wird in zehn, zwanzig Jahren zur ›Amtskirche‹ werden. Sie wird sich in unser soziales Gefüge einpassen, als eigentliches Glaubensbekenntnis unserer Zeit.«[70] In diesem Credo wird die Natur heilig gesprochen, Gottvater durch Mutter Erde ersetzt, und der Konsumverzicht zur zentralen Bußübung erklärt. Die Glaubensenergien wandern ins Ökologische ab und finden dort ein feminin geprägtes

> Horizont des Auseinanderfallens von Religion und Kirche hin – es handelt sich mithin um ein Phänomen, das schon eine längere Geschichte hat und sich in der Postmoderne allenfalls zuspitzt: »Daß Religion und Kirche auseinandergefallen sind, sie aber gleichwohl aufeinander angewiesen bleiben, hat bereits Ernst Troeltsch als prägende Signatur der Religionsgeschichte des Christentums in der Neuzeit kenntlich gemacht. Es gehörte für ihn zur Umformung des Christentums in den Folgen der Aufklärung entscheidend eben dies, daß sich eine individualisierte Form der gelebten Religion zunehmend außerhalb der Kirchen aufgebaut hat, ohne daß damit die Kirchen überflüssig geworden oder auch nur diese individualisierte Religionsform in gänzlicher Unabhängigkeit von ihnen zu existieren in der Lage wäre.« Ders., a.a.O., 80. Gräb macht in diesem Zusammenhang auch darauf aufmerksam, daß die Ausbildung eines allgemeinen Religionbegriffes im Zuge der Aufklärung die Beobachtung dieses Phänomens überhaupt erst ermöglichte.
> 68. Vgl. Gottfried Küenzlen, Religiöser Fundamentalismus – Aufstand gegen die Moderne? In: Hans-Joachim Höhn, a.a.O., 50-71.
> 69. Vgl. Karl Gabriel, a.a.O., 38ff. Weiterhin: Willi Oelmüller (Hg.), Wiederkehr von Religion? Perspektiven, Argumente, Fragen, Kolloquium Religion und Philosophie Bd. 1, Paderborn/München/Wien/Zürich, 1984.
> 70. Vgl. Matthias Horx, a.a.O., 118.

Zuhause, das frei ist von den Hypotheken eines personalen und patriarchalen Gottesbegriffs.

Wie präsent der ökospirituelle Trend ist, zeigt sich unter anderem daran, daß Coca Cola die Tendenz mit der neuen Fruchtsaftserie »Frutopia« und ihren Getränken »Inner Light« oder »Raspberry Karma« aufgreift. Die Entwicklung ist kompatibel und geht mancherlei Verbindung ein mit einem zweiten aktuellen Großtrend innerhalb der religiösen Szene: der Ausbreitung des Buddhismus in der westlichen Welt. Attraktiv machen ihn: Naturverbundenheit und Relativierung des westlich hypertrophierten Ich, wobei mythologischer Ballast weggelassen werden kann.

Für die individuellen Konstruktionen der religiösen Identität gelten dieselben Prinzipien, wie ich sie schon im Zusammenhang mit den Folgen der allgemeinen Kulturentwicklung für die Identitätsproblematik benannt habe: Eklektizismus, Sampling, Montage. Ein im Rahmen einer sozialwissenschaftlichen Untersuchung zum Thema Jugend und Religion befragter Jugendlicher bekennt: »Ich hab mir meine eigene Religion zusammengezimmert (...). Denn: wenn du überall 'n bißchen Wahrheit rausnimmst, dann hast du die absolute Wahrheit – nämlich deine Wahrheit.«[71] Karl Gabriel beschreibt das Phänomen aus der Sicht der Religionssoziologie: »Das einst von einem Monopolanbieter beherrschte religiöse Feld wandelt sich hin zu einer Struktur, in der sich die einzelnen ihre Religion selbst zusammenbasteln. Je nach Alter, Milieueinbindung und Beeinflussung durch modernisierte Lebensstile variiert das Muster der ›Bricolage‹. Der religiöse ›Flickenteppich‹ der Älteren zeigt trotz unübersehbarer Phänomene der Auswahl nach wie vor eine große Nähe zum überkommenen religiösen Modell. Mit einer deutlichen Grenze um das 45. Lebensjahr herum nehmen zu den jüngeren Jahrgängen hin die eigengewirkten Anteile zu. Den Extrempol in dieser Richtung bilden Jugendliche aus der Okkultszene mit einer ausgeprägten ›Sinn-Bricolage‹ und der Suche nach dem ›Okkult-Thrill‹ mit hoher Erlebnisintensität.«[72]

Die persönliche Auswahl und Komposition religiös-weltanschaulicher Orientierungen ist zu einem durchgehenden Charakteristikum individualisierter religiöser Erfahrung geworden. Sinngebung wird als Eigenaktivität verstanden.[73]

In sozialer Hinsicht ist diese Form des Religiösen vor allem in den von Gerhard Schulze als ich- und erlebnisorientiert beschriebenen Selbstverwirklichungs- und Unterhaltungsmilieus beheimatet.[74] Die die Sozialstruktur von Kirchenge-

---

71. Zitiert nach: Heiner Barz, Meine Religion mach ich mir selbst! In: Psychologie heute, 22. Jg., Heft 7/1995, 20-27, 25.
72. Karl Gabriel, a.a.O., 39.
73. Vgl. Michael N. Ebertz, Forschungsbericht zur Religionssoziologie, in: International Journal of Practical Theology, Volume 1, 1997, 268-301, 286f.
74. Gerhard Schulze, Die Erlebnisgesellschaft, a.a.O., 75, 278, 302, 323.

meinden prägenden Niveau-, Harmonie- und Integrationsmilieus verhalten sich hingegen traditioneller.⁷⁵ Michael N. Ebertz macht darauf aufmerksam, daß die von Schulze beobachtete Bedeutung des Ästhetischen bei der Konfiguration der unterschiedlichen Milieus auch für die Formen religiöser Erfahrung in diesen gilt.⁷⁶
Die allgemeinen Ästhetisierungsprozesse spiegeln sich also auch im Religiösen wider.
Der vierte Aspekt der religiösen Lage ist das Fehlen der Religionsthematik, geschweige denn der Theologie, in den Debatten der kulturellen Eliten. Wann war, fragt man sich, zum letzten Mal ein Theologe als Autor in einem der Medien präsent, die das intellektuelle Gegenwartsbewußtsein repräsentieren? Wo sind Texte über Religion und Kirche in »Lettre«, im »Merkur« oder in »Die Zeit«? Warum behandelt Wolfgang Welsch in seinen Büchern, die zu einem Gutteil Bestandsaufnahmen der kulturwissenschaftlichen Gegenwartsdiskussionen sind, keinen einzigen theologischen Autor? Wird Religion zunehmend zum Trost der ungebildeten Massen? Wollen die Gebildeten nichts mehr mit Religion zu tun haben? Ist Religion mit dem intellektuellen Gegenwartsbewußtsein nicht mehr synchronisierbar?
Diese Fragen verweisen auf ein problematisches Verhältnis von Religion, Kultur und Bildung. Die Ergebnisse von Befragungen unter Studierenden, die im Zusammenhang einer EKD-Studie über die evangelische Hochschularbeit durchgeführt wurden, bestätigen den ersten Eindruck: Themen aus den Bereichen Christentum und Kirche bilden mit Abstand das Schlußlicht auf der Skala der als bildungsrelevant angesehenen Themenfelder und Lebensbereiche.⁷⁷
Diese Distanz ist wechselseitiger Natur. Denn auch im Kontext von Theologie und Kirche fehlt es an der Auseinandersetzung mit den Entwicklungen der Gegenwartskultur. Die kulturhermeneutischen Ansätze innerhalb der Praktischen Theologie bilden hier Ausnahmen und sind nicht repräsentativ für die Gesamtsituation an den theologischen Fakultäten. Vielerorts reagiert die Theologie – genauso wie die Kirche – auf ihren kulturellen Bedeutungsverlust in erster Linie mit Rückzugstendenzen. Erst in letzter Zeit wird Gegenläufiges sichtbar.⁷⁸ Die

---

75. Michael N. Ebertz, a.a.O., 290.
76. Ebd., 289f.
77. Kirchenamt der EKD (Hg.), Der Dienst der Evangelischen Kirche an der Hochschule, Gütersloh 1991.
78. Ein prominentes Gegenbeispiel ist ein unlängst von der Evangelischen Kirche in Deutschland (EKD) veröffentlichtes Impulspapier, das einen zweijährigen Konsultationsprozeß über das Verhältnis von Protestantismus und Kultur einleiten soll, an dessen Ende, nach dem Vorbild des kirchlichen Sozialwortes, eine gemeinsame Äußerung des Rates der EKD und des Präsidiums der Vereinigung Evangelischer Freikirchen zur Kulturfrage stehen soll. Das Papier beklagt das problematische Verhält-

1. Kulturhermeneutik als theologische Aufgabe 35

Distanz zwischen Gegenwartskultur und Theologie ist gleichwohl mittlerweile groß geworden. Ein wesentlicher Grund für diese Entwicklung ist der radikale Plausibilitätsverlust der religiösen Traditionen. Dieses schon von der Moderne geerbte Problem gehört zu den Phänomenen, die in der Postmoderne noch eine Zuspitzung erfahren haben.

Die Abwesenheit der Religion als Thema in den Debatten der kulturellen Avantgarden verweist auf den letzten Aspekt, den ich im Rahmen dieser Beschreibung des Wandels der religiösen Lage hervorheben möchte: auf die partielle Ablösung und Umformung der religiösen Traditionen durch andere Kulturformen.[79] Wilhelm Gräb betont: »Die Stiftung von Sinnzuschreibungen, die Kontingenz aushalten helfen, hat in der Moderne westlicher Gesellschaften eine plurale Gestalt angenommen.«[80] Das Spektrum reiche von der Lebensberatungskolumne über den esoterischen Buchmarkt, die Therapie- und Fitneßszene bis hin zur Werbung und zur bildenden Kunst. Diese Lebensdeutungsangebote könnten als »gelebte Religion« angesehen werden, »wenn sie die Lebensansicht der Menschen im Sinne des subjektiv-plausiblen Entwerfens von Sinn im eigenen Dasein generieren«.[81]

Der Ausdifferenzierungsprozeß der kulturellen Sinndeutungsangebote weist vielfältige Übergänge zu der Herausbildung individualisierter Religion auf. So lassen sich zum Beispiel innerhalb der Öko- und Psychoszene mehr religiös konnotierte Bereiche von rein ökologisch oder therapeutisch orientierten unterscheiden. Franz-Xaver Kaufmann betont in diesem Zusammenhang die Segmentierungsbewegung: Es gebe keine Instanz mehr, die die Befriedigung religiöser Bedürfnisse in mehrheitsfähiger Weise leisten könne.[82]

Der Blick auf die kulturelle Präsenz und Verbreitung der populären Kultur läßt allerdings fragen, ob diese Einschätzung in jeder Hinsicht aufrechterhalten werden kann. Denn die massenmedial via Fernsehen, Kino, Video, CD, Internet und Printmedien verbreiteten Erzählungen der populären Kultur erreichen einen sehr hohen Verbreitungsgrad und haben zugleich in hohem Maße, wie am Beispiel des populären Films zu zeigen sein wird, Funktionen der Sinndeutung

---

nis von Gegenwartskultur und protestantischer Religionskultur und will dazu beitragen, die bleibende kulturprägende und kulturkritische Bedeutung des Protestantismus auch denen gegenüber plausibel zu machen, die Kirche und Religion für kulturell schädlich oder irrelevant halten. Vgl. EKD u. a. (Hg.), Gestaltung und Kritik. Zum Verhältnis von Protestantismus und Kultur im neuen Jahrhundert, Hannover und Frankfurt/M. 1999, 5f.
79. Vgl. Franz-Xaver Kaufmann, Religion und Modernität. Sozialwissenschaftliche Perspektiven, Tübingen 1989, 71, 86.
80. Wilhelm Gräb, a.a.O., 88.
81. Ebd., 89.
82. Franz-Xaver Kaufmann, a.a.O., 86.

übernommen, die ursprünglich religiöse und mythologische Erzählungen innehatten.[83] Die Erzählungen der populären Kultur beziehen sich dabei in eklektizistischer Weise auf das symbolische Material der jüdisch-christlichen Tradition und verarbeiten es im Sinne ihrer Intentionen.[84] Der Umgang der populären Kultur mit der Tradition ähnelt also in seinem Grundmuster dem subjektiv-eklektizistischen Traditionsbezug der individuellen Religionskonstruktionen. Allerdings beruht die religionsanaloge Bedeutung der populären Kultur nicht in erster Linie auf der eklektizistischen Fortschreibung der jüdisch-christlichen Traditionsströme. Populäre Filme etwa »funktionieren« nicht deswegen, weil sie Motive der biblischen Tradition aufnehmen.[85] Sie sind vielmehr darum so erfolgreich, weil sie auf spannende und eingängige Weise universale Grundkonflikte aufbereiten.[86] Die religionsähnliche Bedeutung der populären Kultur basiert, wie zu zeigen sein wird, im wesentlichen auf der Auseinandersetzung mit existentiellen Grundfragen. Diese Fragen bilden eine anthropologische Schnittmenge von traditioneller Religionskultur und populärer Gegenwartskultur.

Besondere Beachtung verdient die populäre Kultur heute auch aufgrund ihrer quantitativ dominanten soziokulturellen Stellung. Es handelt sich dabei um eine Dominanz, die erst in den letzten Jahrzehnten mit dieser Intensität hervorgetreten ist. Denn sie hat sich erst im Kontext der postmodernen Kulturentwicklung mit ihrer Mischung aus dem Geltungsverlust der Traditionen, der Pluralisierung, der Individualisierung und der medientechnologischen Innovation und Expansion in dieser umfassenden Form herausbilden können.

Das allgemeine Phänomen der Umformung der religiösen Tradition durch andere Kulturformen wird hingegen schon zu Beginn des 20. Jahrhunderts von einigen Autoren beobachtet. So hat schon Georg Simmel die religiöse Lage um die Jahrhundertwende als dadurch gekennzeichnet beschrieben, daß die religiösen Inhalte ihre Plausibilität verloren haben, das religiöse Bedürfnis und die

---

83. Im Blick auf das Fernsehen bemerkt dazu Günter Thomas: »Der Individualisierung von Lebens-, Welt- und Selbstdeutung steht im Fernsehen die Herausbildung national bis international vereinheitlichter Symbolsysteme gegenüber.« Günter Thomas, Medien – Ritual – Religion. Zur religiösen Funktion des Fernsehens, Frankfurt/M. 1996, 627f.
84. Vgl. dazu auch Hans-Martin Gutmann, Der Herr der Heerscharen, die Prinzessin der Herzen und der König der Löwen. Religion lehren zwischen Kirche, Schule und populärer Kultur, Gütersloh 1998, 28, 41, 218, 245.
85. Gegen Hans-Martin Gutmann, der die Resonanz populärer Kultur auf die Aneignung jüdisch-christlicher Symbolik zurückführen will, ohne diese Thesen allerdings durch seine Analysen wirklich plausibel machen zu können, ders., a.a.O., 41.
86. Siehe unten 3.2.

Frage nach einem letzten Sinn jedoch fortbestehen.[87] Diese Bedürfnisse werden laut Simmel von der Philosophie und vor allem von der Kunst aufgegriffen und bearbeitet.[88] Simmels Zeitgenosse Max Weber hat sich im Blick auf die Kunst in seiner »Zwischenbetrachtung« zur Wirtschaftsethik in ähnlicher Weise geäußert. »Sie [die Kunst, d. Verf.] übernimmt die Funktionen einer, gleichviel wie gedeuteten, innerweltlichen Erlösung: vom Alltag und, vor allem, auch von dem zunehmenden Druck des theoretischen und praktischen Rationalismus. Mit diesem Anspruch aber tritt sie in direkte Konkurrenz zur Erlösungsreligion.«[89] Thomas Rentsch hat diese Sichtweise unlängst im Blick auf das Verhältnis von Theologie und Kunsttheorie untermauert, indem er auf die begrifflichen Kontinuitäten zwischen religiöser und ästhetischer Erfahrung aufmerksam gemacht hat.[90] Rentsch zeigt, daß die traditionelle eschatologische Glücksverheißung als Vorgestalt moderner Bestimmungen ästhetischer Erfahrung von Baumgarten bis Adorno interpretiert werden kann.

Die Stellung, die für die Intellektuellen Philosophie und Kunst einnehmen, hat für weite Teile der Bevölkerung die populäre Kultur inne. Bevor diese religionsverwandte Bedeutung der populären Kultur am Beispiel einzelner Filme aus den 90er Jahren untersucht werden kann, sind jedoch noch einige begriffliche und methodische Voraussetzungen zu klären und einige relevante Kontexte zu beschreiben.

1.2 Kulturhermeneutik als theologische Aufgabe

Ein Ausgangspunkt heutiger kulturhermeneutischer Arbeit innerhalb der Theologie ist die oben beschriebene Distanz von Gegenwartskultur und Religion. Vor diesem Hintergrund versucht die theologische Kulturhermeneutik im Austausch mit der Gegenwartskultur, einen Prozeß der wechselseitigen Deutung

---

87. Georg Simmel, Das Problem der religiösen Lage, in: ders., Philosophische Kultur. Über das Abenteuer, die Geschlechter und die Krise der Moderne. Gesammelte Essais. Mit einem Nachwort von Jürgen Habermas, Berlin 1983 (zuerst Leipzig 1911), 168-182, 168ff.
88. Vgl. dazu den instruktiven Aufsatz von Markus Schröder, Immanente Transzendenz. Die Religionstheorie Georg Simmels, in: Jörg Herrmann/Andreas Mertin/Eveline Valtink (Hg.), Die Gegenwart der Kunst. Religiöse und ästhetische Erfahrung heute, München 1998, 233-248.
89. Max Weber, Gesammelte Aufsätze zur Religionssoziologie I, Tübingen 4/1947, 555; vgl. dazu auch: Wilhelm Gräb, Kunst und Religion in der Moderne. Thesen zum Verhältnis von ästhetischer und religiöser Erfahrung, in: Jörg Herrmann u. a. (Hg.), a.a.O., 57-72.
90. Thomas Rentsch, Der Augenblick des Schönen. Visio beatifica und Geschichte der ästhetischen Idee, in: Jörg Herrmann u. a. (Hg.), a.a.O., München 1998, 106-126.

von Tradition und Gegenwartserfahrung zu inszenieren, der im Idealfall beiden Seiten neue Plausibilitäten und Perspektiven eröffnet. Ob sich diese neuen Plausibilitäten allerdings einstellen und ob sie gar von sinnorientierender Qualität sind, kann sich nur im Prozeß der Deutung bzw. Interpretation selbst erweisen. Ziel wäre eine wechselseitige kritische Erhellung von gegenwartskulturellen und religionskulturellen Kontexten.

Eine so verstandene theologische Kulturhermeneutik steht in der Tradition der Hermeneutik als kulturwissenschaftlicher Basismethode, die auf Verstehen zielt.[91]

Die Differenzen der jeweiligen Diskurse werden dabei respektiert und bleiben bestehen. Es geht nicht um Anpassung oder Integration kultureller Weltsichten in religiöse, intendiert ist vielmehr zum einen das Sichtbarmachen von plausiblen Übergängen und bestehenden Gemeinsamkeiten und zum anderen das Herausarbeiten von Differenzen und abweichenden Sichtweisen.

Im Unterschied zur literarischen oder filmischen Hermeneutik zeichnet sich die theologische Kulturhermeneutik dabei durch eine komplexe Konstellation aus. Sie hat nämlich nicht nur zwischen dem Gegenwartshorizont des Interpreten und dem Horizont des Werkes zu vermitteln, sondern verlangt genau genommen die Vermittlung dreier Horizonte: der Horizonte der religiösen Tradition, der Gegenwartskultur – hier des Films – und des Interpreten.[92]

In der vorliegenden Arbeit wird zum einen davon ausgegangen, daß die Tradition in einer angeeigneten Form im Gegenwartshorizont des Interpreten schon enthalten ist und sie also unwillkürlich in der religionssensiblen Kulturhermeneutik zum Zuge kommt. Zum anderen wird die Tradition durch die Formulierung eines funktionalen Religionsbegriffs in spezifischer Weise hermeneutisch aufgenommen und so in der Form einer explizierten Reflexion in den Gegenwartshorizont des Interpreten integriert.

In der Auseinandersetzung mit den jeweiligen gegenwartskulturellen Kontexten versteht sich die theologische Kulturhermeneutik im Sinne der hermeneutischen Tradition der Kulturwissenschaften – welche im übrigen in der Tradition der theologischen Hermeneutik wurzelt – als dialogische Suche nach Sinn, der sich im Prozeß der theologisch-kulturhermeneutischen Befragung und Deutung der Gegenwartskultur konstituiert.[93]

Vor dem Hintergrund postmodernen Differenzdenkens erscheint es mir in die-

---

91. Vgl. Kurt Wuchterl, Methoden der Gegenwartsphilosophie, Stuttgart 2/1987, 162ff.
92. Hermeneutik verstehe ich im Anschluß an Hans-Georg Gadamer (vgl. Wahrheit und Methode, Tübingen 2/1965) und Hans Robert Jauß (vgl. Ästhetische Erfahrung und literarische Hermeneutik, Frankfurt/M. 2/1997, bes. 657ff.) als bewußten Vollzug der Vermittlung der differenten Horizonte von Interpret und Werk.
93. Vgl. Hans Robert Jauß, a.a.O., 679.

sem Zusammenhang sinnvoll, den Begriff der Deutung gegenüber dem des Verstehens zu favorisieren. »Deutung« berücksichtigt stärker als das resultative »Verstehen« sowohl die Prozessualität kultureller Bedeutungskonstitution als auch die bleibende Fremdheit des Gedeuteten.

Motiviert ist das kulturhermeneutische Interesse der Theologie durch den hermeneutischen Charakter ihres Bezugsfeldes: der jüdisch-christlichen Religiosität selbst. Diese lebt schließlich vom Deuten der Schrift.[94] Dabei sahen schon die mittelalterliche Theologie und in Anknüpfung an sie auch die altprotestantische Orthodoxie, daß dieser Auslegungsprozeß eine zweifache Lektüre – in den genannten Traditionen: der Bibel und des Buches der Natur – beinhaltet.[95] Später ist aus der Lektüre im Buch der Natur – der vorneuzeitlichen Form, den Gegenwartshorizont im hermeneutischen Zirkel zu reflektieren – Kulturtheologie respektive Kulturhermeneutik geworden.

Heutige Kulturhermeneutik aus theologischer Perspektive ist somit nichts anderes als eine aktualisierte Form dieser doppelten Lektüre. Sie trägt der Tatsache Rechnung, daß eine Erschließung der religiösen Tradition um eine Auseinandersetzung mit dem eigenen Horizont nicht herum kommt. Dieser eigene Horizont ist gegenwartskulturell geprägt. Indem die hermeneutische Bemühung über die Reflexion der Subjektivität des Interpreten hinaus auch die gegenwartskulturellen Kontexte einbezieht, kann sie allgemeinere Erschließungskraft gewinnen und darin dem jüdisch-christlichen Interesse an allgemeiner Nachvollziehbarkeit der eigenen Glaubensüberzeugungen entsprechen.

In kulturhistorischer Hinsicht steht die kulturhermeneutische Arbeit der Theologie im Kontext einer langen Geschichte des Verhältnisses von Kultur und Theologie respektive Religion, das auch ganz andere Konstellationen als die heutige Distanz von Theologie und Kultur kennt. Die verschiedenen Ausformungen dieses Verhältnisses können mit den Begriffen Differenz und Synthese beschrieben werden.

Vorneuzeitlich kann von einer weitgehenden Übereinstimmung von Kultur und Religion gesprochen werden. Mit dem Beginn der neuzeitlichen Ausdifferenzierungsprozesse wächst die Distanz zwischen Kultur und Religionskultur. Diese Entwicklung hat unter anderem dazu geführt, daß die protestantische Theologie ihre Beziehung zur Kultur eigens reflektiert hat. Dabei ist die Situation zu Beginn des 20. Jahrhunderts durch den sogenannten Kulturprotestantismus gekennzeichnet.[96] Er versucht, den Standort des Protestantismus in einem sich

---

94. Vgl. Wilfried Härle, Dogmatik, Berlin/New York 1995, 111ff.
95. Vgl. Hans-Joachim Birkner, Natürliche Theologie und Offenbarungstheologie. Ein theologiegeschichtlicher Überblick, NZSTh 3, 1961, 279-295, 281ff.
96. Vgl. Dietrich Korsch, Kulturprotestantismus als Kulturhermeneutik, in: Barbara Heller (Hg.), Kulturtheologie heute? Hofgeismarer Protokolle 311, Hofgeismar

pluralisierenden Kontext positiv zu bestimmen. Vor dem Hintergrund der unwiderruflich zerbrochenen Einheit von Kultur und Religion sucht der Kulturprotestantismus nach neuen Verbindungen und Gemeinsamkeiten mit der Kultur und verfolgt das Projekt einer humanisierenden Mitwirkung des protestantischen Christentums an der soziokulturellen Entwicklung der Gesellschaft. Diese Tradition bricht mit dem Nationalsozialismus ab.

Anders entwickelt sich die dialektische Theologie. In ihr hatte sich im Nachgang des Ersten Weltkrieges und im kritischen Gegenüber zum kulturprotestantischen Lager ein radikales Differenzmodell artikuliert, das durch die Auseinandersetzung mit dem Nationalsozialismus an Schärfe noch gewann. Die Tradition der dialektischen Theologie bestimmte dann auch die theologische Ausgangslage im Nachkriegsdeutschland. Das Problem einer systematisch reflektierten Verhältnisbestimmung von Kultur und Religion war dabei von der dialektischen Theologie als ungeklärt hinterlassen worden.[97]

Eine Ausnahme bildet der 1933 emigrierte Paul Tillich, der sich wie kaum ein anderer Theologe seiner Generation mit der Frage des Verhältnisses von Theologie und Kultur auseinandergesetzt hat. Seine kulturtheologischen Überlegungen enthalten einige Anknüpfungspunkte für eine theologische Kulturhermeneutik der Gegenwart. Im Anschluß an Tillich lassen sich auch die systematisch-theologischen Motivationen für die kulturhermeneutische Aufgabe der Theologie nochmals benennen.

Tillich beschreibt die zentrale Aufgabe der Theologie als Vermittlung von »Botschaft und Situation«.[98] Unter »Situation« versteht er den »geistig-kulturellen Gesamtausdruck« einer Zeit.[99] Es geht also um die Vermittlung zweier kultureller Teilbereiche: des gegenwartskulturellen Kontextes und der christlichen Religionskultur. Motiv für diese Vermittlungsbemühung ist der universale Geltungsanspruch des christlichen Glaubens. Der christliche Glaube beansprucht ja, zu allen Zeiten und für alle Menschen befreiende Deutungspotentiale bereitzuhalten. Die Theologie versucht, diesem universalen Anspruch denkend zu entsprechen. Ihr Sinn steht mit seiner Plausibilisierung auf dem Spiel. In der Theologiegeschichte hat dieses Problem eine bis in die Antike zurückreichende Geschichte unter dem Titel der natürlichen Theologie.[100] Ihr zentrales Anliegen ist, die allgemeine Plausibilität von theologischen Aussagen zu erweisen.

1997, 7-21, 7ff. Friedrich Wilhelm Graf/Klaus Tanner, Kultur. II. Theologiegeschichtlich, in: TRE, Bd. XX, hrsg. von Gerhard Müller, Berlin/New York 1990, 187-209.

97. Vgl. dazu auch Christof Gestrich, Die unbewältigte natürliche Theologie, in: ZThK 68, 1971, 82-120, 96ff.

98. Paul Tillich, Systematische Theologie, Bd 1, Stuttgart <Chicago 1951> 5/1977, 9.

99. Ebd., 10

100. Vgl. Christof Gestrich, a.a.O., 99, 102.

1. Kulturhermeneutik als theologische Aufgabe 41

In einer Situation radikaler Pluralität von Rationalitäts- und Kulturformen kann dieser Anspruch jedoch nicht mehr durch eine einzige argumentative oder hermeneutische Bemühung aufgegriffen werden. Es geht heute vielmehr darum, in vielfältigen Dialogen Gemeinsamkeiten und Übergänge zwischen gegenwartskulturellen und theologischen Diskursen zu beschreiben. Damit tritt eine pluralitätsbewußte theologische Kulturhermeneutik heute an die Stelle der natürlichen Theologie. Denn sie thematisiert die Beziehungen von Theologie und Kultur mit dem Interesse an der wechselseitigen Erschließung religiöser und gegenwartskultureller Deutungen und verfolgt damit das Interesse an einer Plausibilisierung der religiösen Tradition unter den Bedingungen postmoderner Pluralität.

Tillich hat die Fragestellung der methodischen Verhältnisbestimmung von Kultur und Theologie mit seiner »Methode der Korrelation« aufgegriffen.[101] In ihr sind Theologie und Kultur nach dem Schema von »existentiellen Fragen und theologischen Antworten« aufeinander bezogen.[102] Dieses einseitige und hierarchische Modell berücksichtigt zu wenig, daß auch kulturelle Deutungen existentielle Sinnfragen beantworten.[103] Vor dem Hintergrund dieser Erkenntnis ist Tillichs Modell im Sinne einer dialogischen Beziehung zwischen Theologie und Kultur abzuwandeln. In diesem Modell sind in beiden Bereichen Fragen und Antworten vorhanden, die aufeinander bezogen werden können. Immer noch plausible Anregungen für die konzeptionelle Ausgestaltung des Vermittlungsmodells finden sich in Tillichs frühem Aufsatz »Über die Idee einer Theologie der Kultur« von 1919.[104] Darin versteht Tillich die Theologie als normative Kulturwissenschaft. Als Vermittlungsbegriff zwischen Theologie und Kultur etabliert er den Begriff der Religion. Weiterhin unterscheidet er zwischen dem »Kirchentheologen« und dem »Kulturtheologen«. Aufgabe des Kulturtheologen sei es, die religiöse Substanz der Kultur herauszuarbeiten. Beide Aspekte, sowohl die zentrale Stellung des Religionsbegriffes wie auch die Unterscheidung von mehr innenorientierter und mehr außenorientierter theologischer Arbeit, sind nach wie vor aktuell. Die Schlüsselstellung des Religions-

---

101. Paul Tillich, Das Problem der theologischen Methode, in: Ergänzungsband IV zu den gesammelten Werken, hrsg. von Ingeborg C. Henel, Stuttgart <1946> 1975, 19-35; Systematische Theologie, Bd. II, Stuttgart <Chicago 1957> 5/1977, 19ff. u.ö.

102. Ebd., 19.

103. Albrecht Grözinger kritisiert Tillichs These von der religiösen Grundierung der Kultur als »einen heimlichen theologischen Imperialismus«. Vgl. Albrecht Grözinger, Theologie und Kultur. Praktisch-Theologische Bemerkungen zu einem komplexen Zusammenhang, in: Theologia Practica 24. Jg., 1989 Heft 3, 201-213, 210.

104. Ders., Über die Idee einer Theologie der Kultur, in: Gesammelte Werke Bd. IX, hrsg. von Renate Albrecht, Stuttgart 1959ff., 13-31.

begriffs verweist dabei auch auf einen zentralen Ausgangspunkt gegenwärtiger Kulturtheologie.

Heutige Kulturtheologie findet sich vor allem im Umkreis der Praktischen Theologie und ihrer »empirisch-hermeneutischen Wende«.[105] Im Zuge dieser Orientierung hat sich die Praktische Theologie zunehmend für die heute gelebte Religion interessiert und sich darum auch dem Phänomen der Religion außerhalb der Institution Kirche zugewandt.[106] Seither beteiligt sich die Praktische Theologie »selbst daran, das Phänomen der Religion in seiner expliziten und oft auch impliziten – also hermeneutisch erst zu erschließenden – Vielfalt verstehen zu lernen«.[107] Im Verlauf dieser Entwicklung hat sich die Praktische Theologie immer mehr als eigenständige Disziplin definiert, die an der Schnittstelle von Theorie und Praxis operiert und eine Dialogfunktion hat, die nicht darin aufgeht, Theoriekonzepte der Systematik oder der biblischen Fächer im Blick auf kirchliche Praxisfelder umzusetzen, sondern vor allem auch darin besteht, einen produktiven Austausch zwischen Gegenwartskultur und Religionskultur zu ermöglichen. Es hat also eine »kulturhermeneutische Neubestimmung und Erweiterung der Praktischen Theologie« stattgefunden.[108] Ihr besonderes Anliegen ist der Aufbau einer »religiösen Gegenwartskunde«.[109] Im Zentrum einer sich so verstehenden Praktischen Theologie steht ein funktionaler Religionsbegriff, der es ermöglicht, die religiösen Aspekte der Gegenwartskultur hermeneutisch zu erschließen. Es geht dabei um die religiöse Interpretation einer Kultur, die sich selbst zumeist nicht als religiös versteht. Die religiöse Dimension der Kultur wird also erst vermittels der Optik des funktionalen Religionsbegriffs sichtbar: Sie ergibt sich in der Perspektive theologischer Kulturhermeneutik. Aus der Sicht der Kultur kann diese Herangehensweise als vereinnahmend erscheinen. Darum ist ihre Perspektivität deutlich zu kennzeichnen. Ihr Vorteil ist, daß sie gemeinsame Fragestellungen von Theologie und Kultur aufzeigen kann.

In theologiegeschichtlicher Perspektive greift die theologische Kulturhermeneutik damit – wie schon angedeutet – das alte Anliegen der natürlichen Theologie auf, die allgemeine Plausibilität des christlichen Glaubens reflexiv aufzuweisen. Sie unterscheidet sich von ihren theologiegeschichtlichen Vorläufern jedoch durch ihre pluralitätsbewußte und empirisch-hermeneutische Ausrichtung.

In kulturtheoretischer Hinsicht knüpft dieser Ansatz an Wolfgang Welschs Kon-

---

105. Wilhelm Gräb und Richard R. Osmer, Editorial, International Journal of Practical Theology, Volume 1, 1997, 6-10, 7; vgl. dazu und zum Folgenden auch: Wilhelm Gräb, Lebensgeschichten, a.a.O., 23ff.
106. Dietrich Rössler, Grundriß der Praktischen Theologie, Berlin/New York 1986, 3ff. u. 90ff.
107. Wilhelm Gräb und Richard R. Osmer, a.a.O., 8
108. Ebd., 7
109. Ebd.

zept einer »transversalen Vernunft« an.[110] Mit Welsch halte ich Lyotards These von der absoluten Heterogenität der Diskurse für überspitzt.[111] Sehr wohl lassen sich Übergänge, Verflechtungen und Gemeinsamkeiten zwischen heterogenen kulturellen Diskursen auffinden und hermeneutisch herausarbeiten. Die dafür notwendige Reflexionsarbeit erfordert darum noch keine Metatheorie. Sie sucht Anschlüsse und Übergänge aus der Perspektive ihrer Ausgangsposition auf. Im Falle der hier intendierten theologischen Kulturhermeneutik ist dies zunächst vor allem die Perspektive eines im Kontext der jüdisch-christlichen Tradition entwickelten funktionalen Religionsbegriffs. Dieser Begriff von Religion steht wiederum im Zusammenhang mit einem Begriff von Kultur als System symbolischer Formen. Im folgenden werden darum zuerst der Begriff der Kultur und im Anschluß der der Religion näher bestimmt. Wie das gegenwartskulturelle Bezugsfeld der theologischen Kulturhermeneutik im Blick auf den Film beschaffen ist, wird daraufhin in weiteren Schritten ausgeführt.

Zuvor sei jedoch noch ein wesentlicher Aspekt hervorgehoben: So sehr es im Rahmen der hier angestrebten dialogischen Beziehung zwischen Gegenwartskultur und christlicher Religionskultur darum geht, Schnittmengen und Übergänge herauszuarbeiten, so essentiell gehört zum Dialog doch auch die wechselseitige Kritik und das Aufzeigen von Differenzen. Ein so verstandener Dialog müßte die kulturkritische Kraft der protestantischen Religionskultur darum ebenso zur Entfaltung bringen wie das religionskritische Potential der Gegenwartskultur. Es geht mithin um eine von Anknüpfung und Widerspruch gekennzeichnete Beziehung zwischen protestantischer Religionskultur und Gegenwartskultur, bei der die wechselseitigen Herausforderungspotentiale produktiv zur Sprache gebracht werden.

Daß dieser Aspekt der Wechselseitigkeit in der aktuellen kulturtheologischen Diskussion nach wie vor zu kurz kommt, zeigt das unlängst von der EKD veröffentlichte Impulspapier »Gestaltung und Kritik. Zum Verhältnis von Protestantismus und Kultur im neuen Jahrhundert«. Darin heißt es: »Zu den Aufgaben der Kirche gehört es (...), auch im Bereich der Kultur zwischen Lebensförderndem und Lebensschädigendem zu unterscheiden. Gestaltung und Kritik bestimmen zusammen das Verhältnis von Protestantismus und Kultur. Die Kirche ist deshalb zur kritischen Teilnahme an der kulturellen Entwicklung der eigenen Gegenwart verpflichtet. Wenn ihr das gelingt, leistet sie kulturelle Diakonie. Zu

---

110. Wolfgang Welsch, Unsere postmoderne Moderne, a.a.O., 295 ff.; Welsch hat sein »Konzept der transversalen Vernunft« in einer späteren Publikation weiter ausgearbeitet (ders., Vernunft. Die zeitgenössische Vernunftkritik und das Konzept der transversalen Vernunft, Frankfurt/M. 1996). Die Grundgedanken sind jedoch schon in dem Postmoderne-Buch enthalten.
111. Vgl. Jean-François Lyotard, Der Widerstreit, München <Paris 1983> 2/1989.

ihren Aufgaben gehört es aber ebenso, nach den kulturellen Ausdrucksformen zu suchen, ohne die der Glaube gar nicht Gestalt gewinnen kann. Denn nur wo der Glaube in überzeugender Form kulturell zum Ausdruck kommt, gelingt die Inkulturation des Christentums.«[112]

Hier ist zwar vom kulturkritischen Engagement des Protestantismus die Rede und von der kulturellen Gestaltung des Glaubens, nicht aber von den Herausforderungen, die die Gegenwartskultur für die protestantische Religionskultur darstellt. Was fehlt, ist die Umkehrung der Perspektive: die Wahrnehmung dafür, daß es auch für Theologie und Kirche von der Gegenwartskultur zu lernen gibt – und zwar nicht nur, wie man die eigenen Überzeugungen zeitgemäßer formulieren kann.

1.3 Kultur und populäre Kultur – Begriffsklärungen

1.3.1 Kultur

Theologische Kulturhermeneutik muß sich Klarheit verschaffen über den Begriff der Kultur, den sie zugrunde legen will. Um den Horizont möglichst offen zu halten, gehe ich dabei von einem weiten Kulturbegriff aus, wie er in den kulturphilosophischen und kulturtheologischen Traditionen bei Ernst Cassirer und Paul Tillich vorliegt. Tillich formuliert: »Kultur ist das, was der menschliche Geist über das Gegebene hinaus schafft. (...) Das heißt, Kultur umschließt das gesamte geistige Leben des Menschen, und nichts kann davon ausgeschlossen sein, (...) auch nicht Religion.«[113]

Mit Clifford Geertz läßt sich diese Bestimmung semiotisch präzisieren. Geertz betrachtet den Menschen im Sinne Max Webers als ein Wesen, »das in selbstgesponnene Bedeutungsgewebe verstrickt ist«, und fügt hinzu: »wobei ich Kultur als dieses Gewebe ansehe. Ihre Untersuchung ist daher keine experimentelle Wissenschaft, die nach Gesetzen sucht, sondern eine interpretierende, die nach Bedeutungen sucht«.[114] Der Akt der Interpretation ist dabei unhintergehbar[115] und bedeutet immer auch eine Partizipation am Gegenstand der Interpretation.[116]

Geertz qualifiziert das kulturelle Bedeutungsgewebe näherhin als öffentlich[117]

---

112. EKD u. a. (Hg.), a.a.O., 23.
113. Paul Tillich, Über die Grenzen von Religion und Kultur, in: Gesammelte Werke Bd. IX, hrsg. von Renate Albrecht, Stuttgart 1959ff., 94-99, 94.
114. Clifford Geertz, Dichte Beschreibung. Bemerkungen zu einer deutenden Theorie von Kultur, in: ders., Dichte Beschreibung. Beiträge zum Verstehen kultureller Systeme, Frankfurt/M. 4/1995, 7-43, 9.
115. Ebd., 14ff.
116. Ebd., 26ff.
117. Ebd., 18ff.

und symbolisch[118] strukturiert. Unter Aufnahme von Cassirers Begriff der symbolischen Formen kann Geertz darum auch sagen: »Der Kulturbegriff, den ich verwende, (...) bezeichnet ein historisch überliefertes System von Bedeutungen, die in symbolischer Gestalt auftreten, ein System überkommener Vorstellungen, die sich in symbolischen Formen ausdrücken, ein System, mit dessen Hilfe die Menschen ihr Wissen vom Leben und ihre Einstellungen zum Leben mitteilen, erhalten und weiterentwickeln.«[119]

Ohne die kulturellen Symbole »würde das Verhalten des Menschen nicht steuerbar sein, ein bloßes Chaos bedeutungsloser Akte und explodierender Emotionen, würde seine Erfahrung praktisch konturenlos sein«.[120]

Zusammenfassend läßt sich sagen: Kultur ist das Korrelat der Unbestimmtheit des »Mängelwesens« (Arnold Gehlen) Mensch. Der Mensch steht somit zum einen unter dem Zwang, sich kulturelle Orientierungssysteme schaffen bzw. anzueignen zu müssen. Kultur ist so gesehen notwendig. Der Mensch ist andererseits als Kulturschaffender zugleich frei. Kultur ist darum von Friedrich Wilhelm Graf und Klaus Tanner treffend als »Gestaltungsraum menschlicher Freiheit« beschrieben worden.[121]

Symbol

Der Symbolbegriff ist ein Schlüsselbegriff zeitgenössischer Kultur- und Religionstheorie. Seine Klärung gehört deshalb zu den Voraussetzungen heutiger Kulturhermeneutik. Ich beginne mit Ernst Cassirers grundlegenden Überlegungen zum Vorgang der Symbolisierung. Cassirer formuliert: »Unter einer ›symbolischen Form‹ soll jede Energie des Geistes verstanden werden, durch welche ein geistiger Bedeutungsgehalt an ein konkretes sinnliches Zeichen geknüpft und diesem Zeichen innerlich zugeeignet wird. In diesem Sinne tritt uns die Sprache, tritt uns die mythisch-religiöse Welt und die Kunst als je eine besondere symbolische Form entgegen. Denn in ihnen allen prägt sich das Grundphänomen aus, daß unser Bewußtsein sich nicht damit begnügt, den Eindruck des Äußeren zu empfangen, sondern daß es jeden Eindruck mit einer freien Tätigkeit des Ausdrucks verknüpft und durchdringt.«[122]

Symbolische Formen sind mithin als vom menschlichen Geist geschaffene Verbindungen von Sinn und Sinnlichkeit zu verstehen. Aufgrund der basalen anthropologischen Bedeutung dieses Vorganges hat Cassirer den Menschen auch

118. Ebd., 21ff.
119. Ders., Religion als kulturelles System, in: ders., a.a.O., 44-95, 46.
120. Ders., The Impact of the Concept of Culture on the Concept of Man, in: ders., The Interpretation of Cultures, New York 1973, 33-54, 46.
121. Friedrich Wilhelm Graf/Klaus Tanner, Kultur. II. Theologiegeschichtlich, in: TRE, Bd. XX, hrsg. von Gerhard Müller, Berlin/New York 1990, 187-209, 187.
122. Ernst Cassirer, Wesen und Wirkung des Symbolbegriffs, Darmstadt 1983, 175.

ein »animal symbolicum« genannt.[123] Durch die Symbolisierung schafft der Mensch ein Geflecht von Bedeutungsstrukturen, das seine Welt in einer von ihm selbst gestalteten Weise repräsentiert. Man könnte darum auch sagen: Die Grundfunktion von Symbolen ist ihre Repräsentationsfunktion. Sie vergegenwärtigen Abwesendes. Oswald Schwemmer beschreibt diesen Vorgang folgendermaßen: »Symbole sind (...) Gegenstände, die von sich selbst weg- und auf etwas anderes hinweisen, die ihre eigene gegenständliche Präsenz in der Gegenständlichkeit des Repräsentierten aufgehen lassen. Um dies leisten zu können, muß die Form ihrer Gegenständlichkeit von besonderer Art sein. Einerseits müssen sie unsere Aufmerksamkeit klar und eindeutig auf sich ziehen – sonst blieben sie ebenso unbemerkt wie die Gegenstände, die sie repräsentieren sollen. Andererseits müssen sie, indem sie unsere Aufmerksamkeit auf sich ziehen, diese Aufmerksamkeit zugleich weiterleiten auf die repräsentierten Gegenstände.«[124]

Die Verbindung von Symbol und Sinn ergibt sich dabei nicht von selbst, sie wird, wie schon Cassirer betonte, durch kulturelle Prozesse von Bedeutungszuschreibungen hergestellt. Symbole sind darum keine feststehenden Entitäten, sondern interpretationsabhängige Größen. Ihr Sinn oder Unsinn ist abhängig von Kommunikationsprozessen – in der Sprache der Semiotik: von gesellschaftlichen Codierungen. Dieses semiotische Symbolverständnis ist gegenüber den ontologisierenden Tendenzen in der religionspädagogischen Symboldidaktik hervorzuheben.[125] Symbole sind Codierungen, die sich wandeln, keine archetypischen oder ontologischen Wahrheiten.[126]

Abschließend sei auf zwei Grundtendenzen hingewiesen, die man, so Oswald Schwemmer, bei kulturellen Symbolisierungsprozessen generell beobachten kann. Die eine Tendenz nennt Schwemmer die »Tendenz zur Selbstbestätigung und Selbstbehauptung«.[127] Man könnte auch von der affirmativen Tendenz der

---

123. Ders., Versuch über den Menschen, Einführung in eine Philosophie der Kultur. Hamburg 1996, 51.
124. Oswald Schwemmer, a.a.O., 143.
125. Mit Michael Meyer-Blanck, Vom Symbol zum Zeichen. Symboldidaktik und Semiotik, Hannover 1995.
126. In dieser semiotischen Fassung kommt der Symbolbegriff dem Zeichenbegriff sehr nahe. Gleichwohl hat der Zeichenbegriff den Symbolbegriff in der zeitgenössischen Kultur- und Religionstheorie nicht ersetzt. Das hat meines Erachtens unter anderem damit zu tun, daß in der Codierung des Symbolbegriffs zum einen der kulturelle Wachstumsprozeß von Bedeutungszuschreibungen stärker enthalten ist als im Zeichenbegriff und zum anderen die manchen Symbolen eigenen Ähnlichkeitsbeziehungen zwischen Signifikant und Signifikat im Symbolbegriff stärker mitschwingen.
127. Oswald Schwemmer, a.a.O., 178.

Symbolisierungsprozesse sprechen. Bei ihr geht es um orientierende Ordnung und um Identität. Ihr Muster ist reproduktiv, ihre Triebkraft das Bedürfnis nach Beheimatung. Der Gegentrend ist der Trend zu Innovation und Differenz. Er speist sich aus dem Interesse am Neuen. Beide Trends charakterisieren zusammen die dialektische Dynamik von Symbolisierungsprozessen.
Man wird Schwemmers These eine gewisse Plausibilität nicht absprechen können. Sie korrespondiert der oben im Kontext des Kulturbegriffes schon beschriebenen Ambivalenz der Kultur: ihrer reproduktiven Notwendigkeit auf der einen Seite und ihrer kreativen Freiheit auf der anderen. Im Film etwa entspricht dieser Ambivalenz die Polarität von populärem Film und Kunstkino. Bei näherer Betrachtung wird sich deutlich zeigen, daß der populäre Film vorwiegend affirmative Funktionen erfüllt, während das Kunstkino neue Erfahrungen erschließen will.
Beide Tendenzen scheinen in kulturellen Prozessen in der Form eines wechselseitigen Bedingungsverhältnisses grundsätzlich aufeinander bezogen zu sein. Innovation scheint von der Negation beziehungsweise der Infragestellung von Affirmation zu leben und umgekehrt.[128]

1.3.2 Populäre Kultur

Fernsehen, Pop-Musik, Videoclips, Videospiele, populäre Filme, Bestseller und Werbebilder prägen das Bild der Gegenwart. Populäre Kultur ist vor allem audiovisuell präsent: Sie bildet den Hauptinhalt der audiovisuellen Medien. Der populäre Film kann innerhalb dieses Zusammenhangs als ein Leitmedium in qualitativer Hinsicht gelten. Gegenüber dem Fernsehen, dessen quantitative Vormachtstellung unbestritten ist, entwickelt er eine größere semantische und ästhetische Dichte und damit Schwerkraft. Populäre Filme können Akzente im Kontext der populären Kultur setzen und – wie etwa »Titanic« – ihr mediales Umfeld im Musik-, Print- und Fernsehbereich eine Zeit lang durch ausgekoppelte Elemente, Begleitmedien und Medienaufmerksamkeit prägen. Diese gewisse Sonderstellung ändert aber nichts an der Tatsache, daß auch populäre Filme der populären Kultur zuzurechnen sind und ihre Hauptmerkmale teilen. Es ist darum für den Zusammenhang der vorliegenden Untersuchung erhellend, den Begriff der populären Kultur noch etwas genauer zu beschreiben.
Ich beziehe mich dabei auf eine Definition von Noël Carroll, einem der Vordenker einer philosophischen Ästhetik der populären Kultur. Carroll operiert mit dem Begriff der »mass art«, der Massenkunst. Dieser Terminus ist jedoch dem von mir verwendeten Begriff der populären Kultur synonym. Carroll definiert:

---

128. Diese These vertritt auch Noël Carroll: «Mass art and avant-garde art are conceptually antithetical in such a way that the identity of the one depends upon its contrast to the other.« Ders., A philosophy of mass art, Oxford 1998, 243.

»X is a mass artwork if and only if 1. x is a multiple instance or type artwork, 2. produced and distributed by mass technology, 3. which artwork is intentionally designed to gravitate in its structural choices (for example, its narrative forms, symbolism, intended affect, and even its content) toward those choices that promise accessibility with minimum effort, virtually on first contact, for the largest number of untutored (or relatively untutored) audiences.«[129]

Medientechnologische Herstellung und Verbreitung ist das eine wesentliche Kriterium, das Ausgelegtsein auf leichte Zugänglichkeit und damit auf möglichst voraussetzungslosen Massenkonsum das zweite Hauptmerkmal. Diese Grunddefinition wird von Carroll weiter differenziert. So betont Carroll unter anderem die Affinität der populären Kultur zu universalen Gefühlen und Wertvorstellungen. Die Orientierung an Universalia steht im Dienste der leichten Zugänglichkeit der populären Kultur. Dieser Verstehbarkeit entspreche aber keineswegs Passivität auf der Seite der Rezipienten. Carroll betont mit Nachdruck gegenüber dem populärkulturkritischen Passivitäts-Argument, daß die Rezeption populärer Kultur ebenso aktiv-partizipierend verlaufe wie die Aneignung hochkultureller Artefakte.[130]

Was die gesellschaftliche Funktion der populären Kultur angeht, so sind sich die Theoretiker weitgehend einig darüber, daß die Artefakte der populären Kultur die Funktionen der Sinnstiftung, der Wertevermittlung, der Welterklärung, der Identitätskonstitution und der soziokulturellen Integration übernommen haben, die in den traditionellen Gesellschaften Religion, Ritual und Mythologie innehatten.[131]

Die funktionale Kontinuität zwischen traditioneller Religionskultur und populärer Kultur ist dabei vor allem durch die von Carroll hervorgehobene Affinität der populären Kultur zur Auseinandersetzung mit anthropologischen Grundthemen – die zugleich, wie die Bestimmungen des Religionsbegriffs verdeutlichen werden, religiöse Grundfragen sind – gegeben. Die explizite eklektizistische Bezugnahme vieler populärkultureller Erzeugnisse auf das symbolische Material der jüdisch-christlichen Tradition scheint mir im Blick auf ihre religionsanaloge Funktion von untergeordneter Bedeutung zu sein. Diese expliziten Kontinuitäten mögen verstärkende Wirkungen haben. Sie bilden jedoch weder die Basis für die funktionale Analogie zur traditionellen Religionskultur noch die Hauptursache für die breite Resonanz der Artefakte der populären Kultur.[132] Diese Funktionen kann die explizite Bezugnahme auf die traditionelle

---

129. Ebd., 196.
130. Ebd., 30ff., 414ff.
131. Vgl. Hans-Martin Gutmann, a.a.O., 39ff; Douglas Kellner, a.a.O., 222; Burghart Schmidt, Postmoderne – Strategien des Vergessens, Darmstadt 1986, 124.
132. Vgl. Anm. 85.

Religionskultur schon darum nicht erbringen, weil das Verständnis der traditionellen Religionskultur im Zuge des Traditionsabbruches nicht mehr allgemein vorausgesetzt werden kann, populäre Kultur aber von möglichst voraussetzungsloser Kommunizierbarkeit lebt.

Wie sich die Sinnvermittlungsfunktion der populären Kultur gleichwohl von den Sinndeutungsangeboten der religiösen Tradtion unterscheidet, gilt es zu untersuchen. An dieser Stelle sei die Vermutung geäußert, daß hinsichtlich ihrer historischen Reichweite und ihrer existentiellen Bedeutsamkeit nach wie vor gravierende Unterschiede zwischen populärer Kultur und Religion bestehen. Während sich für den Film »Titanic« in 100 Jahren vermutlich nur noch wenige Cineasten interessieren werden, wird die Geschichte vom Turmbau zu Babel aller Wahrscheinlichkeit nach auch dann noch zum Grundbestand des nach wie vor existierenden Religionsunterrichts gehören. Und wenn heute die eigenen Eltern sterben, so hat die Beerdigungsansprache des Pfarrers vermutlich nach wie vor eine andere und biografisch tiefergehende Bedeutung als der Besuch eines Mainstream-Films im nahegelegenen Cinemaxx. Auf diese Annahme unterschiedlicher Reichweiten in historischer und existentiell-religiöser Hinsicht wird zurückzukommen sein.

1.4 Der Begriff der Religion

1.4.1 *Die Kontextualität des Religionsbegriffs*

Auch in der Diskussion um den Religionsbegriff ist die Kontextualität von Bedeutungszuschreibungen hervorgetreten. Der Religionswissenschaftler Gregor Ahn konstatiert, daß »eine konsensfähige Definition des Religionsbegriffs nicht erreichbar ist und der traditionelle europäische Religionsbegriff nicht ausreicht, um grenzwertige Phänomene der europäischen und außereuropäischen Religionsgeschichte kategorial zu erfassen und angemessen zu beschreiben«.[133] Dieses Dilemma legt eine kontextbezogene Verwendung des Religionsbegriffs nahe, die davon ausgeht, daß Religion als ein Subsystem von Kultur mit je spezifischen soziokulturellen Codierungen verwoben ist. Religionsbegriffe partizipieren an dieser kontextuellen Ausformung von Religion. Sie stehen dabei in der Spannung zwischen der von einer Religionstheorie geforderten Allgemeinheit und der Spezifik ihrer jeweiligen kulturellen Kontexte.

1.4.2 *Religionstheorie in der Moderne*

Hintergrund der aktuellen europäisch-amerikanischen Bestimmungen des Religionsbegriffs bilden die Religionstheorien der Moderne. Sie bringen eine Verall-

---

133. Gregor Ahn, Religion. I. Religionsgeschichtlich, in: TRE, Bd. 28, hrsg. von Gerhard Müller, Berlin/New York, 1997, 513-522, 519.

gemeinerung des Religionsbegriffs mit sich, die beinhaltet, daß der Begriff der Religion sowohl die Vielfalt der historisch gegebenen Religionen bezeichnet als auch das anthropologische Phänomen Religion im allgemeinen.[134]

Grundlegend für die philosophischen und theologischen Religionstheorien der Moderne ist Kants Destruktion der spekulativen Theologie und Schleiermachers daran anknüpfende Neukonzeption.[135] Kant konnte zeigen, daß die Kategorien unseres Denkens nur im Bereich möglicher Erfahrung gelten und »daß jede Überschreitung dieses Bereichs hingegen Scheinwissen erzeugt, Gedankendichtung«.[136] Mit dieser Begrenzung der Vernunft war den Gottesbeweisen ihr Beweischarakter genommen, und der Weg zu »überschwenglichen Wesen« via Vernunft verbaut.[137]

Schleiermacher baut auf Kant auf. Mit Kant wendet sich Schleiermacher gegen die aufklärerische Identifikation von Metaphysik und Religion, gegen Kant lehnt er aber auch die Identifikation von Religion und Moral ab. In seinen »Reden über die Religion« charakterisiert Schleiermacher die Religion als notwendig zum Menschen gehörendes Phänomen eigener Art: »Ihr Wesen ist weder Denken noch Handeln, sondern Anschauung und Gefühl.«[138] In seiner Glaubenslehre qualifiziert er dieses Gefühl als »schlechthinniges Abhängigkeitsgefühl«.[139] Es geht bei diesem Gefühl um die Wahrnehmung des Sichgegebenseins, oder, wie Schleiermacher auch sagt, des »Sichselbstnichtsogesetzthabens«.[140] Religion wird hier zunächst subjektivitätstheoretisch rekonstruiert. Die christlich-religiöse Codierung folgt nach. Dies zeigt sich unter anderem auch an Schleiermachers zentraler Bestimmung des religiösen Bewußtseins im vierten Paragraphen seiner Glaubenslehre: »Das Gemeinsame aller noch so verschiedenen Äußerungen der Frömmigkeit, wodurch diese sich zugleich von allen andern Gefühlen

---

134. Falk Wagner, Religion. II. Theologiegeschichtlich und systematisch-theologisch, in: TRE, a.a.O., 522-545, 526.
135. Vgl. u.a.: Immanuel Kant, Kritik der reinen Vernunft, Stuttgart <1787> 1966, 663ff.; Ulrich Barth, Religion oder Gott? Die religionstheoretische Bedeutung von Kants Destruktion der spekulativen Theologie, in: Ulrich Barth/Wilhelm Gräb (Hg.), Gott im Selbstbewußtsein der Moderne. Zum neuzeitlichen Begriff der Religion, Gütersloh 1993, 11-34.
136. Hans-Joachim Birkner, Natürliche Theologie und Offenbarungstheologie. Ein theologiegeschichtlicher Überblick, in: NZSTh 3, 1961, 279-295, 286.
137. Immanuel Kant, a.a.O., 670.
138. Friedrich D. E. Schleiermacher, Über die Religion. Reden an die Gebildeten unter ihren Verächtern, Stuttgart <Berlin 1799> 1969, 35.
139. Ders., Der christliche Glaube. Nach den Grundsätzen der Evangelischen Kirche im Zusammenhange dargestellt, aufgrund der zweiten Auflage <1830> neu herausgegeben von Martin Redeker, Berlin 1960, 26ff.
140. Ebd., 24.

1. Kulturhermeneutik als theologische Aufgabe 51

unterscheiden, also das sich selbst gleiche Wesen der Frömmigkeit, ist dieses, daß wir uns unser selbst als schlechthin abhängig bewußt sind, oder, was dasselbe sagen will, als in Beziehung mit Gott bewußt sind.«[141] Im Zuge seiner Erläuterung dieser Bestimmung führt Schleiermacher aus: »Wenn aber schlechthinnige Abhängigkeit und Beziehung mit Gott in unserm Satze gleichgestellt wird: so ist dies so zu verstehen, daß eben das in diesem Selbstbewußtsein mitgesetzte Woher unseres empfänglichen und selbsttätigen Daseins durch den Ausdruck Gott bezeichnet werden soll, und dieses für uns die wahrhaft ursprüngliche Bedeutung desselben ist.«[142] Der Ausdruck »Gott« ist mithin eine Interpretation eines subjektivitätstheoretischen Sachverhaltes.

Schleiermachers Darstellung legt die Vermutung nahe, daß es sich bei Religionen generell um spezifische Interpretationen grundlegender anthropologischer Gegebenheiten handelt. Vor diesem Hintergrund wird deutlich, warum Ulrich Barth und Wilhelm Gräb als Ziel einer an Schleiermacher anknüpfenden theologischen Arbeit das Vorhaben ins Auge fassen können, »die humane Allgemeinheit von Religion zu öffentlicher Anerkennung zu bringen«.[143]

In theologiegeschichtlicher Perspektive bedeutet das, daß die Intention der alten natürlichen Theologie und ihrer Gottesbeweise, die Plausibilität von Religion rational nachvollziehbar aufzuweisen, eine subjektivitätstheoretische Transformation erfahren hat. Man versucht nun nicht mehr, die Existenz einer letztgültigen Wirklichkeit zu beweisen, sondern Religion als Explikation des Sichgegebenseins von Subjektivität plausibel zu machen. An die Stelle der spekulativen Gottesbeweise ist ein bewußtseinsphilosophischer Religionsnachweis getreten. Ulrich Barth hat diese mit den Namen Kant und Schleiermacher verbundene Wende einen »prinzipientheoretischen Wechsel in der Geschichte des Christentums« genannt. Begriffsgeschichtlich bedeute sie: Der Begriff der Religion löst den Gottesgedanken im Zentrum der Theologie ab.[144]

1.4.3 Der funktionale Religionsbegriff

Heutige Bestimmungen des Religionsbegriffs bewegen sich in der Spannung zwischen weiten funktionalen und engeren substantiellen Definitionen. Während substantielle Religionsbegriffe sagen, was Religion ist, versuchen funktionale Bestimmungen auszumachen, was Religion leistet.[145] Der Vorteil substantieller Bestimmungen ist ihr Eingehen auf die Besonderheit der jeweiligen Religion. Substantielle Bestimmungen kommen der Innenperspektive religiöser

---

141. Ebd., 23.
142. Ebd., 28f.
143. Ulrich Barth/Wilhelm Gräb, a.a.O., 9.
144. Ulrich Barth, a.a.O., 33.
145. Vgl. Günter Kehrer, Einführung in die Religionssoziologie, Darmstadt 1988, 21.

Glaubenssysteme näher als funktionale. Dafür ist ihr Religionsbegriff auf der anderen Seite jedoch so stark kontextuell bestimmt, daß er die Perspektive verengt und die allgemeinen Aspekte des Phänomens Religion nur begrenzt zur Geltung bringen kann. Die größere Allgemeinheit des funktionalen Religionsbegriffs beeinhaltet gleichfalls Stärken und Schwächen: Sein Nachteil ist, daß die Spezifik des Phänomens Religion in seiner Perspektive leichter aus dem Blick geraten kann.

Gleichwohl ist es im Zusammenhang der vorliegenden Untersuchung sinnvoll, von einem weiten, funktionalen Religionsbegriff auszugehen. Denn nur ein solcher Begriff von Religion ermöglicht es, kulturelle Religionsanalogien überhaupt erst wahrzunehmen und somit die »unsichtbare Religion« außerhalb der religiösen Institutionen und Traditionen sichtbar zu machen.[146]

Ich sondiere im folgenden vier paradigmatische funktionale Bestimmungen des Religionsbegriffs aus religionsphilosophischer (Barth), religionssoziologischer (Luckmann), kulturwissenschaftlicher (Geertz) und praktisch-theologischer (Gräb) Sicht, um dadurch zu Eingrenzungen zu kommen, die mir für den Fortgang der Arbeit geeignet erscheinen. Diese Bestimmungen sollen dann noch einmal kritisch hinterfragt und religionsphilosophisch akzentuiert werden.

Ausgehen will ich von Ulrich Barths programmatischer Bestimmung unter dem Titel »Was ist Religion?«, die Erträge moderner theologischer und vor allem religionsphilosophischer Reflexion bündelt. Dabei teilt Barth mit der zeitgenössischen Kulturtheorie die Auffassung von Religion als kulturellem Sinncodierungssystem. Religion könne in diesem Sinne als »eine Grundform menschlicher Deutungskultur bezeichnet werden, die sämtliche Sphären der individuellen und sozialen Lebenswelt thematisch umfaßt und sinnstiftend durchdringt«.[147]

Barth bestimmt den Begriff der Religion aus funktionaler Perspektive, deren Horizont er jedoch im Blick auf »universell ausweisbare Bezugssysteme« entschränken möchte.[148] Dieser universelle Aspekt kommt in Barths bewußtseinstheoretischer und somit religionsphilosophischer Vorgehensweise zum Zuge. Man kann Barths Vorgehen als eine Rekonstruktion der rational nachvollziehbaren Seite der religiösen Erfahrung betrachten. Die Entfaltung des Religionsbegriffs erfolgt dabei, ähnlich wie bei Schleiermacher, in zwei Stufen. In einem ersten Schritt wird das allgemeine Wesen der Religion mit Hilfe der philosophischen Idee des Unbedingten dargelegt, in einem zweiten Schritt dann die spezifische Gestalt des religiösen Bewußtseins als religiöse Selbstdeutung beschrieben. Ausgangspunkt der allgemeinen Bestimmung ist Tillichs Beschreibung von

---

146. Vgl. Thomas Luckmann, Die unsichtbare Religion, Frankfurt/M. 2/1993.
147. Ulrich Barth, Was ist Religion? In: ZThK 93, 1996, 538–560, 558.
148. Ebd., 539.

1. Kulturhermeneutik als theologische Aufgabe 53

Religion als Verhältnis zu dem, was uns unbedingt angeht. Barth qualifiziert die Idee des Unbedingten als »die elementarste Zusammenfassung des metaphysischen Bedürfnisses endlicher Vernunft«.[149] Die Idee des Unbedingten ist ein philosophischer Abschlußgedanke, der auf die Frage nach Letztbegründung antwortet. Die religiöse Beziehung zum Unbedingten ist nun aber nicht rationaler, sondern, worauf schon Tillichs berühmte Formel hinweist, lebensweltlich-affektiver Natur. Religion wird nicht rational konstruiert, sondern existentiell erfahren. Religion spricht nicht vom Unbedingten, sondern von Gott als lebensbestimmender Macht. Der Charakter religiöser Erfahrung ist darum jedoch keineswegs reine Unmittelbarkeit. Religiöse Erfahrung muß vielmehr als in sich gestufte »Erfahrung mit der Erfahrung« (Jüngel) verstanden werden. In dieser Stufung vollzieht sich eine Verknüpfung von Weltbezug und Unbedingtheitsbezug.

Mit Ritschl faßt Barth die formale Struktur der religiösen Erfahrung darum als »Deutung«.[150] Vor diesem Hintergrund kann Barth die intentionale Struktur des religiösen Bewußtseins nun folgendermaßen näher bestimmen: »Religion ist die Deutung von Erfahrung im Horizont der Idee des Unbedingten.«[151]

Barth stellt klar, daß Religion das Unbedingte dabei immer in versinnlichter Form erfaßt. Die komplexe Untersuchung der Beziehung zwischen der Idee des Unbedingten und den Kategorien des empirischen Verstandes anhand von Grenzbegriffen führt im Zusammenhang der vorliegenden Arbeit zu weit. Beachtung verdient jedoch die zentrale Stellung des Sinnbegriffs im Fortgang der weiteren Bestimmung des Religionsbegriffs. Im Vorgang religiöser Deutung werden, so Barth, die Sphären unbedingten und bedingten Sinns aufeinander bezogen. Barth zeigt, wie dieser Deutungsvorgang sich im Kontext des christlichen Glaubens als Erfahrung von Geschöpflichkeit, Sündenbewußtsein, Erlösungsbedürftigkeit und Heilsgewißheit darstellt.[152]

Aus ethnologisch-kulturwissenschaftlicher Sicht formuliert Clifford Geertz einen Begriff von Religion, den er Schritt für Schritt differenziert. Die Ausgangsdefinition lautet: »Religion ist (1) ein Symbolsystem, das darauf zielt, (2) starke, umfassende und dauerhafte Stimmungen und Motivationen in den Menschen zu schaffen, (3) indem es Vorstellungen einer allgemeinen Seinsordnung formuliert und (4) diese Vorstellungen mit einer solchen Aura von Faktizität umgibt, daß (5) die Stimmungen und Motivationen völlig der Wirklichkeit zu entsprechen scheinen.«[153]

---

149. Ebd., 542.
150. Ebd., 544.
151. Ebd., 545.
152. Ebd., 556.
153. Clifford Geertz, Religion als kulturelles System, in: ders., a.a.O., 44-95, 48.

Im Blick auf den Symbolbegriff (1) rekurriert Geertz auf den von Langer im Anschluß an Cassirer ausgearbeiteten Symbolbegriff, der Symbole als Ausdrucksmittel von Vorstellungen faßt. Symbole verdichten sich zu Symbolsystemen oder Kulturmustern, die als extrinsische, also außerhalb des Subjekts liegende, Informationsquellen verstanden werden können.[154] Sie haben zugleich bedeutungsprägende und repräsentative Funktionen.

In ihrer Doppelfunktion von Ausdruck und Prägung schaffen die religiösen Symbole (2) »starke, umfassende und dauerhafte Stimmungen und Motivationen in den Menschen«.[155]

Dies geschieht vermittels der Formulierung von (3) »Vorstellungen einer allgemeinen Seinsordnung«.[156] Aufgrund seiner Unbestimmtheit bedarf der Mensch solcher Vorstellungen zur Orientierung in der Welt. Besonders herausgefordert ist sein Orientierungsvermögen durch Grenzerfahrungen. »An den Grenzen seiner analytischen Fähigkeiten, an den Grenzen seiner Leidensfähigkeit und an den Grenzen seiner ethischen Sicherheit« ist der Mensch vom Sinnchaos bedroht.[157] Religiöse Symbole rücken diese Erfahrungen in einen umfassenden Sinnhorizont ein, in dem sie zugleich bejaht und verneint werden.[158] Auf diese Weise wird diesen Erfahrungen eine Interpretationsmöglichkeit eröffnet.

Den religiösen Interpretationsmustern eignet nun (4) eine besondere »Aura von Faktizität«.[159] Die durch sie eröffnete Perspektive unterscheidet sich vom Common sense durch die Anerkennung einer umfassenderen Realität und von der wissenschaftlichen Weltsicht durch die existentielle Betroffenheit. »Von der Kunst schließlich unterscheidet sie sich dadurch, daß sie sich von der Frage der Faktizität nicht löst und nicht absichtlich eine Aura des Scheins und der Illusion erzeugt, sondern das Interesse am Faktischen vertieft und eine Aura vollkommener Wirklichkeit zu schaffen versucht. Es ist eben diese Idee eines ›wirklich Wirklichen‹, die der religiösen Perspektive zugrundeliegt und die symbolische Praxis der Religion als kulturelles System hervorbringen, vertiefen und soweit wie möglich gegen die anderslautenden Erkenntnisse der säkularen Erfahrung immun machen soll.«[160]

Im Ritual gewinnt diese Faktizität in der Form eines Kommunikationsgeschehens Gestalt.

Aber auch außerhalb des Rituals prägt die religiöse Perspektive die Weltsicht der religiösen Subjekte so, daß (5) ihre religiös generierten »Stimmungen und

---

154. Ebd., 51.
155. Ebd., 54ff.
156. Ebd., 58ff.
157. Ebd., 61.
158. Ebd., 72.
159. Ebd., 73ff.
160. Ebd., 77.

1. Kulturhermeneutik als theologische Aufgabe 55

Motivationen völlig der Wirklichkeit zu entsprechen scheinen«.[161] Als Ethnologe interessiert sich Geertz in diesem Zusammenhang besonders für den Einfluß der religiösen Symbolisierungen auf soziokulturelle und psychologische Prozesse.

Auch Thomas Luckmann hat die Wechselbeziehung zwischen dem Sozialen und dem Religiösen besonders im Blick. Luckmann hat seine religionstheoretischen Überlegungen zuerst in dem 1963 erschienenen Buch »Das Problem der Religion in der modernen Gesellschaft« dargelegt. Auf der Grundlage dieser Veröffentlichung erschien 1967 in New York der Text »The Invisible Religion«, der 1991 in deutscher Übersetzung vorgelegt wurde.[162] Luckmann hat seine Überlegungen zum Konzept der Religion ständig weiterentwickelt. Eine der konzisesten Fassungen scheint mir in dem 1996 erschienenen Aufsatz »Religion – Gesellschaft – Transzendenz« enthalten.[163]

Darin schreibt Luckmann: »Ich gehe davon aus, daß das menschliche Leben im Unterschied zu den Lebensformen anderer Gattungen durch eine grundlegende Religiosität gekennzeichnet ist, nämlich durch Einbindung der Individuen der Gattung in sinnhaft geschichtliche Welten.«[164] Luckmann kann darum auch sagen, »daß Religion etwas allgemein Menschliches ist: das, was Menschen in ihrer Gesellschaftlichkeit zu Menschen macht«.[165]

Gegenüber diesem weiten Religionsbegriff unterscheidet Luckmann einen engeren Begriff: »Man kann die Einbindung des einzelnen in die sinnhafte Tradition einer konkreten Gesellschaftsordnung als einen – wohl im weitesten Sinne des Wortes religiösen Vorgang bezeichnen. In einem engeren Sinne religiös ist die Ausrichtung der Erfahrung und des Handelns – des Lebens insgesamt – am religiösen Kern einer Weltsicht. Der engere und der weitere Sinn sind aufeinander bezogen.«[166]

Beide Aspekte haben mit der Erfahrung von Transzendenz zu tun. Transzendenz ist dabei zunächst eine allgemeinmenschliche Erfahrung: »Die Welt wird als eine Wirklichkeit erfahren, die uns transzendiert.«[167] Diese Transzendenz ist im Prinzip in jeder Erfahrung präsent, insofern jede Erfahrung als Welterfahrung über sich hinausweist. Luckmann unterscheidet nun verschiedene Arten von Transzendenzerfahrungen. Sie bemessen sich nach dem Grad der Anwesenheit

---

161. Ebd., 86ff.
162. Thomas Luckmann, Die unsichtbare Religion, a.a.O.
163. Ders., Religion – Gesellschaft – Transzendenz, in: Hans-Joachim Höhn (Hg.), a.a.O., 112-127.
164. Ebd., 113.
165. Ders., Die ›massenkulturelle‹ Sozialform der Religion, in: Hans-Georg Soeffner (Hg.), Kultur und Alltag, soziale Welt, Sonderband 6, Göttingen 1988, 37-48, 39.
166. Ders., Religion – Gesellschaft – Transzendenz, a.a.O., 114.
167. Ebd., 117.

respektive Abwesenheit des Transzendenten, auf das in der Erfahrung verwiesen wird. Ist etwas nur als Verweis anwesend, spricht Luckmann von »großer« Transzendenz. Die Alltagserfahrung ist hingegen von »kleineren« und »mittleren« Transzendenzen geprägt.[168] Vor diesem Hintergrund kann Luckmann Religion auch als die »kommunikative Vergesellschaftung von Transzendenzerfahrungen« beschreiben.[169] Diese Vergesellschaftung wird in der Hauptsache von den Kommunikationsformen Erzählung und Ritual geleistet. Sie kondensieren in einem religiösen Kern, der von einem gesonderten Symbolsystem gebildet wird, das von religiösen Institutionen verwaltet wird. Prozesse der Pluralisierung und der funktionalen Differenzierung haben heute dazu geführt, daß die alten institutionellen Sinnstiftungsmonopole aufgelöst wurden. Diese Entwicklung zieht jene Privatisierung und Individualisierung des Religiösen nach sich, die ich schon im Zusammenhang der Skizzierung der religiösen Lage beschrieben hatte. In der Perspektive Luckmanns vollzieht sich in diesen Veränderungen nichts anderes als eine Umformung der Vergesellschaftungsformen des Transzendenzbezuges.

Auf die kommunikative Bearbeitung dieses Bezuges kann aufgrund des menschlichen Sinnbedürfnisses nicht verzichtet werden. In dieser Frage – und nicht nur in dieser – stimmt Luckmann im übrigen mit Luhmann überein, der ebenfalls die Angewiesenheit auf Sinn in allen Kommunikationen betont und Religionen als Kommunikationen versteht, die »auf die Offenheit der Sinnhorizonte mit Schließung antworten«.[170]

Wilhelm Gräb entwickelt seine religionstheoretischen Überlegungen in der Auseinandersetzung mit Gerhard Schulzes Untersuchung zur Alltagskultur.[171]

Ähnlich wie Geertz formuliert er eine Bestimmung, die er dann schrittweise entfaltet, erläutert und abgrenzt. Die Ausgangsdefinition lautet: »Religion läßt sich definieren als die Kultur der Symbolisierung letztinstanzlicher Sinnhorizonte alltagsweltlicher Lebensorientierung.«[172] Gräb versteht Religion als ein

---

168. Vgl. ebd., 117ff.
169. Ebd., 120ff.
170. Niklas Luhmann, »Ich denke primär historisch.« Religionssoziologische Perspektiven. Ein Gespräch mit Fragen von Detlev Pollack, in: Deutsche Zeitschrift für Philosophie 39, 1991, 937-956, 947.
171. Gerhard Schulze, Die Erlebnisgesellschaft. Kultursoziologie der Gegenwart, a.a.O.
172. Wilhelm Gräb, Religion in der Alltagskultur, in: Barbara Heller (Hg.), a.a.O., 97-108, 100, später auch in: ders., Lebensgeschichten, a.a.O., 51. Im Anschluß an Schleiermacher unterscheidet Gräb zwei Stufen im Prozeß des Aufbaus religiöser Deutungen und erläutert: »Man könnte sie Religion 1 und Religion 2 nennen. Religion 1, dieses unser Grundvertrauen ins Dasein. Und Religion 2, die Vorstellungen, mit denen wir uns deutend zu uns verhalten, eine Sinnspur in unserer Lebensgeschichte zu entdecken versuchen, das, was Halt gibt und Zusammenhalt gewährt

Element alltagskultureller Sinncodierungen. Ihr Spezifikum liegt nach Gräb in ihrer Letztinstanzlichkeit. Religiöse Sinncodierungen unterscheiden sich von anderen durch die Art der Fragestellungen, die sie bearbeiten. Sie beziehen sich eben nicht auf Auswahlprobleme vor dem Supermarktregal, sondern auf die letzten Fragen nach dem Woher und dem Wohin des menschlichen Lebens. Gräb weist darauf hin, daß Schulze die alltagskulturelle Sinncodierung solcher existentieller Fragen als »Lebensphilosophien«[173] oder »persönliche Grundeinstellung«[174] bezeichnet und den Religionsbegriff auf das kirchliche Symbol- und Ritualsystem beschränkt. Letzteres sei jedoch, so Schulze, alltagskulturell marginalisiert, weil ihm kein hoher Kollektivitätsgrad mehr zuerkannt werde.[175] Für die Mehrheit, so interpretiert Gräb Schulzes Beobachtungen, haben andere Sinncodierungen die Funktionen des traditionellen Religionssystems besonders im Bereich der kleinen und mittleren Transzendenzen, von denen Thomas Luckmann spricht, übernommen. Die fehlende Allgemeinverbindlichkeit dieser Äquivalente, wie sie etwa die Literatur und das Theater, das Kino und die Kunst darstellen, ist das Ergebnis der gesellschaftlichen Pluralisierungs- und Ausdifferenzierungsprozesse.[176] Nach Gräbs Ansicht gibt es jedoch einen Bereich, in dem die alltagskulturell vorherrschenden Sinncodierungen nicht ausreichen und in dem das traditionelle Religionssystem nach wie vor von besonderer Bedeutung ist: den Bereich der, wie Luckmann sagt, »großen Transzendenzen«, der radikalen Infragestellungen des Lebens.[177] Gräb bezieht sich in diesem Zusammenhang auf die Ausführungen von Geertz, der das Religionssystem dadurch kennzeichnet, daß es die symbolisch-rituelle Verarbeitung radikal sinnverwirrender Erfahrungen leistet (s.o.). Für diese Grenzerfahrungen, für die es laut Geertz »nicht nur keine Interpretation, sondern auch keine Interpretationsmöglichkeit gibt«[178] ist Religion in besonderer Weise zuständig. Sie antwortet auf die Herausforderungen von »Verwirrung«, »Leiden« und dem »Gefühl eines unauflöslichen ethischen Widerspruchs«.[179] Angesichts dieser Fragen habe die »explizite Symbolisierung eines Unbedingtheitshorizontes« durch das traditionelle Religionssystem in Gräbs Augen weiterhin Bedeutung.[180] In Anknüp-

---

auch auf unwegsamem Gelände. Es dürfte klar sein, daß wir Religion 2 für uns nicht ausbilden können, ohne daß wir uns im Zusammenhang von Überlieferungen religiösen Glaubens bewegen.« Ebd., 67.
173. Gerhard Schulze, a.a.O., 112ff.
174. Ebd., 232.
175. Ebd., 269.
176. Wilhelm Gräb, Religion, a.a.O., 102ff.
177. Ebd., 105.
178. Clifford Geertz, a.a.O., 61.
179. Ebd.
180. Wilhelm Gräb, Religion, a.a.O., 106.

fung an den religionssoziologischen Common sense charakterisiert er die Leistung der traditionellen religiösen Symbolisierungen dadurch, daß sie sinnwidrige Kontingenzerfahrungen einseits anerkennen und ihnen auf der anderen Seite im Namen eines transzendenten Sinngrundes zugleich widersprechen. Er räumt jedoch ein, daß heute auch andere Symbolsysteme diese existentiellen Fragen bearbeiten.

Probleme des funktionalen Religionsbegriffs

Die vorgestellten Entwürfe zum Begriff der Religion konvergieren in der Auffassung, daß Religion ein kulturelles Sinncodierungssystem ist. Die spezifischen Herausforderungen religiöser Sinncodierung werden dabei in den jeweiligen Entwürfen mit jeweils etwas anderen Akzenten beschrieben. Wo Barth vom Unbedingten spricht, redet Luckmann von Transzendenz, Geertz von Sinnchaos und Gräb von großen Kontingenztranszendenzen. Weitgehende Einigkeit herrscht darüber, daß die religiöse Sinnvermittlung in symbolischer Form geschieht. Vor dem Hintergrund der beschriebenen Konzepte und ihrer Konvergenzen läßt sich formulieren: Die Religion gibt symbolische Antworten auf letzte Fragen. Aus der Sicht dieser sehr allgemeinen Minimaldefinition lassen sich einige Akzente der vorgestellten Entwürfe noch einmal neu aufnehmen, um im Zuge einer eigenen Näherbestimmung des Religiösen auf die Grenzen funktionaler Religionsbestimmungen aufmerksam zu machen.

Eine Näherbestimmung des spezifisch Religiösen muß die Art der Antworten und die Art der Fragen näher beschreiben. Betrachten wir zunächst die Art der Fragen. Sie betreffen, so läßt sich zunächst allgemein sagen, die Grenzen der menschlichen Erfahrung. Geertz hat wichtige Grenzbereiche markiert. Es geht danach um Fragen im Blick auf Grenzerfahrungen im Erkenntnisbereich, angesichts des Leidens und angesichts unlösbarer ethischer Widersprüche. All diese Fragen bündeln sich in der Frage nach dem Sinn des menschlichen Lebens und der Welt als ganzer. Die erkenntnisbezogenen Sinnfragen lassen sich mit Bezug auf Barth und die klassischen Topoi der christlichen Dogmatik in die beiden Grundfragen nach Ursprung und Ziel von Mensch und Welt weiter aufgliedern.

Betrachten wir die Seite der Antworten, so läßt sich zunächst sagen, daß sie in symbolischer Form gegeben werden. Ihren Charakter hat wiederum Geertz treffend beschrieben. Zwei Aspekte sind dabei besonders hervorzuheben: Zum einen die Doppelstruktur religiöser Antworten. Geertz führt aus, daß die religiösen Symbolisierungen Kontingenz und Leiden einerseits anerkennen und ihm zugleich im Namen einer umfassenderen Wirklichkeit widersprechen. Diese Doppelstruktur hatte auch Gräb im Anschluß an religionssoziologische Positionen ausgemacht. In dieser Struktur wird erfahrene Negativität durch die Bezugnahme auf einen transzendenten Sinngrund positiv gewendet. Das anthropologische Bedürfnis nach diesem Umschlag hat Eduard Schillebeeckx gut beschrieben. Angesichts der »Bedrohung des Menschseins«[181] vertrauen Menschen darauf, »daß das Gute und nicht das Böse das letzte Wort haben muß«.[182] »Die christliche Gottesoffenbarung«, so fährt Schillebeeckx fort, »erweitert dieses ›haben muß‹ zu ›haben wird‹«.[183]

Der zweite Aspekt, auf den Geertz hinweist und der mir für religiöse Symbolisierungen besonders charakteristisch zu sein scheint, ist der Anspruch von Faktizität, den sie erheben. In Tillichscher Perspektive könnte man auch von der Unbedingtheit oder Letztgültigkeit der religiösen Sichtweise sprechen. Gott ist für den Glauben keine Arbeitshypothese, sondern letzter Sinngrund der Wirklichkeit. Dieser Objektivitätsanspruch des Religiösen kommt auch im Widerfahrnischarakter religiöser Erfahrung zum Ausdruck, der von den funktionalen Bestimmungen wenig beachtet wird. Die rational-funktionale Beschreibung läßt Religion insbesondere bei Ulrich Barth als eine Art Schweizer Uhrwerk erscheinen, in dem unvorhergesehene Ekstasen keinen Platz haben. Stärker zum Zuge kommt dieser Überwältigungsaspekt des Religiösen bei Bestimmungen, die an Beschreibungen religiöser Erfahrungen anknüpfen wie Rudolf Ottos paradigmatische Arbeit über das Heilige.[184]

Die Betonung des Widerfahrnischarakters des Religiösen läßt den Objektivitätsanspruch religiöser Sichtweisen noch deutlicher hervortreten. Denn das Niedergeworfenwerden des paulinischen Bekehrungserlebnisses ist eine Alteritätserfahrung, die für das Subjekt der Erfahrung keinen Zweifel an ihrer Faktizität zuläßt.

Einen dritten Aspekt möchte ich hinzufügen. Er bezieht sich auf das Vokabular der religiösen Symbolisierungen: auf die religiöse Sprache. Sie generiert die Spezifik religiöser Sinncodierungen. Konstitutiv für die religiöse Semantik ist die Relation zwischen den Größen Gott, Welt und Mensch. Religiöse Kommunikation in der jüdisch-christlichen Tradition konstruiert diese Relation nach dem Vorbild sozialer Kommunikation. Im Gebet spricht der Beter zu Gott wie zu einem anderen Menschen. Man könnte also sagen, daß die religiöse Sprache die Muster sozialer Kommunikation auf die Beziehung des Menschen zur Welt als ganzer anwendet. Dabei wird hinter den Kulissen des Kosmos ein Gegenüber nach dem Vorbild menschlicher Personalität vorgestellt.

181. Eduard Schillebeeckx, Glaubensinterpretation. Beiträge zur hermeneutischen und kritischen Theologie, Mainz 1971, 97.
182. Ebd., 105, auch das folgende Zitat.
183. Die Positivität religiöser Traditionen wird heute im übrigen zum Problem. Denn das postmoderne Bewußtsein hat Schwierigkeiten mit Deutungstraditionen, die auf offene Sinnhorizonte mit Schließung antworten.
184. Rudolf Otto, Das Heilige. Über das Irrationale in der Idee des Göttlichen und sein Verhältnis zum Rationalen, München <1917> 1991.

Konzeptualisiert man den funktionalen Religionsbegriff dergestalt mit Hilfe des Schemas von Frage und Anwort, so kann man sagen, daß die Spezifik des Religiösen insbesondere durch die Art der Antworten beschrieben werden kann. Die Formulierungen der Grundfragen menschlicher Existenz bedarf noch keiner religiösen Semantik. So läßt sich etwa die Frage nach einem letzten Sinngrund auch als philosophische Grundfrage qualifizieren. Die Frageseite der Religion läßt sich allgemein plausibel machen. Daß Menschen nach dem Woher und dem Wohin der Welt und des Lebens fragen, daß sie angesichts der Erfahrung von Kontingenz und Leiden nach einem Sinn fragen, ist rational nachvollziehbar. Die Spezifik der traditionellen Religionskultur setzt bei der besonderen Semantik ihrer Deutungen ein. Traditionelle Religion, so könnte man auch sagen, besteht in dem Gebrauch religiöser Sprache.[185] Erst der Begriff der Schöpfung als Antwort auf die Frage nach der Herkunft von Mensch und Welt macht das Religiöse des christlichen Glaubens aus. Erst der christliche Begriff der Erlösung als Antwort auf kontingente Erfahrungen des Leidens kennzeichnet den christlichen Glauben im Unterschied zur philosophischen Reflexion der Leidensproblematik. Die Fragen nach der Herkunft der Welt und nach Befreiung vom Leiden sind hingegen Grundfragen menschlicher Existenz.

Vor diesem Hintergrund wird deutlich, daß ein funktionaler Religionsbegriff nur sehr begrenzt in der Lage ist, das spezifisch Religiöse zu beschreiben. Er formuliert eine Struktur und damit die allgemein nachvollziehbare Seite von Religion, er beschreibt die Schnittstelle zwischen der Kulturform Religion und anderen Kulturformen.[186] Er eignet sich darum als Vermittlungsbegriff, um kulturelle Transformationsprozesse – die Metamorphosen des Geistes gleichsam – zu

---

185. Rainer Preul, Religion. III. Praktisch-theologisch, in: TRE, Bd. 28, hrsg. von Gerhard Müller, Berlin/New York 1997, 546-559, 547, ähnlich auch Wilhelm Gräb (Lebensgeschichten, a.a.O., 112, vgl. auch 114) im Zusammenhang der Ausarbeitung der Differenzen von ästhetischer und religiöser Erfahrung: »Insofern kann man auch sagen, was als ästhetische oder religiöse Erfahrung gilt, ist wesentlich Resultat ästhetischer und religiöser Kommunikation, des Austauschs entsprechender Wahrnehmungs- und Deutungsmuster. Solche Kommunikation vollzieht sich in der Verwendung von Zeichen, die vorsprachliche Empfindungszustände als ästhetische oder religiöse überhaupt erst bestimmbar machen. Die Folgerung ist, daß nur wer solchen Zeichengebrauch lernt, auch seine eigenen religiösen und ästhetischen Erfahrungen zu identifizieren in der Lage ist. Ohne Einübung in den das ästhetische und religiöse Urteil ermöglichenden Zeichengebrauch sind vielleicht die entsprechenden Empfindungen auch da, bleiben aber in vorsprachlicher Unbestimmtheit.«
186. Zugleich wird die Abgrenzung von Kultur und Religion dabei zum Problem. Denn mit der Funktion der Sinnbildung als zentralem Merkmal von Religion ist ja gerade eine Gemeinsamkeit von Kultur und Religion benannt. Vgl. auch Günter Thomas, a.a.O., 362.

untersuchen. Die jeweilige Innenperspektive von Religion kann ein funktionaler Begriff jedoch nicht adäquat aufnehmen. »Funktionale Deutungen«, so betont Thomas Rentsch, »erreichen nicht die authentische Ebene religiöser Selbstverständnisse«, 246.[187] Wenn darum im Fortgang der Untersuchung von einem funktionalen Religionsbegriff ausgegangen wird, um Kontinuitäten und Bezüge zwischen religiösen Traditionen und populären Filmen herauszuarbeiten, dann ist diese Untersuchung in einem späteren Arbeitsschritt um die Beschreibung der Diskontinuitäten zu ergänzen. Denn nur so kommen die Spezifika der jeweiligen Sinncodierungen und damit die Unterschiede zwischen traditionellen religiösen und filmischen Sinncodierungen vollständig in den Blick. Die Untersuchung der Diskontinuitäten rekurriert dabei in religiöser Hinsicht auf den Symbolkomplex der biblischen Tradition.

Einen interessanten Versuch, einen Begriff von impliziter Religion zu beschreiben, der dem Dilemma der Unschärfe funktionaler Bestimmungen durch eine Kombination von deskriptiven und funktionalen Religionsmerkmalen abhelfen will, hat Günter Thomas in seiner Untersuchung der religiösen Funktion des Fernsehens unternommen.[188]

Thomas erläutert zunächst seinen Begriff der impliziten Religion, der es ermöglichen soll, Medienphänomene als religiös zu interpretieren, die gemeinhin nicht als religiös gelten. Diese Bestimmung erscheint mir hilfreich, weil sie die Perspektivität eines mit dem Begriff der impliziten Religion operierenden Deutungsvorganges deutlich herausstellt. Thomas führt aus: »Unabhängig von der Näherbestimmung von Religion ist die Minimalbestimmung von impliziter Religion folgende: Implizite Religion ist 1.) ein Phänomenzusammenhang, verstanden als Handlungs-, Zeichen- und Kommunikationskomplex, der 2.) weder sich selbst als Religion versteht noch im Common sense als solche angesehen wird, aber 3.) aus der Außenperspektive a) einer anderen Religion oder b) einer wissenschaftlichen Disziplin und 4.) auf der Basis dessen, was a) angesichts anerkannter religiöser Selbstbeschreibungen als Religion gilt oder was b) in einer wissenschaftliche Beobachtungen leitenden Theoriekonzeption als Religion erkannt wird, als Religion identifiziert werden kann. Die ›Wahrheit‹ oder ›Eigentlichkeit‹ einer impliziten Religion kann nur aus der Binnenperspektive der Religion oder aus der Perspektive einer mit konkreten religiösen Wahrheitsansprüchen vertretenen anderen Religion, d. h. aufgrund theologischer Erkenntnisbildungen einer spezifischen Religion bestritten oder bestätigt werden.«[189]

---

187. Thomas Rentsch, Religiöse Vernunft: Kritik und Rekonstruktion. Systematische Religionsphilosophie als kritische Hermeneutik, in: Hans-Joachim Höhn (Hg.), a.a.O., 235-262, 246.
188. Günter Thomas, a.a.O., 353ff.
189. Ebd., 356.

Im folgenden entwickelt Thomas in Anknüpfung an Arbeiten des Religionsgeschichtlers Ninian Smart und des Soziologen Franz-Xaver Kaufmann eine »mehrdimensionale Bestimmung von Religion«.[190] Diese Bestimmung besteht im Kern in der Addition von jeweils sechs deskriptiven und funktionalen Religionsmerkmalen, die Thomas von Smart und Kaufmann übernimmt. Thomas faßt zusammen: »Smart spezifiziert die öffentliche und beobachtbare Religion als ein komplexes, mehrdimensional zu beschreibendes Phänomen, das eine 1.) doktrinale, 2.) mythische, 3.) ethische, 4.) rituelle, 5.) erfahrungsspezifische und 6.) soziale Dimension umfaßt. Kaufmann schließt in die funktionale Mehrdimensionalität 1.) eine Verarbeitung von Kontingenzerfahrung, 2.) eine Handlungsführung im Außeralltäglichen, 3.) eine Affektbindung, 4.) Gemeinschaftsbildung, 5.) Weltdistanzierung und 6.) eine Kosmisierung mit ein. Beide Gruppen beanspruchen dabei nicht, vollständige Erfassungen von Religion zu bieten, sondern ein heuristisches Raster zur Identifikation und Ausgangspunkte konkreter Untersuchungen bereitzustellen. Beide Entwürfe führen über die Engführung traditioneller Religionsphänomenologie und ausschließlich theologischer Religionsbestimmungen hinaus, ohne in eine Beliebigkeit zu stürzen oder Kultur und Religion als koextensiv zu behandeln.«[191]

Mit Kaufmann hebt Thomas hervor, daß heute keine einzelne Instanz mehr existiert, die alle sechs von Kaufmann genannten Funktionen zugleich erfüllt. In diesem Sinne, so Kaufmann, gebe es Religion nicht mehr. Dennoch sei eine gleichzeitige Erfüllung mehrerer Funktionen die Voraussetzung für die Qualifikation eines Phänomens als religiös.[192] Thomas adaptiert dieses von Kaufmann formulierte Kriterium für seine erweiterte Merkmalskonstellation. In der Applikation dieser Bestimmung gehe es mithin darum zu prüfen, welche Einzelmerkmale am jeweiligen Phänomen beobachtet werden können, wie stark sie aufeinander bezogen sind und ob die Summe der Einzelmerkmale und ihrer Verknüpfungsdichte die Verwendung des Begriffes der Religion rechtfertige.[193]

So nachvollziehbar das Interesse von Thomas ist, die Spezifik des Religiösen stärker in einen Begriff der impliziten Religion zu integrieren, so unhandlich erscheint sein umfangreicher Merkmalskatalog. In der vorliegenden Arbeit wird die relative Unschärfe des Funktionalen darum zunächst in Kauf genommen, um die aus der Perspektive eines funktionalen Religionsbegriffes sichtbar werdenden Sinnpotentiale im Verlauf der weiteren Deutungsarbeit und Auseinandersetzung schrittweise mit der Spezifik des Symbolbestandes der jüdischchristlichen Tradition zu korrelieren und zu konfrontieren.

190. Ebd., 366ff.
191. Ebd., 446f.
192. Vgl. ebd., 384f.
193. Ebd., 448.

1.4.4 Religion und Wahrheit

»Soziologische Theorie muß aufgrund ihrer eigenen Logik die Religion als menschliche Projektion ansehen, und aufgrund derselben Logik hat sie nichts darüber auszusagen, ob diese Projektion sich auf etwas richtet, das anders ist als das Wesen des Projektors. Wenn man also sagt, daß Religion eine menschliche Projektion sei, schließt man damit nicht aus, daß der projizierte Sinn letztlich einen vom Menschen unabhängigen Status haben könnte.«[194]

Mit diesem filmischen und darum im Zusammenhang der vorliegenden Untersuchung besonders passenden Bild weist Peter L. Berger auf die von funktionalen Religionsbestimmungen (auch in der von Thomas erweiterten Form) unberücksichtigte Frage nach dem Wahrheitsgehalt religiöser Codierungen hin. Indem funktionale Religionsbegriffe dieses Problem aussparen, lassen sie das vielleicht zentralste aktuelle Problem bei der subjektiven Aneignung traditioneller religiöser Symbolisierungen außen vor.

Denn der Wahrheitsanspruch religiöser Symbolisierungen kann keine unmittelbare Plausibilität mehr für sich beanspruchen. Ein wesentlicher Grund für diesen Sachverhalt ist die große Differenz zwischen der heutigen Weltsicht und derjenigen, in deren Kontext die überkommenen religiösen Symbolisierungen entstanden sind.

Die entscheidende Differenz wird durch Kants subjektivitätstheoretische Wende markiert. Seither müssen Weltsichten als subjektiv vermittelte kulturelle Artefakte verstanden werden. Ihre Zuspitzung erfährt diese Sichtweise im Konstruktivismus der Postmoderne. Seine Grundorientierung faßt Siegfried J. Schmidt zusammen: »In der Konsequenz postmodernen wie konstruktivistischen Argumentierens liegt die Hypothese, daß alle Erkenntnis- und Wahrheitssuche kulturell geprägt und damit – aus der Sicht eines Beobachters zweiter Ordnung – bio-sozio-historisch kontingent ist.«[195] Im Rahmen dieser Perspektive wird der korrespondenztheoretische Wahrheitsbegriff kohärenztheoretisch uminterpretiert. Er folgt in dieser Fassung pragmatischen, dialogischen, logischen und ästhetischen Kriterien.[196] Was läßt sich vor diesem Hintergrund über die Wahrheit von Religion sagen?

Thomas Rentsch hat die rationale Seite von Religion mit den Mitteln der Religi-

---

194. Peter L. Berger, Zur Dialektik von Religion und Gesellschaft. Elemente einer soziologischen Theorie, Frankfurt/M. 1973, 98.
195. Siegfried J. Schmidt, Konstruktivismus in der Medienforschung: Konzepte, Kritiken, Konsequenzen, in: Klaus Merten/Siegfried J. Schmidt/Siegfried Weischenberg (Hg.), Die Wirklichkeit der Medien, Opladen 1994, 592-623, 619.
196. Vgl. Wolfgang Welsch, Vernunft. Die zeitgenössische Vernunftkritik und das Konzept der transversalen Vernunft, Frankfurt/M. 1996, 508; Manfred Frank, Die Unhintergehbarkeit von Individualität. Reflexionen über Subjekt, Person und Individuum aus Anlaß ihrer »postmodernen« Toterklärung, Frankfurt/M. 1986, 125.

onsphilosophie rekonstruiert. Seine Überlegungen können die im Durchgang der Darstellung funktionaler Religionsbegriffe schon gewonnenen Erkenntnisse im Blick auf die Wahrheitsfrage noch untermauern und vertiefen. Gegenüber dem skeptischen Relativismus betont Rentsch: »In den religiösen Lebensformen geht es um bestimmte existentielle, lebenssinnbezogene Fragen, die angesichts unseres Verhältnisses zu unseren grundlegenden Lebensverständnissen und Lebensproblemen auftreten. Ein Beispiel für eine solche Frage ist die nach der angemessenen Einstellung des Menschen zu seiner ihm unverfügbar vorgegebenen Endlichkeit.«[197] Knapper kann Rentsch die Religion auch als »Aufklärung über sinnkonstitutive Unverfügbarkeit« fassen.[198] Die Elemente der Praxis und der konkreten Form dieser Aufklärung kommen schließlich in einer umfassenden Formulierung zur Geltung: »In spezifisch religiösen Welt- und Selbstverständnissen, die sich als praktische, kommunikative Lebensformen ausprägen, geht es nicht um das, was wir pragmatisch beherrschen, technisch können und theoretisch wissen, sondern um die praktische Anerkennung der unverfügbaren Sinnbedingungen unserer Existenz. Eine solche Daseinshaltung bzw. Lebensform der praktischen Anerkennung der Totalität der unserem Handeln vorausliegenden Sinnbedingungen unserer Existenz artikuliert sich z. B. im Verständnis der Welt als Schöpfung, im Bewußtsein ungeschuldeten Sinns der natürlichen Lebensgrundlagen einer menschlichen Welt.«[199] Versucht man Rentschs Überlegungen mit dem von den funktionalen Bestimmungen betonten kulturellen Aspekt zu verbinden, so läßt sich sagen: Religion ist eine spezifische Form des kulturellen Ausdrucks einer existentiellen Beziehung des Menschen zur unverfügbar gegebenen Welt.

Deutlich wird, daß die Bezugnahme auf sinnkonstitutive Unverfügbarkeit rational plausibel ist. Deutlich wird zugleich, daß es die spezifische symbolisch-mythologische Form dieser Bezugnahme im Schöpfungsbild ist, die heute Probleme verursacht. Denn dieses Bild präsentiert sich – in den Worten von Geertz – mit einer »Aura der Faktizität«. Die Möglichkeit, diese Faktizität rational zu begründen, hat das philosophische Denken seit Kant jedoch gründlich in Frage gestellt. Das Symbol der Schöpfung kann nicht mehr als Verweis auf eine objektive Tatsache gelten, es ist vielmehr als kulturelle Interpretation zu verstehen. Vor diesem Hintergrund können religiöse Symbole nur im Wissen um ihre kulturelle Genese gegenwartskulturell noch gedeutet werden. Das Plausibilitätsproblem (und damit zugleich auch der Wahrheitsanspruch) erfährt auf diese Weise eine historische Relativierung.

Daß religiöse Symbolisierungen kulturelle Artefakte sind, tritt dabei auch in äs-

---

197. Thomas Rentsch, a.a.O., 250.
198. Ebd., 258.
199. Ebd., 255.

1. Kulturhermeneutik als theologische Aufgabe 65

thetischer Perspektive besonders deutlich hervor. Denn religiöse Vorstellungen haben den Charakter von Ganzheitsvorstellungen – sie beziehen sich auf das Ganze der Welt und der menschlichen Existenz. »Vorstellungen vom Ganzen aber sind letztlich immer ästhetisch verfaßt und nur ästhetisch darzustellen. Das ergibt sich (...) daraus, daß sie stets ein Produkt der Einbildungskraft sind. Das Ganze kann man nicht als Gegenstand in der Welt antreffen, das Ganze muß man entwerfen, projizieren, als Idee erzeugen.«[200] Dies, könnte man gegenüber Welsch kritisch einwenden, gilt nun allerdings streng genommen für alle Symbolisierungen. Kein Symbol, keine Vorstellung liegt als Gegenstand in der Welt vor. Schlechthin alle Symbolisierungen sind kulturelle Konstruktionen. Man kann jedoch vielleicht sagen, daß der subjektive Konstruktionscharakter bei Ganzheitsvorstellungen augenfälliger ist.

Aber kann religiöse Praxis damit zurechtkommen, daß man den Ernst und den Wahrheitsanspruch traditioneller religiöser Symbolisierungen dergestalt konstruktivistisch-ästhetisch bricht und anderen Sinncodierungen gleichstellt? Können religiöse Symbolisierungen vormodernen Ursprungs von einem aufgeklärten modernen beziehungsweise postmodernen Bewußtsein überhaupt noch als existentiell lebensbestimmend angeeignet werden? Die Realität religiöser Praxis weist darauf hin, daß die theoretischen Probleme religiöser Wahrheitsansprüche für die Praxis nicht ausschlaggebend sein müssen. Diese Beobachtung ist allerdings ambivalent und könnte auch als Mangel an Vermittlung zwischen Theorie und Praxis interpretiert werden. Eine stärkere Verknüpfung würde möglicherweise Sand in das Getriebe der Praxis streuen.

Die Beschreibung der Charakteristika des Films wird jedenfalls zeigen, daß eingebaute Formen der Selbstreflexivität die unmittelbare Wirksamkeit von Symbolisierungen abschwächen. Andersherum gilt jedoch auch: Reflexive Unterbrechungen von Unmittelbarkeit eröffnen den Subjekten Freiheitsspielräume für die individuelle Aneignung von kulturellen Mustern.

---

200. Wolfgang Welsch, Transversale Vernunft, a.a.O., 516.

2. Film und Religion in protestantischer Perspektive

Die evangelische Filmarbeit gehört zur Vorgeschichte des Themas der vorliegenden Arbeit. Sie nimmt darüberhinaus eine Sonderstellung im Zusammenhang der Geschichte der evangelischen Kulturarbeit im Nachkriegsdeutschland ein. Denn der Film wurde aus kulturpolitischen Gründen trotz der oben beschriebenen kulturtheologischen Defizite als besondere Herausforderung für die kirchliche Kulturarbeit wahrgenommen. Der Rückblick auf 50 Jahre evangelische Filmarbeit wird dabei zeigen, daß die innerhalb dieses Bereichs entwickelten Theorieperspektiven mit den kulturhermeneutischen Ansätzen konvergieren, wie sie in den letzten Jahren im Rahmen der Praktischen Theologie formuliert wurden. Praktische Filmarbeit und theologisch-kulturhermeneutische Theoriearbeit können sich so gegenseitig bestärken und wechselseitig differenzieren.

2.1 Zur Geschichte evangelischer Filmarbeit

Die Geschichte der evangelischen Filmarbeit begann – nachdem die ersten Ansätze in den 20er und 30er Jahren im Nationalsozialismus wieder erstickt worden waren – mit der Berufung von Pfarrer Werner Heß zum ersten Filmbeauftragten der Evangelischen Kirche in Deutschland (EKD) im Februar 1948.[1] Im Zuge der Neuordung der EKD wollte man auch das Verhältnis zum Film neu bestimmen. Vor dem Hintergrund der Erfahrung des Nationalsozialismus[2] sah man die kulturpolitische Hauptaufgabe der Kirche damals in der Wahrnehmung eines umfassenden »Seelsorge- und Wächteramtes«.[3]

Zu den in der unmittelbaren Nachkriegszeit gegründeten Initiativen und Institutionen evangelischer Filmarbeit gehören neben der Position des Filmbeauftragten die evangelische Filmpublizistik (»Evangelischer Filmbeobachter« seit

---

1. Vgl. Hans Werner Dannowski, 40 Jahre evangelische Filmarbeit, in: Wilhelm Roth/ Bettina Thienhaus (Hg.), Film und Theologie. Diskussionen, Kontroversen, Analysen, Frankfurt am Main 1989, 7-16, 7ff.
2. Dieser Aspekt war auch ein bestimmender Faktor bei der Neustrukturierung der katholischen Filmarbeit nach 1945. Die Erfahrungen mit dem Manipulationspotential des Films im Faschismus veranlaßte eine Gruppe katholischer Studenten, die Herausgabe einer Filmzeitschrift für die Jugendarbeit zu planen. Die Initiative führte im Oktober 1947 zur Gründung des »Filmdienstes der Jugend«, aus dem im Januar 1949 die heute noch existierende Zeitschrift »Filmdienst« (heute: »film-dienst«) hervorging. Der »Filmdienst« enthielt Filmbesprechungen und -bewertungen unter sittlich-religiösen Aspekten. Vgl. Thomas Schatten, 50 Jahre film-dienst. Ein Beispiel für das Verhältnis von Kirche und Kultur in der Bundesrepublik Deutschland, Köln 1997, 94f.
3. Vgl. Hans Werner Dannowski, ebd.

1949, »Kirche und Film« seit 1953, beide seit 1984 vereinigt in »epd-Film«), die Mitarbeit in der »Freiwilligen Selbstkontrolle« der Filmwirtschaft seit 1948[4], die 1950 gegründete Verleihfirma Matthias-Film und die »Jury der Evangelischen Filmarbeit«, die seit dem November 1951 den »Film des Monats« benennt.[5] Später kamen die Interfilm-Jury-Arbeit (seit 1955), das Netz kirchlicher Medienstellen, das Fachreferat Film und AV-Medien im Frankfurter Gemeinschaftswerk evangelischer Publizistik, das 1982 ins Leben gerufenen »Evangelische Zentrum für entwicklungsbezogene Filmarbeit« (EZEF), Kirchentagsprojekte und lokale Kooperationen von Kirche und Kino hinzu.[6]

Konzeptionell lassen sich zwei Phasen in der Geschichte der evangelischen Filmarbeit unterscheiden, die wiederum durch vier inhaltliche Akzente charakterisiert werden können.[7] Die erste Phase ist durch ein instrumentell-pädagogisches Verhältnis zum Film gekennzeichnet. Die Leitfrage dieser Anfangsjahre war, ob es möglich sei, das Medium Film »in bewußter Weltoffenheit einem moralischen Ziel oder der christlichen Verkündigung dienstbar zu machen«.[8] Diese moralisch-missionarische Ausrichtung der evangelischen Filmarbeit verändert sich im Verlauf der 70er Jahre zugunsten einer stärkeren Aufmerksamkeit für den Eigenwert des Mediums und seine kulturelle Bedeu-

4. Vgl. Hans Werner Dannowski, Interfilm. Evangelische Filmarbeit in ökumenischer und internationaler Perspektive, in: Martin Ammon/Eckhart Gottwald (Hg.), Kino und Kirche im Dialog, Göttingen 1996, 183-204, 193.
5. Vgl. Dannowski, 40 Jahre, a.a.O., 8.
6. Vgl. Martin Ammon, Eckart Gottwald (Hg.), Kino und Kirche im Dialog, Göttingen 1996.
7. Eine parallele Entwicklung läßt sich bei der katholischen Filmarbeit beobachten. Die moralische Bewertung der Filme ging im katholischen Bereich so weit, daß die »Katholische Filmkommission für Deutschland« ihre den jeweiligen Kritiken in der Zeitschrift »film-dienst« (s. o.) beigefügten Bewertungen in einer Note zusammenfaßte. Diese Praxis wurde in den 60er Jahren aufgegeben. Vgl. dazu Thomas Schatten, a.a.O., 243ff. Heute ist der »film-dienst« eine professionelle Filmzeitschrift und das relevanteste Konkurrenzmedium von »epd Film«. Thomas Schatten resümiert seine Funktionen und sein Selbstverständnis in seiner Untersuchung von 50 Jahren »film-dienst«: Die Zeitschrift gestalte »den gesamtgesellschaftlich geführten Dialog um die bei weitem beliebteste Kunst- und Unterhaltungsform unseres Jahrhunderts in prominenter Form« mit. Sie vermöge »einer immer weniger im Glauben verwurzelten Gesellschaft Zugänge zu religiös geprägten Werken zu eröffnen, die ihr ansonsten womöglich verschlossen blieben.« Weiterhin fördere sie den Dialog über »unterschiedliche Wert- und Moralvorstellungen« (ebd., 254). Diese Charakterisierungen spiegeln das Selbstverständnis katholischer Filmarbeit. Sie könnten auch aus dem Zusammenhang der evangelischen Filmarbeit stammen. Auch die Verortung der Filmarbeit im Kontext kirchlicher Kulturarbeit ist ein Konvergenzmoment.
8. Zit. nach Dannowski, 40 Jahre, a.a.O., 7f.

tung.⁹ Aus dem instrumentell-pädagogischen Verhältnis zum Film wird ein dialogisches. Der Titel eines 1996 aus Anlaß des 100. Kinogeburtstages vom EKD-Filmbeauftragten Martin Ammon herausgegebenen Sammelbandes zu Fragen der evangelischen Filmarbeit kennzeichnet die aktuelle Position: »Kino und Kirche im Dialog«.¹⁰

Inhaltlich lassen sich die beiden Phasen durch die Stichworte Religion, Ethik, Ästhetik und Kultur noch näher charakterisieren. Dabei ist die erste Phase durch eine religiöse Orientierung in der ersten und eine ethische in der zweiten Hälfte geprägt. In der zweiten Phase liegt der Akzent – bei einer Kontinuität des ethischen Themas – auf der kulturellen Bedeutung und der ästhetischen Eigenart des Films.

2.1.1 Mission und Moral

Im Jahre 1910 konstatiert der evangelische Pfarrer W. Conradt nach der Durchsicht von 250 »Kinematographenprogrammen«, der Film sei »ein Feind der Sittlichkeit«. Doch Conradt sieht das neue Medium nicht nur negativ: der Film könne »nicht bloß Verführer (...), sondern auch Erzieher sein«.¹¹ Vor diesem Hintergrund plädiert Conradt für eine »Christianisierung« des Kinematographen.

Die spezifische Ambivalenz (Bildungsrelevanz versus moralischer Gefährdung) dieser frühen Stellungnahme prägt auch die Anfänge der evangelischen Filmarbeit nach 1945. Auf der einen Seite erkennt man das kulturelle Wirkungspotential des Films, auf der anderen Seite tritt man seiner vermeintlichen Moralzersetzungskraft mit bewahrpädagogischen und missionarischen Intentionen entgegen.

Im ersten Heft des »Evangelischen Film-Beobachters« vom November 1948 schreibt dessen Herausgeber Robert Geisendörfer, daß man sich vor dem Hintergrund des »missionarischen Auftrag(s) der Kirche (...) der Erkenntnis von der ungeheuren Bedeutung des Films in unserer Zeit nicht verschließen« könne. Die Kirche habe zu diesem »Bildungsmittel von weitestem Einflusse (...) so viel zu sagen, daß die Schaffung eines ›Evangelischen Film-Beobachters‹ gerechtfertigt erscheint«.¹² Die evangelische Kommentierung des Films sollte dazu dienen, den Geschmack und die Urteilsfähigkeit des Publikums zu heben. Manche

---

9. Vgl. dazu auch: Stefan Wolf, Dialog als Konzept kirchlich-theologischer Filmarbeit im Hinblick auf Gemeindearbeit, unveröffentlichtes Manuskript einer Hausarbeit zum Zweiten Theologischen Examen in der Hannoverschen Landeskirche im Frühjahr 1998, 14ff.
10. Martin Ammon u.a. (Hg.), a.a.O.
11. Zitiert nach: Eckart Gottwald, Zwischen Mythos und Spiel. Theologische Zugänge zum Unterhaltungsfilm, in: Martin Ammon u.a. (Hg.), a.a.O., 34-53, 37f.
12. Robert Geisendörfer, Editorial, in: Evangelischer Film-Beobachter (EFB), 1/1948, 1.

hofften, damit gar auf eine Verbesserung des Filmangebots hinwirken zu können. Denn, so Walter Schwarz im Januar-Heft 1949, würden erst »die auf die niederen Instinkte rechnenden« Filme »abgelehnt und nicht besucht«, würden sich auch die Verleiher eher zum »guten Film« hinwenden.[13] Der »gute Film« war in den Augen des Film-Beobachters die große Ausnahme. Nach einem Jahr Film-Beobachter beklagte Robert Geisendörfer im Editorial »noch viel Beanstandenswertes, ja Abzulehnendes, was alltäglich Tausenden von Menschen vorgeführt wird (...). Die Urteilsfähigkeit und den Geschmack dieser Tausende zu stärken und sie auf die Gefährdungen hinzuweisen, denen sie ausgesetzt sind, sie aber auch auf schöne und ethisch wertvolle Werke aufmerksam zu machen, das halten wir für unsere Aufgabe.«[14] Die Wahrnehmung dieser Aufgabe als »Wächter und Warner« trieb manch skurrile Blüte. So erörterte der »Film-Beobachter« Fragen wie »Darf ein Christ einen Kriminalfilm sehen?«, urteilte Meisterwerke wie Hitchcocks »Psycho« ab (»So witzlos wie wüst. Wir raten ab.«) und prangerte immer wieder Filme an – so zum Beispiel »Blondinen bevorzugt« von Howard Hawks wegen seiner Freizügigkeit: »Frauen, die noch etwas auf Moral halten, können diese Herabwürdigung ihres Geschlechtes nur beschämend empfinden.«[15]

Diese von kulturkonservativen Vorurteilen und protestantisch-missionarischer Moral genährte Haltung des »Film-Beobachters« änderte sich ab der Mitte der 60er Jahre.[16] Das Blatt wurde dann 1971 vorübergehend eingestellt, kehrte 1976 in neuem Gewand und mit liberaler Programmatik wieder und ging 1984 gemeinsam mit dem Informationsdienst »Kirche und Film« in der neu gegründeten Publikation »epd Film« auf. Inhaltlich knüpfte »epd Film« vor allem an den seit 1953 in kleiner Auflage erscheinenden Informationsdienst »Kirche und Film« an.[17] »Kirche und Film« verfolgte schon länger eine liberalere und mehr an Sachkompetenz und journalistischer Professionalität orientierte filmpublizistische Linie als der »Film-Beobachter«. Diese Ausrichtung wurde in der neuen Zeitschrift zum Programm erhoben. Man wollte eine möglichst unabhängige Filmzeitschrift sein: »Wir sehen ›epd Film‹ als Alternative zu den Filmzeitschriften, die durch Abhängigkeit von der Filmindustrie eingeschränkt sind. Die evangelische Kirche bietet hier einen Freiraum, den es zu nutzen gilt«, schrieben die Redakteure in der ersten Ausgabe.[18] Die Artikel in der Tagespresse anläßlich

---

13. Walter Schwarz, zitiert nach Raimund Gerz, Praxis und Perspektiven evangelischer Filmpublizistik. »Evangelischer Filmbeobachter« – »Kirche und Film« – »epd Film«, in: Martin Ammon u. a. (Hg.), a.a.O., 115-136, 117.
14. Robert Geisendörfer, Editorial, in: EFB, 24/1949, 107.
15. EFB zitiert nach: Raimund Gerz, a.a.O., 117ff.
16. Vgl. ebd., 121.
17. Ebd., 122ff.
18. Wilhelm Roth und Bettina Thienhaus, Editorial, in: epd Film 1/1984, 2.

des 50. Heftes von »epd Film« im Jahr 1988 zeigen, daß es gelungen ist, diesen Anspruch weitgehend einzulösen. Unabhängigkeit, Pluralität und professionelle Qualität der Publikation werden einhellig gelobt.[19]
Im Blick auf den filmkulturellen Gesamtkontext der weiter unten folgenden Filmanalysen populärer Filme der 90er Jahre sei angemerkt, daß zwei Filme innerhalb dieses Zeitraums besondere Debatten in »epd Film« nach sich zogen: »Beruf Neonazi« im Jahr 1994 und »Mann beisst Hund« 1993. Letzterer löste anläßlich seiner Nominierung zum »Film des Monats Juni 1993« durch die »Jury evangelischer Filmarbeit« eine Diskussion über Gewalt im Kino aus, die paradigmatischen Charakter hatte.[20] Der langjährige Vorsitzende der Jury, Werner Schneider, nennt neben dem Gewaltthema noch zwei weitere Themen, die im Verlauf der 90er zu Kontroversen in der Jury-Arbeit führten: die interkulturelle Filmrezeption und die filmische Auseinandersetzung mit dem Nationalsozialismus und dem Holocaust.
Die Entwicklung der Publikationen ist weitgehend repräsentativ für die Entwicklung auch der anderen Institutionen und Bereiche der evangelischen Filmarbeit. Dabei ging es neben den Fragen von Moral und Ethik in der Anfangszeit auch um die Klärung der Frage, wie das Verhältnis von Religion und Film zu denken sei. Kann der Film ein Mittel der Verkündigung sein? Wie steht es um das Verhältnis von Film und Offenbarung? Ein vorläufiges Ergebnis dieser Debatte formulierte 1950 die »Schwalbacher Entschließung«, ein Positionspapier, das auf einer Tagung von Vertretern der Filmbranche und der evangelischen Kirche in Bad Schwalbach verabschiedet wurde. Darin heißt es: »Wir müssen (...) bitten, die filmische Darstellung der göttlichen Offenbarung (Christusleben, Vorgang des Wunders, Vollzug der Sakramente) zu vermeiden. Der Film kann die Wirklichkeit des Heiligen Geistes nur im Spiegel eines menschlichen Schicksals spürbar machen.«[21]
»Der Film kann«, resümiert Hans Werner Dannowski[22] rückblickend, also »nicht direkt Verkündigung sein«, sondern Offenbarung allenfalls indirekt, im Spiegel menschlicher Schicksale vermitteln. Das Wort hat, in guter protestantischer Tradition, Priorität. Es gilt weiterhin als das eigentliche Medium der Verkündigung.
In positiver Hinsicht plädiert die »Schwalbacher Entschließung« für die Förderung von Filmen, die »das echt Menschliche (...) bewahren und (...) die heilenden Kräfte der Lebensbewältigung (...) stärken«.[23] Diese ethische Orientierung

---

19. Vgl. Raimund Gerz, a.a.O., 128f.
20. Epd Film, 7/1993, 8ff.
21. Vgl. EFB, 1.Juli 1950, 90.
22. Hans Werner Dannowski, 40 Jahre, a.a.O., 9.
23. Zitiert nach: Rudolf Joos, Jury der Evangelischen Filmarbeit – ihre Organisation,

der evangelischen Filmarbeit reicht bis in die Gegenwart und erhält insbesondere in den 70er Jahren noch zusätzliches Gewicht. So heißt es in einer Beschreibung der Kriterien für die Arbeit der »Jury evangelischer Filmarbeit« 1977: »Evangelische Filmarbeit fördert Filme aller Art, die eine dem Evangelium gemäße menschliche Haltung zum Ausdruck bringen oder zur Überprüfung eigener Positionen anregen und mitmenschliche Verantwortung wecken. Dabei ist nicht das filmästhetische Moment, sondern der ethische Gehalt des Films oberster Grundsatz der Auswahl; keins von beiden darf allein ausschlaggebend sein. Form und Inhalt sind in ihrer wechselseitigen Beziehung zu berücksichtigen.«[24]

2.1.2 Kultur und Ästhetik

Ab Mitte der 70er Jahre nimmt die evangelische Filmarbeit den Film stärker in seiner Eigenschaft als Kulturform wahr. Schon in den 1977 formulierten Jury-Kriterien zeigt sich, daß die spezifische Ästhetik des Films Beachtung findet. Form und Inhalt seien in ihrer wechselseitigen Beziehung zu berücksichtigen. Ein Jahr zuvor hatte Gerd Albrecht, der damalige EKD-Filmbeauftragte, in einem Aufsatz die Frage erörtert »Kann Unterhaltung als Parabel dienen?« und die Erzählstrukturen des Spielfilms untersucht.[25] Albrecht zieht Parallelen zwischen den biblischen Gleichnissen und populären Kinofilmen. Beide dienten der spielerischen Erforschung von Handlungsmöglichkeiten. Albrechts Ansatz wird erst in den 90er Jahren von Eckart Gottwald wieder aufgegriffen und fortgeführt.[26] Im Horizont der Begriffe Mythos und Spiel arbeitet Gottwald dabei die funktionalen Äquivalenzen biblischer und filmischer Erzählungen im Zusammenhang von Identitätsbildungs- und Selbstvergewisserungsprozessen heraus.

Der funktionalen Verwandtschaft von Kino und Kirche geht auch Hans Werner Dannowski nach. In seinem Abschiedsvortrag als EKD-Filmbeauftragter betont er die Nähe von Film und Kirche im Kontext Kultur. Im Sinne der Marxschen Kulturdefinition seien beide »Expression des menschlichen Elends und zugleich der Protest dagegen«.[27] Dannowski legt in diesem Zusammenhang nahe, das Tertium comparationis von Kino und Kirche in ihrer gesellschaftlichen Funk-

Aufgabe und Auswahlkriterien, in: Kriterien der Filmbeurteilung, Arnoldshainer Protokolle 2/1986, Schmitten 1986, 32-36, 32.
24. Zitiert nach: Gerd Albrecht, Artikel »Film«, in: TRE, Bd. 11, hrsg. von Gerhard Müller, Berlin/New York 1983, 174-177, 174.
25. Gerd Albrecht, Kann Unterhaltung als Parabel dienen? Bemerkungen zur christlichen Interpretation von Unterhaltungsfilmen und ähnlichen Materialien, in: Handbuch Jury der Evangelischen Filmarbeit, Frankfurt am Main 1976, 97-102.
26. Eckart Gottwald, Mythos, a.a.O.
27. Hans Werner Dannowski, Schnittstellen. Erfahrungen mit Kirche, Film und Öffentlichkeit, in: PTh 81. Jg., 12/1992, 494-501, 494ff.

tion als Agenturen zukunftseröffnender Phantasien zu sehen.[28] In eine ähnliche Richtung denkt Werner Schneider-Quindeau, wenn er vermutet: »Und vielleicht ist der Film als Bildmedium a limine religiös, weil er eine imaginär-symbolische Welt entwirft, die religiösen Vorstellungen zumindest zum Verwechseln ähnlich ist. Filme sind auf industriell-moderne Weise die Produzenten von Mythen und Weltanschauungen, wie es Religionen unter vorindustriellen und archaischen Bedingungen waren.«[29]

Mit dem Interesse an der Kulturform Film kommt auch das Ästhetische stärker in den Blick. So fordert Karsten Visarius 1992 im »Evangelischen Erzieher«: »Es ist an der Zeit, die Differenzierungen der ästhetischen Reflexion gegen das Unbehagen an den Medien wieder ins Recht zu setzen.«[30] In diesem Zusammenhang wären auch die Herausforderungen zu erörtern, die die Sinnlichkeit und Bildhaftigkeit des Films für die Theologie bedeuten. Zu reden wäre hier unter anderem von der ästhetischen Irritation theologischer Begriffsarbeit.[31]

2.2 Evangelische Filmarbeit als Dialog

Insgesamt geht es der evangelischen Filmarbeit heute darum, Filme »ohne instrumentalisierende oder vereinnahmende Absicht« zu rezipieren und eben nicht nur ethisch-moralisch abzuprüfen.[32] Dialog ist der Schlüsselbegriff für die aktuellen Überlegungen zur Beziehung zwischen Film und Religion, Kino und Kirche. Der Dialoggedanke bestimmt sowohl die Perspektiven, die Martin Ammon zum hundertsten Kinojubiläum versammelt hat[33], als auch die in den letzten Jahren zu dieser Thematik entstandenen Dissertationen von Inge Kirsner[34] und Hans-Helmuth Schneider.[35] Die beiden zuletzt genannten Untersuchungen arbeiten dabei markante Gemeinsamkeiten von Film und Religion heraus und knüpfen damit an die Bemühungen von Ronald Holloway an, der in seinem bereits 1977 erschienenen – auf einer Dissertation basierenden – Buch »Beyond the Image« überraschende Ähnlichkeiten von Film- und Theologiegeschichte

---

28. Vgl. ders., a.a.O., 495.
29. Werner Schneider-Quindeau, Perspektivwechsel. Zum Verhältnis von theologischer Reflexion und Filmkultur, in: PTh 81. Jg., 12/1992, 482-493, 482.
30. Karsten Visarius, Der Genuß des Bösen. Film als Provokation von Ethik und Moral, in: Der evangelische Erzieher, 44. Jg., 6/1992, 549-554, 550.
31. Vgl. Verf., Kino und Kirche. Für die Annäherung zweier Erzählgemeinschaften, in: Hans Werner Dannowski (Hg.), Kirchen – Kulturorte der Urbanität, 39-52, 45.
32. Werner Schneider-Quindeau, a.a.O., 483.
33. Martin Ammon u. a. (Hg.), a.a.O.
34. Inge Kirsner, Erlösung im Film. Praktisch-theologische Analysen und Interpretationen, Stuttgart/Berlin/Köln, 1996.
35. Hans-Helmuth Schneider, Rollen und Räume. Anfragen an das Christentum in den Filmen Ingmar Bergmans, Frankfurt/M. 1993.

2. Film und Religion in protestantischer Perspektive 73

herausgestellt hatte.³⁶ Was bei Holloway zum Teil etwas schematisch gerät, wird bei Schneider und Kirsner vorsichtiger und differenzierter entwickelt. Während Schneider auf die Nähe von Bergmans Filmen zu den Weisheitserzählungen der hebräischen Bibel abhebt, geht Inge Kirsner dem Erlösungsmotiv in vier recht unterschiedlichen Filmen nach und zeigt auf, wie eng die Erlösungsthematik mit der dramaturgischen Struktur der von ihr untersuchten Filmerzählungen verwoben ist.

Martin Ammon resümiert: »Gerade der Befund von relativer Nähe und spezifischer Differenz zwischen Filmkunst und Kirche ermöglicht ein so respektvolles wie interessantes Gespräch miteinander.«³⁷

Gemeinsam ist allen aktuelleren Theologie-Texten zum Film die Bereitschaft, sich vom Film herausfordern und befragen zu lassen. Auch der Jury-Vorsitzende Werner Schneider will vom Kino lernen: »befreiendes Lachen und herzzerreissendes Mitleiden« zum Beispiel.³⁸ Doch wie weit geht diese Lernbereitschaft? Werden nur Lektionen in Lachen und Weinen akzeptiert oder auch in Eschatologie und Gotteslehre? Ein echter Dialog müsse letztlich auch die Theologie verändern können, wurde mit Recht auf einer katholischen Filmtagung angemerkt.³⁹

Was hier im Kontext kirchlicher Filmarbeit als Beziehungsmodell zwischen Kirche und Kino gefordert und anvisiert wird – ein symmetrischer Dialog –, ist aus der Sicht der Theologie und insbesondere ihrer systematischen Abteilung durchaus umstritten. Erst die aktuellen Perspektiven theologischer Kulturhermeneutik konzipieren die Beziehung von Kultur und Theologie als Dialog.

Im Umkreis der evanglischen Filmarbeit zeichnen sich aus meiner Sicht gegenwärtig drei Aspekte ab, unter denen der Film hauptsächlich wahrgenommen wird: 1. als zeitdiagnostisches Medium, 2. als ästhetische Irritation und 3. als religionshaltiges und religionsoffenes Medium.

1. In Abgrenzung zur moralisch-missionarischen Instrumentalisierung des Films in den Anfangsjahren der evangelischen Filmarbeit wird heute der zeitdiagnostische Eigenwert des Films betont. So begreifen Doron Kiesel und Werner Schneider den Film in ihren »Thesen zum Verhältnis von Theologie, Kirche und Film« an erster Stelle als »Medium der Wahrnehmung und Erschließung gegenwärtiger Wirklichkeit«.⁴⁰ Die Begegnung mit dem Film könne »zu einer Ent-

---

36. Ronald Holloway, Beyond the Image. Approaches to the religious Dimension in the Cinema, Genf 1977.
37. Martin Ammon u.a. (Hg.), a.a.O., 16.
38. Werner Schneider-Quindeau, a.a.O., 493.
39. Vgl. Peter Hasenberg, Film und Theologie im Dialog, in: film-dienst, 27.6.1990, 12-13, 13.
40. Werner Schneider, Doron Kiesel, Thesen zum Verhältnis von Theologie, Kirche und Film, in: Bettina Thienhaus/Wilhelm Roth (Hg.), a.a.O., 25-27, 25.

deckungsreise in die Träume und Alpträume unserer Zeit werden, um den Sehnsüchten und Wünschen der Menschen nachzugehen, die sich im Film wie in einem Spiegel darstellen«.[41]

Gerade der auf Publikumsresonanz zielende populäre Film ist in dieser Hinsicht besonders aufschlußreich: er gibt Auskunft über die aktuellen Ängste und Wünsche breiter Bevölkerungsschichten.

2. Die ästhetischen Fragen kirchlicher Filmarbeit stehen in der Tradition der christlichen Bilderstreitigkeiten. Die heutigen Diskussionen sind dadurch gekennzeichnet, daß die Wortlastigkeit des Protestantismus beklagt und die Herausforderung der Bilder betont wird. Den Bildern sei mehr zuzutrauen.[42] Filme könnten ein »genaues und aufmerksames Sehen« einüben[43] und »eingefahrene und festgefügte Bilder vom Menschen und seiner Welt« angreifen.[44]

Trotz dieser Ansätze tut man sich insgesamt im kirchlich-theologischen Kontext mit der Wahrnehmung des Films als Bildmedium eher schwer. Das ästhetische Irritationspotential der Bilder, ihre sprachlich nicht übersetzbare Vergegenwärtigung von Besonderheit wird theologisch noch wenig aufgegriffen. Der kulturhermeneutisch interessierte Protestantismus befindet sich diesbezüglich zudem in einer vieldeutigen Situation. Einerseits ist ein bildästhetisches Defizit aufzuarbeiten, andererseits verlangt die Bilderflut der Gegenwartskultur nach bilderkritischen Perspektiven. Ein ästhetisch aufgeklärter Ikonoklasmus protestantischer Provenienz kann zur notwendigen Kritik an den auf Hochtouren laufenden populärkulturellen Bildermaschinen beitragen. Die kulturelle Situation erfordert also vom Protestantismus eine Bildertheologie, die die Ambivalenz der Bilder reflektiert.

3. Die religiöse Frage ist nicht vom Tisch. Sie hat sich jedoch gewandelt. An die Stelle der missionarischen Indienstnahme des Films trat ein dialogisch-hermeneutisches Interesse. Die kirchliche Filmarbeit nimmt den Film heute im Blick auf seine impliziten und expliziten Schnittstellen mit den Inhalten der jüdisch-christlichen Tradition als religionskulturelle Herausforderung wahr.

Statt zu missionieren, will man im Dialog von Kirche und Kino neue Zugänge zu den jeweiligen Bereichen eröffnen und Übergänge zwischen den Kulturformen Film und Religion aufzeigen. Von seiten der Kirche geht es bei den aktuellen Kino und Kirche-Projekten zumeist darum, Brücken zwischen traditioneller Religionskultur und Filmkultur zu schlagen. Aus dem alten Missionsinteresse ist in diesen Zusammenhängen ein Interesse an öffentlicher Kommunikation mit der kirchenfernen Zielgruppe der kulturinteressierten jungen Erwachsenen

---

41. Ebd., 27.
42. Hans Werner Dannowski, 40 Jahre, a.a.O., 16.
43. Werner Schneider, Doron Kiesel, a.a.O., 25.
44. Ebd., 26.

geworden.⁴⁵ Die Inszenierung des Dialogs und damit der wechselseitigen Kontextualisierung von Kino und Kirche geschieht in der Hoffnung, beiden Dialogpartnern durch das Herausarbeiten von formalen, funktionalen, ikonographischen und inhaltlichen Gemeinsamkeiten und Differenzen der Kulturformen Film und Religion neue Perspektiven eröffnen zu können.

Im Blick auf das filmische Material ist dabei zunächst die Grundunterscheidung von Belang zwischen Filmen, die religiöse Motive explizit aufgreifen und solchen, die inhaltliche und funktionale Korrespondenzen mit religiösen Fragestellungen aufweisen, ohne daß diese ausdrücklich benannt werden. In gesamtkultureller Hinsicht ist der Film zum einen gerade aufgrund dieser Ähnlichkeiten und zum anderen nicht zuletzt wegen ganz spezifischer Differenzen eine Konkurrenz für die Kirche: »Der Film und das Kino treten als säkularisierte Religionsformen in der Moderne zu traditionellen Formen des Kultes und der Religion in Konkurrenz, sofern sie einen individualisierten Zugang ohne soziale Bindungen ermöglichen, der auf dem Hintergrund eines differenzierten und pluralen Filmangebots eröffnet wird.«⁴⁶

Filme werden zu Medien der Identitätsbildung und der in ihrem Rahmen notwendigen weltanschaulich-religiösen Orientierungen. In Frage kommen dafür heute vor allem Filme, die ohne Bezugnahme auf die religiösen Traditionen weltanschaulich-religiöse Deutungsarbeit leisten. Denn explizite Anknüpfungen an Religiöses im engeren Sinne, wie sie mit Regisseurnamen wie Tarkowskij, Bergman und Kieslowski verbunden sind, sind in der jüngeren Filmgeschichte und besonders in den 90er Jahren seltener geworden⁴⁷. Die theologische Filmhermeneutik ist damit jedoch keineswegs arbeitslos. Es geht nur nicht mehr um die ostentative Identifikation von Religion im Film, sondern nun um die religiöse Interpretation von Filmen, die dafür Anknüpfungspunkte enthalten. Ob man den problematischen Begriff des religiösen Films in diesem Zusammenhang weiterhin verwenden sollte, wie es in der katholischen Filmarbeit geschieht, halte ich für fraglich. Davon abgesehen ist Peter Hasenbergs Formulierung der Interpretationsproblematik weitgehend zuzustimmen: »Der religiöse Film ist dann das Ergebnis einer ›religiösen‹ Leseweise, der Verarbeitung durch

---

45. Vgl. Verf., Zusammenarbeit mit einem Programmkino am Ort, in: Rüdiger Runge (Hg.), Kirchentag '95: gesehen – gehört – erlebt, Gütersloh 1995, 230-231, 230.
46. Werner Schneider, Gleichnisse des Lebens. Die »Jury der evangelischen Filmarbeit« im Kontext von Theologie, Kirche, Film und Kultur, in: Martin Ammon u.a. (Hg.), a.a.O, 54-68, 58.
47. Vgl. Peter Hasenberg, Der Film und das Religiöse. Ansätze zu einer systematischen und historischen Spurensuche, in: Peter Hasenberg u.a. (Hg.), Spuren des Religiösen im Film. Meilensteine aus 100 Jahren Filmgeschichte, Mainz/Köln 1995, 9-23; Hasenberg weist darauf hin, daß die Bezugnahme auf religiöse Themen in der Frühzeit der Filmgeschichte auch legitimatorische Funktionen hatte (vgl. 18).

einen religiös inspirierten Rezipienten. Dies eröffnet neue, spannende und anregende Dimensionen der Betrachtung, die Legitimation für die religiöse Interpretation liegt allein in der Subjektivität des Betrachters.«[48] Kritisch anzumerken ist, daß die Betonung der Subjektivität die objektiven Anteile des fraglichen Interpretationsprozesses zu wenig berücksichtigt: Religiöse Deutung ist schließlich immer auf einen objektiven kulturellen Kontext religiöser Semantik zurückbezogen. Lesarten ergeben sich durch subjektiv vermittelte Konfrontationen von Diskursen. Subjektivität bezeichnet dabei ein Mischungsverhältnis von kulturellen Objektivitäten. Dieser Bezugsrahmen gemeinsam geteilter Bedeutung hat intersubjektiven Charakter.

In den Mittelpunkt des Interesses rückt damit auch im Kontext der kirchlichen Filmarbeit die Verständigung über einen Religionsbegriff, der der theologischen Kulturhermeneutik des Films zugrunde gelegt werden kann.

2.3 Die Ausblendung des populären Films

Die Ausgrenzung des Unterhaltungsfilms wie des Themas Unterhaltung insgesamt in den Anfangszeiten der evangelischen Filmarbeit wird heute kritisch beurteilt. Man erkennt die Relevanz des Themas und beklagt die Versäumnisse der Vergangenheit.

Im Anschluß an Gerd Albrecht fordert Hans Werner Dannowski, »den Begriff Unterhaltung theologisch zu durchleuchten«.[49] Ebenfalls in Anknüpfung an Albrecht erarbeitet Eckart Gottwald »theologische Zugänge zum Unterhaltungsfilm«.[50] Thies Gundlach hält Gottesdienste zu »Unterhaltungsfilmen der Gegenwart« und kritisiert die Konzentration der evangelischen Filmarbeit auf »die niveauvollen Bildungsereignisse der Programmkinos«.[51] Werner Schneider-Quindeau hofft: »Vielleicht lernen Christen im Kino entdecken, was Unterhaltung bedeutet, damit gähnende Langeweile und lähmender Ernst in Gottesdiensten einem lebendigen, öfter auch fröhlichen Geschehen Platz machen kann.«[52] Und Hans Werner Dannowski mahnt: »Der Nachdruck auf dem künstlerisch wertvollen Film darf den Blick auf den Film für die breite Masse, den Unterhaltungsfilm, nicht verstellen.«[53] Der populäre Film ist in den letzten Jahren stärker ins Blickfeld der evangelischen Filmarbeit gerückt. Der Fokus der Aufmerksamkeit gilt jedoch weiterhin vor allem dem künstlerisch anspruchsvollen Film.

---

48. Ebd., 13.
49. Hans Werner Dannowski, Schnittstellen, a.a.O., 499.
50. Eckart Gottwald, Mythos, a.a.O., 34ff.
51. Thies Gundlach, Bilder – Mythen – Movies, Gottesdienste zu Unterhaltungsfilmen der Gegenwart, in: PTh 83. Jg., 12/1994, 550-563, 550f.
52. Ebd., 493.
53. Hans Werner Dannowski, Interfilm. Evangelische Filmarbeit in ökumenischer und internationaler Perspektive, in: Martin Ammon u. a. (Hg.), a.a.O., 183-206, 204.

So erklärt Werner Schneider für die Jury der evangelischen Filmarbeit: »Die Jury möchte allerdings den künstlerisch anspruchsvollen Film fördern, weil sie überzeugt ist, daß in der Filmkunst das kulturelle Selbstverständnis einer Gesellschaft in ihrer Zeit phantasievoller, exakter, geistreicher und reflexiver präsentiert wird als im kommerziellen Erfolgsfilm.«[54] Neben der größeren Reflexivität des Kunstkinos betont Schneider sein ästhetisches Innovationspotential. Er vergleicht das Verhältnis von Mainstream-Film und Kunstkino mit dem von Konfektion und Kreation in der Modewelt: Dem Kunstfilm komme die Rolle der kreativen Innovation zu.

Doch theologische Kulturhermeneutik kann sich nicht nur der Avantgarde zuwenden. Sie sollte beides im Blick haben: den populären Film und das Kunstkino. Und je mehr sie sich als eine offene Reflexionsform versteht, desto höher wird sie die Herausforderung durch die populäre Kultur bewerten. Aus der Perspektive einer so verstandenen theologischen Kulturhermeneutik sind hinsichtlich der populären Kultur und des populären Films Defizite aufzuarbeiten.

Die vorliegende Arbeit will dazu beitragen.

---

54. Werner Schneider, Gleichnisse des Lebens. Die »Jury der evangelischen Filmarbeit« im Kontext von Theologie, Kirche, Film und Kultur, in: Martin Ammon u. a. (Hg.), a.a.O, 54-68, 63.

3. Film und populärer Film

3.1 Das Medium Film

Im folgenden sollen wichtige Merkmale des Mediums Film skizziert werden. Die relevanten ökonomischen, ästhetischen, sozialen, politischen und kulturellen Aspekte sollen dabei anhand einer kurzen Geschichte des Films zur Sprache kommen. Diese medienkundliche Einführung bildet die Voraussetzung für eine nähere Charakterisierung des populären Films und seiner kulturellen Bedeutung. Beginnen will ich mit einem Blick auf die aktuelle Lage des Films.
An der Schwelle zum dritten Jahrtausend ist der Film Teil eines umfassenden Mediensystems. Das Fernsehen und die Videotechnik haben seine kulturelle Präsenz vervielfacht und verändert. Die Digitalisierung ist im Begriff, die Verbreitung und Herstellung des Films erneut zu beeinflussen und zu erweitern.
Gut hundert Jahre nach seiner Erfindung ist der Film zur dominanten kulturellen Ausdrucksform des 20. Jahrhunderts avanciert.[1] Dabei hat er die Schriftkultur in eine audiovisuell geprägte Kultur verwandelt und zum Entstehen einer neuen Form der populären Kultur beigetragen. Der Film prägt darum wie kaum ein anderer Kulturfaktor der Gegenwartskultur das Denken und Fühlen der Menschen – insbesondere das Bewußtsein der heranwachsenden Generationen. Aufgrund der Globalisierung der Unterhaltungskultur hat die Präsenz des populären Films inzwischen globale Dimensionen angenommen. Wenngleich die Beobachtung des Kunsthistorikers Erwin Panofsky im Amerika der 40er Jahre aufs Ganze gesehen heute nicht mehr zutrifft, so verweist sie doch im Blick auf die gegenwartskulturelle Bedeutung des Films im Gegenüber zu den klassischen Künsten nach wie vor zutreffend auf seine ungleich größere Breitenwirksamkeit: »Ob man darüber erfreut ist oder nicht: der Film bestimmt stärker als jeder andere Einzelfaktor die Meinungen, den Geschmack, die Sprache, die Kleidung, das Benehmen, ja sogar die äußere Erscheinung eines Publikums, das mehr als 60 Prozent der Erdbevölkerung umfaßt. Wenn alle seriösen Lyriker, Komponisten, Maler und Bildhauer gesetzlich gezwungen würden, ihre Tätigkeit einzustellen, würde das nur ein ziemlich kleiner Teil des allgemeinen Publikums bemerken und ein noch kleinerer es wirklich bedauern. Geschähe dasselbe für den Film, wären die sozialen Folgen unabsehbar.«[2]

---

1. Vgl. Stephan Abarbanell/Reinhard Middel/Karsten Visarius, Medien und Kultur, in: Kirche und Kultur in der Gegenwart. Beiträge aus der evangelischen Kirche, hrsg. im Auftrag des Kirchenamtes der Evangelischen Kirche in Deutschland, Frankfurt/M. 1996, 374-390, 375.
2. Erwin Panofsky, Stil und Medium im Film, in: Erwin Panofsky, Die ideologischen Vorläufer des Rolls-Royce-Kühlers, Frankfurt am Main <1947> 1993, 19-48, 20.

3. Film und populärer Film 79

Im Blick auf die sozialen Wirkungen können wir heute hinzufügen: Die die fortschreitende Medialisierung der Gesellschaft begleitende Sorge, daß das Vermögen, zwischen primärer und medialer Erfahrung zu unterscheiden, beeinträchtigt werden könnte, hat sich nicht bewahrheitet.[3]

Der Film ist ein soziokulturell einflußreiches Medium: ein Mittel zur Bedeutungsproduktion. Er ist zugleich eine Ware und eine Kunstform – genauer: eine reproduzierende Kunst. Als Kunstform kommt der Film nur im Kino voll zur Geltung. Durch das Fernsehen, aber auch durch die Videotechnik schien seine Kinopräsenz vorübergehend beeinträchtigt. Mittlerweile sind Abgrenzung und gegenseitiger Argwohn zwischen Fernseh- und Filmbranche vielerorts der Kooperation gewichen. Zugleich hat eine funktionale Ausdifferenzierung stattgefunden: Dokumentationsfunktionen sind weitgehend auf das Fernsehen übergegangen, während sich das Kino auf den erzählenden Spielfilm konzentriert hat. Heute gilt für das Verhältnis von Kinofilm und Fernsehen: »Noch in den Siebzigern genossen TV-Filme bei den meisten Kritikern und Zuschauern weit weniger Prestige und Interesse als Kinofilme. In den achtziger Jahren war diese Stigmatisierung weitgehend verschwunden. Die TV-Filme besitzen noch immer nicht ganz die Aura ihrer teureren Kino-Vettern, aber Schauspieler und Techniker betrachten gehobenere Fernsehproduktionen nicht mehr als ernste Kompromittierung ihrer Professionalität.«[4]

Deutlich ist inzwischen auch, daß Wachstum und Ausdifferenzierung der Fernsehbranche keineswegs das Ende der Lichtspielhäuser herbeigeführt haben. Im Jahr des 100. Filmgeburtstages verzeichneten die Besucherstatistiken der Kinos nach einer längeren Phase der Stagnation sogar wieder Zuwächse.[5] Diese Entwicklung ist nicht zuletzt dem Boom der sogenannten Multiplex-Kinos in den 90er Jahren geschuldet, die – riesigen Kino-Supermärkten vergleichbar – im Unterschied zu den engen Schachtel-Kinos der 70er Jahre das aktuelle Mainstream-Film-Angebot in großzügigen Kinosälen und optimaler technischer Qualität anbieten. Diese Kinos setzen auf den Erlebnischarakter des Kinobesuchs und bemühen sich, diesen mit allen architektonischen und technischen

---

3. Vgl. Knut Hickethier, Nach einhundert Jahren Film – ein Ende des Films oder ein neuer Anfang in der digitalen Medienwelt? In: Werner Faulstich/Helmut Korte (Hg.), Fischer Filmgeschichte Band 5: Massenware und Kunst 1977-1995, Frankfurt/M. 1995, 318-332, 325.
4. James Monaco, Film verstehen. Kunst, Technik, Sprache, Geschichte und Theorie des Films und der Medien. Mit einer Einführung in Multimedia, überarbeitete und erweiterte Neuauflage, Reinbek 1996 <London/New York 1977>, 395.
5. Vgl. Bernward Hoffmann, »Der Blick auf das Andere.« Filmarbeit zwischen Unterhaltung, Kultur und Bildung, in: Zentralstelle Medien der Deutschen Bischofskonferenz (Hg.), Kirche und Kino. Arbeitshilfe zum Mediensonntag 1995, Medienpraxis/Grundlagen 8, Bonn 1995, 22-34, 25 f.

Mitteln und durch die Art der Filmauswahl zu intensivieren. Der Multiplex-Boom paßt mithin in das von Gerhard Schulze schon in den 80er Jahren beschriebene Bild der »Erlebnisgesellschaft«.[6] Während sich die Multiplex-Häuser ganz dem populären Film – auch Mainstream-Film – verschrieben haben, grenzen sich neuerdings viele kleinere Kinos unter dem Label »Arthouse-Kinos« programmatisch von dieser Entwicklung ab und bieten ein Programm an, das, neben einer qualitätsbewußten Auswahl aus dem Mainstream-Angebot, auf künstlerisch ambitionierte Filme setzt. In dieser Entwicklung spiegelt sich das Changieren des Films zwischen seinem Charakter als Unterhaltungsware und als Kunstform. Beide Aspekte sind in der Geschichte des Films von Anfang an präsent.

3.1.1 Die Anfänge

Als der Geburtstag der siebten Kunst wird gemeinhin der 28. Dezember 1895 angesehen. An diesem Tag organisierten die Brüder Lumière, Fotofabrikanten aus Lyon, die erste öffentliche Filmvorführung im Pariser Grand Café.[7] Das inzwischen kanonisierte Datum gehört in eine Reihe von Daten und Ereignissen zwischen New York und Berlin, die das Entstehen des Films aufgrund einer etwa zeitgleichen Technikentwicklung in Europa und Amerika markieren. In diese Reihe gehören unter anderem die Erfindung eines Filmabspielgerätes nach dem Guckkastenprinzip durch den Amerikaner Thomas A. Edison im Jahr 1892 und eine Bioskop-Vorführung der Brüder Skladanowsky im Berliner Wintergarten am 1. November 1895.

Technisch gesehen war der Film aus der Fotografie hervorgegangen. Kulturell betrachtet war er in der Varieté- und Jahrmarktswelt verwurzelt. Ist der fotographische Kontext mit dem Namen Lumière verknüpft, so der Jahrmarktsaspekt mit dem französischen Zauberer und Theatermann Georges Méliès. Beide Namen stehen darüberhinaus für zwei unterschiedliche Tendenzen, die für die Weiterentwicklung des Films von grundlegender Bedeutung sind. Waren die Brüder Lumière vor allem an dokumentarischen Filmaufnahmen interessiert, so ging es Méliès um das Illusionspotential des Mediums. Die Lumières gelten darum auch als Begründer des Dokumentarfilms, Méliès als Vater des fiktionalen Films.[8] In der Filmästhetik korrespondiert dieser Unterscheidung die Differenz zwischen Realismus und Expressionismus, die später von Siegfried Kracauer und Rudolf Arnheim theoretisch ausgearbeitet wurde.

---

6. Vgl. Gerhard Schulze, Die Erlebnisgesellschaft, a.a.O.
7. Vgl. Ulrich Gregor/Enno Patalas, Geschichte des Films, Gütersloh 1962, 12f.
8. So z.B. Meyers Grosses Taschenlexikon in 24 Bänden, 4., vollständig überarbeitete Auflage, hrsg.und bearb. von Meyers Lexikonredaktion, Bd. 7, Mannheim/Leipzig/Wien/Zürich 1992, 79.

In der Zeit zwischen 1896 und 1912 entwickelte sich der Film von einer Jahrmarktsattraktion zu einer eigenständigen Wirtschaftsbranche und Kunstform. 1902 wurde in Los Angeles das erste Kino eröffnet.[9] Mit dem Entstehen des langen Spielfilms war das neue Medium endgültig aus den Kinderschuhen herausgewachsen.[10]

3.1.2 Hollywood

Es folgte die Stummfilmzeit (1913-1927), die von der Komödie (Chaplin, Keaton) und von realistischen und expressionistischen Tendenzen geprägt war. 1914 verlagerte sich das Zentrum der Filmherstellung in Amerika von New York nach Hollywood.[11] Die Produktionsbedingungen (Drehorte, Wetter, Arbeitskräfte) waren dort am günstigsten. Bestimmte Anfang der 20er Jahre der vom Expressionismus geprägte deutsche Stummfilm (Murnau, Lang) und im Anschluß daran die russische Montagetechnik (Eisenstein, Pudowkin) die ästhetische Entwicklung des Films, so begann bald darauf der weltweite Siegeszug Hollywoods. Der Aufschwung der kalifornischen Studios wurde durch die Weiterentwicklung des Film zum Tonfilm (ab 1927) und zum Farbfilm (Anfang der 30er Jahre) noch beflügelt. »Anfang der dreißiger Jahre hatte das amerikanische Kino eine beherrschende Rolle auf den Leinwänden der Welt errungen. Zwischen 1932 und 1946 ist die Geschichte des Films – mit zwei Ausnahmen – identisch mit der Geschichte Hollywoods.«[12] Die Ausnahmen, Hitchcock in England (bis 1940) und Renoir in Frankreich, bestätigen die Regel. Der Weltkrieg und die damit verbundene Emigrationswelle deutscher und europäischer Filmemacher und Schauspieler (u. a. Lang, Ophüls, Wilder) nach Kalifornien trugen das ihre zur unumstrittenen Herrschaft Hollywoods in dieser Zeit bei. Es war die Zeit der Blüte und Ausdifferenzierung der amerikanischen Filmwirtschaft. Hollywood entwickelte sich zur vielzitierten »Traumfabrik«, in der unterschiedlich qualifizierte Handwerker in arbeitsteiliger Produktion hochwertige Unterhaltungsware herstellten. Die »Kulturindustrie«[13] war geboren. Gleichzeitig mit der Ausdifferenzierung des Produktionsprozesses entwickelte sich auch die Palette der Film-Genres weiter: Neben die Screwball-Komödie trat der Animationsfilm, neben den Gangsterfilm der Thriller.

9. James Monaco, a.a.O., 237.
10. Vgl. ebd., 232ff. Der Filmwissenschaftler James Monaco unterscheidet acht Perioden der Filmgeschichte. Meine weitere Darstellung beruht weitgehend auf Monacos Periodisierung.
11. Ders., a.a.O., 243f.
12. Ders., a.a.O., 298.
13. Den Begriff haben Max Horkheimer und Theodor W. Adorno in ihrer »Dialektik der Aufklärung« geprägt (Frankfurt/M. <1944> 1969, 108ff.).

3.1.3 Europa holt auf

Nach dem Zweiten Weltkrieg mußten sich die Hollywood-Studios mit zwei Herausforderungen auseinandersetzen: mit dem Fernsehen und mit dem Wiedererstarken des europäischen Kinos.

In Europa war es zunächst vor allem die neorealistische Bewegung in Italien, die dem Hollywood-Kino Konkurrenz machte. Sie war durch politisches Engagement und durch eine neue, realistische Ästhetik gekennzeichnet. De Sica, Visconti und Rosselini sorgten mit ihren politisch wie künstlerisch ambitionierten Filmen für neue Maßstäbe in der Filmkunst.

Die Nouvelle Vague in Frankreich konnte darauf aufbauen und hat die Komplexität der filmischen Ausdrucksmöglichkeiten weiterentwickelt. Die wesentlichen Akzente setzten François Truffaut und Jean-Luc Godard. Beide haben auch filmtheoretisch gearbeitet. Truffaut propagierte mit der »Politique des auteurs« (1954) die Subjektivität des Filmautors. Er brachte damit ein wesentliches Charakteristikum des europäischen Films auf den Begriff, das ihn vom Hollywood-Film unterschied: seine starke Autorenorientierung. Darin erwies sich das europäische Kino vor allem interessiert am Film als individuell gestalteter Kunstform, weniger an seinem Charakter als arbeitsteilig hergestellter Unterhaltungsware. Godard ist einer der prägnantesten Vertreter dieser künstlerisch gesonnenen Haltung. Er hat diese Haltung sowohl theoretisch wie praktisch vorangetrieben. Ein wesentliches Ergebnis seiner filmkünstlerischen Arbeit ist die von ihm geschaffene Form des subjektiven Essayfilms, der die Konventionen des klassischen Erzählkinos aufbricht. Mit Godards Beitrag ist die Ausdifferenzierung der filmischen Grundformen vorläufig abgeschlossen. Man unterscheidet seither zwischen dem erzählenden Spielfilm, dem Dokumentarfilm, dem Animationsfilm und dem subjektiven Filmessay. Der populäre Film gehört zur Gattung des erzählenden Spielfilms und umfaßt eine Palette von Genres, auf die weiter unten noch einzugehen sein wird.

Die französische Neue Welle bildet den Auftakt für eine ganze Reihe von neuen Wellen in der gesamten Filmwelt – darunter das für Lateinamerika bedeutsame »Cinema Novo« in Brasilien, das »Free Cinema« in England und das »New American Cinema« als inneramerikanische Alternative zu Hollywood (u. a. Robert Altman, Martin Scorsese, Woody Allen). In Deutschland markiert das »Oberhausener Manifest« von 1962 einen Neuanfang.[14] Eine Gruppe von jungen Filmemacherinnen und Filmemachern, darunter Alexander Kluge und Edgar Reitz, grenzte sich in dem Manifest vom restaurativen deutschen Nachkriegskino (»Opas Kino«) ab und propagierte den »Neuen deutschen Film«. Konsens dieses Aufbruchs war die Verknüpfung eines politischen Verständnisses

---

14. Vgl. Rainer Lewandowski, Die Oberhausener. Rekonstruktion einer Gruppe 1962-1982, Diekholzen 1982.

des Films mit dem ästhetischen Konzept des Autorenfilms. Der Autor sollte dabei möglichst den gesamten Produktionsprozeß in der Hand haben und die Funktionen des Drehbuchautors, Regisseurs und Produzenten in seiner Person vereinigen. Regisseure wie Volker Schlöndorff, Rainer Werner Faßbinder und Werner Herzog konnten dieses Konzept mit Erfolg umsetzen und der neuen Bewegung internationale Anerkennung verschaffen.

3.1.4 New Hollywood

Anfang der 70er Jahre erlebte Hollywoods Filmproduktion eine neue Blütezeit.[15] Die weltweiten Erfolge von Francis Ford Coppolas »Der Pate I« (1972), Steven Spielbergs »Der weiße Hai« (1975) und Georg Lucas' »Krieg der Sterne« (1977) markieren diesen Trend, der unter dem Stichwort »New Hollywood« in der Filmliteratur firmiert.[16] Eine neue Generation von Filmemachern, neue Vermarktungsstrategien und modernisierte ökonomische Strukturen trugen dazu bei, daß die kalifornischen Studios an ihre goldenen Zeiten anknüpfen konnten. Thomas Elsaesser hat darauf hingewiesen, daß das hollywoodsche Filmschaffen dieser Zeit in mancher Hinsicht auch als Reaktion auf die neuen Wellen des europäischen Kinos und insbesondere auf die französische Novelle Vague interpretiert werden kann.[17] Hier seien auch die Wurzeln von Stilmerkmalen wie Mehrfach-Kodierung, Genre-Crossover, Zitation, Selbstreferentialität und Schock-Lust zu suchen, die wenig später zu den Charakteristika des postmodernen Kinos gezählt werden.

3.1.5 Die Postmodernisierung

James Monaco spricht im Blick auf die achtziger und neunziger Jahre vom postmodernen Film.[18] Mit dem Stichwort der Postmoderne sind dabei Tendenzen angesprochen, die vor allem im Bereich des künstlerisch ambitionierten Kinos zu beobachten sind. Folgt man Monacos Periodisierung, so hat der Film seine Moderne mit den verschiedenen vom Neorealismus eingeleiteten neuen Wellen erlebt. Seine Postmodernisierung wäre demnach gegenüber der bildenden Kunst um zwanzig Jahre verschoben.[19]
Auch die deutsche Filmliteratur datiert das Aufkommen des postmodernen

---

15. Vgl. Thomas Elsaesser, Augenweide am Auge des Maelstroms? – Francis Ford Coppola inszeniert Bram Stoker's Dracula als den ewig jungen Mythos Hollywoods, in: Andreas Rost/Mike Sandbothe (Hg.), Die Filmgespenster der Postmoderne. Reden über Film, Frankfurt/M. 1998, 63-105, 65.
16. Vgl. ebd.ff.
17. Ebd., 68, 75.
18. Vgl. James Monaco, a.a.O., 233.
19. In der Kunstdebatte markiert das Jahr 1960 die Schwelle zur Postmoderne, vgl. Thorsten Scheer, Postmoderne als kritisches Konzept, München 1992, 9ff.

Films auf den Beginn der 80er Jahre.[20] Als beispielhaft gelten unter anderem »Diva« (1980) von Jean-Jacques Beineix, »Der Kontrakt des Zeichners« (1982) von Peter Greenaway, Luc Bessons »Subway« (1985) und David Lynchs »Blue Velvet« (1986). In den neunziger Jahren werden Lynchs »Wild at Heart« (1990), Quentin Tarantinos »Pulp Fiction« (1994) und Joel und Ethan Coens »The Big Lebowski« (1998) als Paradigmen dieser Entwicklung angesehen. Charakteristisch ist für diese Filme, daß sie »alte Seherfahrungen rekapitulieren, die Filmgeschichte(n) direkt oder indirekt zitieren, indem sie auf einzelne Filme oder Genremuster Bezug nehmen, (...) ihre Film-Welten mit mehr oder minder unverhüllter Künstlichkeit zur Schau stellen, (...) eher auf suggestive Wirkungen und ironische Brechungen ausgerichtet sind als auf zu vermittelnde Botschaften – hierzulande anscheinend zum Vergnügen des Publikums und zum Mißfallen der Kritiker«.[21]

Dieses postmoderne Zitaten-Kino zeichnet sich außer durch das Spiel mit der klassischen Erzähldramaturgie durch Sensualismus und Schock-Lust aus.[22] Es operiert mit komplexen Mehrfachcodierungen. Dementsprechend unterschiedlich kann die Rezeption ausfallen: Wo Cineasten und mediensozialisierte Zuschauer über den ironischen Kommentar zur Filmgeschichte schmunzeln können, bleibt der unbedarfte Zuschauer im Bann der Suggestion gefangen. Im Idealfall freut sich der Zuschauer an beidem: an den Schauwerten und an der ästhetischen Reflexivität. Diese Gleichzeitigkeit läßt sich im übrigen auch bei anderen Kulturformen beobachten. Norbert Bolz hat den postmodernen Künstler darum als einen »Doppelagenten des Genusses« bezeichnet. Es gelinge ihm, »die für die Ästhetik der Moderne charakteristische Kluft zwischen kritischer und genießender Haltung« zu überbrücken.[23] Im Kino führt diese Doppelagentenschaft dazu, daß die Grenzen zwischen dem populären Mainstream-Film und dem Kunstkino zunehmend verschwimmen.[24] Filme wie »Pulp Fiction«

---

20. Vgl. Jürgen Felix, Ironie und Identifikation. Die Postmoderne im Kino, in: Heinz B. Heller (Hg.), Leben aus zweiter Hand? Soziale Phantasie und mediale Erfahrung, Münster 1991, 50-74. Der Begriff des postmodernen Films ist nicht unumstritten geblieben (vgl. David Bordwell, Postmoderne und Filmkritik: Bemerkungen zu einigen endemischen Schwierigkeiten, in: Andreas Rost/Mike Sandbothe, a.a.O., 29-39). Als Bezeichnung für eine spezifische Merkmalskonstellation (s. u.) halte ich ihn jedoch für plausibel.
21. Ders., a.a.O., 50f.
22. Vgl. Ernst Schreckenberger, Die Wonnen der Künstlichkeit. Postmodernes Erzählen im Unterhaltungskino, agenda 2/1992, 50-52.
23. Norbert Bolz, Die Welt als Chaos und Simulation, München 1992, 102.
24. Vgl. Frederic Jameson, Zur Logik der Kultur im Spätkapitalismus, in: Andreas Huyssen/Klaus R. Scherpe (Hg.), Postmoderne. Zeichen eines kulturellen Wandels, Reinbek 1986, 45-102.

sind sowohl filmästhetisch innovativ als auch an der Kinokasse relativ erfolgreich. Ihre gesteigerte Selbstreflexivität wird dabei durchaus auch kritisch gesehen. So sagt Roger Avary über den Regisseur von »Pulp Fiction«, seinen früheren Freund und Co-Autor Quentin Tarantino: »Er weiß alles über Popkultur. Seine größte Stärke ist aber zugleich seine größte Schwäche; er interessiert sich nämlich nur für Popkultur. Das eine Problem, das Leute mit Quentins Arbeit haben, ist, daß sie nur von anderen Filmen spricht, niemals über das Leben. Dabei kommt es doch darauf an, ein Leben zu leben und dann darüber Filme zu machen.«[25]
Die gesteigerte Selbstreflexivität beinhaltet eine medienästhetische Indirektheit im Erfahrungsbezug des postmodernen Films, die auf mediensozialisierte Rezipienten mit cineastisch-ästhetischen Interessen ausgerichtet ist. Als zeitdiagnostisches Medium im Blick auf die Träume breiter Bevölkerungsschichten eignet sich das populäre Mainstream-Kino darum besser. Es beweist – von der Postmodernisierung vermittelter betroffen – durch seine Einspielergebnisse eine ungleich intensivere Verflechtung mit den Wünschen, Sehnsüchten und Interessen der Menschen als das cineastische Zitaten-Kino. Die Dichotomie von Kunstkino und populärem Kino existiert mithin – wenngleich nivelliert – fort und wird 1997 von Filmen wie »The Big Lebowski« auf der Seite des postmodernen Films im engeren Sinne und »Titanic« auf der Seite des breitenwirksamen Mainstream-Films repräsentiert.
Ökonomisch gesehen hat der Mainstream-Film in den achtziger und neunziger Jahre am laufenden Band neue Welt-Rekorde aufgestellt und wieder gebrochen. Schienen die Produktionskosten von »Terminator 2« (1992) von James Cameron mit rund 100 Millionen Dollar schon in ungeahnte Höhen geschossen, so realisierte derselbe Regisseur fünf Jahre später mit »Titanic« (1997) einen 200 Millionen Dollar teuren Film, der allein in Deutschland über 17 Millionen Zuschauer fand.[26] Beide Filme amortisierten sich. »Terminator 2« spielte weltweit bis Dezember 1998 517 Millionen Dollar ein, »Titanic« fast zwei Milliarden.[27] Beide Filme sind zugleich Beispiele für zwei weitere Tendenzen der Kinoentwicklung: für die Vorherrschaft des Action-Adventure-Films in den letzten beiden Jahrzehnten und für den vermehrten Einfluß der Digitalisierung auf die Filmherstellung. Seit »Terminator 2« sind computergenerierte Sequenzen aus dem großen Action-Unterhaltungskino nicht mehr wegzudenken. Neben Cameron hat Steven Spielberg auf diesem Feld vor allem mit dem Saurier-Aben-

---

25. Vgl. taz, 3.11.1994, 15.
26. Vgl. taz, 23.3.1998, 3; Spitzenorganisation der Filmwirtschaft e. V., Die 50 erfolgreichsten Kinofilme in Deutschland seit 1985, a.a.O.
27. The Internet Movie Database, The Top Grossing Movies of all Time at the Worldwide Box Office, a.a.O.

teuer »Jurassic Park« (1993) Akzente gesetzt. Spielberg gilt als der wichtigste Regisseur des populären Kinos der Gegenwart. Er begründete sein Image mit dem Science-fiction-Märchen »E. T. – Der Außerirdische« (1981) und bewies mit »Schindlers Liste« (1993), daß er in der Lage ist, auch schwierige Themen kongenial umzusetzen.

Der Vorherrschaft des großen Hollywood-Unterhaltungskinos korrespondiert der Multiplex-Boom auf der Seite des Abspiels. Von der Multiplex-Tendenz grenzt sich, wie eingangs erwähnt, die Arthouse-Bewegung ab. Beide Tendenzen spiegeln die aktuelle Lage des Films wieder: Dem großen populären Film steht der kleinere, künstlerisch ambitioniertere Film gegenüber. Geht es den Mainstream-Movies um Erlebnisintensität und Breitenwirksamkeit, so setzen viele der kleineren Filme die europäische Tradition des Kunstkinos im Zeichen der Postmoderne fort; wollen die einen möglichst perfekte Illusionen schaffen, so integrieren die anderen Elemente der Brechung und der Illusionskritik. Gegenwärtig erhält das im populären Kino zu beobachtende Interesse an der Perfektionierung der Illusion neue Nahrung durch die Weiterentwicklung der Kommunikationstechnologien. Zukünftig erscheint der interaktive Film möglich, bei dem der Rezipient via Virtual reality in die filmische Welt eintreten kann. Ich halte im Blick auf diese Entwicklung Knut Hickethiers Vermutung für plausibel, daß diese Form von Film auf lange Sicht keine dominante Rolle spielen wird, weil sie die Sinnstiftungsfunktion der auktorialen Narration nicht ersetzen kann.[28]

Thematisch läßt sich hinsichtlich beider Tendenzen ein deutlicher Schwerpunkt bei der Auseinandersetzung mit Gewalt, Bedrohung und Angst ausmachen.[29] Werner Faulstich und Helmut Korte verstehen diesen Trend als Spiegelung des Krisen- und Konfliktpotentials der gesellschaftlichen Kontexte seit 1977.[30] Nato-Doppelbeschluß, Afghanistan-Krieg, Erfindung der Neutronenbombe, Tschernobyl, Waldsterben, Zerfall der Sowjetunion und die Öffnung der Mauer sind Schlüsselereignisse, die das Krisenpotential der gesellschaftlichen Entwicklungen der letzten zwanzig Jahre kennzeichnen.

Die zunehmende Geschwindigkeit der gesellschaftlichen Modernisierungsprozesse trägt in dieser Situation nicht dazu bei, Ängste abzubauen, im Gegenteil: die Modernisierungsdynamik multipliziert die Unsicherheit. Komplementär zu dem dadurch entstehenden Orientierungsbedürfnis lassen sich zwei divergente kulturelle Trends ausmachen. Ihre Extrempositionen werden – wie beschrieben

---

28. Knut Hickethier, a.a.O., 331.
29. So auch Werner Faulstich und Helmut Korte, Der Film zwischen 1977 und 1995: ein Überblick, in: dies. (Hg.), Fischer Filmgeschichte Band 5: Massenware und Kunst 1977-1995, 11-20, 13.
30. Vgl. dies., a.a.O., 12.

– auf der einen Seite durch den fundamentalistischen Rückgriff auf Traditionen und auf der anderen Seite durch die offene Auseinandersetzung mit der Komplexität der gesellschaftlichen Situation markiert. Eindeutige Antworten stehen komplexen Auseinandersetzungen gegenüber. Im Film korrespondiert dieser Situation die oben beschriebene Dichotomie von populärem Film und postmodernem Kunstkino. Thematisch läßt sich in den 90er Jahren neben der Gewaltfrage in beiden Bereichen des Films eine vermehrte Auseinandersetzung mit der Identitätsproblematik beobachten.[31] Sie verbindet Filme wie »Das Schweigen der Lämmer« (Demme, 1991), »The Crying Game« (Jordan, 1992) und »Jurassic Park« (Spielberg, 1993).

3.1.6 Filmtheoretischer Exkurs

Die ersten fünfzig Jahre der Filmtheorie waren von Expressionismus-Theorien bestimmt.[32] James Monaco führt diese Orientierung auch auf das Interesse der Filmtheorie zurück, den Film als eigenständige Kunstform zu etablieren. Im Zuge dieser Intention habe man die Reflexivität und die Gestaltungsmöglichkeiten des Films betont.

Als konziseste theoretische Bündelung der expressionistischen Position gilt Rudolf Arnheims »Film als Kunst« von 1932.[33] Das Standardwerk der realistischen Position erschien knapp dreißig Jahre später: Siegfried Kracauers »Theorie des Films: Die Errettung der äußeren Wirklichkeit« von 1960.[34] Rudolf Arnheim betont die subjektiven Gestaltungsmöglichkeiten des Filmautors wie sie nicht zuletzt aus den spezifischen Begrenzungen des Mediums resultieren. Stellt Arnheim die Vermittlungsleistung in den Mittelpunkt, so hebt Kracauer die fotographische Herkunft des Films und seine damit gegebene Affinität zur physischen Realität hervor. Es sei somit die Chance des Films, die materielle Welt in ihrer Ungestelltheit, Zufälligkeit, Fragmentarität und Unbestimmtheit zur Geltung zu bringen. Ein Filmautor nach dem Geschmack Kraucauers nähert sich seinem Gegenstand darum mimetisch. Durch die fotographische Bildlichkeit des Films vermag er eine ästhetische Erfahrung zu vermitteln, die, wie Kracauer formuliert, zur »Errettung« und »Enthüllung« der physischen Realität beitragen kann.

Dabei geht es Kracauer nicht um eine mystische Enthüllung, sondern um die Materialität des Gesellschaftlichen. Der italienische Neorealismus ist das Paradigma seiner Theorieperspektive.

---

31. Vgl. dies., a.a.O., 17.
32. Vgl. James Monaco, a.a.O., 411.
33. Rudolf Arnheim, Film als Kunst, Frankfurt am Main <1932> 1979.
34. Siegfried Kracauer, Theorie des Films: Die Errettung der äußeren Wirklichkeit, Frankfurt/M. <New York 1960> 3/1979.

Ende der sechziger Jahre erfaßte der linguistic turn auch die Filmtheorie. Das Standardwerk der semiotischen Filmtheorie »Langage et Cinéma« von Christian Metz erschien 1971 in Frankreich und 1972 in Deutschland.[35] Der französische Filmwissenschaftler zerlegte den Film in seine Zeichencodes und untersuchte das Zusammenspiel von Bild, Sprache und Ton im Film.

Heute geht die Filmwissenschaft multiperspektivisch vor: Sie bedient sich semiotischer, genrespezifischer, soziologischer und rezeptionsanalytischer Methoden.[36] Hinsichtlich der Dichotomie von Realismus und Expressionismus ist die aktuelle Entwicklung expressionistisch geprägt. Die Illusionssteigerung des populären Kinos wie ihre postmoderne Brechung betonen filmische Reflexivität und filmische Gestaltungsmöglichkeiten.

3.2 Der populäre Film

Der populäre Film oder Mainstream-Film will Unterhaltung für möglichst viele bieten. Er erzählt darum eine spannende Geschichte auf einfache aber eindrucksvolle Weise. Der populäre Film will durch die perfekte Illusion fesseln. An ihr soll der Zuschauer so intensiv teilnehmen, daß er die Erzählsituation vergißt.[37] Sinnliche Erlebnisintensität ist das vorrangige Ziel des populären Films. Er steht somit, wie oben ausgeführt, in der Tradition sensualistischer Wirkungsästhetik. Darum bietet er auf der einen Seite visuelle Schauwerte und akustische Sensationen und vermeidet auf der anderen Seite jeglichen Sand im Getriebe der Unmittelbarkeit wie ästhetische Selbstreferentialität und kognitive Anstrengungen. Seine Struktur basiert auf dem kanonischen Story-Schema.[38] Diese strukturelle Konformität vermittelt dem Rezipienten ein Gefühl von Sicherheit und Beherrschbarkeit. Er fühlt sich von der Spannung gekitzelt und zugleich zuhause. Auf Beheimatung ist auch die inhaltliche Struktur des populären Films ausgerichtet: Er stellt einfache Fragen und gibt eindeutige Antworten. Im Unterschied zu den vorherrschenden Traditionen bildender Kunst reduziert er Komplexität, vermittelt dem Zuschauer ein entspanntes »Selbstgefühl von Handlungsmächtigkeit«[39] und entläßt ihn in der Regel versöhnt: Mit dem Happy-End werden seine Wünsche, Wertorientierungen und Weltsichten bestätigt. »Innerhalb der grundsätzlichen Wirkungsmöglichkeiten einer Aufklärung über

---

35. Christian Metz, Semiologie des Films, München 1972.
36. Vgl. Wolfgang Gast, Grundbuch. Einführung in Begriffe und Methoden der Filmanalyse, Frankfurt/M. 1993.
37. Vgl. David Bordwell, »The classical Hollywood style, 1917-1960«, in: David Bordwell/Janet Steiger/Kristin Thompson, The Classical Hollywood Cinema: Film Style and Mode of Production to 1960, New York 1985, 1-84, 24.
38. Ders., Narration in the Fiction Film, London/Wisconsin 1985, 35.
39. Vgl. Peter Wuss, Filmanalyse und Psychologie: Strukturen des Films im Wahrnehmungsprozeß, Berlin 1993, 407, 421f.

3. Film und populärer Film 89

die Veränderbarkeit der gesellschaftlichen Verhältnisse (wie im epischen Theater), eines Aufzeigens der Kontingenz und prinzipiellen Unfaßbarkeit unseres Daseins (wie im modernen Roman oder im Kunstkino), eines ironischen Spiels mit den Versatzstücken der Medienrealität (wie im postmodernen Kino) und schließlich der Versicherung einer sinnvoll geordneten, einfach strukturierten und beherrschbaren Welt bildet die Mainstreamdramaturgie die Grundlage für das letztere«, resümiert Jens Eder seine Untersuchung zur Dramaturgie des populären Films.[40] Die Plausibilität von Eders These soll anhand der Filmanalysen im zweiten Teil dieser Arbeit noch einmal überprüft werden. Unstrittig ist jedoch, daß der populäre Film ein Sinnstiftungsangebot unterbreitet. Wie dieses strukturiert ist und sich gegenwärtig präsentiert, soll im folgenden noch etwas genauer beschrieben werden.

Der populäre Film gehört zur Gattung des erzählenden Spielfilms. Innerhalb dieser Gattung hat sich eine Reihe von relativ klar voneinander abgrenzbarer Genres herausgebildet. Der Begriff des Genre bezeichnet dabei eine Gruppe von Filmen, die »thematische oder stilistische Gemeinsamkeiten besitzen«.[41] Der Genre-Film hat seine Wurzeln in Hollywood. Zu den gängigsten Genres gehören der Western, der Horror-Film, der Gangster-Film, der Thriller, der Science-fiction-Film, das Melodram, der Abenteuer-Film, die Komödie, der Animationsfilm, der Musical-Film, der erotische Film, der Heimatfilm und der Action-Film. In den 90er Jahren läßt sich zum einen – wie oben beschrieben – eine Dominanz des Action-Kinos beobachten, zum anderen sind Mischformen häufiger anzutreffen – eine Tendenz, die auf eine Auflösung der Genre-Grenzen hindeutet. »Titanic« etwa ist eine Mischung aus Melodram, Action- und Abenteuer-Film.

James Camerons Opus magnum ist zugleich das Paradebeispiel für den bemerkenswerten ökonomischen Erfolg des populären Films in den 90er Jahren. Mit weltweiten Einspielergebnissen an die zwei Milliarden Dollar führt er die weltweite Liste der Kinokassenschlager an.[42] Auf den ersten zehn Plätzen dieser Liste finden sich insgesamt sieben in den 90ern entstandene Filme: 1. »Titanic« (1997), 2. »Jurassic Park« (1993), 3. »Independence Day« (1996), 4. »Star Wars« (1977), 5. »Der König der Löwen« (1994), 6. »E. T.« (1982), , 7. »Forrest Gump« (1994), 8. »Lost World: The Jurassic Park« (1997), 9. »Men in Black« (1997), 10. »The Empire Strikes Back« (1980). Unter den ersten 50 sind 35 Filme aus den 90ern.

---

40. Jens Eder, Dramaturgie des populären Films. Konventionen des Handlungsaufbaus in Drehbuchpraxis und Filmtheorie, Münster/Hamburg/London 1999, 122.
41. James Monaco, a.a.O., 556.
42. The Internet Movie Database, The Top Grossing Movies of all Time at the Worldwide Box Office, a.a.O.

90 I. Voraussetzungen

Wie läßt sich der populäre Film näherhin charakterisieren, wie sein ökonomischer Erfolg sich erklären? Zur Abgrenzung ist zunächst zu sagen: Es geht um fiktionale Filme des europäisch-amerikanischen Kulturkreises von abendfüllender Länge. Im Anschluß an Jens Eder verstehe ich unter populären oder Mainstream-Filmen dabei alle Spielfilme, die mit Hilfe konventioneller Mittel auf Popularität und kommerziellen Erfolg zielen.[43] In der weiteren Untersuchung konzentriere ich mich auf Filme, die dieses Ziel auch erreicht haben. Ihr Erfolg ist multifaktoriell bedingt. Gleichwohl lassen sich wesentliche Faktoren benennen. Neben Stars, im Trend liegenden Themen, spektakulären Effekten und wirkungsvollen Werbekampagnen spielt der strukturelle Aufbau eine zentrale Rolle: die Dramaturgie.

3.2.1 Die Dramaturgie des populären Films

Jens Eder hat den dominanten Typus der populären Dramaturgie herausgearbeitet.[44] Ausgehend von der Analyse von Drehbuchratgebern und filmwissenschaftlicher Literatur hat er eine Konstellation von Merkmalen beschrieben, die die Dramaturgie, also das System des Handlungsaufbaus, populärer Filme charakterisiert. Diese Merkmalskonstellation zielt auf Unterhaltung und Orientierung.[45] »Unterhaltung«, definiert Eder in diesem Zusammenhang, »ist eine Eigenschaft des Rezeptionsprozesses, die darin besteht, daß der vom Zuschauer empfundene affektive und viszerale Gewinn die kognitiven, affektiven und viszeralen Investitionen übersteigt und daß diese Investitionen eine gewisse Grenze nicht überschreiten.«[46] Kognitive oder ästhetische Gewinne (wie auch Investitionen) sind mithin eindeutig nachgeordnet. Im Vordergrund steht die große Emotion.

Der dem Unterhaltungsziel geschuldete Handlungsaufbau folgt der Drei-Akt-Struktur: Exposition, Konfrontation, Auflösung.[47] Der amerikanische Filmtheoretiker David Bordwell hat dieses vom Theater herkommende Schema auch als »kanonische Geschichtenform« (canonic story format)[48] bezeichnet. Sie bildet das allgemeinste Strukturmerkmal der populären Dramaturgie. Von ihr ausgehend hat Eder weitere 25 Merkmale der Mainstream-Dramaturgie beschrieben.[49] Zu den zentralen Spezifika gehört danach die Tatsache, daß der populäre Film eine Hauptgeschichte erzählt. Mit einem filmischen Paukenschlag oder

---

43. Vgl. Jens Eder, a.a.O., 6.
44. Vgl. ders., a.a.O.
45. Vgl. auch Peter Wuss, a.a.O., 323ff.
46. Jens Eder, a.a.O., 20.
47. Vgl. Syd Field, Das Drehbuch, in: Andreas Meyer und Gunter Witte (Hg.), Drehbuchschreiben für Fernsehen und Film. Ein Handbuch für Ausbildung und Praxis, München 1987, 11-120, 11ff. und Ken Dancyger/Jeff Rush, Alternative Scriptwriting: Writing beyond the Rules, Stoneham 1991, 16.
48. David Bordwell, Narration, a.a.O., 35.
49. Vgl. Jens Eder, a.a.O., 34ff.

mit einem Anfang in medias res versucht er, den Zuschauer von Beginn an zu fesseln. Eine konzentrierte Exposition etabliert in kurzer Zeit Figuren und Situationen. Spätestens jetzt weiß der Zuschauer, was für eine Geschichte ihn erwartet und in welchem Genre sie sich bewegt. Die Identifikation mit der Hauptfigur wird angeregt. Im folgenden wird der Konflikt verdeutlicht, der im Mittelteil im Verlauf einer sich spannungsvoll zuspitzenden linearen Erzählung ausgetragen wird. Dabei treibt eine kontinuierliche Frage-Antwort-Struktur die Haupthandlung auf den Höhepunkt zu. Begleitet und unterstützt wird sie von mindestens einer Nebenhandlung, die zumeist in einer heterosexuellen Liebesgeschichte besteht und gleichfalls nach dem kanonischen Story-Schema aufgebaut ist. Die Auflösung des zentralen Problems geschieht kurz vor dem Ende des Films. Mit der Auflösung wird der Zuschauer emotional und kognitiv belohnt: Er wird »erlöst«. Seine wesentlichen Fragen werden beantwortet, seine Erwartungen und Wertorientierungen bestätigt. Die Auflösung hat die Form des Happy-End. Der Ausklang im Kiss off geleitet den Zuschauer sanft ins Real life zurück. Der Handlungsaufbau ist somit insgesamt durch affirmative Geschlossenheit gekennzeichnet. Er umfaßt im Durchschnitt 24 Sequenzen, die ihrerseits aus Szenen aufgebaut sind.[50]

Ziel dieser geschlossenen Form der Dramaturgie ist eine möglichst ungebrochene Illusion. Dem Zuschauer soll das Gefühl der unmittelbaren Teilnahme am Filmgeschehen vermittelt werden. Hinweise auf die Erzählsituation werden vermieden: »Die Apparatur hinter dem Schein verschwinden zu lassen, ist Zielsetzung des Hollywoodkinos«, faßt der Medienwissenschaftler Knut Hickethier die Intention dieser in Hollywood entwickelten Erzählweise des populären Films zusammen.[51]

Dieser Dramaturgie der geschlossenen Form steht die Dramaturgie der offenen Form gegenüber.[52] Sie ist vor allem im Kunstkino anzutreffen. Die Offenheit bezieht sich dabei auf formale wie auf inhaltliche Merkmale. Inhaltlich gesehen zeichnet sich die offene Dramaturgie dadurch aus, daß der Zuschauer mit ungelösten Problemen und offenen Fragen entlassen wird. Dieser inhaltlichen Unabgeschlossenheit korrespondieren offene Formen des Handlungsaufbaus und der Erzählweise. Dazu gehört, daß das Kunstkino die Medialität des Erzählens ausdrücklich mitreflektiert.[53]

Besonders deutlich tritt diese Eigenschaft des Kunstfilms im Unterschied zum

50. Die Szene ist durch einen zusammenhängenden zeitlichen Abschnitt definiert. Sie ist der Grundbaustein der Dramaturgie.
51. Knut Hickethier, Film- und Fernsehanalyse, Stuttgart, Weimar 2/1996, 147.
52. Vgl. ebd., 117f.
53. Ein Beispiel ist die Szene in Truffauts »Eine amerikanische Nacht«, in der ein junger Mann einen älteren auf offener Straße ohrfeigt, die Kamera daraufhin zurückfährt und der Zuschauer erkennt, daß die Szene in einem Filmatelier spielt.

populären Film in der Montagepraxis hervor: Während sich der populäre Film bemüht, den Film-Schnitt unsichtbar zu machen, setzt der Kunstfilm die Montage als sichtbares Stilmittel ein.[54]

In der Filmtheorie wurde diese Differenz in der Montagepraxis auch mit den Begriffen »Transparenz« und »Materialität« belegt.[55] Transparenz bezeichnet demnach die Vorstellung, daß der Film wie ein Transparent wirkt, durch das der Zuschauer in eine andere Welt blickt. In der Kunst- und Kulturgeschichte lassen sich vielfältige Parallelen zu diesen beiden filmischen Gestaltungsprinzipien benennen. Nach Hickethier korrespondiert »das Bewußtsein der Materialität des filmischen Erzählens (...) mit Kunstkonzepten der Moderne, die in der Literatur, der bildenden Kunst, der Musik und dem Theater vergleichbare Auffassungen vertreten. Die Transparenzauffassung, die auf eine gesteigerte Wirklichkeitsillusion des Films abzielt, ist dagegen, wenn man eine grobe Zuordnung wagt, eher mit den realistischen und illusionistischen Kunstauffassungen des 19. Jahrhunderts im Zusammenhang zu sehen.«[56]

Der populäre Film steht in der illusionistischen Tradition. Sein Geschäft ist nicht reflexive Unterbrechung oder kritische Innovation, sondern illusionistische Kontinuität und stabilisierende Affirmation.[57]

3.2.2 Die kulturelle Bedeutung des populären Films

»Das ›Kino‹ entspricht (...) unserem Wunsch, die Welt noch einmal zu schaffen, nicht wie in der Religion, als verpflichtende und mehr oder weniger dogmatische Erklärung, aber auch nicht, wie in der Kunst, als unwiederholbares ästhetisches Ereignis, sondern als einen möglichst endlosen, geregelten, sinnstiftenden und veränderbaren Fluß von Bildern verschiedener Art, die ein wohliges Gefühl des Selbstverständlichen in der Welt, aber auch die Angstlust von Überraschung und Thrill bietet.«[58] Auch Georg Seeßlen stellt neben Beheimatung und Angstlust die Sinnstiftung ins Zentrum seiner Beschreibung der Funktion des Kinos. Im populären Kino geschieht diese Sinnstiftung so, daß der Zuschauer nie seine kognitive Kontrolle verliert, daß ihm überschaubare Problemlösungsmodelle und zur Identifikation einladende Charaktere angeboten werden, daß sein Mitvollzug der Geschichte durch konventionelle Gliederungen erleichtert und nicht durch Selbstreferentialität gestört wird, daß er auf ein Happy-End hingeführt wird, das seine Hoffnungen erfüllt und seine Weltsicht bestätigt. Populäre Filme transportieren dabei auch »Leitbilder und Wertvorstellungen

---

54. So praktiziert Godard den Jump cut: der Schnitt springt assoziativ.
55. Vgl. Knut Hickethier, a.a.O., 140f.
56. Ebd., 141.
57. Vgl. ebd., 206.
58. Georg Seeßlen, Das Kino und der Mythos, in: Der evangelische Erzieher, 44. Jg., Nr. 6/1992, 537-554, 540.

unserer Zeit«.⁵⁹ Sie tun dies in einer dem Mythos vergleichbaren Art und Weise.⁶⁰ Man hat das Kino darum auch »als Ort einer modernen Mythenproduktion« interpretiert.⁶¹
Daß insbesondere das populäre Kino dem Mythos nahesteht, wird besonders deutlich, wenn man sich Niklas Luhmanns Funktionsanalyse des Mythos vergegenwärtigt. Luhmann hat in einer konzisen Beschreibung der Funktion des Mythos herausgestellt, daß »Mythen es immer mit der Abgrenzung einer vertrauten Welt zu tun haben«.⁶² Sie markieren die Grenze zum Unvertrauten und schließen damit die offenen Enden der Diskurse ab. In narrativer Form stiften sie Ordnung: »Will man die Welt so beschreiben, daß man ihrer Ordnung trauen und Bedrohlichkeit ausgrenzen kann, bedient man sich des Mythos.«⁶³
Dabei berührt der Mythos die Grenze zum Unvertrauten und Bedrohlichen. Aber eben nur, um es ins Vertraute zu integrieren. Darin ist er dem populären Kino strukturell verwandt: Auch der populäre Film berührt den Thrill des Bösen (»Das Schweigen der Lämmer«), der Apokalypse (»Terminator 2«) oder der Angst vor Versagen und Entwertung (»Forrest Gump«). Aber auch er hebt das Bedrohliche strukturell im kanonischen Story-Schema und inhaltlich im Happy-End in Vertrautheit und Erlösung auf. Seine Sinncordierungsleistung dient damit der Orientierung in einer Welt, die von Brüchen, Bedrohung und Kontingenz gekennzeichnet ist.
Von den Rezipienten werden die Vorbilder und Sinndeutungsangebote des Films selektiv im Prozeß der individuellen Sinn- und Lebensorientierung verarbeitet.⁶⁴ Populäre Filme tragen so zur Identitätsbildung und zur weltanschaulichen Orientierung bei. Damit erfüllen sie typische Funktionen der Religion und können als moderne Religionsanaloga gelten. Die Religionsverwandtschaft des populären Films geht dabei über die funktionale Ebene noch hinaus. Denn auch in formal-struktureller Hinsicht lassen sich einige Gemeinsamkeiten ausmachen, die noch etwas genauer zu beschreiben sind.

59. Eckhart Gottwald, Zwischen Mythos und Spiel. Theologische Zugänge zum Unterhaltungsfilm, in: Martin Ammon/Eckart Gottwald (Hg.), Kino und Kirche im Dialog, Göttingen 1996, 34-53, 48.
60. Unter Mythen verstehe ich hier in einem weiten Sinne narrativ explizierte Weltsichten. Vgl. dazu den Abschnitt 4.3. und Carl-Friedrich Geyer, Mythos. Formen, Beispiele, Deutungen, München 1996, 8f.
61. Karsten Visarius, Die Sprache des Films. Zur Ästhetik eines Mediums der Moderne, in: Martin Ammon/Eckart Gottwald (Hg.), a.a.O., 19-31, 31.
62. Niklas Luhmann, Brauchen wir einen neuen Mythos? in: Hans-Joachim Höhn (Hg.), Krise der Immanenz. Religion an den Grenzen der Moderne, Frankfurt am Main 1996, 128-153, 129.
63. Ebd., 136.
64. Vgl. Eckhart Gottwald, a.a.O., 48.

4. Gemeinsamkeiten und Differenzen von populärer Filmkultur und traditioneller Religionskultur

Nachdem die Diskurse des Films und der Religionskultur mit jeweils etwas anderen Akzenten je für sich thematisiert worden sind, sollen in diesem Kapitel noch einmal in knapper Form Gemeinsamkeiten und Differenzen ihrer Sinncodierungsweisen und konkreten Erscheinungformen an den Orten Kino und Kirche skizziert werden. Erst dann ist der Kontext theologisch interessierter Filmhermeneutik vollständig beschrieben. Es geht also um den Vergleich zentraler Funktionen und Strukturen von populärer Filmkultur und traditioneller Religionskultur. Ich beginne mit der Film und Religion gemeinsamen Funktion der Sinnvermittlung und erläutere formale Ähnlichkeiten unter den Stichworten Erzählung und Mythos. Die zentrale formale Differenz filmischer und traditionell-religiöser Sinncodierungen thematisiere ich im Zusammenhang der Bedeutung von Wort und Bild für das Sinnangebot der jeweiligen Kulturform. Abschließend gehe ich auf die Gemeinsamkeiten und Differenzen der Rezeptionssituationen im Kino und in der Kirche ein.

4.1 Sinnvermittlung

Film und Religion sind Formen kultureller Sinncodierungen. Unterschieden sind die beiden Kulturformen dadurch, in welcher Art und Weise sie ihre Sinnangebote organisieren und vermitteln. Im Mittelpunkt der christlichen Religion steht die sprachliche Organisation von Sinn in schriftlicher Form. Die Heilige Schrift ist eindeutig das Zentrum christlich-religiöser Sinnorganisation. Theologie ist die reflexive Bemühung, dieses Sinnangebot immer wieder neu zu erschließen. Im Verlauf dieses hermeneutischen Prozesses hat die Theologie einen eigenen Sinnkosmos ausgebildet, der einen Sekundärtext zur Heiligen Schrift darstellt. Dieser bleibt jedoch auf die Schrift als Norm und Quelle bezogen. So versteht sich zum Beispiel die Dogmatik als Reflexion, die den christlichen Symbolbestand, wie er in der biblischen Tradition gegeben ist, begrifflich-systematisch expliziert.[1]

Der Film hingegen organisiert sein Sinnangebot in der Form einer Bildererzählung. Dabei werden Bild, Ton, Sprache und Bewegung in einer komplexen Form so aufeinander bezogen, daß eine filmische Gesamtaussage entsteht. Dem Bild kommt beim Film im Unterschied zur Religion eine ungleich größere Bedeutung zu. Bildlichkeit spielt dabei vor allem im Rezeptionsprozeß eine hervorgehobene Rolle. Der Produktionsprozeß ist dagegen noch stärker von Wort und Schrift geprägt: Am Anfang der filmischen Bilderproduktion steht schließlich

---

1. Vgl. z. B. Horst Georg Pöhlmann, Abriß der Dogmatik, Gütersloh 3/1980, 36.

4. Gemeinsamkeiten und Differenzen von populärer Filmkultur 95

ein Text: das Drehbuch. Sein Strukturprinzip ist im Falle des populären Films die Narration.
Die Form der Erzählung bildet nun eine formale Gemeinsamkeit zwischen populärem Film und Religion. Denn auch der Sinn religiöser Texte ist im Kern in der Form von Erzählungen organisiert. Darauf hat die Diskussion um die »narrative Theologie« aufmerksam gemacht.[2]
Beachtung verdient in diesem Zusammenhang die Tatsache, daß die religiösen Narrationen immer auch von Erfahrungen der Ekstase, der mystischen Offenbarung und der Umwertung aller Werte berichten. Die religiöse Erfahrung enthält mithin das Element der Erschütterung und Irritation. Sie kann zunächst einen kritischen Weltabstand erzeugen und die vorhandenen Sinnwelten destruieren. Religiöse Sinnvermittlung folgt darum nicht selten der Dramaturgie der Apokalypse: Dem Aufbau religiöser Sinnwelten muß die Destruktion bestehender Sinnmuster vorausgehen. Dieses differenzerzeugende Potential der Religion,[3] das besonders in ihren mystischen und prophetischen Äußerungen zum Ausdruck kommt, qualifiziert ihr Sinnvermittlungsrepertoire in spezifischer Weise im Unterschied zum populären Film.

4.2 Erzählung

Das Erzählen ist in anthropologischer Perspektive als Basis des Sinnbildungsprozesses beschrieben worden.[4] Sinnbildung ist aufgrund mangelnder Instinktorientierung eine anthropologische Notwendigkeit. Das Erzählen liefert die Voraussetzung für Beschreibungen und Interpretationen als weiterer Grundmodi des Sinnbildungsprozesses. Eine wesentliche biographische Funktion dieses Prozesses ist die Identitätsbildung.[5]
Literarisches und filmisches Erzählen unterscheidet sich vom Erzählen im Alltag unter anderem dadurch, daß auf der Seite des Erzählers das Interesse an ästhetischer Formung eine wesentlichere Rolle spielt und auf der Seite der Rezipienten Fiktionalität erwartet wird. Religiöse Erzählungen sind in dieser Hinsicht Alltagserzählungen näher, weil sie mit einem vergleichbaren Anspruch auf Referenzialisierbarkeit auftreten.
Narrative Strukturen bilden eine zentrale formale Gemeinsamkeit der Kultur-

---

2. Besonders: Johann Baptist Metz, Glaube in Geschichte und Gesellschaft. Studien zu einer praktischen Fundamentaltheologie, Mainz 4/1984, 181ff.
3. Diese Seite der Religion hat zuletzt besonders Henning Luther herausgestellt, vgl. Henning Luther, Religion als Weltabstand, in: ders., Religion und Alltag. Bausteine zu einer Praktischen Theologie des Subjekts, Stuttgart 1992, 22-29.
4. Vgl. Hans Ulrich Gumbrecht, Erzählen in der Literatur – Erzählen im Alltag, in: Konrad Ehlich (Hg.), Erzählen im Alltag, Frankfurt/M. 1980, 403-419, 406ff.
5. Vgl. Dieter Flader und Michael Giesecke, Erzählen im psychoanalytischen Erstinterview – eine Fallstudie, in: Konrad Ehlich (Hg.), a.a.O., 209-262, 216.

formen Film und Religion. Die große Bedeutung der Narration für den Film liegt auf der Hand. Von ihren für den populären Film spezifischen Formen war schon die Rede. Daß auch die christliche Religion auf Erzählungen basiert und eine Erzählgemeinschaft genannt werden kann, hat Johann Baptist Metz plausibel gemacht.[6] Im Anschluß an Walter Benjamin, der das Erzählen als »das Vermögen, Erfahrungen auszutauschen« charakterisiert hatte,[7] erläutert Metz den performativen, sozialkritischen und theologischen Sinn des Erzählens.

Die Aufgabe des Erzählens besteht laut Benjamin darin, »den Rohstoff der Erfahrung – fremder und eigener – auf eine solide, nützliche und einmalige Art zu bearbeiten«.[8] Aufgrund dieser Bearbeitung gelingt es dem Erzähler, seinen Zuhörern Erfahrung und Rat zu vermitteln.[9] Erzählungen wollen das erzählte Geschehen dabei so vergegenwärtigen, daß die Zuhörer den Eindruck gewinnen, es mitzuerleben. Metz interpretiert die Sakramente vor dem Hintergrund dieses Wirkungspotentials des Erzählens als »Makrozeichen für Heilserzählungen«.[10] Sie kondensieren den performativen Sinn des Erzählens.

Den sozialkritischen Sinn des Erzählens sieht Metz in dem Vermögen, »freiheitssuchende Geschichten« zu erzählen.[11] In solchen Geschichten wird das Erzählen zum Medium »gefährlicher Erinnerungen«, die Erfahrungen des Leidens und der Hoffnung kritisch vergegenwärtigen.

In theologischer Hinsicht ist die »erzählende Erinnerung« grundlegend.[12] Sie bildet sowohl in faktisch-historischer Hinsicht die Basis der Theologie als auch stellt sie in systematischer Hinsicht die einzig plausible Antwort auf die zentrale theologische Frage nach der Möglichkeit dar, Heilsgeschichte und Leidensgeschichte ohne gegenseitige Verkürzungen miteinander zu vermitteln.

Georg Seeßlen hat auf die Zusammenhänge und Parallelen zwischen der biblischen Erzählkultur und der filmischen Erzählkultur des populären Kinos hingewiesen: »Alle populären Filme sind, mehr oder minder deutlich, Ableitungen der ›großen Erzählungen‹, der fundamentalen Geschichten der Bibel.«[13]

Bei näherem Hinsehen zeigt sich eine Fülle struktureller und motivischer Ähnlichkeiten zwischen biblischer und filmischer Erzählkultur. Zentral ist die strukturelle Analogie zwischen der Dreiaktstruktur des populären Films (Exposition,

---

6. Joahnn Baptist Metz, a.a.O., 181ff.
7. Walter Benjamin, Der Erzähler. Betrachtungen zum Werk Nikolai Lesskows, in: Illuminationen, Frankfurt/M. 2/1980, 385-410, 385.
8. Ebd., 409.
9. Ebd., 410.
10. Johann Baptist Metz, a.a.O., 185.
11. Ebd., 187.
12. Ebd.
13. Georg Seeßlen, Das Kino und der Mythos, in: Der Evangelische Erzieher, 44. Jg., 6/1992, 537-549, 545.

4. Gemeinsamkeiten und Differenzen von populärer Filmkultur   97

Konfrontation, Auflösung) und dem heilsgeschichtlichen Muster von Schöpfung, Sündenfall und Erlösung. Im Mittelpunkt beider Erzähltraditionen, der filmischen wie der biblischen, steht in der Regel die Bearbeitung von Formen von Negativität: ein Mangel beziehungsweise ein Leiden ist Ausgangspunkt sowohl für das christliche Erlösungsdrama wie auch für die Entwicklung einer populären Filmerzählung. Vermutlich läßt sich diese Beobachtung sogar noch weiter verallgemeinern und die Erfahrung von Negativität als generelle Schnittstelle von Kultur und traditioneller Religionskultur benennen. Auch die Frage der Vermittlung von Heil und Leiden erscheint in dieser Perspektive als eine gesamtkulturelle Fragestellung, auf die nicht nur Religion und Theologie aus den von Metz genannten Gründen in der Form der Erzählung antworten.

Nun gibt es trotz der Parallelen im Grundsätzlichen eine Fülle von Differenzen zwischen der filmischen und der biblischen Erzählkultur. Sie hängen zum Teil mit den unterschiedlichen Medien zusammen, zum Teil mit den spezifischen Kontexten der Produktion und der Rezeption von Erzählungen.

Bezüglich der Medialität hat das filmische Erzählen durch seine Fähigkeit, den Fluß des Lebens multimedial nachzubilden, eine in vieler Hinsicht größere unmittelbare Suggestionskraft als die Erzählungen der biblischen Tradition. Insbesondere seine Bildlichkeit stattet es mit einem von der mündlichen oder schriftlichen Erzählung im Kontext der religiösen Traditionen unterschiedenen ästhetischen Überschuß aus.

Darauf ist später noch einzugehen. An dieser Stelle soll nur noch auf einen markanten Unterschied der Kontexte hingewiesen werden: Während die filmischen Erzählungen auf freie subjektive Aneignung hin ausgelegt sind, haben die religiösen Erzählungen diesen Charakter durch die Traditionsbildung verloren.

In der Kulturtheorie des 20. Jahrhunderts wurden immer wieder Krisen des Erzählens konstatiert. So hatte Walter Benjamin die Krise der mündlichen Erzählkultur durch das neue Medium des Romans diagnostiziert und Theodor W. Adorno die Krise des Romans, verursacht durch die Massenmedien der Kulturindustrie, vor allem durch den Film.[14] Im Rückblick zeigt sich, daß der Wandel der Erzählkultur nicht mit der vollständigen Ablösung älterer durch neuere Erzählmedien einhergeht. Er führt vielmehr zu einer Gleichzeitigkeit unterschiedlicher Medien – wobei heute eine Dominanz des audiovisuellen Erzählens zu verzeichnen ist.

In einer bestimmten Hinsicht wird heute gleichwohl wieder vom Ende einer Erzähltradition gesprochen: Die Postmoderne konstatiert das Ende der Großerzählungen der Moderne. Als Großerzählung ist auch das Christentum von dieser Diagnose betroffen. Deren Plausibilität wird heute allerdings mit Recht in

---

14. Walter Benjamin, a.a.O., 385; Theodor W. Adorno, Noten zur Literatur, Frankfurt/M. 1981, 41ff.

Frage gestellt.[15] Denn gerade die Auseinandersetzung mit der populären Kultur macht deutlich, in wie vielfältiger Weise die Symbole und Erzählungen der religiösen Traditionen in der Gegenwartskultur verarbeitet sind. Vor diesem Hintergrund scheint es mir plausibler, statt vom Ende der Großerzählungen von einer Veränderung des Traditionsprozesses zu sprechen: eine bestimmte Form von umfassender Kontinuität im Traditionsprozeß verliert an soziokultureller Bedeutung. An die Stelle der Kontinuität großer Einheiten tritt die subjektiv-eklektizistische Verwendung von Traditionsfragmenten, von einzelnen Motiven, Symbolen, Bildern oder Erzählstrukturen. Die postmoderne Rede vom Abdanken der Großerzählungen macht jedoch deutlich, daß die Virulenz von Erzähltraditionen historischen Wandlungen unterworfen ist und von lebendigen kulturellen Prozessen abhängt. Diese kulturhistorische Perspektive lenkt den Blick auf eine wesentliche Differenz filmischer und biblischer Erzählkultur: auf ihre unterschiedliche Aktualität. Filme thematisieren Gegenwartserfahrung. Die religiöse Erzähltradition historisch-akkumulierte Erfahrungen – die allerdings den Anspruch erheben, von transhistorischer Bedeutung zu sein.

4.3 Mythos

Der Begriff des Mythos ist aufgrund seiner häufigen Verwendung im Zusammenhang mit Erzähltraditionen klärungsbedürftig. Ganz allgemein lassen sich unter Mythen »in der Weise des Erzählens strukturierte Aussagen über Mensch und Welt« verstehen.[16] Der Mythosbegriff betont gegenüber dem der Erzählung die symbolische Sinndeutungsfunktion in besonderer Weise. Insofern können auch religiöse und filmische Erzählungen als Mythen bezeichnet werden. Ein weiteres Unterscheidungsmerkmal des Mythosbegriffs gegenüber dem der Erzählung besteht darin, daß der Mythos zumeist ein Konglomerat von für ein Kollektiv bedeutsamen Erzählungen bezeichnet.[17] Hinsichtlich ihrer Funktion besteht weitgehende Übereinstimmung zwischen Religion und Mythos: es geht um die narrative Vermittlung von Werten und die narrative Erklärung und Deutung menschlicher Grunderfahrungen. Der symbolische Charakter der Mythen verleiht ihnen ein über ihre Entstehungssituation hinausreichendes Deutungspotential. Mythen sind so strukturiert, daß sie Spielräume für die Eintragung aktueller Erfahrungen lassen.[18] Oft ranken sie sich um historische Kerne, sind personenbezogen und mischen in ihrem Geschichtengeflecht Fiktion und Realität. Grundlage des Mythosbegriffs bildet die griechische Mythologie. Heute

---

15. So zum Beispiel von Hans-Martin Gutmann, a.a.O., 41.
16. Carl-Friedrich Geyer, Mythos. Formen, Beispiele, Deutungen, München 1996, 8.
17. Vgl. Hans Blumenberg, Arbeit am Mythos, Frankfurt/M. 1996, 127ff.
18. Vgl. ders., Wirklichkeitsbegriff und Wirkungspotential des Mythos, in: Manfred Fuhrmann (Hg.), Terror und Spiel. Probleme der Mythenrezeption, München 1971, 14.

gelten die Massenmedien als die Produzenten moderner Mythen.[19] Roland Barthes hat die Dominanz des Visuellen bei der heutigen Mythenvermittlung durch die Massenmedien betont.[20]

4.4 Bild und Wort

Die Bedeutungsträger Wort und Bild markieren die ins Auge springende formale Differenz zwischen Filmkultur und traditioneller Religionskultur. Die christliche Religion basiert in erster Linie auf dem Wort – zumal in ihrer protestantischen Ausformung. Der Film hingegen lebt vom Bild. Auf einige für die Hermeneutik des Filmbildes wesentliche Gesichtspunkte soll darum an dieser Stelle noch einmal hingewiesen werden.

Wichtige in den Bildtheorien der Kunsttheorie entwickelte Überlegungen gelten auch für die Hermeneutik des Filmbildes. Zentral ist die Einsicht in die Unübersetzbarkeit des Bildes. Der »sinnlich organisierte Sinn« der Bilder läßt sich nicht sprachlich repräsentieren.[21] »Die Ununterscheidbarkeit von Sein und Erscheinung im Bilde darf (...) im wörtlichen Sinne namenlos, sprachlos, a-phon und schweigsam heißen.«[22] Die Identität von Sinn und Sinnlichkeit behauptet eine »Alterität gegenüber jeder begrifflichen oder sprachlichen Vereinnahmung«.[23]

Sprachliche Annäherung ist gleichwohl möglich und im Blick auf das Filmbild vielleicht sogar leichter als bei Werken der bildenden Kunst. Denn das Filmbild ist in einen narrativen Sinnkosmos eingebunden, der es deutet. Aufgrund dieses Kontextes sind zwei Aspekte des Filmbildes zu unterscheiden: seine Funktion im Zusammenhang der Erzählung und sein ästhetischer Eigenwert als Einzelbild.

Die Möglichkeiten, die ästhetischen Potentiale der einzelnen Filmbilder wahrzunehmen, sind, wenn die Filmerzählung sie nicht herstellt, allerdings beschränkt. Denn die Filmbilder sind in Bewegung.

Mit 24 Bildern in der Sekunde dynamisiert der Film den Raum und verräumlicht zugleich die Zeit.[24] Er suggeriert eine Präsenz des erzählten Geschehens. Aufgrund des Zusammenwirkens von Bild und Ton ist der Film eine symbolische Form, deren Möglichkeiten der Vergegenwärtigung von Abwesendem weiter gehen als die anderer Symbolisierungen. Dabei gilt: je glaubwürdiger das

---

19. Burghart Schmidt, a.a.O., 124.
20. Roland Barthes, Mythen des Alltags, Frankfurt/M. 1981, 85.
21. Gottfried Boehm, Bildsinn und Sinnesorgane, in: Ästhetische Erfahrung heute, hrsg. v. Jürgen Stöhr, 148-165, 149.
22. Ders., Zu einer Hermeneutik des Bildes, in: Seminar: Die Hermeneutik und die Wissenschaften, hrsg. v. Gottfried Boehm/Hans-Georg Gadamer. Frankfurt/M. 1978, 444-471, 450.
23. Ders., Bildsinn und Sinnesorgane, a.a.O., 155.
24. Vgl. Erwin Panofsky, Stil und Form des Films, in: Filmkritik 1967, Heft 6, 343-355.

Bild, desto glaubwürdiger die Illusion der Gegenwart des gezeigten Geschehens. Aufgrund ihrer fotografischen Grundlage genießt die filmische Illusion ein hohes Maß an Glaubwürdigkeitsvorschuß. Denn die Fotografie suggeriert, daß das, was ich sehe, Wirklichkeit gewesen ist. Die Fotografie ist schließlich ihrem Wesen nach eine Technik, die der Wirklichkeit die Möglichkeit gibt, sich selbst abzubilden. Siegfried Kracauer hat, wie schon ausgeführt, diese fotografische Herkunft und Fundierung des Films besonders betont. Sie verleihe dem Film seinen realistischen Charakter. Als Fotografie in Bewegung habe das Filmbild eine Affinität zur »physischen Realität«[25] und zum »Fluß des Lebens«.[26]

In dieser Affinität zum Kontinuum der physischen Welt unterscheidet sich der Film grundlegend von der traditionellen Religionskultur. Denn Religion zielt auf Deutung im Horizont des Unbedingten. Ihr Hauptbedeutungsträger ist die Sprache. Nicht von ungefähr sprach die christliche Tradition der Schrift Heiligkeit zu und belegte das Kultbild mit einem wirkungsmächtigen Verbot. In dieser Tradition ist das Verhältnis zur Welt der Bilder ikonoklastisch geprägt. Die Stärke der jüdisch-christlichen Tradition ist ihre religiöse Kompetenz als sprachlicher Deutungskultur.

So sehr Wort und Bild voneinander unterschieden sind, so sehr sind sie auf der anderen Seite auch aufeinander bezogen. Denn die Bilder verlangen nach Deutung, und die Deutungskulturen nach sinnlicher Erfahrung.

4.5 Kino und Kirche

Vilém Flusser bemerkt, daß »das Kino innerhalb der gegenwärtigen kodifizierten Welt eine der mittelalterlichen Kirche vergleichbare Stelle einnimmt«.[27] Dieser Vergleich gilt meines Erachtens nicht nur für die Kirche im Mittelalter. Kirche und Kino als architektonische und kulturelle Orte der Inszenierung von Geschichten haben generell mancherlei Gemeinsamkeiten aufzuweisen.

Zunächst: Die traditionellen Rezeptionssituationen filmischer und religiöser Erzählkultur ähneln sich. Kinogang und Gottesdienstbesuch sind geplante Unterbrechungen des Alltagshandelns. Der Kinogang läßt sich dabei analog zum Gottesdienstbesuch als Ritual interpretieren. Hans-Martin Gutmann schreibt: »Der Kino-Besuch wird 1) als Ritual verstehbar, in dem 2) zentrale Lebensthemen – Leben und Tod, Liebe und Haß, die Rettung oder Zerstörung der Welt, das Böse und die Erlösung usw. usw. – begehbar werden, 3) die in filmischen Erzählungen dargestellt und 4) im Sinne von inneren Bildern in den ZuschauerInnen langfristig wirksam werden.«[28]

---

25. Siegfried Kracauer, a.a.O., 61ff.
26. Ebd., 109.
27. Vilém Flusser, Medienkultur, hrsg. von Stefan Bollmann, Frankfurt/M. 1997, 95.
28. Hans-Martin Gutmann, a.a.O., 70.

4. Gemeinsamkeiten und Differenzen von populärer Filmkultur 101

In beiden Fällen verläßt man das Haus und begibt sich in einen länglichen Raum, an dessen Stirnseite auf Kanzel oder Leinwand Geschichten dargeboten werden. Nachdem man die Schwelle von Kirche oder Kino überwunden hat und die vorbereitenden Rituale abgeschlossen sind, beginnt ein konzentrierter kollektiver Rezeptionsprozeß, der von einer geschlossenen Inszenierung gesteuert wird, die ein Verharren in Kinosessel oder Kirchenbank erfordert und gebietet.

Sinn beider Inszenierungen ist die Partizipation an einer anderen Wirklichkeit: am Geschehen der Filmgeschichte im Falle des Kinos, an der Heilsgeschichte im Kirchenraum. Schon die Differenz der Positionierung im Tagesablauf verweist jedoch auf grundlegende Unterschiede: Der Kinobesuch findet abends statt, vermittelt ein rauschhaftes Eintauchen in eine andere Welt zum Hauptzweck der Unterhaltung und des Sinnengenusses und hat jedenfalls keine ausdrückliche Bildungsfunktion. Weder soll individuelle Bildung stattfinden, noch eine soziale Gruppe generiert werden. Daß die durch den Film ausgelöste Katharsis gleichwohl bildende Nebenwirkungen entfaltet, gehört zu den Aspekten des populären Films, auf die im Rahmen dieser Arbeit hingewiesen werden soll.

Der Besuch im Gottesdienst ist im Unterschied zum Kinobesuch vormittags gelegen, zielt auf eine Katharsis des Bewußtseins und will auf eine bestimmte Welt- und Lebensorientierung einstimmen. Der kognitive Anteil ist größer, die existentielle Relevanz erhöht. Die verbindliche Orientierung in einem soziokulturellen Kontext wird eingefordert. Die Predigt will gemeinschaftsbildend wirken. Das mediale Sinnangebot, die Heilige Schrift, wird, ähnlich wie im Theater, aktuell inszeniert. Es geht um die Präsenz und die Wirksamkeit des gesprochenen Wortes. Im Sakrament wird dieses Wort zum performativen Wort.

In der Filmtheorie wird der Rezeptionskontext auch mit Hilfe von Michel Foucaults Begriff des »Dispositivs« beschrieben.[29] Er zielt darauf, den Zusammenhang der verschiedenen Aspekte zu beschreiben, die für die Filmrezeption relevant sind. Dabei geht es um die Technik und die Position des Zuschauers ebenso wie um die institutionellen und kulturellen Kontexte der Wahrnehmung des Medienangebotes Film.

Insgesamt unterscheiden sich die Dispositive des populären Films und der christlichen Religion, wie sie durch die Räume des Kinos und der Kirche mitbestimmt werden, vor allem durch das Bestimmtsein vom Charakter ihrer Medienangebote, also dadurch, daß der Film Unterhaltung bieten will, während die traditionelle Religionskultur auf Lebensorientierung in letztinstanzlicher Hinsicht zielt. Entsprechend unterschiedlich sind die Ansprüche der Institutionen: Das Kino verlangt nicht mehr als den Kauf einer Eintrittskarte. Die Kirche hingegen will das ganze Leben bestimmen. Zugespitzt: der individuellen Freiheit

---

29. Knut Hickethier, a.a.O., 18ff.

des Kinos[30] steht der Totalanspruch der Kirche gegenüber. Das Kino ermöglicht eine individuelle Aneignung seiner Sinnangebote, in der Kirche vollzieht sich die Rezeption in einem soziokulturelle Kontext, der über den Gottesdienstbesuch hinaus Verbindlichkeit beansprucht.

Dieser Differenz korrespondiert im übrigen auch ein deutlicher Unterschied in der Altersstruktur der Gottesdienst- bzw. Kinobesucher. Der Altersdurchschnitt der protestantischen Gottesdienstgemeinde dürfte sich irgendwo zwischen 50 und 60 Jahren einpendeln. Die Kerngruppe der Kinogänger wird hingegen von den 14- bis 29jährigen gebildet.[31] Das Resüme einer Untersuchung von 1978 über den Stellenwert des Kinobesuchs für diese Altersgruppe ist nach wie vor gültig: »Für einen Großteil der 14-29jährigen gehört der Kinobesuch zu den Freizeitaktivitäten, die mit einer gewissen Regelmäßigkeit ausgeübt werden. Für diese Kinobesucher sind die sozialen Funktionen des Kinos von großer Bedeutung: Ausgehen, mit Gleichaltrigen zusammensein, also gemeinsam außerhalb der Familie etwas unternehmen. Die Präferenz für alle Arten von Action-Filmen gerade in dieser Zielgruppe, also die Vorliebe für Spannung, für das nicht Alltägliche, vielleicht das Erleben einer Gegenwelt zum Alltag mit Beruf und Schule ist die vom Filmgenre her passende Ergänzung dieses Verhaltensmusters.«[32]

Die weitere Analyse wird zeigen, daß das Kino sich jedoch keineswegs in seiner Unterhaltungsfunktion erschöpft. Er hat auch Funktionen der Sinnorientierung übernommen. Welche Botschaften und Antworten auf existentielle Grundfragen seine Sinnangebote enthalten und wie sie mit denen der jüdisch-christlichen Tradition in Beziehung stehen, soll im folgenden untersucht werden.

---

30. Vgl. auch Hans-Martin Gutmann, a.a.O., 229.
31. Mit einem Schwerpunkt bei den 16-21jährigen, vgl. 1.1.3.
32. Elisabeth Berg/Bernward Frank, Film und Fernsehen. Ergebnisse einer Repräsentativbefragung 1978, Mainz 1979, 95f.

5. Theologische Deutung des populären Films

Mit einem funktionalen Begriff von Religion im Hintergrund sollen die nun folgenden Filmanalysen implizite und explizite religiöse Gehalte herausarbeiten. Die expliziten religiösen Inhalte liegen dabei vor Augen. Die impliziten Bezüge müssen hingegen eigens erschlossen werden. Es ist dabei zu fragen, welche Deutungsperspektiven existentieller Fragen von den jeweiligen Filmen eröffnet und angeregt werden.

Diese Herangehensweise versteht sich als religiöse Hermeneutik, die methodisch an die klassische Filmhermeneutik anknüpft, wie sie im Kontext der Literatur- und Medienwissenschaften entwickelt wurde.[1] Das Interesse so verstandener Hermeneutik richtet sich auf das Erschließen nicht offenkundig zutagetretender Bedeutungen. Knut Hickethier erläutert: »Da bei vielen Filmen und Fernsehsendungen es nicht darauf ankommt, sie verständlich zu machen, sollen vielmehr hinter diesem Schein des allgemein Verständlichen die Strukturen der Gestaltung hervorgehoben und die zusätzlich noch vorhandenen Bedeutungsebenen und Sinnpotentiale aufgedeckt werden. Hermeneutisch orientierte Film- und Fernsehanalyse geht von der Mehrdeutigkeit filmischer und televisueller Werke aus und versucht, diese Mehrdeutigkeit erkennbar zu machen.«[2]

Die im Prozeß der Interpretation zustandekommenden Deutungen sind dabei immer subjektiv vermittelt. Die konstruktivistische Medientheorie hat diesen

---

1. Vgl. Knut Hickethier, Film- und Fernsehanalyse, Stuttgart/Weimar 2/1996, 32ff. Die weitere Verfeinerung der Methoden hat neuerdings innerhalb der Medienwissenschaften zur Unterscheidung tiefenhermeneutisch, textanalytisch, diskurstheoretisch und kulturanalytisch orientierter Herangehensweisen geführt, vgl. Lothar Mikos, Filmverstehen. Annäherung an ein Problem der Medienforschung, in: Filmverstehen. Vier methodische Ansätze am Beispiel von »Trainspotting«, Texte Nr. 1, Sonderheft der Zeitschrift medien praktisch, 10/1998, 3-8, 5. Die Ansätze unterscheiden sich im wesentlichen dadurch, mit welchen kulturwissenschaftlichen Diskursen sie den Filmtext konfrontieren. Eine besondere Nähe zu einem theologisch interessierten Filmverstehen, das nach impliziter, erst noch zu erschließender Religion fragt, weist der tiefenhermeneutische Ansatz auf: Diesem psychoanalytisch inspirierten Verfahren geht es vor allem darum, »unbewußte Lebensentwürfe und Sinnebenen« zu erschließen. Vgl. auch: Jürgen Belgrad, Analyse kultureller Produkte in Film und Literatur. Tiefenhermeneutik als detektivisches und archäologisches Verfahren der Kulturanalyse. Zur Interpretationsdebatte in medien praktisch, in: medien praktisch 4/1996, 50-56, 50. Theologisch orientierte Filmhermeneutik kann als zu den genannten Ansätzen parallele Ausdifferenzierung des Filmverstehens auf der Grundlage der klassischen sprach- bzw. medienwissenschaftlichen Filmhermeneutik angesehen werden.
2. Knut Hickethier, Film- und Fernsehanalyse, a.a.O., 33.

Sachverhalt besonders betont. Sie versteht Kommunikation insgesamt als »Prozeß individueller Sinnkonstruktion aus Anlaß der Wahrnehmung eines Medienangebotes«.³ Im Blick auf den Film hat Stephen Lowry das Ineinander von Sinnangebot und subjektiver Aneignung im Rezeptionsprozeß treffend charakterisiert: »Die Wirkung eines Films kann man als ein Angebot an Bedeutungen, Zeichen, Gefühlsanregungen und Identifikationsmöglichkeiten begreifen, aus dem die Zuschauer und Zuschauerinnen ihr Filmerlebnis zusammensetzen und die sie zur Deutung ihrer Lebenswelt nutzen.«⁴

Die Hermeneutik verfolgt das Interesse, diesen Rezeptionsprozeß durch wiederholte Interaktionen zwischen Werk und Betrachter zu vertiefen und am Werk zu orientieren. Thomas Koebner beschreibt diesen Vorgang folgendermaßen: »Interpretation heißt auch Verständigung. Sie verlangt, Gefühle und Eindrücke zu präzisieren, sich in den Bedeutungshorizont eines Werkes (oder einer Werkgruppe) hineinzubewegen, so daß es zur Überschneidung mit dem jeweils eigenen Erfahrungs- und Denkhorizont kommt. Interpretation ist ein Prozeß der Orientierung im Werk, das dadurch allmählich vertrauter wird, seine Brüche und Tiefen erschließt. Sie ist aber auch ein Prozeß der Orientierung im Kopf der Betrachter. Bei der Interpretation treten Publikum und Kunstprodukt, Subjekt und Objekt in ein beide umgreifendes Spannungsfeld ein, in dem ästhetische und soziale, psychische und historische Dimensionen einander durchdringen und sichtbar werden.«⁵

Die in der Interaktion zwischen (Film-)Werk und Betrachter zustande kommenden Deutungen sind dabei nicht nur subjektiv vermittelt, sie sind auch kontextuell bestimmt und darum von historisch bedingter Relevanz. Diese Kontextualität von Deutungen wird von neueren diskursanalytisch orientierten Methoden des Filmverstehens zu recht besonders hervorgehoben. Diskursanalytische Ansätze »sehen den Filmtext in ein Netz von Diskursen verwoben, die verschiedene Lesarten hervorbringen«.⁶

Auf ein Problem, das mit der Kontextualität des Filmverstehens zusammenhängt, sei an dieser Stelle ausdrücklich hingewiesen: auf die Schwierigkeit der Differenz des akademisch geprägten soziokulturellen Hintergrundes des Autors und der großen Mehrheit der Rezipienten populärer Filme. Der Autor als paradigmatischer Rezipient ist darum nicht repräsentativ für die Hauptzielgruppe des populären Kinos. Er bringt spezifisch akademische Deutungskulturen in den Prozeß des Filmverstehens ein, die Sinnstrukturen sichtbar machen sollen.

---

3. Siegfried J. Schmidt, Medien und Kommunikation, in: Funkkolleg Medien und Kommunikation. Einführungsbrief, Tübingen 1990, 33-38, 37.
4. Stephen Lowry, Film – Wahrnehmung – Subjekt. Theorien des Filmzuschauers, in: montage/av, 1/1992, 113-128, 123.
5. Thomas Koebner, zitiert nach Knut Hickethier, a.a.O., 34.
6. Lothar Mikos, Filmverstehen, a.a.O., 6.

5. Theologische Deutung des populären Films 105

Erkenntnisse oder Vermutungen darüber, wie populäre Filme und die ihnen inhärenten Sinnstrukturen mehrheitlich tatsächlich rezipiert werden, können auf diesem Wege nicht gewonnen werden. Dazu müßte man empirische Rezeptionsuntersuchungen durchführen.

Das Sinnangebot von Filmen basiert in der Hauptsache auf zwei Bedeutungsträgern: auf den Medien Bild und Sprache. Die Filmanalyse versucht, die ästhetisch-visuelle Erfahrung des Bildes sprachlich einzuholen und in den Status der reflexiven Bewußtheit zu heben. Dabei achtet sie auch auf konnotative Bedeutungen, die sich durch Kontextualisierungen ergeben. Sie weiß zugleich darum, daß sich der sinnlich organisierte Sinn der Bilder nicht vollständig in Sprache umsetzen läßt.

In der Erzählung ist Sinn hingegen anders und zumeist eindeutiger codiert. Erzählungen sind komplexe Organisationen von Sinn, die dem Grundprinzip der Sukzession folgen. Sie sind durch ein zeitliches Nacheinander von Informationen charakterisiert, Bilder hingegen durch Gleichzeitigkeit. Bei Filmerzählungen lassen sich die Story, der Plot und das Thema unterscheiden.[7] Story meint das chronologische Handlungsmuster, Plot den Handlungsablauf, wie ihn der Film präsentiert, und das Thema die Grundfrage des Films. Der Plot folgt einem besonderen Aufbau: einer Dramaturgie. Die Merkmale des Handlungsaufbaus populärer Filme brauchen an dieser Stelle nicht wiederholt zu werden.

Die hermeneutisch orientierte Filmanalyse setzt sich mit der komplexen Bedeutungsorganisation Film sukzessive auseinander: Die Filmerfahrung wird in der Auseinandersetzung mit den konkreten Strukturen des Films schrittweise ausdifferenziert.[8] Der Prozeß pendelt zwischen Wahrnehmung und Reflexion zum Zweck der Bedeutungsanreicherung oder Deutung.[9]

Die besondere Perspektive der vorliegenden Arbeit ist durch das Interesse an expliziten und impliziten Bezügen zum Symbolkomplex der jüdisch-christlichen Tradition gekennzeichnet. Der Akzent der Untersuchung liegt dabei auf den impliziten Sinnstrukturen der Filme, die sich vor dem Hintergrund eines funktionalen Religionsbegriffs herausarbeiten lassen. Eine prägnante Formulierung von Wilhelm Gräb kann helfen, diesen Begriff von Religion präsent zu halten. Gräb formuliert: »Religion ist die Kultur der Symbolisierungen letztinstanzlicher Sinnhorizonte alltagsweltlicher Lebensorientierung.«

Die in den Filmanalysen im Anschluß an Beschreibungen der Kontexte und der Erzählungen der jeweiligen Filme in einem ersten Durchgang erhobenen Sinnstrukturen und Motivschwerpunkte sollen im Schlußteil noch einmal wechsel-

---

7. Vgl. Knut Hickethier, a.a.O., 110.
8. Vgl. ebd., 34f.
9. Interpretation, so fällt vor dem Hintergrund der Analyse ästhetischer Erfahrung auf, konstituiert sich strukturell nicht anders als ästhetische Erfahrung.

seitig kritisch und vergleichend auf die korrespondierenden Symbolbestände der jüdisch-christlichen Tradition bezogen werden. Der Prozeß der Deutung beginnt also in dem nun folgenden Analyseteil und wird auf seiner Grundlage im Schlußabschnitt weitergeführt. Es geht insgesamt um eine hermeneutische Filmanalyse mit einem besonderen theologischen Interesse, das in einer schrittweisen Konfrontation des Filmtextes mit dem Diskurs christlicher Religionskultur verfolgt wird. Man kann darum mit einem gewissen Recht auch von einer theologischen Filmanalyse sprechen.

Zusammenfassend kann gesagt werden: Das theologische Interesse an impliziter und explziter Religion im Film steht im Vordergrund, gleichwohl sollen auch das ästhetische Irritationspotential der Bildlichkeit des Films und seine zeitdiagnostischen Qualitäten – soweit diese nicht schon im Suchfeld des Religiösen Beachtung gefunden haben – Gegenstände der hermeneutischen Wahrnehmung sein. Mit den Themen Religion, Zeitdiagnose und Ästhetik sind zugleich die Aspekte benannt, unter denen der Film im Umkreis evangelischer Filmarbeit hauptsächlich thematisiert wird.

II. Analysen

1. Filmauswahl

Die Filmauswahl orientiert sich an erster Stelle an der Popularität der Filme des gewählten Zeitraumes. Wenn es darum geht, die Religionsbezüge des populären Films in den 90er Jahren zu untersuchen, so sollen auch die populärsten Filme aus diesem Zeitraum zur Debatte stehen. Die Wahl des Zeitraumes von 1990 bis 1998 ergibt sich dabei aus dem Interesse an Aktualität, an einer nicht zu schmalen Materialbasis und an der Abgrenzung eines auch zeitdiagnostisch plausiblen Zeitraumes.

Bis auf »Pulp Fiction« sind alle Filme der von der Spitzenorganisation der Filmwirtschaft erstellten Liste der 50 erfolgreichsten Kinofilme in Deutschland seit 1985 entnommen.[1] Ausgewählt wurden die sechs Filme, die im Zeitraum von 1990 bis 1998 am meisten Zuschauer hatten. Laut Ranking am 7. Dezember 1998 sind das die Filme: »Titanic« auf Platz eins, »Der König der Löwen« auf dem zweiten Platz, »Pretty Woman« auf Platz drei, »Jurassic Park« auf Platz fünf, »Independence Day« auf dem sechsten und »Forrest Gump« auf dem neunten Platz. Insgesamt weist die Liste für die ersten zwölf Plätze folgende Titel und Daten aus:

Platz	Besucher	Filmtitel	Herstellungsland/jahr	Start
1.	17.888.029	Titanic	USA/1996	8.1.1998
2.	11.319.003	Der König der Löwen	USA/1993	17.11.1994
3.	10.618.279	Pretty Woman	USA/1990	5.7.1990
4.	9.626.218	Das Dschungelbuch	USA/1968	(erneut) 3.12.1988
5.	9.356.981	Jurrasic Park	USA/1992	2.9.1993
6.	9.258.993	Independence Day	USA/1996	19.9.1996
7.	8.774.933	Otto – der Film	D/1985	19.7.1985
8.	8.694.896	Dirty Dancing	USA/1987	8.10.1987
9.	7.611.965	Forrest Gump	USA/1993	13.10.1994
10.	7.399.961	Men in Black	USA/1996	11.9.1997
11.	6.723.145	Der mit dem Wolf tanzt	USA/1989	21.2.1991
12.	6.565.342	Der bewegte Mann	D/1994	6.10.1994

1. Spitzenorganisation der Filmwirtschaft e. V., Die 50 erfolgreichsten Kinofilme in Deutschland seit 1985, a.a.O.

Überdeutlich zeigt die Liste, wie sehr der amerikanische Film auch den deutschen Kinomarkt dominiert.[2]

Den siebenten und im Fortgang der Untersuchung zugleich ersten Film »Pulp Fiction« habe ich aus filmästhetischen, zeitdiagnostischen und methodischen Gründen hinzugenommen. Die Abfolge der übrigen Filme orientiert sich an der Chronologie der deutschen Kinostarts. Die vorangestellte Analyse von »Pulp Fiction« soll die Wahrnehmung der Mainstream-Filme in spezifischer Weise schärfen und ergänzen.

»Pulp Fiction« gilt zum einen als ein Paradebeispiel für den sogenannten postmodernen Film und bewegt sich zum anderen mit einem Einspielergebnis von 107,9 Millionen Dollar auf Platz 138 der US-Box-Office-Hits noch eindeutig in den Regionen eines populären Films.[3] Der Film bildet darum Kontrastbeispiel und Grenzfall zugleich. »Pulp Fiction« bewegt sich auf der Grenze zwischen avancierter postmoderner und populärer Ästhetik. An dem Film kann aufgezeigt werden, was den sogenannten postmodernen Film kennzeichnet. Der Hintergrund dieser Analyse läßt die Eigenart der im folgenden untersuchten Mainstream-Filme dann umso deutlicher hervortreten und läßt zugleich deutlicher erkennen, an welchen Stellen die Grenzen zwischen postmodernem Kunstkino und populärem Kino zu fließen beginnen. »Pulp Fiction« bildet mithin einen Filter, der dazu dient, ästhetische Besonderheiten und Trends deutlicher sichtbar zu machen.

Die Filmauswahl ist also in erster Linie popularitätsorientiert. Religion spielt bei der Filmauswahl noch keine Rolle. Ob und inwiefern das, was Millionen im Kino bewegt, mit Religion zu tun hat, ist gerade zu untersuchen. Dabei wird von der Hypothese ausgegangen, daß sich solche Beziehungen aufzeigen lassen.[4]

---

2. Kulturhermeneutisch interessant ist der Vergleich der deutschen Liste mit den amerikanischen Einspielergebnissen. Signifikant ist zum Beispiel die unterschiedliche Platzierung von »Schindlers Liste«. In Deutschland rangiert der Film auf Platz 18, in den USA findet er sich nicht einmal unter den 176 von »The Internet Movie Database« (a.a.O.) aufgeführten Filmen, die über 100 Millionen Dollar eingespielt haben. Auch »Pretty Woman« findet sich auf signifikant unterschiedlichen Positionen: In Deutschland auf dem dritten Platz, in den USA auf dem 37. Platz. Diese Beispiele machen darauf aufmerksam, daß es auch im Bereich des populären Kinos, das ja auf weltweite Resonanz zielt, noch erhebliche kontextuelle Unterschiede hinsichtlich der Rezeption gibt.
3. Ebd.
4. Zu den diese Hyothese unterstützenden Indizien gehören nicht an letzter Stelle die Kinoerlebnisse des Verfassers, darüberhinaus vgl. 9ff. (auch Anm. 12), 35ff., 94ff.

2. Vorgehensweise

Das Hauptinteresse der folgenden Filmanalysen gilt den sich in subjektiver Vermittlung erschließenden impliziten und expliziten Religionsbezügen. Der Aufweis dieser Bezüge ist dabei wie oben ausgeführt in den Rahmen eines klassischen filmhermeneutischen Vorgehens integriert, das seine Deutungen im Prozeß der Interaktion zwischen Werk und Interpret gewinnt und sich darin in dem vom Sinnangebot Film eröffneten semantischen Feld möglicher Deutungen bewegt. Mit der religionshermeneutischen Akzentuierung ist eine Konzentration verbunden, die zur Folge hat, daß manches unberücksichtigt bleiben muß.

Das unten ausgeführte und an gängigen Vorschlägen orientierte Gliederungsschema liegt den Analysen zugrunde.[5] Die Nacherzählung der Filmhandlung nimmt dabei breiteren Raum ein. An diesem Punkt schien es mir angebracht, relativ genau und ausführlich zu sein, da dieser Arbeitsschritt die Textgrundlage für alle weiteren Beobachtungen und Deutungen liefern soll. Die Filmbeschreibungen sind darum zwar noch keine minutiösen Transkriptionen der Filme, umfangreicher als Inhaltsangaben sind sie aber in jedem Fall. Sie haben den Charakter narrativer Filmprotokolle, die auch wichtige Aspekte der visuellen Umsetzung mitberücksichtigen.[6] Auf detaillierte Darstellungen des Visuellen in Form von Sequenzprotokollen habe ich aufgrund der Konzentration auf die Ebene der Sinndeutung und aus Gründen des Umfangs verzichtet. Sinndeutung ergibt sich beim Film als narrativ strukturierte Gesamtaussage aller Bedeutungselemente. Das Herausarbeiten von Sinnstrukturen muß sich darum an erster Stelle auf die narrativ strukturierte Gesamtaussage beziehen.[7] Diese Priorität des Narrativen gewinnt zusätzliche Plausibilität vor dem Hintergrund der Beobachtung, daß die narrative Struktur von Bedeutungskonstitution eine Schnittstelle zwischen Filmkultur und traditioneller Religionskultur bildet.[8] Es liegt darum im Rahmen des Interesses der vorliegenden Arbeit am Aufzeigen von

---

5. Vgl. Knut Hickethier, Film- und Fernsehanalyse, Stuttgart/Weimar 2/1996, bes. 34ff. Alfons Silbermann/Michael Schaaf/Gerhard Adam, Filmanalyse. Grundlagen – Methoden – Didaktik, München 1980, bes. 35ff. und 112ff. Werner Faulstich, Einführung in die Filmanalyse, Tübingen 4/1994, 118ff.
6. Vgl. zum Genre des Filmprotokolls: Knut Hickethier, Film- und Fernsehanalyse, a.a.O., 36.
7. Wenngleich genauere Analysen des Visuellen seinen wichtigen Anteil an der Konstitution der Gesamtaussage noch verdeutlichen könnten und also zur Verzahnung von formaler Ebene und Sinndeutungsebene beitragen würden. Dies würde jedoch den Rahmen der vorliegenden Arbeit sprengen.
8. Vgl. 4.2.

Überschneidungsfeldern zwischen Film und Religion nahe, diese formale Gemeinsamkeit narrativer Bedeutungskonstitution im Kontext der Filminterpretationen besonders zu beachten und die Deutungen von der Narration her aufzubauen. Das geschieht in den folgenden Arbeitsschritten, die ich, wo es mir angebracht schien, um eine knappe Analyse der Figurengestaltung und der dramaturgischen Strukturen (unter 2.) und der Themen und Kontexte des Films erweitert habe. Einen Blick auf die Themen und Kontexte als zusätzlichen Arbeitsschritt habe ich der religionshermeneutischen Interpretation vorgeschaltet, wenn es mir für das Gesamtverständnis des Films hilfreich schien, den Rahmen der Sinndeutungsebene vorab gesondert zu skizzieren.

1. Hintergrundinformationen
Informationen über Drehbuchautor, Regisseur, Hauptdarsteller, Produktionsumstände (Kosten), Genre, Rezeption (Preise, Zahlen, Tenor der Kritik, filmgeschichtliche Bedeutung)

2. Die Erzählung
Welche Geschichte erzählt der Film? Unterscheiden sich Plot (wie der Film die Geschichte präsentiert) und Story (die innere Chronologie des Handlungsablaufs)?[9]
Welches sind die Hauptfiguren des Films und wie sind sie charakterisiert? Welche Konflikte stehen im Mittelpunkt?
Wie ist die Handlung aufgebaut? Wie sieht die dramaturgische Struktur des Films aus? Folgt sie dem kanonischen Story-Schema?
Reflektiert der Film seine eigene Medialität?

3. Ästhetische Besonderheiten
Was charakterisiert die Ästhetik des Films? Welche Mittel werden eingesetzt? Wie arbeitet der Film mit Ton, Musik, Kamera (Einstellungsgrößen usw.), Licht, Schnitt, Montage, Effekten? Entfalten einzelne Bilder ein autonomes ästhetisches Potential?

4. Religion
Nimmt der Film in irgendeiner Weise (Begriffe, Symbole, Geschichten, Bilder) explizit auf religiöse Traditionen Bezug?
Welche implizit religiösen Sinnmuster enthält der Film?

---

9. Zur Unterscheidung von »Plot« und »Story«: Lothar Mikos, Die Geschichte im Kopf des Zuschauers. Struktur-funktionale Film- und Fernsehanalyse. Teil 2, in: medien praktisch, 4/1996, 57-62, 57ff.

Greift er Fragestellungen (Herkunft, Sinn, Tod, Schuld, Ewigkeit, Glück) auf, die auch von der traditionellen Religionskultur behandelt werden?
Greift der Film populäre oder klassische Mythen mit Sinndeutungsqualitäten auf?[10]

5. Gesamtinterpretation
Hier geht es um den Versuch, die bisherigen Beobachtungen zu resümieren und im Kontext einer subjektiven Gesamtdeutung zu integrieren.

---

10. Mythen verstehe ich hier als Erzählungen von kollektiver Bedeutung und symbolischer Qualität, vgl. auch: 4.3.

3. Die Filme

3.1 Pulp Fiction

USA 1994. Regie: Quentin Tarantino. Buch: Quentin Tarantino, Roger Roberts Avary. Produktion: Bender Lawrence für A Band Apart/Jersey Films/Miramax Films. Kamera: Andrzej Sekula. Schnitt: Sally Menke. Verleih: Miramax Films. Länge: 149 Minuten. Kinostart: 3.11.1994.
Darsteller: John Travolta (Vincent), Bruce Willis (Butch), Uma Thurman (Mia), Samuel L. Jackson (Jules), Harvey Keitel (The Wolf), Ving Rhames (Marsellus Wallace), Tim Roth (Pumpkin), Amanda Plummer (Honey Bunny), Rosanna Arquette (Jody), Christopher Walken (Koons), Eric Stoltz (Lance).[1]

[1]. Film-dienst Nr. 22, 1994, 24, und: The Internet Movie Database, The Top Grossing Movies of All Time at the Worldwide Box Office, 1. Dezember 1998, a.a.O.

3.1.1 Hintergrundinformationen

Der Film hatte bis Ende 1995 1.147.984 Besucher in Deutschland.[2] Er fand zwar nicht in die Liste der 50 erfolgreichsten deutschen Filme seit 1985, belegt aber auf der weltweiten Einspiel-Hitliste von »The Internet Movie Database« mit einem Ergebnis von 221 Millionen Dollar immerhin Platz 123.[3] Damit bewegt sich »Pulp Fiction« schon in den Regionen des populären Films – ein bemerkenswertes Ergebnis angesichts von achteinhalb Millionen Dollar Produktionskosten.[4]
Die Jury der Filmfestspiele von Cannes zeichnete »Pulp Fiction« 1994 mit der Goldenen Palme aus.[5] Der Tenor der seriösen deutschen Kritik war weitgehend positiv.[6] Kritisch angefragt wurde der selbstverständliche Umgang mit Gewaltdarstellungen.[7] »Pulp Fiction« gilt mittlerweile als Kultfilm.[8]

Der Regisseur
Quentin Tarantino wurde am 27. März 1963 in Knoxville/Tennessee geboren.[9] Seine damals 16jährige Mutter taufte ihn nach Burt Reynolds Figur »Quint« in der Fernsehserie »Gunsmoke« Quentin. Der schon in der Namensgebung wirksame Einfluß der audiovisuellen Medienumwelt bestimmte auch Quentins Kindheit am Südrand von Los Angeles.

---

2. Laut Homepage der Filmförderungsanstalt, URL: http://ffa.de/Hitlisten/index.html.
3. The Internet Movie Database, a.a.O.
4. Vgl. Peter Körte, Tarantomania, in: Robert Fischer/Peter Körte/Georg Seeßlen, Quentin Tarantino, Berlin 2/1998, 7-70, 47.
5. Vgl. Hans-Dieter Seidel, Edelschund. Und jetzt »Pulp Fiction«: Beherrscht das Kino die Gewalt? In: FAZ, 5.11.94.
6. Vgl. die Kritiken in den großen Feuilletons und den Filmzeitschriften von Michael Althen (SZ, 3.11.1994), Manfred Etten (film-dienst, 22/1994), Sabine Horst (epd Film, 11/1994), Lisa Kennedy (taz, 3.11.1994), Peter Körte (FR, 3.11.1994), Hans-Dieter Seidel (FAZ, a.a.O.) und Susanne Weingarten (Der Spiegel, 3.10.1994).
7. So von Hans-Dieter Seidel in der FAZ.
8. Vgl. Ronald M. Hahn/Volker Jansen, Die 100 besten Kultfilme von »Metropolis« bis »Fargo«, München 1998, 443-448, vgl. auch 11: »Kultfilme sind Kassenerfolge, aber nicht jeder Kassenerfolg ist auch ein Kultfilm. Erst wenn eine spezielle Zuschauergruppe durch einen Film (und nicht etwa durch geschickte PR-Maßnahmen) veranlaßt wird, sich zu aktivieren, d. h., im Zusammenhang mit diesem Film eigene Kreativitäten zu mobilisieren, kann man von einem Kultfilm sprechen. Kultfilme werden also auch ›gemacht‹, aber nicht vom Produzenten, sondern von einem Teil der Konsumenten, den Kultisten.« Dies scheint mir eine plausible Bestimmung des Begriffes »Kultfilm«, die auch auf »Pulp Fiction« umstandslos zutrifft. Der beste Beleg sind die Internet-Diskussionen über den Inhalt von Marcellus Wallaces Koffer, s. URL: http://www.blarg.net/.
9. Peter Körte, Tarantomania, a.a.O., 9ff., vgl. dort auch zum Folgenden.

Aus der Medienkindheit wurde eine Medienjugend und schließlich ein Medienjob: Tarantino arbeitete fünf Jahre lang in einer Videothek in Manhattan Beach. Er war Serienschauspieler und begann irgendwann, als Autodidakt Drehbücher zu schreiben. Nach einem mehrtägigen Regie-Workshop verfilmte er seinen ersten eigenen Stoff: »Reservoir Dogs«, eine Geschichte, in der sechs Gangster nach dem Verräter in ihrer Mitte suchen.

»Pulp Fiction« ist – sieht man einmal von der Drehbuchmitwirkung an »Natural born Killers« und dem Drehbuch für »True Romance« ab – der zweite Film des jungen Regisseurs. Und dann gleich Welterfolg und Kultfilm, und das bereits mit 31 Jahren!

Inzwischen gibt es weitere Filme: »Four Rooms«, »From Dusk till Dawn« und »Jackie Brown«. Tarantino ist Kult geworden. Der Regisseur Tony Scott nannte den Kollegen gar den »Michelangelo der Neunziger«. Vom Kultimage Tarantinos zeugt nicht zuletzt ein Blick ins Internet, wo sich Webseiten mit den Titeln »Sick or Sanctified. A God among Directors«, »Tarantino Worship« und »Tarantino Church« finden. Seitenlange Diskussionen drehen sich um den Inhalt des geheimnisvollen Koffers, den die »Pulp Fiction«-Killer für Marcellus Wallace zurückholen sollen. Daß Tarantino selbst während der Dreharbeiten zu Travolta gesagt haben soll, er könne sich beim Blick in den Koffer vorstellen, »whatever you like«, hat die Debatte keineswegs zum Erliegen gebracht, sondern nur neuen Anlaß für Spekulationen gegeben.

Im Sommer 1997 erschien die erste »Jackie Brown«-Homepage. Der Kinostart war für Dezember angekündigt. Die Seite enthielt eine Countdown-Uhr, die die Sekunden bis zum Kinostart zählte.[10]

Der Kultstatus Tarantinos konnte auch von einer Prügelei mit Don Murphey, einem der Produzenten von »Natural Born Killers«, in einem Restaurant in Los Angeles nicht angekratzt werden – im Gegenteil. Das Verhalten und seine Kommentierung durch Tarantino (»Ich glaube, ich habe dem Kerl etwas Respekt eingebleut.«[11]) paßt in das Bild der Selbstinszenierungsvorlieben des Regisseurs, der sich gern als ein anmaßender und zugleich ein wenig naiver »Bad boy« gibt. Auf Plagiatsvorwürfe entgegnete er: »Ich klaue von jedem Film, der je gemacht wurde. Ich liebe es, wenn meine Arbeit irgendetwas hat, wenn man sich von hier und dort etwas nimmt und es vermischt. Ich stehle überall. Große Künstler stehlen, sie machen keine Hommage.«[12]

Zur Gewaltfrage erklärte er: »Ich nehme Gewalt nicht sonderlich ernst. Ich finde sie spaßig. (...) Für mich ist Gewalt eine rein ästhetische Sache. Wer sagt, er

---

10. Die verschiedenen Seiten sind über die Titel der Tarantino-Filme in »The Internet Movie Database«, a.a.O., erreichbar.
11. Vgl. Peter Körte, Tarantomania, a.a.O., 57.
12. Ebd., 28.

möge keine Gewalt im Kino, könnte auch sagen, er möge keine Tanzeinlagen im Kino. Wenn man Gewalt im Kino zeigt, wird es immer eine Menge Leute geben, die das nicht mögen, weil es ein Berg ist, den sie nicht hinaufkommen. Und sie sind keine Arschlöcher. Sie wollen da nicht rauf. Und sie müssen es ja auch nicht.«[13] Auf diese Äußerungen wird zurückzukommen sein.

3.1.2 Die Erzählung

Das Feuilleton der Frankfurter Allgemeinen Zeitung gab der Kritik von Hans-Dieter Seidel die Überschrift »Edelschund«. Offenbar hat der Film mit Schund zu tun. Das deutet auch der Titel schon an. »Pulp«, so heißt in Amerika das rauhe, billige Papier, auf dem billige Krimigeschichten gedruckt werden. Quentin Tarantino dazu: »Mit Pulp assoziiere ich immer spannende, grausame Krimis. Wenn man es historisch sieht, besteht die ganze Idee von Pulp in einem Taschenbuch, um das man sich nicht weiter kümmert. Man liest es, stopft es in die Hosentasche, sitzt im Bus darauf, die Seiten lösen sich, doch was soll's? Wenn man es ausgelesen hat, gibt man es jemand anderem oder wirft es weg. Man stellt es nicht ins Bücherregal.«[14]

Tarantino ist mit solchen Büchern und Geschichten groß geworden. In »Pulp Fiction« hat er sich ausgiebig in den Vorratskammern der Pulp-Welt bedient. Er benutzt altbekannte Motive und Geschichten der populären Kultur. Er bereitet sie jedoch anders als gewohnt auf. Das Besondere an »Pulp Fiction« sind nicht seine neuen und originellen Geschichten, das Besondere ist die Art und Weise des Films, mit bekanntem Material, mit populären Traditionen umzugehen. Man könnte seine Methode mit einem Begriff aus der Pop-Musik als Sampling beschreiben: Verschiedene Geschichten werden gemischt, mit Elementen der Wiederholung übereinandergelegt und zu einem komplexen Ganzen aus Rhythmen und Gegenrhythmen verwoben.[15] Tarantino praktiziert, wie Jens Eder treffend bemerkt, »eine Kunst der Fuge mit mehreren Pop-Themen«.[16]

Im Mittelpunkt von »Pulp Fiction« stehen drei Hauptgeschichten. Hinzu kommt eine kurze Rahmengeschichte, die als Subplot der ersten Episode interpretiert werden kann. Die drei Stories ereignen sich an vier Tagen Realzeit. Ort der Handlung ist Los Angeles.

---

13. Ebd., 50f.
14. Quentin Tarantino, »Ich mache kein Neo-noir.« Quentin Tarantino über seinen Film »Pulp Fiction«, FR, 3.11.1994, von Peter Körte übersetzt aus »Sight and Sound«.
15. Vgl. Jens Eder, Pulp Fiction: Der Autor als DJ. Dramaturgie als Sampling und Mixing von Versatzstücken, unveröffentlichte Seminararbeit, Hamburg 1996.
16. Ebd., 19.

A. Zwei Profikiller, Vincent und Jules, holen für ihren Auftraggeber Marsellus Wallace einen Koffer zurück. Sie entgehen dabei selbst knapp dem Tod – für Jules ein Wunder im religiösen Sinne, für Vincent pures Glück. Im Wagen erschießt Vincent versehentlich den als Geisel mitgenommenen Marvin, als das Auto über einen »Hubbel« fährt. Nun müssen sie eine Leiche und einen bluttriefenden Wagen entsorgen. Ein Spezialist, »der Wolf« genannt, hilft ihnen dabei. Aufgrund seiner wunderbaren Errettung quittiert Jules seinen Killerjob und läßt auch ein Gangsterpärchen ungeschoren, das ihn ausrauben will.

A1. Ein Gangsterpärchen, Pumpkin und Honey Bunny, überfällt einen Coffee Shop, stößt auf den unerwarteten Widerstand zweier Berufskiller und kommt schließlich aber mit dem Schrecken und der Beute davon.

B. Vincent begleitet Mia, die Frau seines Bosses Marcellus Wallace zum Essen. Die beiden gewinnen einen Twist-Wettbewerb. Mia bedient sich heimlich bei Vincents Heroin und stirbt fast an einer Überdosis. Mit Hilfe seines Dealers und einer Adrenalinspritze kann Vincent sie in letzter Minute retten.

C. Ein Boxer, Butch, legt Gangsterboß Marcellus Wallace bei einem Wettbetrug herein, wird von ihm verfolgt und riskiert sein Leben wegen einer vom Vater geerbten goldenen Uhr. Dabei tötet Butch den Killer Vincent und trifft auf der Flucht auf seinen Verfolger Marcellus Wallace. Beide geraten in die Gewalt zweier Sadisten. Butch kann sich und Marcellus aus der Klemme befreien. Der Gangsterboß gewährt ihm dafür freies Geleit.

Nun ist es nicht so, daß diese Stories einfach aneinandergereiht werden. Sie werden vielmehr virtuos ineinander verschachtelt, miteinander verbunden und doch voneinander abgegrenzt. Der Film beginnt mit dem Subplot A1, der das Ende von Erzählung A bildet, dann folgt der Anfang von Erzählung A, ein Ausschnitt von C und schließlich Geschichte B von Anfang bis Ende. Darauf folgt der Anfang der Boxergeschichte C und ihre Fortsetzung nach dem schon gesehenen Ausschnitt bis zum Ende. Es schließt sich die Fortsetzung von Geschichte A an, deren Ende wiederum in A1 mündet. Also: A1, A, C, A, B, C, A, A1. Das chronologische Ende dieses ineinander gesampelten Geschichtengeflechts liegt etwa in der Mitte des Plots und wird mit dem Ende von Geschichte C erreicht. Diese Differenzen von Plot und Story werden in ihren Einzelheiten erst beim wiederholten Sehen des Films nachvollziehbar.

Knapp zusammengefaßt entwickelt sich der Plot des Films wie folgt:

(A1) Ein Gangsterpärchen, Pumpkin und Honey Bunny, beschließt, das Lokal, in dem es sich befindet, zu überfallen und bedroht die Gäste mit Pistolen.
(A) Die Profi-Killer Jules (Samuel L. Jackson) und Vincent (John Travolta) sind mit dem Wagen unterwegs, um einen Auftrag für Marcellus Wallace zu erledigen. Sie unterhalten sich über Hamburger und Marcellus Wallace, der einen Schwarzen schwer bestraft haben soll, angeblich weil dieser Wallaces Frau Mia die Füße massiert hat. Die Killer suchen die Wohnung von vier jungen Ganoven auf, nehmen ihnen den Koffer ihres Bosses Wallace ab und erschießen zwei von ihnen.

Zwischentitel: »Vincent Vega and Marcellus Wallace's Wife«

(C) Der Boxer Butch (Bruce Willis) vereinbart mit dem Gangsterboß Marcellus Wallace in dessen Bar einen Wettbetrug: Butch soll seinen nächsten Kampf verlieren.
(A) Jules und Vincent bringen den zurückeroberten Koffer zu Wallace in die Bar. Vincent trifft auf Butch.

Schwarzblende

(B) Vincent kauft bei dem Dealer Lance Heroin und setzt sich einen Schuß. Er fährt zu Mia und holt sie zuhause ab.
Vincent und Mia essen im »Jack Rabbit Slim's« und gewinnen dort einen Twistwettbewerb.
Vincent bringt Mia nach Hause. Dort nimmt sich Mia heimlich von Vincents Heroin, im Glauben, es handele sich um Kokain. Sie kollabiert aufgrund einer Überdosis.
Vincent rast mit der sterbenden Mia zu seinem Dealer Lance, wo sie mit Hilfe einer Adrenalinspritze mitten ins Herz gerettet werden kann. Mia und Vincent verabreden, Marcellus nichts von dem Vorfall zu erzählen.

Schwarzblende

(C) Der etwa fünfjährige Butch erhält von einem Kriegskameraden seines toten Vaters ein Erbstück: dessen goldene Uhr.
Butch fährt vor seinem Boxkampf aus einem Traum hoch.

Zwischentitel: »The Gold Watch«

(C) Butch flieht nach dem Boxkampf, den er gegen die Abmachung mit Marsellus gewonnen hat, in einem Taxi.
Marsellus Wallace hetzt seine Killer auf Butch.
Butch flieht, ruft seinen Komplizen an und trifft seine Freundin Fabienne in einem Motel, wo beide die Nacht verbringen. Am Morgen stellt sich heraus, daß Fabienne vergessen hat, die goldene Uhr von Butch einzupacken. Butch beschließt, die Uhr zu holen. In seinem Appartment trifft er auf Vincent, der sich gerade auf der Toilette befindet. Er erschießt ihn, nimmt die Uhr und macht sich aus dem Staub.
An einer Ampel trifft er zufällig auf Marcellus Wallace, der die Straße überquert. Es kommt zu einer Verfolgungsjagd, die in einem Geschäft endet. Der Inhaber, ein Mann namens Maynard, nimmt die beiden gefangen und bringt sie in den Keller. Gemeinsam mit seinem herbeigerufenen Freund Zed beginnt er, Marcellus Wallace zu mißhandeln. Butch kann sich währenddessen befreien. Er überwältigt die beiden Peiniger und befreit auch seinen Feind Marcellus. Dafür erhält er freies Geleit. Mit Zeds Motorrad holt er Fabienne aus dem Motel ab. Sie fahren davon.

Zwischentitel: »The Bonnie Situation«

(A) Jules und Vincent erschießen kaltblütig ihre Opfer und nehmen den gesuchten Koffer von Marcellus Wallace an sich. Ein vierter Mann, der im Bad versteckt war, tritt in den Raum und feuert aus nächster Nähe auf Jules und Vincent. Doch alle Kugeln gehen daneben und der Angreifer muß selbst dran glauben. Jules hält die Verschonung für ein Wunder. Sie fahren davon und nehmen Marvin im Auto mit. Als der Wagen über einen

»Hubbel« fährt, löst sich ein Schuß aus der Pistole von Vincent und tötet Marvin. Der Wagen ist nun voller Blut, und sie müssen ihn schleunigst von der Straße schaffen. Sie suchen Hilfe bei Jules Freund Jimmie, dessen Frau Bonnie in Kürze von der Arbeit zurückkehren wird.
Aufgrund eines Telefonates mit Marcellus Wallace erscheint »The Wolf«, ein Mann, der Probleme löst. Durch die trivialen Ratschläge des Wolfes gelingt es, den Wagen vor der Ankunft von Jimmies Frau zu reinigen. Das Auto wird nun auf einem Schrottplatz entsorgt. Jules und Vincent bedanken sich bei »The Wolf« und verabschieden sich.

Schwarzblende

Jules und Vincent gehen in einen Coffee Shop, um zu frühstücken. Sie unterhalten sich über das Wunder der Verschonung.
(A1) Pumpkin und Honey Bunny überfallen das Lokal. Jules nimmt Pumpkin die Waffe ab, läßt die beiden jedoch mit ihrer Beute laufen, weil er sich aufgrund des Wunders zu einem anderen Leben bekehrt hat.
Jules und Vincent verlassen den Coffee Shop.

Figuren und dramaturgische Strukturen

Die Figuren und Geschichten Tarantinos sind – wie oben schon gesagt – nicht originell. Sie entstammen dem Kosmos der populären Kultur, wie er sich in diesem Jahrhundert herausgebildet hat. Ein Bild dafür innerhalb des Films selbst ist das Lokal »Jack Rabbit Slim's«, in dem Mia und Vincent den Twist-Wettbewerb gewinnen. Dort gibt es ein Douglas-Sirk-Steak, einen Buddy-Holly-Kellner und einen Jerry-Lewis-Imitator. Alles ist Zitat. Ein Bild für die Gesamtkonstruktion von »Pulp Fiction«: Der gesamte Film ist eine einzige Zitatencollage. Das beginnt bei den Figuren. Sie sind uns aus der Pop-Kultur wohlbekannt: Die Auftragskiller, das Gangsterpärchen, die Femme fatale, der Boxer, die Gangsterbraut.
Tarantino arbeitet mit diesen Genre-Figuren, indem er sie überzeichnet, ironisch bricht und durch das Konjugieren durch mehrere Story-Universen dekonstruiert.[17]
Die Killer sind zunächst cool. Sie reden über Fußmassagen, erörtern theologische Probleme und töten beiläufig abtrünnige Kleinganoven. Vincent ist in der Geschichte A der coole Killer, in B das Objekt von Mias Femme-fatale-Charme und in C das Opfer von Butch, dem Boxer, der seine Uhr sucht. Das Vincent-Image der einen Geschichte wird so durch das Vincent-Bild der nächsten wieder konterkariert und mehr oder weniger gebrochen. Dieses Schema reicht bis in die Rollenbiographie der Schauspieler hinein: So spielt John Travolta entgegen dem heißblütigen Bilderbuch-Macho seiner Rolle in »Saturday Night Fever« in »Pulp Fiction« einen ein wenig phlegmatischen Bad boy.
Diese Figur der Brechung findet sich auch auf der Ebene der Erzählstruktur. Ta-

---

17. Vgl. hierzu und zum Folgenden auch: Jens Eder, Pulp Fiction, a.a.O., 14ff.

rantino wirbelt das konventionelle Dreiaktschema des populären Films durcheinander. Geschichten werden angefangen, unterbrochen und erst viel später beendet. Erwartungen werden aufgebaut, aber nicht so erfüllt, wie es die Genre-Konventionen vorschreiben.

Die Konfrontation mit den Jungganoven wird genauso abgebrochen wie die Boxergeschichte, nachdem der Wettbetrug verabredet wurde. Die Stories berühren sich – Vincent und Jules bringen den gesuchten Koffer in die Bar, in der Marcellus und Butch gerade den Wettbetrug besprechen – oder sind miteinander »verlinkt«: Das Gerücht von einer Bestrafung durch Wallace wegen einer Fußmassage dient als Backstory für die Episode Vincent-und-Mia und wird darin auch thematisiert.

Trotz solcher Verflechtungen bleiben die Geschichten jedoch als autonome Einheiten bestehen, die im Verlauf des Films nacheinander zuende geführt werden. Für sich genommen folgen sie konventionellen Spannungsdramaturgien: Probleme werden geschaffen (etwa das bluttriefende Auto) und müssen gelöst werden. Einige narrative Konventionen werden also erfüllt. Aber eben nur einige. Andere werden durchkreuzt.

Neben Unterbrechung und Wiederaufnahme ist das Happy-End des Films ein sinnfälliges Beispiel für das Spiel mit der Konvention. Der Schluß des Films – Vincent und Jules verlassen einträchtig das Lokal, in dem sie sich gerade eines versuchten Überfalls durch ein Gangsterpärchen erwehrt haben – ist entgegen der Genre-Konvention ein Pseudo-Happy-End. Wir haben schließlich in der Mitte des Films schon gesehen, wie Vincent – zu einem chronologisch späteren Zeitpunkt – erschossen wurde. Man kann das vermeintliche Happy-End am Schluß des Films als ironische Kommentierung der klassischen Happy-End-Struktur des Hollywood-Kinos deuten. Die Story des Films endet gleichwohl mit einem klassischen Happy-End: der davongekommene Butch fährt mit seiner Freundin auf dem Motorrad davon.

Insgesamt ist ein durchgehendes Element der dramaturgischen Struktur das der Überraschung. Die Geschichten nehmen immer wieder überraschende Wendungen: Jules und Vincent werden wundersam verschont, Marvin wird zufällig im Auto erschossen, Butch und Marsellus treffen zufällig auf der Straße aufeinander, Mia bedient sich bei Vincents Heroin und denkt, es handele sich um Kokain.

3.1.3 Ästhetische Besonderheiten

Der Erzählstil von »Pulp Fiction« ist lakonisch-ironisch, manchmal zuschlagend, auf jeden Fall voller Lust am Schock. Filmästhetisch äußert sich dieser sensualistische Angriff auf den Zuschauer u.a. in der häufigen Verwendung von Nahaufnahmen. Das gilt für die Art und Weise, in der die Gesichter von Jules und Vincent ins Bild gesetzt werden ebenso wie für die bildfüllende Aufnahme der Spritze, mit der sich Vincent mit dem neuerworbenen Heroin im Haus seines Dealers Lance einen Schuß setzt.

Der Sensualismus von »Pulp Fiction« ist nur ein Aspekt, der auf die Postmoderne verweist. Bei näherem Hinsehen zeigt sich, daß der Film viele Charakteristika der für den Begriff des postmodernen Kinos charakteristischen Merkmalskonstellation aufweist.[18]

Da ist zunächst die schon erwähnte Lust an der schockartigen *Überwältigung der Sinne*, vor allem in der Form plötzlicher Gewalt, die ohne Vorwarnung in alltäglichen Situationen hervorbricht, etwa als Jules über einen »Hubbel« fährt und ein Schuß sich aus Vincents Revolver löst, der Marvin tötet, oder als Jules ohne Vorwarnung während des Gesprächs mit Brett auf einmal dessen Mitbewohner erschießt.

Ein weiteres Merkmal ist die *Ironie*, die »Pulp Fiction« auf allen Ebenen durchdringt: als ironischer Kommentar zur populären Kultur (etwa in der Szene im »Jack Rabbit Slim's«), zum klassischen Hollywood-Kino (etwa in dem Pseudo-Happy-End), zur Familienideologie (etwa in der Episode, in der Jimmie betont, daß er keinen Ehekrach wegen des blutigen Wagens riskieren wolle) und zur Religion (etwa in der wundersamen Verschonung der beiden Killer). Es handelt sich dabei durchweg um ernst vorgetragene Ironie, um eine Form von Ironie also, wie sie Frederic Jameson schon vermehrt im New Hollywood-Kino der 70er Jahre beobachtet und als »weiße Ironie« charakterisiert hatte.[19]

Auch das Charakteristikum der *Mehrfachkodierung* läßt sich bei »Pulp Fiction« beobachten. Der Film erfordert keine cineastischen Vorkenntnisse. Wer sich jedoch in der Film- und Fernsehgeschichte auskennt, wird ein Fülle von Bezügen, Anspielungen und Zitaten entdecken. Peter Körte hat vor dem Hintergrund dieser Beobachtung von der »Hypertext-Struktur« von Tarantinos Filmen gesprochen.[20] Einzelne Szenen verweisen auf einen ganze Kette ähnlicher Szenen in der Filmgeschichte.

Mit den Versatzstücken und Konventionen des populären Kinos wie der populären Kultur insgesamt verfährt Tarantino im Modus des *eklektizistischen Spiels*. Einzelne Motive und narrative Fragmente werden benutzt und ineinandergesampelt (s. o.). Die Geschichte des Boxers, der verlieren soll und es doch nicht tut, wird mit der Story vom Gangster verwoben, der die Frau seines Bosses aus-

---

18. Siehe oben 3.1.5., vgl. auch Ernst Schreckenberger, a.a.O.
19. Frederic Jameson, zitiert nach: Thomas Elsaesser, Augenweide am Auge des Maelstroms? – Francis Ford Coppola inszeniert BRAM STOKER'S DRACULA als den ewig jungen Mythos Hollywood, in: Andreas Rost und Mike Sandbothe (Hg.), Filmgespenster der Postmoderne. Reden über Film, Frankfurt/M. 1998, 63-105, 71.
20. Peter Körte, Tarantomania, a.a.O., 15 ff. Körte weist auch auf die Korrespondenzen zwischen der Struktur des Films und seinem Schauplatz hin: dem »Puzzle ohne Sinn« und Zentrum Los Angeles.

führen soll. Dieses Geflecht wiederum wird mit der Geschichte eines Bonny-und-Clyde-Pärchens verbunden, das ein Restaurant überfällt und dabei am Widerstand von zwei Profis scheitert, die aus einem ganz anderen Geschichten-Universum kommen, in dem sie gerade einen geheimnisvollen Koffer ihres Auftraggebers zurückgeholt haben.

Wie andere postmoderne Filme *verabschiedet sich* »Pulp Fiction« vom Anspruch ständiger Innovation, man könnte auch sagen: *vom Avantgarde-Gedanken*.

Zuguterletzt ist »Pulp Fiction« auch ein Musterbeispiel für die im postmodernen Kino zu beobachtende *demonstrative Künstlichkeit*. »Pulp Fiction« macht kein Hehl daraus, daß seine Figuren ganz und gar künstlich sind und ihre Erlebnisse keine Glaubwürdigkeit im Sinne der soziokulturellen Gegenwartssituation beanspruchen. Dasselbe gilt im Blick auf die Erzählweise. »Pulp Fiction« stellt seine Medialität demonstrativ zur Schau: etwa, wenn Mia auf dem Weg ins »Jack Rabbit Slim's« eine Äußerung gegenüber Vincent dadurch unterstreicht, daß sie ein Quadrat in die Luft zeichnet, das für den Zuschauer als gestrichelte weiße Linie wie auf einem Computerbildschirm visualisiert wird. Auf andere Weise gibt sich »Pulp Fiction« demonstrativ als Film-Märchen zu erkennen, wenn der Film Situationen konstruiert, die so unwahrscheinlich sind wie die wundersame Verschonung der beiden Killer in der »Bonnie-Situation«. Oder der Film reflektiert implizit seinen Inszenierungscharakter, indem er Szenen zeigt, in denen die Figuren Szenen inszenieren, wie zum Beispiel Mia, die – als Vincent kommt, um sie abzuholen – eine bestimmte Musik auflegt (Dusty Springfields »Son of a Preacher Man«) und ihm via Sprechanlage Anweisungen wie eine Regisseurin gibt.

»Pulp Fiction« versucht nicht, die Wirklichkeitsillusion um jeden Preis zu steigern. Der Film gibt sich vielmehr auf allen seinen Ebenen selbstreflexiv-gebrochen. Trotz dieser Komplexität ist »Pulp Fiction« zu relativ großer Popularität gelangt. Er ist darum ein Grenzfall. »Pulp Fiction« ist zum einen postmodernes Kunstkino par excellence, dem Kino David Lynchs und der Cohen-Brüder verwandt, nähert sich zum anderen aber in seiner Rezeption zugleich dem populären Kino eines Steven Spielberg und James Cameron. Umgekehrt kann vor dem Hintergrund der Beschreibung der Stilmerkmale von »Pulp Fiction« in den folgenden Filmanalysen aufgezeigt werden, inwiefern auch das populäre Kino im engeren Sinne von der Postmodernisierung beeinflußt ist.

Die Themen und ihre Kontexte

Was sind die Themen von »Pulp Fiction« und in welchem Verhältnis stehen sie zu den gesellschaftlichen Kontexten des Films? Gibt es einen roten Faden, einen geheimen Subtext oder ein gemeinsames Grundthema der drei Geschichten, die Tarantino miteinander verflicht?

Es lassen sich diverse thematische Grundmuster identifizieren, die auf verschiedenen Ebenen liegen. Hinsichtlich der Erzählweise ist ein schon benannter roter Faden des Films seine Art und Weise, Versatzstücke der populären Kultur wie ein Discjocky ineinanderzusampeln.

Hinsichtlich des gemeinsamen Themas der Geschichten selbst vermutet Robert Fischer: »Vielleicht dies: wie man in eine scheinbar ausweglose Lage gerät und sich nur mit größter Anstrengung wieder daraus befreit.«[21]

In die ausweglose Lage kommen die jeweiligen Protagonisten (das Gängsterpärchen, Vincent und Jules, Vincent und Mia und Butch) durch unglückliche Zufälle. Fabienne hat die Uhr von Butch vergessen; Mia hält das Heroin, das sie heimlich nimmt, als Vincent auf der Toilette ist, für Kokain; Vincent erschießt Marvin, weil der Wagen über einen »Hubbel« fährt; das Gängsterpärchen trifft auf ein Profikiller-Duo. Aus diesen Lagen befreien sich die Protagonisten in den meisten Fällen aus eigenen Kräften. Es gibt allerdings eine bezeichnende Ausnahme, die bemerkenswerte Konsequenzen nach sich zieht: Die wundersame Verschonung von Jules und Vincent in der Story A. Dieses Ereignis gibt Anlaß zu einer theologischen Diskussion und zur Bekehrung von Jules. Der so Gewandelte läßt am Ende das Gangsterpärchen unbehelligt mit der Beute abziehen.

Es gibt also insgesamt drei »Faktoren«, die die Handlung vorantreiben: den Zufall, das menschliche Bemühen und – aus der Sicht von Jules – den Eingriff Gottes. »Pulp Fiction« kontrastiert dergestalt Kontingenz, menschliches Handeln und göttliche Vorsehung. Darauf ist weiter unten noch einzugehen.

Weitere sich durchziehende Themen und Motive: der geheimnisvolle Koffer, die Gewalt, das Anale (Vincents Tod auf dem Klo, die Uhr von Butchs Vater im Hintern, die anale Vergewaltigung von Marsellus Wallace usw.), die Schwarz-Weiß-Problematik (der schwarze Killer bekehrt sich zum Guten und überlebt, der weiße Gangster muß sterben).

Daß Jules schwarz und Vincent weiß ist, ist die vielleicht offensichtlichste Bezugnahme auf den gesellschaftlichen Kontext Amerikas. Im Verlauf des Films wird auf diese Thematik wiederholt angespielt. Durch die Verknüpfung von Jules mit dem religiösen Thema und insbesondere seinem Gerechtigkeitsaspekt – Jules legitimiert seine Exekutionen mit religiösen Racheprophetien – wird das Rassenverhältnis im Horizont des Gerechtigkeitsthemas codiert und bis zu einer utopischen Umkehrung der realen Verhältnisse weiterentwickelt. Diese kommt unter anderem darin zum Ausdruck, daß der schwarze Jules im Gegensatz zu Vincent überlebt und vor allem am Ende des Films gegenüber einem Weißen nicht nur als der Stärkere triumphieren, sondern auch Gnade vor Recht ergehen lassen kann: Er läßt Pumpkin, der ihn berau-

---

21. Robert Fischer, Quentin Tarantino – Die Filme, in: Peter Körte u. a., a.a.O., 159.

ben wollte und den er überwältigt hat, großmütig mit seiner Beute abziehen.[22]

3.1.4 Religion

»Pulp Fiction« enthält drei klar benennbare Bezugnahmen auf die christliche Tradition und verschiede Bezüge zu weltanschaulich-religiösen Grundfragen. Die offensichtlichste religiöse Anspielung ist die angebliche Bibelzitation durch Jules. Er zitiert aus heiligen Schriften, bevor er, als schwarzer Racheengel, seine Waffe sprechen läßt. Zum ersten Mal in der Exposition der Geschichte A. Jules und Vincent befinden sich in der Wohnung von offenbar betrügerischen Geschäftspartnern. Jules steht vor dem angeschossenen Brett und sagt:

»Da gibt's diese Stelle, die ich halb auswendig kann. Die paßt irgendwie zu diesem Anlaß. Hesekiel 25, Vers 17. ›Der Pfad der Gerechten ist gesäumt von den Freveleien der Selbstsüchtigen und der Tyrannei der Verworfenen. Gesegnet sei, der im Namen der Barmherzigkeit die Schwachen durch das Tal der Dunkelheit führt, denn er ist der wahre Hüter seines Bruders und der Retter der verlorenen Kinder. Und ich will bittere Rache an ihnen üben, die da versuchen, meine Brüder zu vernichten und sie mit Grimm strafen, daß sie erfahren sollen, daß ich der Herr bin, wenn ich Vergeltung an ihnen übe.«[23]

Als Jules die Zitation beendet hat, erschießt er Brett.

Wer die Angabe der Bibelstelle nachprüft, findet einen nur partiell identischen Text vor und stößt bei weiteren Recherchen auf die Information, daß Tarantino das angebliche Bibelwort einem Kung-Fu-Film entnommen habe.[24] Er interessiert sich offenbar nicht für wissenschaftlich korrekte Bedeutungszuschreibungen, sondern spielt mit Bedeutungen.

Die zweite explizite Bezugnahme auf Religion ist Jules Interpretation der unerwarteten Verschonung der beiden Killer als Wunder. Die zentrale Szene ereignet sich zu Beginn der Wiederaufnahme der Geschichte A im letzten Viertel des Films. Die Story wird dieses Mal aus der Sicht einer neuen Figur aufgegriffen: Die Kamera zeigt einen schwarzen Jungen, der sich im Bad versteckt hält und mit beiden Händen einen Revolver umklammert. Im Sinne des Sampling geht der Plot hier leicht hinter den schon erreichten Stand der Story zurück: Durch die Tür hören wir die Stimmen von Killer Jules und von Brett, der um sein Leben fleht (der zu Beginn des Films schon gezeigte Teil von Geschichte A endete mit der Erschießung Bretts, s. o.). Die Kamera wechselt in den Raum, aus dem die Stimmen kommen. Jules rezitiert die vermeintliche Hesekiel-Passage und er-

---

22. Vgl. dazu Thomas Elsaesser, Time Travel and Trauma in New Hollywood Film, unveröffentlichtes Vortragsmanuskript, Bergen 1997, 9ff.
23. Quentin Tarantino, Pulp Fiction. Das Buch zum Film, Reinbek 1994, 86.
24. Vgl. Susanne Weingarten, Der Killer als Plauderer, in: Der Spiegel, 3.10.1994, 237-242, 242.

schießt Brett. In diesem Moment hat die Wiederaufnahme der Geschichte A den schon zu Beginn erzählten Stand der Handlung erreicht. Nun tritt der Mann aus dem Bad in das Zimmer und feuert aus kürzester Distanz so lange auf Vincent und Jules, bis sein Magazin leer ist. Doch kein Schuß trifft die Killer und der unglückliche Schütze muß seinerseits dran glauben. Folgender Dialog schließt sich an:

»Jules: Nun sieh dir mal diesen Riesenballermann an. 'ne Monsterkanone. Wir sollten mausetot sein, Mann.
Vincent: Ich weiß. Wir hatten Glück.
Jules: Nein, nein, nein, nein, das hat mit Glück nichts zu tun.
Vincent: Kann sein.
Jules: Das war göttliche Vorsehung. Weißt du, was göttliche Vorsehung ist?
Vincent: Ich glaube schon. Gott persönlich ist aus dem Himmel runtergestiegen und hat die Kugeln aufgehalten.
Jules: Das ist richtig. Das ist genau das, was es bedeutet. Gott ist persönlich vom Himmel heruntergestiegen und hat die verfluchten Kugeln abgelenkt.
Vincent: Ich denke, wir sollten langsam gehen.
Jules: Tu das nicht. Wisch das nicht so beiseite, hörst du? Was hier gerade passiert ist, ist ein verdammtes Wunder.
Vincent: Krieg dich wieder ein, Jules. So was passiert.
Jules: Falsch. Falsch. So was passiert nicht einfach.
Vincent: Möchtest du diese theologische Diskussion vielleicht im Wagen fortsetzen? Oder im Gefängnis mit den Bullen?
Jules: Wir sollten, verdammt noch mal, tot sein, mein Freund. Was hier geschehen ist, ist ein Wunder. Und ich verlange einfach, daß du's anerkennst.
Vincent: Ja, in Ordnung, es war ein Wunder…Können wir jetzt gehen?«[25]

Selbst aus kürzester Distanz gehen alle Schüsse daneben. Dieser Widerspruch gegen jegliche Erfahrungslogik wird auf der Interpretationsebene noch einmal gebrochen, indem Jules das Geschehen als ein Wunder betrachtet. Diese Deutung widerspricht dem allgemeinen Gerechtigkeitsempfinden, das Gott mit Selbstverständlichkeit auf der Seite der Guten sieht, im Namen einer religiösen Überzeugung. Religiöse Interpretation wird hier mit einem ironischen Augenzwinkern als subjektive Sichtweise vorgeführt, die Erfahrung und religiöse Traditionen nur auf rein subjektive und von anderen nicht immer nachvollziehbare Weise miteinander verbindet.

Vincent und Jules setzen die Debatte um das Wunder im Wagen fort. Auf dem Rücksitz Marvin. Hinter dem Steuer Jules. Sie fahren. Jules sagt, daß er das Gangsterdasein an den Nagel hängen wolle. Die gnadenhafte Verschonung hat aus dem Saulus offenbar einen Paulus gemacht. Vincent möchte Marvins Meinung hören.

---

25. Quentin Tarantino, Pulp Fiction, a.a.O., 87.

»Vincent: Marvin, was hältst du von dieser Geschichte?
Marvin: Mann, dazu hab ich echt keine Meinung.
Vincent dreht sich zum Rücksitz um, in der Hand seine Pistole.
Vincent: Jeder hat doch 'ne Meinung dazu. Ich meine, glaubst du, daß Gott vom Himmel runtergeklettert ist, um die Kugel...
Er feuert versehentlich einen Schuß ab und trifft Marvin in den Kopf.
Jules: Oh, Mann, was soll denn diese verdammte Schweinerei?«[26]

Genau in dem Augenblick also, als Vincent die theologische Deutung von Jules aufgreift, löst sich der Schuß, wahrscheinlich, weil, wie Vincent dann entschuldigend bemerkt, das Auto »über'n ›Hubbel‹ gefahren« ist. Gott, das religiöse Wort für Leben und Sinn wird gesagt, als der Schuß sich zufällig löst und auf der Wirklichkeitsebene für absolute Kontingenz und tödliches Chaos sorgt.

Auch hier wieder das Strukturprinzip des Gegenrhythmus, des Kontrastes: der Dekonstruktion von semantischen Einheiten durch die Art und Weise, wie sie aufeinander bezogen werden. In diesem Fall wird das Sinnversprechen der religiösen Sprache auf der Dialogebene durch die tödliche Kontingenz auf der Bildebene dementiert: Die Idee eines Gottes, der hinter allem steht, Sinn stiftet und eingreift, wird durch das Zeigen eines völlig sinnlosen und zufälligen Todes radikal in Frage gestellt.

Der Erfahrungsbezug der religiösen Sprache wird in dieser Szene ein zweites Mal gebrochen. Erschien schon die Wunder-Interpretation dem Zuschauer – im Film vertritt Vincent seine Position – als unangemessene Deutung der Lage, so führt die »Hubbel»-Szene die religiöse Semantik erneut ad absurdum. Die religiöse Sprache dient, so könnte man sagen, in diesen Szenen nur noch als ein Kontrastmittel dem Spiel mit Bedeutungen.

Die dritte offensichtliche Bezugnahme auf Religion ist die Bekehrung von Jules, deren Ernsthaftigkeit ganz am Ende des Films deutlich wird, als er und Vincent in den Coffee Shop-Überfall verwickelt werden. Wir werden in dieser Szene Zeugen der Nachwirkung des Wunders und erleben, daß es aus dem bösen Killer offenbar einen gottesfürchtigen Mann gemacht hat, der Pumpkin und Honey Bunny nachsichtig behandelt. Im einzelnen entwickelt sich die Handlung folgendermaßen:

Nachdem Jules und Vincent den Wagen mit der Leiche Marvins mit Hilfe des Wolfes auf einem Schrottplatz entsorgt haben, lassen sie sich von einem Taxi zu einem Coffee Shop bringen, um dort zu frühstücken. Sie werden in einen Überfall verwickelt. Der Räuber Pumpkin bedroht Jules, wird jedoch schnell von diesem entwaffnet. Dennoch überläßt Jules Pumpkin den Inhalt seiner Brieftasche: 1500 Dollar. Als Vincent protestiert, wendet Jules ein, er verschenke das Geld nicht, sondern kaufe etwas dafür. Folgender Dialog schließt sich an:

26. Ebd., 89.

»Jules: (...) Willst du wissen, was ich kaufe, Ringo?
Pumpkin: Was?
Jules: Dein Leben. Ich geb dir das Geld, damit ich dich nicht töten muß. Liest du die Bibel, Ringo?
Pumpkin: Nicht regelmäßig, nein.
Jules: Da gibt's eine Stelle, die ich fast auswendig kenne und die gut paßt. Hesekiel 25, Vers 17.«[27]

Jules zitiert den vermeintlichen Bibeltext, fügt hinzu, er habe bislang nie »viel drüber nachgedacht« und fährt fort: »Aber heute morgen habe ich etwas gesehen, das mich auf andere Gedanken gebracht hat. Verstehst du, im Moment denke ich, vielleicht bedeutet es, du bist der Verworfene, und ich bin der Gerechte.«[28] Die Konsequenz des »heute morgen« Gesehenen ist, daß er Pumpkin und Honey Bunny ungeschoren ziehen läßt. Wenig später verlassen auch Jules und Vincent das Lokal. Abspann.

Wir haben ein klassisches Bekehrungserlebnis vor uns: Jules sind durch das Wunder der Verschonung die Augen geöffnet worden. Aufgrund dieser Gnadenerfahrung kann er auch gegenüber Pumpkin Gnade vor Recht ergehen lassen. Die Szene ist verbunden mit einer utopischen Umkehrung der Machtverhältnisse zwischen Schwarzen und Weißen.

Im Sinne der Spurensuche nach unsichtbarer Religion könnte man diese Schluß-Sequenz als eine Interpretation der christlichen Hoffnung auf die radikale Umkehrung der Machtverhältnisse im Reich Gottes deuten: Die Letzten werden dort bekanntlich die Ersten sein – und umgekehrt.

Auf einer vieldeutigen und zu religiöser Interpretation herausfordernden Ebene liegt auch die Frage der Bedeutung des Geldes, das Jules Pumpkin überläßt. Die Äußerung von Jules »Ich geb dir das Geld, damit ich dich nicht töten muß« läßt an die Theologie des stellvertretenden Opfers denken. In ihrer Logik muß Gott am Kreuz selbst für die Sünden der Menschen bezahlen, um die verdiente Strafe von ihnen abzuwenden.

Die Frage nach der unsichtbaren Religion hat jedoch außerdem noch ein weiteres Zentrum, kulminiert in einer Fragestellung, die sich wie ein roter Faden durch die Geschichten zieht und die an Stellen wie dem »Wunder« und der zufälligen Erschießung Marvins dramatische Zuspitzungen erfährt. Ich meine die Frage nach dem Verhältnis von Zufall und Sinn und in Verbindung damit auch die Frage nach der Beziehung von Freiheit und Schicksal. Anders gesagt: Gibt es einen vorgängigen Sinn, wie ihn die religiöse Tradition reklamiert, oder ist unser Leben am Ende radikal kontingent, vom Zufall regiert, und hat allenfalls den Sinn, den wir ihm durch unser Handeln und Deuten zu geben vermögen?

---

27. Ebd., 115.
28. Ebd., 116.

Zu Tarantinos Personal paßt der Satz des Philosophen Odo Marquard: »Wir Menschen sind stets mehr unsere Zufälle als unsere Wahl.«[29] In dem Geflecht aus Kontingenz, menschlichem Handeln und göttlicher Vorsehung hat die Kontingenz großes Gewicht. Sie gibt die Vorlagen, schafft die Situationen, aus denen sich die Protagonisten mühsam wieder herausarbeiten müssen. Das gelingt ihnen zumeist einigermaßen. Es gibt allerdings Situationen, in denen nur noch ein Wunder helfen kann – was dann auch prompt geschieht. Wirklich ernst nehmen kann man es gleichwohl nicht.

Dagegen wirkt der Zufall in seiner bösen Plötzlichkeit realistischer – so weit man bei diesem postmodernen Slapstick überhaupt von Realismus sprechen kann. Wir wissen nur zu gut: Das Böse kann versehentlich und absichtslos geschehen. Jederzeit und ganz banal, weil das Auto über einen »Hubbel« fährt und ein Schuß sich löst, als Vincent sich mit dem Revolver in der Hand zur Rückbank umdreht. Sicher, vor 2000 Jahren wäre das nicht passiert. Die Komplexität unserer technisierten Welt mit Autos, Revolvern, Kernreaktoren und Marssonden erzeugt ein Techno-Böses neuer Qualität. Aber auch vor 2000 Jahren schon sprach Jesus von den Menschen, auf die der Turm von Siloah (Lk 13,4) stürzte, einfach so, nicht, wie er betonte, weil sie schlechter waren als andere. Mit den Menschen hatte das nichts zu tun. Kommt das Böse von Gott? Ist es Zufall? Wer ist für den Tod der vom Turm Erschlagenen verantwortlich? Wer für den Tod von Marvin? Auch »Pulp Fiction« reflektiert die Sinnfrage. Der Film nimmt dabei auf das Religiöse Bezug. Aber er legt nicht nahe, die konkreten Antworten der religiösen Tradition ernsthaft in Betracht zu ziehen. Er benutzt die Tradition vielmehr, um eine Spannung zu erzeugen und seinen narrativen Kosmos zu entfalten. Darüber hinaus bleibt sie in ironischer Distanz. Ihre Sachprobleme, hier die Sinnfrage, werden jedoch in Tarantinos Geschichten-Kaleidoskop weiter durchgespielt und wachgehalten.[30]

3.1.5 Gesamtinterpretation

John Travolta hat »Pulp Fiction« treffend charakterisiert: »›Saturday Night Fever‹ war Popkultur, ›Pulp Fiction‹ ist eine Reflexion der Popkultur. Das ist ein gewaltiger Unterschied.«[31] Eine zentrale Ambivalenz, die damit verbunden ist, bringt Tarantinos Co-Autor Roger Robert Avary auf den Punkt: »Er (Quentin Tarantino, d. Verf.) weiß alles über Popkultur. Seine größte Stärke ist aber zu-

---

29. Odo Marquardt, Apologie des Zufälligen. Philosophische Überlegungen zum Menschen, in: ders., Apologie des Zufälligen, Stuttgart 1986, 117-139, 131.
30. Vgl. Mark Irwin, Pulp and Pulpit: The Films of Quentin Tarantino and Robert Rodriguez, in: Literature & Theology. A International Journal of Religion, Theory and Culture, Volume 12, Number 1, 3/1998, 70-81.
31. Peter Körte, Tarantomania, a.a.O., 69.

gleich seine größte Schwäche; er interessiert sich nämlich nur für Popkultur. Das eine Problem, das Leute mit Quentins Arbeit haben, ist, daß sie nur von anderen Filmen spricht, niemals über das Leben. Dabei kommt es doch darauf an, ein Leben zu leben und dann darüber Filme zu machen.«[32]

Besonders deutlich werden die Ambivalenzen der ästhetischen Selbstreferentialität des Films im Zusammenhang der Gewaltdarstellungen. Zu leichtfertig geht Tarantino nach der Meinung mancher mit Gewalt um und vernachlässigt ethische Gesichtspunkte zugunsten rein ästhetischer.[33] Tarantino bestätigt diese kritische Einschätzung in gewisser Weise, wenn er im Kontext der oben schon zitierten Äußerung zur Gewaltfrage bekennt: »Ich nehme Gewalt nicht sonderlich ernst. Ich finde sie spaßig. (...) Für mich ist Gewalt eine rein ästhetische Sache.«[34]

Mit der ästhetischen Lust an der Gewalt kommt ein religions- und kulturtheoretischer Zusammenhang in den Blick, der vielleicht zur Deutung der Gewalt in »Pulp Fiction« wie auch generell zur Interpretation der Rolle von Gewaltdarstellungen im Film bislang noch wenig beachtete Gesichtspunkte beitragen kann: die Theorie des stellvertretenden Opfers, die der französische Kultur- und Literaturtheoretiker René Girard formuliert hat.[35] Ausgehend von der griechischen Tragödie entwickelt er eine Theorie der primitiven Religionen, in deren Zentrum das versöhnende Opfer steht. Er betrachtet es als kulturelle Entsprechung der instinktiven Aggressionshemmung gattungsgleicher Tiere: »Tiere der gleichen Gattung kämpfen nie bis zum Tod; der Sieger verschont das Opfer. Die Spezies Mensch entbehrt dieses Schutzes. An die Stelle des individuellen, biologischen Mechanismus tritt der kollektive, kulturelle Mechanismus des versöhnenden Opfers.«[36] Das versöhnende Opfer, der Sündenbock, erleidet das in einer Gemeinschaft vorhandene Konflikt- und Gewaltpotential. Die Aggressionen werden so abgeleitet, und die Gemeinschaft wird in »gewalttätige(r) Einmütigkeit gegen das versöhnende Opfer« stabilisiert.[37] Aber nicht nur das. Girard weist außer auf die Versöhnungsfunktion auch auf das erneuernde Potential des Opfers hin: »Das versöhnende Opfer stirbt, so scheint es, damit die als Ganzes ebenfalls vom Tod bedrohte Gesellschaft zur Fruchtbarkeit einer neuen oder erneuerten kulturellen Ordnung auferstehen kann. Nachdem der Gott, der Ahne oder der mythische Held überall Tod gesät hat, bringt er den Menschen mit seinem Tod oder mit dem Tod des von ihm ausgewählten Opfers neues Leben.«[38]

32. Zitiert nach: Lisa Kennedy, Der Wille zum Cool, in: taz, 3.11.1994, 15.
33. Vgl. die Kritik von Hans-Dieter Seidel in der FAZ, a.a.O.
34. Siehe Anm. 13.
35. René Girard, Das Heilige und die Gewalt, Zürich 1987 <Paris 1972>.
36. Ebd., 320.
37. Ebd., 412.
38. Ebd., 375.

Im Christentum wird die rituelle Wiederholung des Opfers durch den Kreuzestod Jesu abgelöst und durch das Abendmahl ersetzt. Das Geschehen wird damit auf eine symbolische Ebene gehoben: das Blut ist ein für allemal geflossen. Seine versöhnende und erneuernde Funktion wird im Abendmahl symbolisch vermittelt und erfahren.

Vor diesem Hintergrund könnte man interpretieren: Gewaltdarstellungen im Film erfüllen die Funktion des stellvertretenden Opfers auf einer – rein formal – dem Abendmahl vergleichbaren symbolischen Ebene. Sie dienen der Befriedung der Gesellschaft. Im Blick auf »Pulp Fiction« könnte ein Faktor für den Publikumserfolg des Films in eben der Erfüllung dieser Funktion in Verbindung mit dem eingangs beschriebenen hohen Unterhaltungswert bestehen. Dabei tragen die Slapstickelemente und der schwarze Humor möglicherweise dazu bei, den Genuß der Gewalt im Sinne Girards noch zu erleichtern, weil sie die Ausblendung ethischer Aspekte legitimieren.

Als »eine Fuge mit Pop-Themen« (Jens Eder) ist »Pulp Fiction« ein Paradebeispiel für die Postmodernisierung des Kinos. Populäre Themen und Motive werden dabei von Tarantino nicht einfach nur miteinander verbunden, sondern kontrastiert, gegeneinander gestellt und ineinandergesampelt. Tarantino hat sich im übrigen ausdrücklich zu dieser Vorliebe für das Zitieren und Sampeln bekannt.[39] Daniel Kothenschulte hat die Art und Weise, wie Tarantino dabei vorgeht, mit dem Begriff »filmischer Dekonstruktivismus« plausibel charakterisiert.[40]

Wie Tarantino die religiösen Motive Bekehrung, Wunder und Schrift aufgreift, entspricht seinem Umgang mit den Traditionen der populären Kultur: er benutzt Versatzstücke, bricht sie ironisch und erzeugt unerwartete Kontraste. Der religiösen Semantik ergeht es nicht anders als der populären Mythologie: sie wird dekonstruiert. In all dem bleiben jedoch zentrale Sachfragen der Religion weiterhin virulent: die Frage nach dem Sinn, die Sehnsucht nach einem besseren Leben und nach einer utopischen Umkehrung der realen Machtverhältnisse. Alle Figuren des Films streben danach, ihren Alltag zu transzendieren und durch das große Geld (Butch) oder den Ausstieg (Jules) ein besseres Leben zu finden. Butch und Jules erreichen sogar ihre Ziele: Butch entkommt mit Geld und Freundin in die Freiheit, und Jules hängt das Gangsterleben an den Nagel. Pumpkin und Honey Bunny kommen immerhin davon: Gnade vor Recht. Nur Vincent bleibt auf der Strecke und wird erschossen.

Als Plädoyer für die Realisierbarkeit menschlicher Lebensträume wird man »Pulp Fiction« gleichwohl kaum deuten können. Aber doch als Herausforde-

---

39. Vgl. 2.1.1.1.
40. Daniel Kothenschulte, Reality TV Bites: Quentin Tarantino und seine Schule – eine neue Strömung im Hollywood-Kino, in: film-dienst 47/1994, 4-6, 6.

rung, über das Problem sinnverwirrender Kontingenzen nachzudenken. Dies scheint mir in religionsphilosophischer Hinsicht die zentrale Fragestellung zu sein, um die der Film kreist und der in formaler Hinsicht die Dramaturgie der Überraschung entspricht. Es kommt immer anders, als der Zuschauer und die Protagonisten denken: Die Killer werden durch ein Wunder verschont, Marvin wird zufällig im Auto erschossen, Mia verwechselt Heroin und Kokain, Fabienne hat ausgerechnet die Uhr von Butch vergessen, Butch und Marcellus geraten in die Hände zweier Sadisten, und Honey Bunny und Pumpkin treffen bei ihrem Versuch, einen Coffee Shop zu überfallen, auf zwei Profi-Gangster, die ihnen das Handwerk legen.

Tarantino konfrontiert uns in seinem Geschichtengeflecht am laufenden Band mit unerwarteten Ereignissen, die Sinnkontinuitäten und Erwartungen zerstören.

Man könnte diese Lust am bösen (und oft gewalttätigen) Zufall und seinem Sinnverwirrungspotential auch als indirekte Widerspiegelung gesellschaftlicher Entwicklungen deuten: Mit dem Abbrechen von Sinntraditionen und der gleichzeitigen Zunahme von Komplexität und Pluralität nehmen auch Kontingenzerfahrungen zu.[41] Eine handliche Antwort auf dieses Problem gibt uns »Pulp Fiction« jedoch nicht – allenfalls eine schwache Antwort: Der Film verweist, so könnte man interpretieren, auf die Kreativität, die Menschen in Situationen der Bedrohung entwickeln können. Denn wer wollte bestreiten, daß Vincent beherzt und klug handelt, als Mia an einer Überdosis Heroin zu sterben droht, und daß Butch sich mit einer Art physischer Intelligenz immer wieder aus allen Fallen befreien kann.

In all dem ist »Pulp Fiction« zugleich eine Form der Erinnerung: Tarantino schwelgt im Kosmos der Pop-Mythen seiner Kindheit und Jugend. Diese Erinnerung an sich selbst hat einen nostalgischen Klang. Sehnsucht und Heimweh sprechen aus den Szenen und Bildern, mit denen Tarantino die mythisch-kulturellen und die wirklichen Orte – die Restaurants und Straßen von Los Angeles – seiner Kindheit und Jugend aufsucht: den gealterten John Travolta, das »Jack Rabbit Slim's«, den Twist und Dusty Springfields Song »A Son of a Preacher Man«. Die Wirkungsmacht der populärkulturellen wie der religiösen Mythen ist gebrochen. Diese Mischung aus Nostalgie und ironischer Distanz läßt das Wunder, so könnte man sagen, als Ereignis erscheinen, das zu schön ist, um wahr zu sein. Aber schön ist es eben doch: Die Sehnsucht nach dem Wunder lebt noch in seiner ironischen Zitation fort. Zugleich die Sehnsucht nach einem Zuhause. Doch der Rückweg ins Paradies der Kindheit ist versperrt. Ihre Intensitäten und die Gegenwart architektonisch zusammenbringen kann allenfalls eine neue Hervorbringung der Wunschmaschine Kino: »Pulp Fiction«.

---

41. Vgl. dazu auch: 1.1.

3.2 Pretty Woman

USA 1989. Regie: Gary Marshall. Buch: J. E. Lawton. Produktion: Arnon Milchan, Gary W. Goldstein für Touchstone Pictures/Silver Screen Partners IV. Kamera: Charles Minsky. Musik: James Newton Howard. Schnitt: Priscilla Nedd. Verleih: Warner. Länge: 119 Minuten. Kinostart: 5.7.1990.
Darsteller: Richard Gere (Edward Lewis), Julia Roberts (Vivian Ward), Ralph Bellamy (James Morse), Laura San Giacomo (Kit De Luca), Hector Elizondo (Bernie).[1]

1. Film-dienst 13/1990, 30.

3.2.1 Hintergrundinformationen

Der Film rangierte auf der Liste der 50 erfolgreichsten deutschen Filme seit 1985 mit 10.618.279 Zuschauern am 7. Dezember 1998 auf dem dritten Platz.[2] Auf der weltweiten Einspiel-Hitliste von »The Internet Movie Database« nimmt »Pretty Woman« mit 463 Millionen Dollar Einspielergebnis den 19. Platz ein.[3]
In Deutschland verzeichnete der Film acht von den gut zehn Millionen Zuschauern, die ihn bis heute im Kino gesehen haben, bereits in den ersten vier Monaten nach dem Kinostart am 5. Juli 1990.[4]
Die deutsche Filmkritik hat den Film wenig beachtet. Hervor sticht die Besprechung von Andreas Kilb in »Die Zeit«, der den Film ungewöhnlich scharf kritisiert hat.[5] Im Zusammenhang der vorliegenden Arbeit ist diese Kritik von besonderem Interesse, weil Kilb den Film zum Anlaß nimmt, sich auch kritisch über das populäre Kino und die Kinokultur insgesamt zu äußern.
Die Polemik gegenüber »Pretty Woman« gipfelt zunächst in den Sätzen: »Er (der Film, d. Verf.) tut niemandem weh, er striegelt niemandes Nervenkostüm, er predigt weder Sex noch Gewalt. Er mischt nur ganz nebenbei die ältesten Lügen des Kinos mit den dumpfesten Männer- und Frauenphantasien von heute. Das ist das Geheimnis seines Erfolgs.« Kilb kritisiert den Film weiterhin als »meisterhaft mittelmäßig« und beklagt in diesem Zusammenhang, daß nur noch »vollkommen mittelmäßige Filme« solche Zuschauermassen mobilisieren könnten. Die kulturkritische Einlassung richtet sich im folgenden gegen den amerikanischen Mainstream-Movie überhaupt, weil dieser »nichts Bestimmtes« zu erzählen habe. Er erschöpfe sich vielmehr in »einem Lied, einer Geste, einer mäßig erhitzten Stimmung, die beim Verlassen des Kinos sofort verfliegt«. Angesichts der absoluten Gleichgültigkeit dieser Filme böten sich selbst dem im Sinne Kracauers gesellschaftskritisch gesonnenen Filmkritiker keine Angriffspunkte mehr. Das Gesellschaftliche entgleite ihm vielmehr. Denn »das, worum es in den Erfolgsfilmen geht, ist längst nicht mehr das Gesellschaftliche, sondern seine Totgeburt, das reine Klischee«.
Trifft dies zu? Sind es die toten Klischees, die im Fall von »Pretty Woman« allein in Deutschland in den ersten Monaten nach dem Kinostart über acht Millionen in die Kinos lockten?

---

2. Spitzenorganisation der Filmwirtschaft e. V., Die 50 erfolgreichsten Kinofilme in Deutschland seit 1985, a.a.O.
3. The Internet Movie Database, The Top Grossing Movies of All Time at the Worldwide Box Office, a.a.O.
4. Andreas Kilb, Feuchte Augen. Der Erfolg des Films »Pretty Woman« und die Ohnmacht der Filmkritik, in: Die Zeit vom 9.11.1990.
5. Ebd.

Der Regisseur
Gary Marshall wurde am 13.11.1943 als Garry Kent Masciarelli in New York geboren.[6] Er arbeitete seit 1968 in 21 Filmen als Schauspieler, schrieb fünf Drehbücher, produzierte 15 Filme und führte bei 15 Filmen Regie – ein Allround-Talent. Marshall hat alle Seiten des Filmbusiness kennengelernt und mit »Pretty Woman« eine im Rahmen des Genres technisch perfekte Regieleistung vorgelegt.

3.2.2 Die Erzählung

»Pretty Woman« erzählt seine Geschichte linear. Der Plot entfaltet sich weitgehend nach dem Muster der classical narration im Sinne David Bordwells.

Der reiche Geschäftsmann Eward Lewis verläßt eine Party am Stadtrand von Los Angeles mit dem Lotus seines Anwalts. Vorbei an der berühmten, an einem Berghang aufgestellten Leuchtschrift »Hollywood« steuert er den Wagen in Richtung ›Traumfabrik‹.

Das erste Bild der Hauptdarstellerin, der Prostituierten Vivian Ward, zeigt ihren nur mit Dessous bekleideten Unterleib. Sie dreht sich im Bett um, als der Wecker klingelt. In einer mit Rockmusik unterlegten Parallelmontage wird gezeigt, wie Vivian Ward sich ankleidet und über den Hollywood Boulevard schlendert, wo gerade die Leiche einer an Drogen zugrunde gegangenen Kollegin geborgen wird, während Edward mit dem Wagen seines Anwalts durch die Nacht fährt.

Ein Passant, der den Boulevard überquert, sagt in die Kamera: »Jeder, der nach Hollywood kommt, hat einen Traum. Wovon träumt ihr?«

Wovon Vivian Ward träumt wird deutlich, als sie in einer Bar eine Kollegin fragt: »Willst Du nicht auch hier raus?« Draußen auf der Straße beobachten die beiden Prostituierten, wie Edward Lewis vorbeifährt und aufgrund von Problemen mit der Gangschaltung seines Wagens vor ihrer Nase stehenbleibt. Die Frauen beschließen, daß Vivian sich den offenbar begüterten Fahrer angeln soll. Sie geht auf den Wagen zu. Lewis fragt sie nach dem Weg nach Beverly Hills. Ward will ihn für »fünf Mäuse« beschreiben. Das Geld-Thema, das schon mehrfach, so im Zusammenhang von Wards Mietzahlungen und den Schulden ihrer Freundin, angeklungen war, erhält leitmotivischen Status.

Sie einigen sich auf einen Preis und Vivian steigt ein. Als sie bei seinem Hotel angekommen sind, lädt Edward Vivian nach einigem Hin und Her ein, den Abend mit ihm zu verbringen. Die beiden gehen in das Nobelhotel.

Im Penthouse des Hotels erfahren wir, daß Edward unter extremer Höhenangst leidet. Er weiß nicht genau, was er nun mit Vivian anfangen soll: »Das habe ich nicht geplant.« Vivian: »Pläne mag ich nicht.« Vivian holt ein Sortiment Kondome aus ihrer Handtasche, Edward möchte jedoch nur reden. Champagner und Erdbeeren werden gebracht. Es zeigt sich, daß Vivian die Codes der Upper Class nicht beherrscht: Sie gibt dem Kellner kein Trinkgeld. Schließlich handeln die beiden einen Preis für die ganze Nacht aus: 300 Dollar. Edward verdächtigt Vivian kurz darauf des Drogenkonsums, muß aber seinen Fehler einsehen: Die vermeintlichen Drogen entpuppen sich als Zahnseide, mit der Vivian sich im Bad die Zähne reinigen will. Edward daraufhin: »Es gibt nicht viele Menschen, die mich noch überraschen können.«

---

6. The Internet Movie Database, a.a.O.

Am Morgen erscheint Vivian mit langen, roten Haaren, was Edward »viel besser gefällt«. Das Ablegen der blonden Perücke symbolisiert ein Ablegen der Masken und eine Annäherung an die tieferen Schichten der Person.

Beim Frühstück erzählt Edward, daß er marode Firmen aufkaufe. Beim aktuellen Deal gehe es um eine Milliarde Dollar. Während Edward telefoniert, singt Vivian in der Badewanne einen Prince-Song. Er enthält unter anderem die Zeilen: »I know how to undress me. (...) I want to be your fantasy.« Die Rolle deutet sich an dieser Stelle selbst: Vivian ist die Traumprinzessin Edwards.

Edward macht Vivian das Angebot, ihn die ganze Woche gegen Honorar zu begleiten. Nachdem ein Honorar von 3000 Dollar ausgehandelt ist und Edward das Penthouse verlassen will, ergibt sich folgender Dialog: Vivian: »Ich wäre auch für 2000 geblieben.« Edward: »Ich hätte auch 4000 gezahlt.« Vivian: »Ich werde so nett zu dir sein, daß du nicht willst, daß ich jemals wieder gehe.« (...) Edward: »Ich werde dich gehen lassen.« Vivian (allein im Penthouse): »Das wollen wir erst mal sehen.«

Der Versuch, eine seriöse Abendgaderobe für das bevorstehende Geschäftsessen zu erwerben, scheitert. Vivian wird aus dem Geschäft hinauskompliementiert. Zurück im Hotel nimmt sich der Hotelmanager Bernie ihrer an, hilft beim Einkauf eines Abendkleides und erklärt ihr, wie man bei einem mehrgängigen Essen mit dem Besteck umgeht. Vivians Verwandlung gipfelt vorläufig in der Wiederbegegnungs-Szene der beiden Hauptdarsteller im Hotel: Sie trägt das neue Cocktailkleid. Er ist hingerissen.

Das Abendessen mit dem Firmenbesitzer Morse und seinem Enkelsohn zeigt jedoch, daß die Verwandlung noch nicht perfekt ist. Vivian entgleitet versehentlich eine Schnecke, die durch den Raum fliegt. Das Essen endet – nicht der Schnecke wegen – mit einem Eklat. Morse will nicht an Edward verkaufen.

Im Hotel erklärt Edward, daß er bei Geschäften die Gefühle aus dem Spiel lasse. Vivian bemerkt, daß sie es ebenso halte. Edward resümiert: »Wir beide legen die Menschen für Geld aufs Kreuz.« Dann geht er in die Hotelbar, um dort Klavier zu spielen. Vivian sucht ihn schließlich auf, weil sie sich, wie sie sagt, »so einsam« gefühlt habe. Es kommt zu einer symbolträchtigen Liebesszene auf dem Klavier.

Am Morgen weckt Edward sie mit den Worten: »Aufwachen, es ist Zeit einkaufen zu gehen!« Es folgt ein Einkaufsbummel, eine Art Rachefeldzug des Geldes für die erlittenen Demütigungen des Vortages. Edward wird zu einer Geschäftsbesprechung gerufen. Es zeigt sich, daß seine Skrupellosigkeit angekratzt ist. In der Hotel-Badewanne erzählt Edward von seiner Familie und den Problemen, die er mit seinem Vater hatte.

Während einer Poloveranstaltung erfährt Vivian von Edwards Anwalt Philip Stuckey, daß Edward ihm die Wahrheit über sie erzählt hat. Sie ist wütend. Im Hotel kommt es zum Streit, Vivian will gehen, das vereinbarte Honorar läßt sie auf dem Bett (!) liegen. Als Edward ihr hinterhereilt und sich entschuldigt, kommt sie jedoch zurück. Abends im Bett erzählt sie aus ihrem Leben, erklärt Edward, wie sie in das Prostituiertenleben hineingeschlittert ist. Er macht eine verhaltene Liebeserklärung.

Edward rüstet Vivian mit teurem Schmuck aus, sie fliegen mit seinem Privatjet nach San Franzisco und gehen in die Oper: »La Traviata«. Vivian ist gerührt. Eine ältere Besucherin fragt sie, wie ihr die Vorstellung gefallen habe. Vivian: »Ich habe mir fast in die Hose gepinkelt.« Edward zur schwerhörigen Fragestellerin: »Sie hat gesagt: besser als die lustigen Weiber von Windsor.«

Am nächsten Tag nimmt sich Edward zum Ärger seines Anwalts frei. Vivian und Edward

gehen in den Park und verbringen eine romantische Nacht. Vivian bekennt: »Ich liebe dich.« Am nächsten Morgen bietet Edward ihr ein Appartment und ein Auto an. Sie erzählt von einem Kindheitstraum, in dem ein Ritter sie befreit und rettet.
Edward gesteht, daß er zu mehr ›Beziehung‹ nicht den Mut habe.
Doch Edward ist gleichwohl schon ein Anderer geworden: Beim Treffen mit Firmenbesitzer Morse stellt sich heraus, daß er dessen Firma nun retten will. Morse lobt ihn wie ein Vater den Sohn: »Ich bin sehr stolz auf sie.«
Anwalt Philip Stuckey ist enttäuscht. Er sucht Vivian im Hotel auf und wird handgreiflich. In diesem Moment tritt Edward ein, geht dazwischen, schlägt Stuckey nieder und entläßt ihn aus seinen Diensten.
Vivian äußert den Wunsch, ihr Märchen möge doch wahr werden. Edward kommentiert: »Ich gerate immer in komplizierte Beziehungen ohne Zukunft.« Er bittet sie, noch eine Nacht zu bleiben. Vivian fährt jedoch nach Hause. Dort erklärt sie ihrer Freundin, daß sie nach San Franzisco gehen und die Schule zuende machen wolle.
Edward, schon auf dem Weg zum Flughafen, besinnt sich in letzter Minute eines Besseren, kauft Blumen und fährt zu Vivians Wohnung. Sie hört sein Hupen, Opernmusik erklingt, ein Taubenschwarm fliegt vor dem herannahenden Cadillac auf, Edward klettert, seine Höhenangst spielt offenbar keine Rolle mehr, mit den Blumen im Mund die Feuerleiter zu Vivians Wohnung hinauf. Oben angekommen sagt er: »Und was passiert, nachdem der Prinz die Prinzessin gerettet hat?« Sie antwortet: »Die Prinzessin rettet daraufhin sein Leben.«
Die Kamera zeigt die Liebenden, die sich küssen, und fährt schließlich zurück, so daß das Haus und die Straße in den Blick kommen. Aus dem Off ertönt eine Stimme. Wenig später wird der schwarze Passant sichtbar, der schon eingangs aufgetreten war. Er sagt: »Willkommen in Hollywood. Wovon träumt ihr? Irgendwann kommt jeder mal hierher. Das ist Hollywood. Das Land der Träume. Manche Träume erfüllen sich und andere nicht. Aber hört nicht auf zu träumen! Das ist Hollywood, das Land der Träume…«

Figuren und dramaturgische Strukturen

Die Figuren sind typisiert. Traditionsbezüge werden weiter unten ausgeführt. Hier geht es zunächst darum festzustellen: Edward ist der eiskalte Businessman, der marode Firmen aufkauft und skrupellos weiterveräußert – ein kaufmännischer Leichenfledderer sozusagen. Vivian dagegen ist die schöne Prostituierte, die zufällig auf die schiefe Bahn geraten ist. Sie hat alles, was Edward zunächst fehlt: Spontaneität, Lebendigkeit, Gefühl.
Zugespitzt ließe sich interpretieren: Der Film erzählt die Geschichte, wie Tod und Leben miteinander ins Geschäft kommen und das Leben sich schließlich – als Liebe – durchsetzt. Aus einem Tauschverhältnis wird ein Liebesverhältnis. Diese Verwandlung geht einher mit dem Ablegen von gesellschaftlichen Maskierungen, den ihnen korrespondierenden Vorurteilen und dem Offenbarwerden von wahren Wünschen. Am visuell greifbarsten wird diese Metamorphose, als Vivian ihre blonde Perücke ablegt.
Der Film arbeitet dabei mit einer doppelten Spannung: mit der zwischen den gesellschaftlichen Oberflächen des Business und der Prostitution und der Tiefe

der menschlichen Liebessehnsucht zum einen und mit der zwischen den differenten Milieus der Prostitution und des Reichtums zum anderen.

Die dramaturgische Struktur ist klassisch: Am Anfang steht eine knappe Exposition der beiden Lebenswelten der Hauptdarsteller im Stil eines Doku-Dramas. Edwards Welt wird von Arbeit, Geld, Luxus und Einsamkeit bestimmt. Seine frustrierte Freundin kündigt am Telefon die Beziehung auf. Auch in Vivians Welt spielt das Geld eine Hauptrolle. Ihre Welt ist zugleich von Drogen, Tod und Elend bedroht. Auf dem Boulevard muß Vivian mitansehen, wie die Leiche einer an einer Überdosis gestorbenen Prostituierten-Kollegin geborgen wird. Beide Protagonisten sind unzufrieden mit ihrer Lebenssituation: Edward verläßt überstürzt eine Party, Vivian spricht mit ihrer Kollegin über die Möglichkeit auszusteigen.

Nach der Exposition kommt es zur Begegnung auf dem Hollywood Boulevard. Die Beziehung beginnt mit einem Mißverständnis: Edward will nur den Weg zum Hotel wissen, Vivian meint, er wolle ihre Dienste als Prostituierte in Anspruch nehmen. Die nun im Mittelteil sich vollziehende Verwandlung der Tauschbeziehung in eine Liebesbeziehung manifestiert sich zum ersten Mal deutlich, als beide im Anschluß an die Aushandlung des Honorars für eine ganze Woche durchblicken lassen, daß die Geldfrage sekundär geworden ist (Vivian: »Ich wäre auch für 2000 geblieben.« Edward: »Ich hätte auch 4000 gezahlt.«).

Die Metamorphose der Beziehung gipfelt in einer expliziten Liebeserklärung Vivians. Dem Zuschauer ist klar, daß sie damit auch Edwards Befindlichkeit artikuliert. Doch er kann noch nicht recht aus seiner Haut heraus. Als die vereinbarte Woche zuende geht, bietet er ihr ein Appartment und ein Auto an, um ihr den Ausstieg aus dem Prostituiertendasein zu erleichtern. Das Angebot ist Vivian jedoch zu begrenzt. Was sie eigentlich will, artikuliert sie, indem sie einen Traum erzählt: »Meine Mutter hat mich als Kind immer auf dem Dachboden eingeschlossen, wenn ich frech war. Und wenn ich da oben war, hab' ich gedacht, daß ich eine Prinzessin bin, die von einer bösen Königin im Turm gefangengehalten wird. Und plötzlich kommt ein Ritter angaloppiert auf einem weißen Pferd mit wehenden Fahnen. Er reitet auf den Turm zu und zieht dann sein Schwert. Ich winke ihm zu. Er springt vom Pferd. Mein Ritter klettert den Turm nach oben – und rettet mich.«

Edward gesteht ein, daß er zu mehr als dem Angebotenen nicht den Mut habe. Diese Dialogpassage markiert den dramatischen Wendepunkt an der Nahtstelle von Konfrontation und Auflösung.

Edward ist noch nicht ganz bereit für das finale Ja-Wort. Er muß noch – vermittelt durch die Auseinandersetzung mit Morse – seine Vaterbeziehung zum Guten wenden und sich vom skrupellosen Businessman zum Unternehmer mit Gewissen wandeln, der seinen kaltblütigen Anwalt niederschlägt und entläßt. Auch Vivian muß sich vom Bösen reinigen und der Prostitution den Abschied geben (sie will die Schule zuende machen!).

Nun sind die beiden Herzen gereinigt und können vereint werden. In letzter Minute besinnt sich Edward auf die Priorität der Liebe und entspricht exakt Vivians Wünschen: er kommt mit einem weißen Cadillac »angaloppiert« und klettert die Feuerleiter zu Vivians Wohnung hinauf, um sie aus dem Turmgefängnis der Prostitution zu befreien. Sie küssen sich. Happy-End.
Vor dem Hintergrund der klassischen Erzählstruktur des Films ist es – wie eingangs schon bemerkt – erstaunlich, daß er seiner Geschichte mit den an den Zuschauer gerichteten Passantenkommentaren einen Rahmen gibt, der explizit auf den Märchen-Charakter des Dargestellten verweist. Mediale Selbstreferentialität scheint in den 90ern, so legt diese Beobachtung nahe, nicht auf das postmoderne Kino im engeren Sinne beschränkt zu sein.

3.2.3 Ästhetische Besonderheiten

»Pretty Woman« ist eine Inszenierung des Schönen im Sinne des Sensualismus, die immer wieder die Grenze zum Kitschigen und Klischeehaften überschreitet. Schöne Menschen tun schöne Dinge: Sie fahren in schönen Autos, trinken Champagner und essen Schnecken, tragen schöne Kleider und teuren Schmuck, bewegen sich in schönen Umgebungen, kaufen schöne Kleider ein und genießen die Schönheit des Parks, der Oper und der Liebe. Auch die innerhalb des Sensualismus von Burke hervorgehobene Vergemeinschaftungsfunktion des Schönen funktioniert im Falle von »Pretty Woman« beispielhaft: Der Film lockte in Deutschland bekanntlich innerhalb von nur vier Monaten acht Millionen Zuschauer in die Kinos.
Im Bildaufbau wird die Inszenierung des Schönen durch symmetrische Bildkompositionen unterstützt. Die Liebesthematik wird durch die häufige Verwendung warmer Rot- und Goldtöne farblich umgesetzt. Die Gesamtstimmung der Bilder wird zudem durch in der Regel harmonische und dramaturgisch genau abgestimmte Rockmusik unterstrichen, die auch textlich mit dem Handlungsgang korrespondiert. So ist Vivians erster Auftritt im Prostituiertenmilieu mit dem Song »Wild One« unterlegt. Ihre spätere Verwandlung wird von Roy Orbisons Titelsong »Oh, Pretty Woman« begleitet. Als Edward kurz vor dem Happy-End auf dem Balkon auf und ab geht, hören wir einen Song, der die Textzeile »touch me now« enthält.
In »Pretty Woman« ergeben Plot, Darsteller, dramaturgische Strukturen, Bildkompositionen, Ausstattungen und Ton eine durch und durch harmonische Inszenierung des gemeinhin Schönen und der erfüllten Wünsche.
Hinsichtlich des filmischen Genres ist »Pretty Woman« eine Mischung aus Doku-Drama, Komödie und Melodram.[7] Der Film beginnt im Stil eines Doku-Dramas, das die Lebenswelten Edwards und Vivians realistisch schildert. Mit

---

7. Vgl. Lothar Mikos, Das Leben ist ein Roman. Zur filmischen Verarbeitung von

der Begegnung der Hauptdarsteller verwandelt sich der Film in eine Screwball-Komödie, die von schlagfertigen, pointenreichen Dialogen lebt (auch das typische Handlungsmuster wird erfüllt: eine humorvolle und lebenslustige Figur bezaubert und befreit eine ernstere Gegenfigur durch die Liebe). Schließlich enthält das letzte Drittel des Films insbesondere nach dem Streit von Vivian und Edward auch Elemente des Melodrams, im dem es um große, ernste Gefühle und schicksalhafte Geschehnisse geht. Der stilistische Eklektizismus und die schon erwähnten Momente der Selbstreferentialität sind Elemente, die »Pretty Woman« mit dem postmodernen Kunstkino verbinden – Indizien dafür, daß die Postmodernisierung sich auch, wenngleich abgeschwächt, auf das populäre Kino auswirkt.

3.2.4 Religion

Das zentrale Thema von »Pretty Woman« ist die Errettung eines gefallenen Mädchens und eines entfremdeten Managers durch die Liebe. Diese Errettung vollzieht sich im Zusammenhang der Verwandlung eines Tauschverhältnisses in ein Liebesverhältnis. Es geht also um das Verhältnis von Geld und Liebe, von ökonomischem Wert und menschlichem Wert. Die Spannung wird dabei durch die unterschiedliche soziale Herkunft der Hauptfiguren noch gesteigert. Die Geschichte über Geld und Liebe handelt zugleich vom Verhältnis der Priviligierten zu den Marginalisierten. Die Liebe erscheint dabei als die Macht, die soziale Barrieren überwindet, Menschen erlöst und verwandelt und ihnen Lebenssinn und Lebensglück spendet: Sie hat religiöse Qualitäten.

Diese Liebesreligion, die Auffassung also, daß die Liebe der entscheidende Glücks- und Sinnfaktor des Lebens sei, kann als Ausdruck gegenwartskultureller Verhältnisse gelten. Ulrich Beck hat beschrieben, wie die Modernisierungsprozesse die in vormodernen Zeiten wirtschaftlich und kirchlich bestimmte Institution der Ehe in eine Liebesehe verwandeln.[8] Die ökonomisch bedingte Entflechtung von Wirtschaft und Partnerschaft und die modernen Individualisierungsprozesse greifen dabei ineinander. Im Ergebnis ist »der Gott der Privatheit (...) die Liebe.«[9] Dabei wird der Liebe nun auch die Kompensation der Kehrseiten der Modernisierungsprozesse aufgebürdet: Sie soll die Einsamkeit der Individualisierung ebenso ausgleichen wie das Sinnvakuum der religiös-kulturellen Enttraditionalisierung.[10]

Wunsch und Wirklichkeit am Beispiel »Pretty Woman«, in: medien praktisch 1/1992, V-X, VII.
8. Ulrich Beck, Von der gottgefälligen Ehe zum Liebesbündnis auf Zeit: das Beispiel der Ehe, in: Bayerische Rückversicherung Aktiengesellschaft/München; Ulrich Beck u. a. (Hg.), Eigenes Leben. Ausflüge in die unbekannte Gesellschaft, in der wir leben, München 1995, 71-75.
9. Ebd., 71.
10. Vgl. ebd., 73ff.

3. Die Filme

Zugleich hat sie in einer liberalen und durchlässigen Gesellschaft ihren Charakter als »freiheitsverbürgendes Gegenprinzip zu gesellschaftlichen Zwängen« verloren.[11]
Sie ist auf sich selbst zurückgeworfen. Diese Selbstreflexivität der Liebe unterstreicht ihre religionsähnliche Stellung. Als eine Art absoluter Entität soll sie aus sich selbst heraus Lebenssinn vermitteln. Günter Dux führt aus: »Für ein Subjekt, das nirgends mehr verortet ist, steigert sich die Bedürftigkeit zu lieben, die dem Geschlechterverhältnis seit je unterliegt. Menschliches Leben muß sinnhaft und sinnvoll geführt werden. Nachdem keine der institutionalisierten Praxen diesen Sinn zu gewährleisten vermag, wird jeder auf die eigene Sinnbestimmung verwiesen. Die aber läßt sich nur kommunikativ sichern. Die Schwierigkeiten zu lieben wachsen deshalb mit der Bedürftigkeit. Denn: Wer verbindet sich wem, wenn das Subjekt bodenlos geworden ist? Liebe wird unter dieser Bedingung selbst zu etwas anderem: In der Bindung an den anderen sucht jeder in der Geschlechtergemeinschaft zu erreichen, was kaum noch zu erreichen ist, sich eines sinnvoll geführten Lebens zu vergewissern.«[12]
Die Liebesreligion ist das Kernstück der impliziten Religion von »Pretty Woman«. Dieses Sinnmuster ist verwoben mit vielfältigen Bezugnahmen auf den kulturellen Mythenbestand. Der Film »Pretty Woman« wäre unvollständig beschrieben und auch in der Kontextualität seiner Religionsbezüglichkeit nicht vollständig erfaßt, wenn man diese Referenzen des Films nicht beachten würde. Lothar Mikos hat diese Aspekte des Films herausgearbeitet und dabei besonders auf die Anspielungen auf den Pygmalion-Stoff, das literarische Hurenthema und Verdis »La Traviata« hingewiesen.[13]
Die Pygmalion-Geschichte aus Ovids Metamorphosen handelt von dem Bildhauer Pygmalion, der sich in eine von ihm geschaffene Frauenstatue aus Elfenbein verliebt. Die Göttin Venus haucht der Statue Leben ein, und Pygmalion erhält eine Frau, die seinen Wünschen vollkommen entspricht. Der Stoff wurde vielfältig umgesetzt (u.a. auch in dem Musical »My Fair Lady«). Im Film spielt Edward die Pygmalion-Rolle, in der er von Hotelmanager Bernie unterstützt wird, mit charmantem Witz (»Du siehst wunderbar aus, aber zappel nicht so.«). Doch hinter dem Charme steht die patriarchale Macht von Reichtum und gesellschaftlicher Stellung.
Die Anspielung auf die gute Hure als mythisch-literarischer Figur wird am deutlichsten in der Szene, in der Vivian und Edward eine »La Traviata«-Aufführung besuchen. Sie betrachten dabei ihre eigene Geschichte gleichsam im Spie-

---

11. Ebd., 74.
12. Günther Dux, Artikel »Liebe«, in: Christoph Wulf (Hg.), Vom Menschen. Handbuch Historische Anthropologie, Weinheim/Basel 1997, 847-854, 853.
13. Lothar Mikos, a.a.O., Vf.

gel ihres kulturellen Mythos. Denn die Oper erzählt, nach der Vorlage von Dumas »Die Kameliendame«, von der Liebe zwischen der Hure Violetta Valéry und dem Bürgersohn Alfred Germont. Die beiden Figuren begegnen sich im übrigen zum ersten Mal in einer Theaterloge.

Hinzuzufügen ist diesen Hinweisen der auf den Bezug zur Märchentradition. Er wird durch die Rahmenerzählung und durch Vivians Bericht von ihrem Märchen-Traum explizit hergestellt, ist aber auch implizit durch die Analogie des Plots zur Aschenputtel-Geschichte gegeben.

Im Unterschied zu diesen offensichtlichen Verarbeitungen populärer Mythologien lassen sich zu religiösen Traditionen keine expliziten Bezüge aufzeigen. Die religiöse Spurensuche ist bei »Pretty Woman« ganz auf hermeneutische Bemühungen und die Optik des funktionalen Religionsbegriffs verwiesen.

Fragt man in dieser Perspektive auch nach impliziten Bezügen zum Geschichtengewebe der jüdisch-christlichen Tradition, so kommen zwei biblische Figuren in den Blick: die der Prostituierten Rahab (Mt 1,5) und die des reichen Jünglings, der von Jesus wissen will, was er tun muß, um das ewige Leben zu erwerben. Insbesondere zum reichen Jüngling (Mk 10, 17-27) finden sich beziehungsreiche Parallelen. Es lohnt, einen Moment bei dem Vergleich zu verweilen.

Der reiche Jüngling fragt Jesus: »Guter Meister, was soll ich tun, daß ich das ewige Leben ererbe?« Jesus verweist auf die Zehn Gebote. Der junge Mann beteuert, sie von Jugend auf gehalten zu haben. »Und Jesus«, heißt es daraufhin, »sah ihn an und gewann ihn lieb und sprach zu ihm: Eines fehlt dir. Geh hin, verkaufe alles, was du hast und gib's den Armen, so wirst du einen Schatz im Himmel haben, und komm, folge mir nach. Er aber ward unmutig über das Wort und ging traurig davon. Denn er hatte viele Güter.«

»Pretty Woman« geht im Unterschied zu dieser Geschichte gut aus. Hinsichtlich der Grundkonstellation gibt es gleichwohl basale Parallelen. Auch Edward Lewis ist ein reicher Jüngling. Auch Edward ist mit seinem Leben unzufrieden und will mehr. Auch er begegnet der Chance der Veränderung – in der Gestalt Vivians – und spürt die Last der Güter in materieller und gesellschaftlicher Hinsicht. Er kann sich, als Vivian ihre Wünsche nach Ablauf der vereinbarten Zeit in der Balkonszene artikuliert, zunächst nicht von seinem bisherigen Leben unabhängig machen. Im Unterschied zum reichen Jüngling bekennt er jedoch seinen Mangel an Mut und erhält eine zweite Chance. Der reiche Jüngling bleibt hingegen von der Schwerkraft seiner Güter gefangen. Beide Geschichten operieren mit dem Gegensatz von Tod und Leben. Der reiche Jüngling kontrastiert die toten Güter mit dem ewigen Leben, »Pretty Woman« Geld und Liebe. Die Liebe rückt mithin in »Pretty Woman« in die Position ein, die in der biblischen Geschichte das ewige Leben einnimmt. Verkörpert werden die beiden Positionen durch Jesus (ewiges Leben) und Vivian Ward (Liebe). Ihnen ›nachzufolgen‹,

sich auf die Beziehung zu ihnen einzulassen, bedeutet ewiges Leben beziehungsweise Liebesglück und Lebenssinn.
Damit ist zugleich die implizite Schnittmenge des Films mit der Religionskultur berührt: das Sinnmuster Liebe. Zusammengefaßt: Die individuelle Liebe leistet in »Pretty Woman« der Religion Vergleichbares. Sie bewirkt die Bekehrung der Hauptfiguren: Aus dem skrupellosen Geschäftsmann Edward wird ein Geschäftsmann mit Gewissen, der dem Profitabsolutismus abschwört und durch die Rettung von Morses Schiffbauunternehmen einen gesellschaftlich produktiven Beitrag leisten möchte. Aus der Prostituierten Vivian Ward wird eine ambitionierte junge Frau, die die Schule zuende bringen möchte.
Die Bekehrung ist verbunden mit der Errettung aus einem Zustand von unerfüllter Einsamkeit (Edward) und bedrückenden Lebensverhältnissen (Vivian).[14] Diese Befreiung geht einher mit der Überwindung sozialer Barrieren, deren Bedeutung angesichts der Liebe verblaßt. Zugleich vermittelt die Liebe Lebenssinn.

3.2.5 Gesamtinterpretation
»Pretty Woman« ist ein handwerklich perfekt gemachter Mainstream-Movie, der unter Aufnahme kultureller Mythenmotive erzählt, wie ein reicher Prinz ein schönes, aber armes Aschenputtel aus ihrem Elend erlöst und umgekehrt. Der Film ist dem romantischen Liebesideal verpflichtet, das unter postmodernen Bedingungen einmal mehr mit religionsähnlichen Bedeutungen aufgeladen ist und die Lebenssinnvermittlung in erster Instanz dem individuellen Liebesglück aufbürdet.
Hinsichtlich der Darstellung von Frauen- und Männerrollen verbleibt der Film im Kontext patriarchalen Mainstreams. Frauen werden zunächst aus der Perspektive ihres Unterleibs wahrgenommen (vgl. 133), Männer in der Perspektive ihres beruflichen Erfolgs und ihrer gesellschaflichen Stellung. In der Geschlechterfrage spiegelt der Film den gesellschaftlichen Status quo wieder.
Vor diesem Hintergrund ist gegenüber Andreas Kilbs Beurteilung zu betonen: Natürlich geht es auch in diesem Film um Gesellschaftliches – auch wenn er mit Klischees operiert. Der Gesellschaftsbezug ist vermittelt: Die Klischees korrespondieren gesellschaftlichen Bedürfnissen, hier insbesondere den aus den genannten Gründen maßlos aufgeladenen Liebessehnsüchten breiter Bevölkerungsschichten. Nur so ist der bemerkenswerte Kinoerfolg des Films zu verstehen. Daß er als Beschreibung gesellschaftlicher Zustände nicht viel hergibt und sich sein gesellschaftskritisches Potential in Grenzen hält, ist unbestritten.

14. Vgl. zum Erlösungsmotiv auch Stefan Wolf und Thomas vom Scheidt, Die Wirklichkeit des Films. Das Kino und die Sehnsucht nach Erlösung, in: medien praktisch 1/1996, 29-35.

3.3 Jurassic Park

USA 1993. Regie: Steven Spielberg. Buch: Michel Crichton, David Koepp. Produktion: Kathleen Kennedy, Gerald R. Molen für Amblin Entertainment. Kamera: Dean Kundy. Musik: John Williams. Schnitt: Michael Kahn. Spezialeffekte: Michael Lantieri. Verleih: UIP. Länge: 126 Min. Kinostart: 2.9.1993.
Darsteller: Sam Neill (Dr. Alan Grant), Laura Dern (Ellie Sattler), Jeff Goldblum (Ian Malcolm), Richard Attenborough (John Hammond), Bob Pack (Robert Muldoon), Martin Ferrero (Donald Gennaro), B. D. Wong (Dr. Wu), Joseph Mazzello (Tim), Ariana Richards (Lex), Samuel L. Jackson (Arnold).[1]

1. Epd Film 9/1993, 34.

3.3.1 Hintergrundinformationen

Der in Deutschland am 2.9.1993 gestartete Film rangierte auf der Liste der 50 erfolgreichsten deutschen Filme seit 1985 mit 9.356.981 Zuschauern am 7. Dezember 1998 auf dem fünften Platz.[2] Auf der weltweiten Einspiel-Hitliste von »The Internet Movie Database« nimmt »Jurassic Park« mit 919 Millionen Dollar Einspielergebnis am 1. Dezember 1998 den zweiten (!) Platz ein.[3] In den USA hatte der Film bereits nach neun Tagen 21,7 Millionen Zuschauer.[4] Auch in Deutschland stellte der Film neue Zuschauerrekorde auf: er hatte gut neun Millionen Besucher in den ersten vier Monaten![5] Eine gute Million mehr als »Pretty Woman« drei Jahre zuvor ebenfalls innerhalb von vier Monaten. Im Unterschied zu »Pretty Woman« hatte »Jurassic Park« außerdem auch eine fulminante Medienwirkung. Der Film infizierte die Medienwelt im Herbst 1993 mit dem Dinofieber. Kaum eine Illustrierte ohne großformatige Saurierabbildungen und breite Ausführungen über Film und Thema.

Von der Nachhaltigkeit der Saurierbegeisterung zeugt, daß ein katholischer Handarbeitskreis in Frankfurt Saurier zu häkeln begann und die amerikanische Eiskunstläuferin Tonja Harding ihre olympische Kür am 24. Februar 1994 in Lillehammer nach der Musik von Spielbergs Echsenepos lief.[6]

Die öffentliche Aufmerksamkeit für Film und Thema kam wiederum der umfassenden Palette an Spielzeug, Souvenirs und Merchandising-Artikeln zugute, die der 65 Millionen Dollar teure Film nach sich zog.[7] Für die Universal Studios und den dahinter stehenden japanischen Matsushita-Konzern kam der Erfolg gerade recht. Drei Jahre zuvor hatte Matsushita MCA-Universal für 6,6 Milliarden Dollar erworben. Seitdem war es mit den Studios bergab gegangen. 1992 war das bis dahin schlechteste Geschäftsjahr. Der Konzern steckte in einer ernsthaften Krise. Spielberg und die Saurier sollten und konnten das Unternehmen retten.[8]

Seinen besonderen Reiz bezieht der Film nicht an letzter Stelle aus den durch

---

2. Spitzenorganisation der Filmwirtschaft e. V., Die 50 erfolgreichsten Kinofilme in Deutschland seit 1985, a.a.O.
3. The Internet Movie Database, The Top Grossing Movies of All Time at the Worldwide Box Office, a.a.O.
4. Vgl. Lothar Mikos, Computeranimation im populären Film: Jurassic Park (1993), in: Werner Faulstich/Helmut Korte (Hg.), Fischer Filmgeschichte, a.a.O., 305-317, 305.
5. Ebd.
6. Vgl. Ebd. und Peter Körte, Waisen, Saurier, Regressionen. Steven Spielbergs »Jurassic Park«, der kommerziell erfolgreichste Film der Kinogeschichte, in: FR, 2.9.1993.
7. Vgl. ebd.
8. Vgl. Hans-Christoph Blumenberg, Die Geschäfte des Herrn Peter Pan. Über Steven Spielberg und seinen neuen Film »Jurassic Park«, in: Die Zeit, 3.9.1993.

das Zusammenwirken von Tricktechnik und Computeranimationen hergestellten Saurierbildern. In Sachen Computeranimation wurde dabei eine neue Stufe erreicht: Computergenerierte Saurierbilder wurden in herkömmlich hergestellte Filmbilder hineinkopiert.[9] Hatte der Film »Terminator 2« schon die Möglichkeit der computergenerierten Verwandlung von Figuren vorgeführt, so demonstriert »Jurassic Park«, daß es möglich ist, mit Hilfe des Computers glaubwürdige Realitätsillusionen zu erzeugen, die sich nahtlos mit dem übrigen Material verbinden lassen. So gesehen ist Spielbergs Film ein Meilenstein der Filmgeschichte: er ist, wie Spielberg selbst sich ausdrückte, ein Schritt auf dem Weg »der Befreiung des Films von den Grenzen der Kamera«.[10]

Die deutsche Filmkritik hat sich am meisten für den Aspekt der Computeranimation und für den grandiosen Zuschauererfolg des Films interessiert.

Verena Lueken schrieb in der »FAZ«, die Leistung der Programmierer sei »das einzige, das an diesem Film wirklich fasziniert«.[11] Dramaturgie und schauspielerische Leistungen werden mehrheitlich kritisch beurteilt.

Hans-Christoph Blumenberg schrieb in »Die Zeit«: »›Jurassic Park‹ ist der dünnste und dümmste Film, den Steven Spielberg je gedreht hat.«[12] Die Frage nach den Gründen beantwortet er mit dem Hinweis auf die ökonomische Situation des Matsushita-Konzerns.

Der Regisseur

Steven Spielberg ist der international erfolgreichste Filmregisseur der Gegenwart. Kein anderer Regisseur kann mit einer vergleichbaren Erfolgsgeschichte aufwarten. Der am 18. Dezember 1946 in Cincinnati im US-Bundesstaat Ohio geborene Spielberg hat bei 39 Filmen Regie geführt, zehn Drehbücher geschrieben oder mitgeschrieben, in 13 Filmen mitgespielt und 73 Filme produziert oder koproduziert.[13] Sein Welterfolg als Regisseur begann 1975 mit »Der weiße Hai« und setzte sich mit »Unheimliche Begegnung der dritten Art« (1977), »E. T. – Der Außerirdische« (1982) und »Indiana Jones« (1984) fort. Mit »Schindlers Liste« griff er 1993 das schwierige Thema des Holocaust auf, trat aus dem Image des reinen Unterhaltungsregisseurs heraus und setzte sich zugleich intensiv mit seiner jüdischen Herkunft auseinander. Mit »Der Soldat Private Ryan« interessierte er sich 1998 erneut für ein zeitgeschichtliches Thema: den Zweiten Weltkrieg.

9. Lothar Mikos, Computeranimation im populären Film, a.a.O., 311.
10. Zitiert nach Veren Lueken, Das Monster gehört mit in die Ordnung der Welt. Das Phänomen »Jurassic Park«: Steven Spielbergs wundersame Dino-Show – wissenschaftlich, ökonomisch, sexuell, in: FR, 2.9.1993.
11. Ebd.
12. Hans-Christoph Blumenberg, a.a.O.
13. The Internet Movie Database, a.a.O.

Läßt sich in Spielbergs früheren Filmen eine gewisse Dominanz der Themen Kindheit und Familie wahrnehmen, so rückt mit den letzten Filmen die zeitgeschichtliche Thematik in den Vordergrund.

Zu »Jurassic Park« hat Spielberg eine doppelte Beziehung: Zum einen hat er Regie geführt, zum anderen wurde der Film von Spielbergs Produktionsgesellschaft Amblin Entertainment im Auftrag von Universal/Matsushita produziert. Das Drehbuch ist nach der Vorlage des gleichnamigen Bestsellers von Michel Crichton entstanden.[14]

3.3.2 Die Erzählung

»Jurassic Park« entwickelt sich als lineare Erzählung. Auf der Islar Nublar, laut Insert 100 Kilometer westlich von Costa Rica, wird ein Stahlcontainer unter strengster Bewachung durch schwerbewaffnete »Jurassic Park«-Mitarbeiter abgeladen. In dem Container befindet sich ein offenbar gefährliches Tier. Es kommt zu einem Unfall, bei dem einer der Arbeiter von dem Tier, von dem nur Geräusche und für einen kurzen Moment ein stechender Blick zu erhaschen sind, in den Container hineingezogen wird. Das Tier verschlingt den Arbeiter. Die Szene erinnert an die Eingangsszene von Spielbergs »Der weiße Hai«, die den Todeskampf einer schwimmenden Frau zeigt, die schließlich in die Tiefe hinabgezogen wird.

In einer Bernsteinmine. Ein Mann, Donald Gennaro wie wir später erfahren, berichtet, daß der tödliche Unfall des Arbeiters zu einem Prozeß geführt habe, der die Investoren hinsichtlich des »Jurassic Park«-Projektes verunsichern könne.

Darum brauche man dringend ein positives Expertengutachten.

In der Wüste wird ein Saurierskelett freigelegt. Mit Hilfe eines Echolots wird das Skelett eines Velociraptors geortet. Dr. Alan Grant und seine Kollegin Ellie Sattler leiten die Ausgrabungen. Ein Junge, der das Raptor-Bild mit einem Truthahn vergleicht, wird von Grant in einer angsteinflößenden Art und Weise über die Gefährlichkeit des Velociraptors aufgeklärt.

Ein Hubschrauber landet und bringt John Hammond an den Ausgrabungsort. Der britische Milliardär kann Grant und Sattler mit einem finanziellen Versprechen für eine gutachterliche Expedition in seinen geheimnisvollen Park gewinnen.

Gegen die Zahlung einer hohen Summe verabredet Dennis Nedry in einem Restaurant, Saurier-Embryos aus dem Park zu schmuggeln.

Die Expeditionsmannschaft, zu der mittlerweile auch der Mathematiker Ian Malcolm gestoßen ist, fliegt die »Jurassic Park«-Insel an. Naturaufnahmen werden mit triumphaler Musik unterlegt. Auch Donald Gennaro, der Vertreter der skeptisch gewordenen Investoren, ist jetzt mit von der Partie. Auf dem Weg vom Hubschrauberlandeplatz zum Zielort kommt es zu einer ersten Begegnung mit den Dinosauriern. Fasziniert erblicken Grant und Sattler einen riesigen Saurier, der sich brüllend fortbewegt und von Bäumen äst. Sie erfahren, daß auch ein Tyrannosaurus Rex auf der Insel lebt.

---

14. Vgl. Peter Körte, Waisen, Saurier, Regressionen, a.a.O.

Im Zentrum »des modernsten Vergnügungsparks der Welt« (Hammond) erläutert ein Film die Hintergründe: Aus in Bernstein eingeschlossenen Moskitos wurde konserviertes Saurierblut gewonnen. Die darin enthaltene Saurier-DNS wurde mit Hilfe von Frosch-DNS repariert. Auf der Grundlage der rekonstruierten Gene konnten Saurier gezüchtet werden. Im Anschluß an die Filmvorführung erleben die Protagonisten im Labor des Zentrums, wie ein Velociraptor aus seinem Ei schlüpft. Man erfährt, daß die Tiere so manipuliert wurden, daß sie sich nicht fortpflanzen können. Der Mathematiker Malcolm bezweifelt die Möglichkeit solcher Steuerung. Er meint: »Das Leben bahnt sich seinen Weg, das Leben überwindet alle Barrieren.«

Auch die Ausmalung der Vermarktungsmöglichkeiten des Parks provoziert Malcolms Kritik. Profitinteresse und Forscher-Ehrgeiz seien die alleinigen Antriebskräfte, ob der Park ethisch zu verantworten sei (»ob sie's tun sollten«), habe niemand gefragt. Der Park sei nichts anderes als eine Vergewaltigung der Natur. Ellie Sattler pflichtet Malcolm bei.

Die Enkel von John Hammond, Tim und Lex, treffen ein. Kurz bevor die Expedition (Alan Grant, Ellie Sattler, Ian Malcolm, Tim, Lex und Donald Gennaro, der Anwalt der Investoren) sich in zwei Jeeps auf den Weg macht, um den vorbereiteten Besucher-Kurs des Parks zum ersten Mal auszuprobieren, wird ein Sturm angekündigt.

Dennis Nedry, der uns in der Exposition schon als Verräter vorgestellt worden war, entpuppt sich als Verantwortlicher für die Sicherheits- und Steuerungssysteme des Parks.

Die Expedition ist nun auf der Höhe des Geheges vom Tyrannosaurus Rex angekommen. Malcolm sagt: »Gott erschafft Dinosaurier. Gott vernichtet Dinosaurier. Adam vernichtet Gott. Adam erschafft Dinosaurier.« Sattler fügt hinzu: »Die Dinosaurier fressen Adam, und Eva besitzt die Erde.«

Malcolm sieht das Ausbleiben des Sauriers als Bestätigung seiner chaostheoretischen These von der Unvorhersehbarkeit komplexer Systeme.

Auf einmal springt Ellie Sattler aus dem Wagen. Die anderen folgen. Die Gruppe entdeckt auf einer Lichtung einen riesigen Saurier, der dort liegt, weil er krank ist, wie ein Tierarzt des Parks erklärt, der sich gerade bei dem Tier befindet. Ellie Sattler bleibt bei dem Tierarzt und will mit ihm in das Kontrollzentrum zurückfahren.

Im Kontrollzentrum wird beschlossen, daß die Tour wegen des Sturmes vorzeitig abgebrochen werden soll. Dennis Nedry erklärt Hammond, daß ein paar Systeme aufgrund von Reparaturarbeiten vorübergehend ausfallen würden, und schaltet die Sicherheitssysteme ab, um Saurier-Embryos zu einem Schiff bringen zu können. Ein Techniker bemerkt, daß die Sicherheitszäune ohne Strom sind. Nedry ist mit den tiefgefrorenen Embryos auf dem Weg zum Schiff. Doch das Unwetter wird ihm zum Verhängnis.

Aufgrund der ausgefallenen Stromversorgung stecken die elektrobetriebenen Expeditionsautos fest. Es ist inzwischen dunkel und regnet. Tim spürt als erster die Vibrationen, die ein herannahendes Ungetüm ankündigen. Auf einmal klatscht ein Stück blutiges Fleisch gegen ein Seitenfenster des Wagens, in dem sich die Kinder befinden, und der Tyrannosaurus steckt seinen Kopf aus dem Gebüsch. Gennaro verläßt voller Angst den Wagen und sucht in einer nahen Toilette Schutz. Der Saurier greift den Wagen an, in dem sich die Kinder befinden, und schnappt sich schließlich Gennaro von der Toilette weg.

Ellie Sattler ist inzwischen wohlbehalten ins Kontrollzentrum zurückgekehrt und schwärmt sogleich mit einem Mitarbeiter Hammonds wieder aus, um den Steckengebliebenen zur Hilfe zu eilen.

Am anderen Kampfplatz verspricht Grant der aufgelösten Lex: »Ich werde bei euch bleiben.« Grant muß auf einen Baum klettern, um Tim aus dem Auto zu retten, das der Tyrannosaurus dorthin geschleudert hat. Er entwickelt ein väterliches Engagement, obwohl er nicht schwindelfrei ist.

Ellie Sattler und ihr Begleiter entdecken derweil den verletzten Ian Malcolm und können ihn bergen und mit einem Jeep vor dem sie verfolgenden Tyrannosaurus fliehen.
Grant und die Kinder besteigen einen Baum, von dem aus sie andächtig »singende« Brachiosaurier beobachten.
Im Kontrollzentrum erzählt John Hammond Ellie Sattler, daß er mit einem Flohzirkus begonnen habe, und beteuert seine besten Absichten. Sattler gesteht, daß auch sie nicht genug Ehrfurcht vor der schöpferischen Kraft der Natur gehabt habe, die jetzt entfesselt sei. Es sei jetzt nur noch eine einzige Sache wichtig: »die Menschen, die wir lieben.«
Grant entdeckt ein zerbrochenes Dinosaurierei, Indiz dafür, daß sich die Dinosaurier trotz aller Vorsichtsmaßnahmen vermehren. Es gelingt Grant und den Kindern, sich bis zum Kontrollzentrum durchzuschlagen. Dort konnte Ellie Sattler die Sicherheitssysteme reaktivieren. Grant und die Kinder treffen auf Sattler, werden von Velociraptoren verfolgt und können sich am Ende aber retten.

Vor der Tür des Zentrums wartet Hammond mit einem Jeep. Grant sagt ironisch: »Nach reiflicher Überlegung habe ich mich entschieden, ihren Park nicht zu befürworten.« Grant, Sattler, Malcolm und die Kinder fahren mit Hammond zum Hubschrauberlandeplatz. Der Hubschrauber startet. Der Blick geht aus dem Fenster auf die See: Pelikane ziehen über das Wasser. Der Hubschrauber fliegt in die Abendsonne. Die Inszenierung des Naturschönen wird durch entsprechende Musik unterstrichen.

Figuren und dramaturgische Strukturen

Im Mittelpunkt des Films stehen Alan Grant, Ellie Sattler, Ian Malcolm, John Hammond und die Kinder Tim und Lex. Die Kerngruppe bilden die beiden Forscher Grant und Sattler und die beiden Kinder, die Enkel von John Hammond. Diese vier Personen wachsen in der Notsituation des entfesselten Parks zu einer Art ›heiligen Familie‹ zusammen.
Die einzige eindeutig negative Figur des Films ist der Computerspezialist Dennis Nedry, der sich korrumpieren läßt, Embryos für Geld aus dem Park schmuggeln will und prompt mit dem Leben für seine Geldgier bezahlt.
Diese Logik des Tun-Ergehen-Zusammenhangs scheint auch für die durch den Kontext indirekt negativ akzentuierte Figur des Donald Gennaro, des Vertreters der Investoren, zu gelten. Der Agent des Profits wird schon bald nach dem Auftauchen des Tyrannosaurus dessen erstes Opfer.
Der von Richard Attenborough gespielte Milliardär und Park-Unternehmer John Hammond ist anders als in Crichtons Bestseller kein eiskalter Kapitalist, sondern ein kinderliebender und großväterlicher Menschenfreund. Am Dino-Park lockt ihn weniger der Profit als vielmehr die Möglichkeit der Erfüllung eines Kindheitstraumes. Die Realisation gerät nach dem Muster des Zauberlehr-

lings aus den Fugen: Die gerufenen Geister sind entfesselt und lassen sich nicht mehr kontrollieren.

Diese Entwicklung wird von Ian Malcolm vorausgesehen. Der Chaostheoretiker bezweifelt schon zu Beginn der Expedition die Steuerungsmöglichkeiten des Projektes und beklagt den Mangel an Demut vor der Natur. Malcolm verkörpert den ökologisch aufgeklärten Wissenschaftler einer neuen Generation. Während sich die alte Garde dadurch auszeichnet, daß sie alles macht, was machbar ist, haben die neuen Wissenschaftler aus der ökologischen Krise gelernt und beziehen naturethische Perspektiven ein.

Grant und Sattler werden in wissenschaftskritischer Hinsicht nicht sonderlich akzentuiert. Sie sind leidenschaftliche Paläontologen, die hauptsächlich an Betrachtung und Erforschung interessiert zu sein scheinen. Sattler stimmt Malcolms Äußerungen jedoch des öfteren zu. Grant zeichnet sich vor allem durch ein zunächst unfreundliches Verhältnis zu Kindern aus, das in der Szene zum Ausdruck kommt, in der er während der Ausgrabungsarbeiten einem Jungen in angsteinflößender Weise beschreibt, wie die Velociraptoren ihre Beute zu töten pflegten.

Die Dramaturgie von »Jurassic Park« folgt der klassischen Suspense-Strategie, bei der dadurch Spannung aufgebaut wird, daß der Zuschauer mehr weiß als die handelnden Figuren. So wird zum Beispiel die Gefährlichkeit der Saurier dem Zuschauer gleich zu Beginn durch die Unfallszene, bei der ein Park-Wärter beim Verladen eines Tieres zu Tode kommt, deutlich gemacht. Dieses Wissen um das Bedrohungspotential des Parks wird in weiteren Szenen der Exposition auf- und ausgebaut, so daß der Zuschauer schon vor der ersten Saurierbegegnung der Protagonisten mit Angstlust aufgeladen ist. Auch die Parallelmontage, die zeigt, wie Tim über einen Starkstromzaun klettert, während Ellie Sattler im Kontrollzentrum den Strom wieder einzuschalten versucht, entspricht dem klassischen Suspense-Muster.

Die grobe Linie der Dramaturgie folgt dem Drei-Akt-Schema. Die Exposition endet, als Nedry die Sicherheitssysteme abschaltet und es zur Konfrontation mit den befreiten Sauriern und insbesondere mit dem Tyrannosaurus Rex kommt. Der Wendepunkt zum dritten Akt wird durch das Wiedereinschalten der Sicherheitssysteme markiert. Das Showdown endet im Foyer des Kontrollzentrums.

Innerhalb der jeweiligen Akte hat der Handlungsaufbau Züge einer Nummernrevue der Sauriererscheinungen und Attacken. Die Konstruiertheit des Plots – die Expedition kommt ausgerechnet vor dem Gehege des Tyrannosaurus zum Stehen, der Sturm bricht genau dann los, als Nedry das Kontrollzentrum verläßt – fällt vor dem Hintergrund der visuellen Sensationen nicht sonderlich auf.

3.3.3 Ästhetische Besonderheiten

Im Blick auf Genre-Kategorien könnte man »Jurassic Park« als Abenteuerfilm mit Science-fiction-Elementen bezeichnen. Der Film lebt in der Hauptsache von seinen visuellen Schauwerten: den Saurierbildern. Sie sind Spielberg auf überzeugende Weise gelungen. Überspitzt und dennoch in der Tendenz zutreffend urteilte Ulrich von Thüna in »epd Film«: »Wer ›Jurassic Park‹ auf einer großen Leinwand gesehen hat, ist hingerissen und zugleich für jede andere Art des Kinos verloren.«[15]

Charakteristisch für das Zustandekommen der Saurierbilder ist das schon eingangs erwähnte Zusammenspiel von Computeranimation und herkömmlicher Tricktechnik. »Jurassic Park« setzt dabei insofern neue Akzente, als der Film zeigt, daß es möglich ist, mit Hilfe des Computers glaubwürdige Realitätsillusionen zu erzeugen und diese zugleich nahtlos mit den herkömmlich hergestellten Bildern zu verbinden. Der Film ist, noch einmal mit den Worten seines Regisseur gesagt, ein Schritt auf dem Weg »der Befreiung des Films von den Grenzen der Kamera«.[16]

Die Weiterentwicklung des filmischen Illusionspotentials läßt an die Anfänge des Kinos und seine Verwurzelung in Fotografie und Varieté denken. Mit »Jurassic Park«, so könnte man sagen, eröffnet sich das Kino eine Perspektive, indem es sich auf seine Wurzeln zurückbesinnt und seine spezifischen Möglichkeiten erweitert: die der visuellen Illusion.

Die mit den beschriebenen Mitteln erzeugten Saurierbilder stehen dabei in ästhetischer Hinsicht nicht zuletzt auch im Kontext einer Ästhetik der Natur. Die Natur erscheint hier im Bild der Saurier als ein Erhabenes, das, im Sinne Rudolf Ottos, Schrecken und Faszination auszulösen vermag. Darauf, wie Natur im Zusammenhang der jeweiligen Saurierbegegnungen wahrgenommen wird, ist weiter unten noch ausführlicher einzugehen.

3.3.4 Religion

Das zentrale Thema des Films ist das menschliche Naturverhältnis, in religiöser Sprache: das Verhältnis zur Schöpfung. »Jurassic Park« entwickelt diese Problematik in der Auseinandersetzung mit der Gentechnologie und ihren ungeahnten Möglichkeiten. Der Film greift damit die Frage nach dem Umgang mit derjenigen Technologie auf, die den Menschen am Ende des zweiten Jahrtausends die größten und folgenreichsten Eingriffsmöglichkeiten in Naturprozesse eröffnet. Diese Frage wird allerdings nur in wenigen Dialogsequenzen argumentativ entfaltet. Die technologiekritische Position wird dabei vor allem von Malcolm vertreten. Schon während der Führung im Kontrollzentrum äußert Malcolm

---

15. Ulrich von Thüna, epd Film 9/93, 34.
16. S. o. 150.

Zweifel an der Möglichkeit, den Fortpflanzungstrieb der Saurier gentechnisch zu beherrschen. Er ist vielmehr der Überzeugung: »Das Leben bahnt sich seinen Weg, das Leben überwindet alle Barrieren.« Wenig später, als es um die Vermarktungsmöglichkeiten des Parks geht, kritisiert Malcolm: »Der Mangel an Demut vor der Natur, der hier offen gezeigt wird, erschüttert mich.« Der Park sei das Ergebnis von Spieltrieb, Profitinteresse und Forscher-Ehrgeiz. Der »Jurassic Park« steht, so ließe sich interpretieren, für das Problem instrumenteller Naturverhältnisse überhaupt.

Welche Konsequenzen solche Naturbeziehungen haben können, wird in »Jurassic Park« in der Form einer Filmerzählung mit symbolischen Qualitäten entfaltet.

Innerhalb dieser Erzählung spielt das Thema der Familie eine wichtige Rolle. In der Notsituation der Verfolgung durch die befreiten Saurier wächst die zunächst zufällig zusammengewürfelte Gruppe aus Grant, Sattler und den beiden Enkeln Hammonds zu einer Art transitorischer Familie zusammen. Am deutlichsten zeichnet sich diese Entwicklung an der Figur Grants ab. Der zu Anfang wenig kinderliebe Forscher, der einem Jungen während der Ausgrabungsarbeiten auf schon fast sadistische Weise die Gefährlichkeit des Velociraptors ausmalt, schlüpft im Verlauf des Films immer mehr in die Rolle des beschützenden Vaters, der die beiden Kinder, einem Christophorus vergleichbar, durch Situationen der Bedrohung und Verfolgung hindurch wohlbehalten in das Kontrollzentrum zurückbringt. Im Kontrollzentrum treffen Grant und die Kinder schließlich wieder mit Ellie Sattler zusammen und die vorübergehend auseinandergerissene Familie ist wieder vereinigt.

Die Familienthematik ist dabei noch am wenigsten religiös referenzialisierbar und nur vage vermittels des Christophorus-Motivs und der Flucht der heiligen Familie mit der jüdisch-christlichen Tradition assoziierbar.

Zentraler ist der Bezug zum Schöpfungsthema. Explizit hergestellt wird er im Verlauf der Filmerzählung allerdings nur an einer Stelle. Als die Expedition auf der Höhe des Tyrannosaurus-Geheges angekommen ist, bemerkt Malcolm: »Gott erschafft Dinosaurier. Gott vernichtet Dinosaurier. Adam vernichtet Gott. Adam erschafft Dinosaurier.« Sattler fügt hinzu: »Die Dinosaurier fressen Adam, und Eva besitzt die Erde.«

Eine erste Verbindung zum Umkreis des biblischen Schöpfungsthemas ergibt sich durch das Motiv des Parks, der als Ort von Schöpfung und Vernichtung an den biblischen Garten Eden erinnert, Schauplatz des Sündenfalls. Die Akzentuierung der Ambivalenz ist dabei umgekehrt: Steht beim Garten Eden das Paradiesische im Vordergrund, das durch den Sündenfall erst verlorengeht, so hat der Sündenfall in Spielbergs Park schon stattgefunden: Der Mensch ist, so könnte man interpretieren, der Verführung der Schlange (»Ihr werdet sein wie Gott«, 1. Mose 3,5) längst erlegen. Er hat vom Baum der Gentechnologie gegessen und sich saurierschöpferisch als alter deus betätigt. In der Konsequenz wandelt sich der Garten Eden in einen apokalyptischen Kampfplatz, auf dem die vergewaltigte Natur mit T-Rex-Power zurückschlägt. Auch diese Wendung weist strukturelle Parallelen zur Sündenfallgeschichte auf: Die Sünde wird von Gott mit der Vertreibung aus dem Paradies geahndet.

Eine Ahnung vom verlorenen Garten Eden ist in Spielbergs Park gleichwohl präsent. Immer wieder und gerade auch in einigen Situationen der Saurierbegegnung gewinnt der auf einer idyllischen Insel gelegene Park paradiesische Züge. Die Insellage und der gentechnisch ermöglichte Blick in graue Vorzeiten des Verlorengegangenen verstärken diese Konnotation. Getragen wird sie jedoch vor allem durch die Erfahrungen des Naturschönen, die Spielbergs Protagonisten auf ihrer Exkursion wiederholt in Staunen versetzen.

Diese Inszenierungen des Naturschönen setzen ein, als die Expeditionsmannschaft die »Jurassic Park«-Insel mit einem Hubschrauber anfliegt. Die Kamera blickt aus dem Hubschrauber auf die bewaldeten Hänge der Insel. Die Bilder sind mit triumphaler Musik unterlegt, die dazu beiträgt, die pittoreske Schönheit dieser ersten Insel-Ansichten zu betonen. Auf dem Weg vom Hubschrauberlandeplatz zum Kontrollzentrum kommt es dann zu einer ersten Begegnung mit den Dinosauriern. Faszination und Schrecken spiegelt sich zuallererst in den Gesichtern von Grant und Sattler, dann kommt ein überdimensionaler Saurier in den Blick, der brüllend durch die Landschaft stolziert und von Bäumen äst. Die Saurierbilder sind wieder mit feierlicher Musik unterlegt, die aus einem Riefenstahl-Film stammen könnte. Der Saurier wird als das fremde Erhabene der Natur inszeniert, unmittelbar an Rudolf Ottos Charakterisierung des Religiösen als Faszinosum und Tremendum erinnernd. Stehen bei dieser ersten Saurier-Begegnung der Gruppe das Faszinosum und die pittoreske Schönheit im Vordergrund, so weist eine Andeutung auf kommende Saurier-Erlebnisse des Tremendum hin: Grant und Sattler erfahren, daß auch ein Tyrannosaurus Rex auf der Insel lebt. Der Zuschauer wird an die Eingangsszene erinnert, bei der ein Arbeiter bei einer Verladeaktion von einem Saurier getötet wurde. Der Park ist nun mit hoher Ambivalenz aufgeladen: Vom Faszinosum geht zugleich eine tödliche Bedrohung aus.

Wie es gelingen konnte, die Saurier zu reanimieren, wird der Expeditionsgruppe im folgenden erläutert. Im Lichte der kritischen Kommentare Ian Malcolms erscheint der Park als Ausdruck eines instrumentellen Naturverhältnisses, das von Profitgier, unbesonnenem Spieltrieb und Forschergeiz motiviert ist. Sattler und Malcolm bezweifeln, daß es möglich sei, die hier ins Leben zurückgerufene Saurierwelt zu kontrollieren. Die beiden artikulieren damit den gängigen ökologisch-naturethischen Einwand gegenüber dem Vorpreschen der Gentechnologie: Es handle sich um in ihren Folgen nicht absehbare Eingriffe in Naturprozesse. Nach Malcolms Meinung ist der Park nichts anderes als eine Vergewaltigung der Natur. Er wird in dieser Perspektive zum Symbol für das instrumentelle und darum problematische Naturverhältnis der wissenschaftlich-technischen Gegenwart – der Park, ein Sinnbild menschlichen Größenwahns, eine Art gentechnischer Turmbau zu Babel. Ein alternatives Naturverhältnis wird von Malcolm mit der Wendung »Demut vor der Natur« angedeutet.

Daß eine derartige Zurichtung der Natur, wie sie der Park darstellt, nicht gelingen kann und nur ihren Gegenschlag provoziert oder daß, psychoanalytisch gesprochen, das Verdrängte umgehend als Bedrohung zurückkehrt, wird im weiteren Verlauf schnell deutlich. Der Schrecken kündigt sich an, als ein Stück blutiges Fleisch gegen ein Seitenfenster des Expeditionswagens klatscht, in dem sich die Kinder befinden und ängstlich der Dinge harren, die auf das Ausfallen der Stromversorgung folgen sollen. Schon bald steckt der Tyrannosaurus seinen Kopf aus dem Gebüsch. Der Garten zeigt sein anderes Gesicht.

Aber »Jurassic Park« macht nicht nur die Konsequenzen der achtlosen Forscher und Parkbetreiber sichtbar, der Film zeigt auch in einzelnen Szenen, wie das von Malcolm mit dem Begriff der Demut angedeutete alternative Naturverhältnis beschaffen sein könnte. Besonders deutlich kommt diese Perspektive in der Szene zum Ausdruck, in der sich Grant und die Kinder auf der Flucht vor dem Tyrannosaurus auf einen Baum gerettet haben. Sie sitzen dort zwischen den Ästen wie in einer schützenden Hand und beobachten andächtig Brachiosaurier, die Singlaute von sich geben. Grant ahmt ihre Laute nach und erhält Antwort. Die Kralle des Velociraptors, die Grant noch in der Tasche hatte, fällt zu Boden, als die drei in der Baumkrone einschlafen. Die Szene hat symbolischen Charakter: Sie läßt sich umstandslos als Sinnbild für ein mimetisches Naturverhältnis deuten, das von einer Wahrnehmung des Naturschönen (das andächtige Blikken), dialogischem Austausch (die Laute), umfassendem Schutz (die umhüllenden Äste des Baumes) und Frieden (die Kralle fällt zu Boden) gekennzeichnet ist.

Auch der Ausklang des Films operiert mit einer Inszenierung des Naturschönen: Der Blick aus dem Hubschrauber, der die Überlebenden der Park-Katastrophe auf das Festland zurückfliegt, erfaßt eine Formation von Pelikanen, die über die Wasseroberfläche gleiten, und verschmilzt schließlich mit der untergehenden Abendsonne. Die Frage, ob die außer Kontrolle geratene Saurierwelt wieder beherrscht werden kann, bleibt unbeantwortet.

Wenngleich »Jurassic Park« nur an einer Stelle religiöse Semantik aufgreift, so setzt sich der Film doch mit einem Sachproblem auseinander, das tief in der religiösen Tradition des Abendlandes verwurzelt ist: mit dem Problem des Verhältnisses zu der dem Menschen unverfügbar gegebenen natürlichen Umwelt. Folgt man Thomas Rentsch, bewegt sich »Jurassic Park« damit im Kernbereich von Religion. Der Film kreist nämlich genau um die Fragen, die die Sachproblematik ausmachen, die in der Tradition unter dem Titel der Schöpfung verhandelt wird. Rentsch formuliert: »In spezifisch religiösen Welt- und Selbstverständnissen, die sich als praktische, kommunikative Lebensformen ausprägen, geht es nicht um das, was wir pragmatisch beherrschen, technisch können und theoretisch wissen, sondern um die praktische Anerkennung der unverfügbaren Sinnbedingungen unserer Existenz. Eine solche Daseinshaltung bzw. Lebensform der praktischen Anerkennung der Totalität der unserem Handeln vorausliegenden Sinnbedingungen unserer Existenz artikuliert sich z. B. im Verständnis der Welt als Schöpfung, im Bewußtsein ungeschuldeten Sinns der natürlichen Lebensgrundlagen einer menschlichen Welt.«[17] Das religiöse Bewußtsein ungeschuldeten Sinns artikuliert sich in einer Haltung der Demut, wie sie Malcolm im Film vermißt.

3.3.5 Gesamtinterpretation

»Jurassic Park« lebt von der Faszination der nie zuvor gesehenen Saurier-Bilder. Er erschließt dem Kino eine neue Dimension der visuellen Illusion und beweist, daß digital hergestellte Bilder sich nahtlos in herkömmliches Filmbildmaterial integrieren lassen.

Im Medium einer Abenteuer-Geschichte mit Science-fiction-Elementen kritisiert »Jurassic Park« einen nur an Forschungsergebnissen, Profit und Sensationslust orientierten Umgang mit den schöpferischen Möglichkeiten der Gentechnologie als Vergewaltigung der Natur. Der Film beschreibt Natur des weiteren im Horizont des Erhabenen als nicht bezähmbares Anderes, in das der Mensch nicht folgenlos eingreifen kann. In einigen Szenen entwirft er Bilder einer mimetischen Naturwahrnehmung, die den Eigenwert der Natur (in Demut) anerkennt und darin der Wertschätzung und dem Bewahrinteresse des jüdisch-christlichen Verständnisses der Natur als Schöpfung verwandt ist.

Sowohl im Aufzeigen der Konsequenzen eines instrumentellen Naturverhältnisses als auch in den Darstellungen einer mimetischen Naturbeziehung setzt sich »Jurassic Park« sehr grundsätzlich anhand des aktuellen Beispiels der Gentechnolgie mit Fragen des Naturverhältnisses und damit des Umgangs mit den unverfügbaren Sinnbedingungen menschlicher Existenz auseinander.

In ästhetischer Hinsicht sind die Saurierbilder von »Jurassic Park« im Kontext der Kategorie des Erhabenen deutbar. Diese Spur soll im Schlußteil im Zusammenhang mit weiteren Filmen noch einmal aufgegriffen werden.

---

17. Thomas Rentsch, Religiöse Vernunft: Kritik und Rekonstruktion. Systematische Religionsphilosophie als kritische Hermeneutik, in: Hans-Joachim Höhn (Hg.), a.a.O., 255.

3.4 Forrest Gump

USA 1994. Regie: Robert Zemeckis. Buch: Eric Roth (nach dem Roman von Winston Groom). Produktion: Wendy Finerman, Steve Tisch und Steve Starkey für Paramount Pictures. Kamera: Don Burgess. Schnitt: Arthur Schmidt. Musik: Alan Silvestri. Ton: William B. Kaplan. Verleih: UIP. Länge: 142 Min. Kinostart: 13.10.1994.
Darsteller: Tom Hanks (Forrest Gump), Robin Wright (Jenny Curran), Gary Sinise (Leutnant Dan Taylor), Mykelti Williamson (Bubba Blue), Sally Field (Mrs. Gump), Michael Conner Humphrey (Forrest als Kind), Hanny R. Hall (Jenny als Kind).[1]

1. Epd Film, 10/1994, 33.

3.4.1 Hintergrundinformationen

Auf der Liste der 50 erfolgreichsten deutschen Filme seit 1985 rangierte »Forrest Gump« am 7. Dezember 1998 mit 7.611.965 Zuschauern auf dem neunten Platz.[2]

Auf der weltweiten Einspiel-Hitliste von »The Internet Movie Database« nimmt der Film mit einem Einspielergebnis von 679 Millionen Dollar am 1. Dezember 1998 den siebenten Platz ein, auf dem amerikanischen Einspiel-Ranking klettert er auf Grund seiner Thematik erwartungsgemäß noch etwas höher: auf Platz fünf.[3]

Der Film wurde mit sechs Oscars, unter anderem für den besten Film, den besten Hauptdarsteller und den besten Regisseur, ausgezeichnet.[4]

»Forrest Gump« wurde in den Feuilletons der großen deutschen Zeitungen recht ausführlich besprochen. Witz und formale Brillianz des Films wurden dabei durchweg gelobt, der Umgang mit der amerikanischen Geschichte jedoch mehr oder weniger hart kritisiert. Frank Schnelle schrieb in »epd Film«: »Von den vertrauten (Genre-)strukturen (...) hat sich der Regisseur hier verabschiedet und etwas ganz Neues, ganz anderes gewagt: ein komplexes, cleveres, aber auch fragwürdiges Spiel um Erfindung und Wirklichkeit, um Rekonstruktion und Dekonstruktion von Geschichte.«[5] Michael Althen urteilte in der »Süddeutschen Zeitung«: »Forrest Gump verhält sich zur amerikanischen Geschichte wie Disneyworld zum Rest der Welt. Das mag unterhaltsam sein, aber es ist nicht die Wahrheit. Und auch eine schöne Lüge ist eine Lüge.«[6]

»Forrest Gump« folgt keinem gängigen Kino-Genremuster. Umso erstaunlicher ist sein kommerzieller Erfolg. Er spricht dafür, daß die Verwendung konventioneller Erzähldramaturgien keine notwendige Bedingung für eine breite Resonanz ist. Offenbar ist es Zemeckis auch ohne Rückgriff auf die klassischen Mainstream-Muster gelungen, ein Bild von Amerika zu entwerfen, das die Sehnsüchte einer großen Mehrheit widerspiegelt.

Um seinen Protagonisten möglichst eng mit den Großereignissen der amerikanischen Geschichte verbinden zu können, zieht Zemeckis alle Register der Computertechnik: Er benutzt Archivaufnahmen von Prominenten und verbindet sie so mit neu inszenierten Aufnahmen, daß der Eindruck entsteht, Gump habe Kennedy die Hand geschüttelt und im Fernsehstudio John Lennon getroffen. Frank Schnelle bringt diese Eigenart des Films auf den Punkt: »Tom Hanks wandelt durch das Archivmaterial, als sei er schon immer ein Teil der Bilder ge-

---

2. Spitzenorganisation der Filmwirtschaft e. V., a.a.O.
3. The Internet Movie Database, a.a.O.
4. Vgl. das Home-Video von Paramount.
5. Frank Schnelle, Forrest Gump, in: epd Film, 10/1994, 32-35, 33.
6. Michael Althen, Seelentröster Forrest Gump, in: Süddeutsche Zeitung, 29.3.1995.

wesen; man traut seinen Augen kaum – und weiß nun endgültig, daß man seinen Augen in Zukunft nicht mehr trauen darf. Denn hier werden die Computereffekte nicht eingesetzt, um das Unmögliche möglich werden zu lassen (etwa in Form einer Dinosaurierherde), vielmehr wird Reales, werden kollektive visuelle Erinnerungen manipuliert und verfremdet. ›Forrest Gump‹, das ist lustvolle Geschichtsklitterung als Erzählprinzip.«[7]

Der Regisseur

Der am 14. Mai 1952 in Chicago (Illinois) geborene Robert Zemeckis gilt in Hollywood als ein Vorreiter visueller und technischer Innovationen – »ein Méliès des Computerzeitalters«, wie Frank Schnelle treffend bemerkte.[8] Er hatte schon in »Who framed Rogger Rabbit« (1988) Zeichentrickfiguren und Schauspieler miteinander interagieren lassen, sich in der »Back to the Future«-Trilogie (1985) als Virtuose der Zeitreise erwiesen und in »Death Becomes Her« (1992) die Physiognomien von Maryl Streep und Goldie Hawn digital verfremdet.[9]

Zemeckis gehört zu den Wunderkindern der Spielberg-Generation, die auf allen wichtigen Feldern der Filmbranche Talent bewiesen haben. Seine Filmographie als Regisseur weist 17 Titel aus, produziert hat er 14 Filme und geschrieben acht. Hinzu kommt ein Auftritt als Schauspieler in einem Fernsehfilm.[10]

3.4.2 Die Erzählung

Eine Feder, die die Kamera irgendwo himmelwärts erfaßt, schaukelt durch die Luft und fällt zu Boden, Forrest Gump genau vor die Füße. Der hebt sie auf und legt sie in ein Buch. Gump sitzt auf einer Bank und wartet auf einen Bus. Eine Passantin setzt sich dazu. Gump stellt sich vor und bietet ihr Pralinen an. Er sagt: »Meine Mama hat immer gesagt: Das Leben ist wie eine Schachtel Pralinen, man weiß nie, was man kriegt.«

Gump räsoniert über die Schuhe seiner Banknachbarin. Seine Mutter habe gesagt, daß man an den Schuhen viel ablesen könne: woher jemand komme, wo er gewesen sei. Gump selbst habe schon sehr viele Schuhe angehabt. Die Erinnerung an die ersten Schuhe leitet über in eine Rückblende. Gump beginnt, seiner Banknachbarin und dem Zuschauer seine Lebensgeschichte zu erzählen.

Wir sehen den kleinen Gump und seine Mutter beim Anpassen von Stützschienen, die er aufgrund einer Wirbelsäulenverkrümmung tragen muß. Der erwachsene Gump berichtet im Voice-over-Modus, daß seine Mutter ihn nach dem Begründer des Ku-Klux-Klan genannt habe. Mit dem Namen »Forrest« habe sie ihn immer daran erinnern wollen, daß »wir manchmal Sachen tun, die nicht viel Sinn ergeben«. Der Voice-over-Erzähler Gump berichtet, daß die Mutter in der Nähe von Greenbow in Alabama eine Pension betrieben

---

7. Frank Schnelle, a.a.O., 34.
8. Frank Schnelle, a.a.O., 34; The Internet Movie Database, a.a.O.
9. Vgl. Frank Schnelle, a.a.O.
10. The Internet Movie Database, a.a.O.

habe. Mutters Devise: »Du bist nicht anders als die anderen.« Der Schuldirektor meint jedoch: »Ihr Sohn ist anders als die anderen, er hat einen Intelligenzquotienten von 75.« Gump läge damit fünf Punkte unterhalb des Wertes, der noch als »normal« gilt. Die Mutter besteht jedoch darauf, daß ihr Sohn dieselben Chancen erhalten soll wie seine normal begabten Altersgenossen und nicht auf die Sonderschule verbannt wird. Wir erfahren, daß Gumps Vater sich aus der Verantwortung gestohlen hat.

Unter Mutters Pensionsgästen ist ein junger Musiker, der Forrest etwas auf der Gitarre vorspielt. Der durch seine Beinschienen gehandicapte Forrest tanzt dazu auf originelle Weise. Dem Musiker gefällt es. Wenig später erblicken Forrest und seine Mutter den Musiker im Fernsehen: Es ist Elvis Presley. Offenbar hat er seinen Hüftschwung bei Forrest abgeschaut. Die Episode ist Programm: Fortan wird die fiktive Biographie Forrest Gumps sich immer wieder mit den Lebensläufen prominenter Pop-Idole und Politiker kreuzen.

Auf seiner ersten Fahrt mit dem Schulbus will niemand Forrest neben sich sitzen lassen. Die Rückblende wird unterbrochen. Gump sitzt auf der Bank und berichtet, wie genau er sich an den Moment erinnere, in dem er zum ersten Mal die »süßeste Stimme auf der ganzen Welt« gehört habe. Die Rückblende wird aufgenommen und wir hören die Stimme eines Mädchens, das Gump den Platz neben sich anbietet. Der Voice-over-Erzähler Gump bemerkt: »Ich hatte noch nie im Leben etwas so Schönes gesehen. Sie war wie ein Engel.« Das Mädchen, das sich als Jenny vorstellt, fragt Gump, ob er dumm sei. Forrest antwortet: »Mama sagt, dumm ist der, der Dummes tut.«

Von nun an sind Forrest und Jenny unzertrennlich. Ein erstes Schlüsselerlebnis mit Jenny wird von einem Erzählerkommentar des erwachsenen Gump eingeleitet: »Meine Mama sagte immer, Wunder passieren an jedem Tag. Es gibt Leute, die glauben nicht daran, aber es ist so.« Im folgenden sehen wir, wie Forrest von anderen Kindern gehänselt wird. Jenny ruft ihm zu, er solle weglaufen. Die anderen Kinder verfolgen ihn mit ihren Fahrrädern. Forrest läuft immer schneller, die Stützvorrichtungen lösen sich und Forrest läuft den Verfolgern davon. Er verläßt die Straße und läuft auf eine Wiese.

Jenny wird in schwierigen Verhältnissen groß. Sie lebt bei ihrem Vater, der Alkoholiker ist und seine Tochter, so muß man aus den Andeutungen schließen, mißbraucht. Eines Tages flieht sie zusammen mit Forrest vor dem betrunkenen Vater in ein Maisfeld. Dort bittet sie Forrest, mit ihr zusammen zu beten. Die beiden knien nieder und Jenny betet: »Lieber Gott, mach, daß ich ein Vogel werde, damit ich von hier wegfliegen kann.«

Eine weitere Fluchtszene schließt sich an: Jenny und Forrest besuchen mittlerweile die High School. Diesmal sind die hänselnden Mitschüler mit einem LKW hinter Forrest Gump her. Doch der kann auch dieses Mal entkommen, läuft mitten in ein Football-Spiel, wird prompt als Footballspieler entdeckt, findet dadurch Zugang zum College, feiert Erfolge als College-Footballstar und wird Zeuge der Konflikte um die Immatrikulation der ersten schwarzen Studierenden an der Universität von Alabama. In diesem Zusammenhang integriert Zemeckis zum ersten Mal längere Passagen von Archivmaterial.

Jenny ist auf einem Mädchencollege. Sie träumt davon, Sängerin zu werden.

Gump wird aufgrund seiner Football-Erfolge in das All American Football Team aufgenommen und darf Präsident Kennedy die Hand schütteln. Zemeckis greift hier erneut auf Archivmaterial zurück und kann mit Hilfe digitaler Bildbearbeitungstechniken den Eindruck erwecken, Gump habe tatsächlich Kennedy die Hand gedrückt. Wenig später wird Kennedy ermordet.

Forrest erhält seinen College-Abschluß und läßt sich von der Armee anwerben.
Im Armee-Bus wiederholt sich die Schulbus-Szene: niemand will Gump neben sich sitzen lassen. Nur der Schwarze Bubba Blue bietet ihm schließlich einen Platz an. Bubba träumt von einem Shrimp-Kutter. Forrest kommt auch in der Armee gut zurecht. Im Playboy entdeckt er eines Tages Fotos von Jenny. Sie hat sich in ihrer College-Jacke fotografieren lassen, fliegt deshalb vom College und verdingt sich als Nachtclubsängerin in einem Club in Memphis Tennessee. Gump sucht sie dort auf und holt sie von der Bühne, als das Publikum zudringlich wird. Draußen bekennt er: »Ich liebe dich.« Jenny darauf: »Du weißt gar nicht, was Liebe ist.« Jenny erinnert sich an die Gebetssituation im Maisfeld. Sie fragt sich, ob sie von der nahen Brücke springen und fliegen könne.
Forrest teilt ihr mit, daß er nach Vietnam müsse. Jenny gibt ihm den Rat: »Sei bloß nicht tapfer, sondern lauf weg, lauf einfach weg!«

Forrest verabschiedet sich von seiner Mutter, und wir sehen ihn in einem Hubschrauber, der irgendwo in Vietnam landet. Die Szene ist mit Rock-Musik unterlegt. Bubba und Forrest lernen Leutnant Dan Taylor kennen, der aus einer ruhmreichen Offiziersfamilie stammt, die mit gefallenen Kriegshelden in allen amerikanischen Kriegen aufwarten kann. Die Schilderung des Vietnam-Krieges erhält durch die naive Perspektive Gumps und die Unterlegung mit zeittypischer Rock-Musik eine merkwürdige kriegsromantische Coloratur. Gump kommentiert: »Das gute an Vietnam war, daß man immer etwas vorhatte.« Bubba Blue infiziert Gump mit seinem Shrimp-Traum.

Jeden Tag schreibt Gump einen Brief an Jenny. Eines Tages geraten Gump und seine Truppe in einen Hinterhalt. Gump läuft davon – Jennys Ratschlag folgend. Auf der Suche nach Bubba bringt Forrest Verwundete aus der Kampfzone, darunter auch – gegen dessen ausdrücklichen Willen – Dan Taylor, der mit seinem Feld-Telefon gerade eine Bombardierung mit Napalm befohlen hat. Schließlich findet Forrest Bubba, der schwer verwundet ist und schließlich in seinen Armen stirbt. Seine letzten Worte: »Ich möchte nach Hause.«

Wegen einer Schußverletzung am Gesäß kommt Gump in ein Lazarett. Dort liegt er neben Dan Taylor, dem beide Beine amputiert werden mußten.
Aus Langeweile lernt Gump Tischtennis und zeigt wieder einmal außergewöhnliches Talent.

Taylor klagt Forrest Gump an, ihn um einen ehrenvollen Tod an der Seite seiner Männer gebracht zu haben.

Gump erhält die Tapferkeitsmedallie, kehrt in die USA zurück und schüttelt Präsident Johnson die Hand. In der Heimat haben inzwischen die Studenten- und Hippie-Proteste begonnen. Gump trifft Jenny wieder, die zum Hippie geworden ist. Er möchte gern ihr »fester Freund sein«.

Doch Jenny geht fort, nach Kalifornien. Als sie sich verabschieden, fragt sie Forrest: »Warum bist du so gut zu mir?« Forrest: »Du bist mein Mädchen.« Jenny: »Ich werde immer dein Mädchen sein.«

Forrest wird zum Tischtennis-Star und reist mit der Nationalmannschaft nach China. Aufgrund seiner Berühmtheit wird er zusammen mit John Lennon in eine Fernseh-Talkshow eingeladen.

Auf der Straße in New York trifft er Leutnant Dan Taylor wieder, der im Rollstuhl sitzt. Die beiden verbringen gemeinsam die Weihnachtsfeiertage. Taylor fragt Gump unvermittelt: »Sag mal, hast du Jesus schon gefunden?« Darauf Gump: »Ich hab' überhaupt nicht gewußt, daß ich ihn suchen soll.« Taylor: »Ich sag dir, die Krüppel im Versehrtenheim reden den ganzen Tag von nichts anderem mehr. Jesus hier, Jesus da, hab' ich Jesus gefunden. Sie haben mir sogar einen Priester geschickt. (...) Der hat zur mir gesagt: Wenn ich also Jesus in mein Herz lasse, gehe ich mit ihm ins Himmelreich ein. Der soll mich an meinem verkrüppelten Arsch lecken. Gott hört alles.«

Gump und Taylor verbringen auch den Silvesterabend zusammen. Taylor hat Prostituierte aufs Zimmer bestellt, die er rauswirft, als sie Gump als »dumm« bezeichnen. Aufgrund seiner Tischtenniserfolge wird Gump schon wieder ins Weiße Haus eingeladen und darf dieses Mal Präsident Nixon die Hand geben. Aus seinem Hotelzimmer im Watergate-Hotel beobachtet er Taschenlampenlichter hinter einigen Fenstern des Innenhofes, informiert das Hotelmanagement und löst so den Watergate-Skandal aus. Nixon tritt zurück.

Gump wird aus der Armee entlassen und wird Shrimp-Kutter-Unternehmer, um sein Versprechen gegenüber Bubba Blue einzulösen. Die ersten Fischzüge bleiben erfolglos. Bilder von Jenny zeigen ihre Drogensucht und Verzweiflung. Eines Tages taucht Dan Taylor auf, um als »erster Offizier« auf Gumps Shrimpkutter anzuheuern. Die Shrimpfischerei verläuft jedoch weiterhin erfolglos. Dan schlägt vor, daß Forrest um Erfolg beten solle. Der geht von nun an jeden Sonntag in die Kirche. Nach einem wieder einmal erfolglosen Fischzug fragt Taylor: »Wo zum Teufel ist denn dein Gott?« Gump (voice-over): »Sofort danach hat Gott sich gezeigt.« Ein Sturm bricht los, den Gumps Kutter als einziger unbeschadet übersteht. Von da an machen Gump und Taylor reiche Beute und etablieren ein ganzes Shrimp-Imperium.

Eines Tages, als Dan und Forrest mit einem ihrer Kutter unterwegs sind, bedankt sich Dan bei Forrest dafür, daß dieser ihm das Leben gerettet hat. Taylor springt ins Wasser und läßt sich auf dem Rücken treiben. Gump kommentiert aus der Erzählerperspektive: »Er hat es nie gesagt, aber ich glaube, er hat mit Gott seinen Frieden gemacht.«

Forrest erreicht die Nachricht, daß seine Mutter krank ist. Er sucht sie auf und erfährt, daß sie sterben wird. Am Totenbett sagt die Mutter zu ihm: »Du brauchst keine Angst zu haben. Der Tod gehört nun mal zum Leben dazu. Er ist uns allen vorherbestimmt. Er ist unser Schicksal. Mein Schicksal war es, deine Mama zu sein. (...) Ich glaube auch, wir haben Einfluß auf unser Schicksal. Du mußt aus allem, was Gott dir mitgegeben hat, das Beste machen.« Forrest: »Was ist mein Schicksal, Mama?« Mutter: »Das wirst Du selbst herausfinden müssen.«

Nach dem Tod der Mutter bleibt Gump in Greenbow. Dan Taylor führt das Shrimp-Unternehmen weiter und vermehrt das Vermögen durch den Kauf von Apple-Aktien, in Forrests Augen »so eine Sache mit Obst«. Gump spendet der Four Square Gospel Church und unterstützt Bubbas Mutter.

Eines Tages taucht Jenny auf. Sie bleibt bei Forrest. Als die beiden auf einem Spaziergang an dem früheren Haus von Jennys Vater vorbeikommen, beginnt Jenny voller Wut, Steine darauf zu schleudern. Der naive Gump kommentiert erstaunlich weise: »Ich glaube, manchmal gibt es nicht genug Steine.«

Forrest Gump über das Zusammensein mit Jenny: »Das war die glücklichste Zeit in meinem Leben.« Die beiden sitzen Arm in Arm am Ufer eines Sees. Die Kamera schwenkt in den Nachthimmel, der von einem Feuerwerk erleuchtet wird, die Freiheitsstatue kommt ins Bild, durch eine Reporterstimme wird deutlich, daß es sich um ein Feuerwerk anläßlich der 200-Jahr-Feier der Vereinigten Staaten handelt, die Kamera zoomt zurück, und das Bild wird als Fernsehbild erkennbar.
Jenny will ins Bett gehen, schaltet den Fernseher aus und geht die Treppe zum Schlafzimmer hinauf. Forrest geht ihr hinterher und fragt: »Willst du mich heiraten?« Im Verlauf des Dialogs bemerkt Jenny: »Du willst mich doch gar nicht heiraten.« Forrest darauf: »Ich bin kein kluger Mann, aber ich weiß, was Liebe ist.« Er wendet sich ab und tritt in den Regen hinaus. Später kommt Jenny in sein Bett und erwidert seine Liebeserklärung. Dennoch nimmt sie am nächsten Morgen ein Taxi und fährt davon.

Gump beschließt an jenem Tag ohne besonderen Grund, »ein bißchen zu laufen«. Er läuft und läuft immer weiter, durchquert Alabama und läuft schließlich quer durch ganz Amerika. Er wird zu einem medialen Laufereignis, und die Menschen wollen wissen, ob er für den Weltfrieden, die Obdachlosen oder die Rechte der Frauen läuft. Der Erzähler Forrest erläutert: »Ich hatte einfach Lust zu laufen«, und fügt hinzu: »ohne Grund gab es Leute, die sahen einen Sinn in dem, was ich machte.« Schließlich folgt eine ganze Jüngerschar dem Läufer Gump. Auf der eingeschnittenen Gegenwartsebene sagt er zu seiner Banknachbarin an der Bushaltestelle: »Später hat mir jemand erzählt, es habe den Leuten Hoffnung gegeben.« Ratsuchende erhalten Inspirationen für den Slogan »Shit happens« und das Smiley-Symbol. Letzteres entsteht, als ein Fragesteller Gump ein gelbes T-Shirt reicht, mit dem sich dieser das von Matsch bespritzte Gesicht trocknet. Zurück bleibt ein Abdruck, der dem Smiley ähnelt.

Irgendwann bleibt Gump einfach stehen und sagt: »Ich bin müde, sehr sogar. Ich glaube, ich gehe wieder nach Hause.« Die Jüngerinnen und Jünger fragen, was denn jetzt aus ihnen werden solle, und Gump geht zurück nach Greenbow. Dort erhält er einen Brief von Jenny. Der Film erreicht nun die Gegenwartsebene der Bank an der Bushaltestelle. Forrest befindet sich aufgrund des Briefes auf dem Weg zu Jenny.

Bei Jenny zuhause wird er mit der Tatsache konfrontiert, daß er einen Sohn hat. »Ich habe noch nie im Leben etwas so Schönes gesehen«, stammelt Forrest und erfährt zu seiner Erleichterung, daß sein Sohn zu den klügsten seiner Schulklasse gehört.
Jenny offenbart Forrest, daß sie krank ist und fragt ihn, ob er sie heiraten wolle. Leutnant Dan Taylor ist Hochzeitsgast.
Forrest erzählt Jenny von seinen Naturerlebnissen in Vietnam: »Ich wußte nie, wo der Himmel aufhörte und die Erde anfing. Es war wunderschön.« Bald darauf stirbt Jenny.
An ihrem Grab erzählt Forrest der toten Jenny von den Fortschritten ihres gemeinsamen Sohnes Forrest und räsoniert darüber, »ob jeder von uns sein Schicksal hat oder ob wir nur zufällig dahingleiten wie ein Blatt im Wind«. Gump kommt zu dem Schluß, daß

vielleicht beides stimme, vielleicht beides zur selben Zeit passiere. Die Szene endet mit einer Totalen von einem großen Baum, über dem sich der Abendhimmel wölbt.

Am nächsten Morgen bringt Gump seinen Sohn zum Schulbus. Die Schulbusszene vom Anfang wiederholt sich nun unter den gewandelten Vorzeichen der »Normalität«. Als Gump auf der Bank der Bushaltestelle zurückbleibt, fällt sein Blick auf eine Feder zu seinen Füßen, die dem Jungen zuvor aus dem Buch gefallen war, in das sie Gump zu Beginn des Films gelegt hatte. Sie steigt auf und fliegt himmelwärts davon.

Figuren und dramaturgische Strukturen
Im Mittelpunkt stehen Forrest Gump, Jenny, Forrests Mutter und Leutnant Dan Taylor. Die Mutter tritt, nachdem Gumps Kindheitsgeschichte erzählt ist, zunehmend in den Hintergrund. Indirekt bleibt sie jedoch weiterhin durch ihre optimistischen Lebensweisheiten präsent, die der Erzähler Forrest Gump am laufenden Band zitiert und die ihm die primären Deutungsperspektiven für seine vielfältigen Erfahrungen liefern.

Die neben dem Liebespaar Jenny und Forrest wichtigste Figur des Films ist Dan Taylor. Er wird in Vietnam verwundet, von Gump gerettet, verliert seine Beine, hadert mit seinem Schicksal und kann sich schließlich doch damit versöhnen und zu einer neuen Lebenseinstellung finden. Mit Hilfe der Figur Taylors reflektiert Zemeckis das Vietnam-Trauma unter Einbeziehung religiöser Dimensionen.

Im Zentrum der Filmstory steht die Liebesgeschichte von Forrest und Jenny. Während Forrests Biographie eine ungebrochene Erfolgsgeschichte ist, gleitet Jenny in das Drogenmilieu ab, infiziert sich mit dem HIV-Virus und stirbt an Aids. Anders Forrest. Alles, was er anfaßt, gelingt ihm. Er ist das, was man gemeinhin einen Glückspilz nennt. Er gibt der Welt- und Kulturgeschichte im Vorübergehen Anstöße, indem er Elvis Presley inspiriert und Watergate aufdeckt, er stolpert durch Zufälle in eine Erfolgsstory nach der anderen. So läuft er auf der Flucht vor seinen Mitschülern in ein Football-Match und reüssiert in der Folge als Football-Star; er erhält die Tapferkeitsmedallie für sein heldenhaftes Verhalten im Vietnam-Krieg, lernt aus Langeweile das Tischtennisspiel, das ihn bis in die Nationalmannschaft und nach China bringt, und wird aufgrund eines Versprechens gegenüber seinem Armee-Freund Bubba Blue und einiger wunderbarer Zufälle erfolgreicher Shrimp-Unternehmer. Als er schließlich »ohne besonderen Grund« zu laufen beginnt, entwickelt er sich zum Laufidol der Landes mit Kultwirkung und Inspirationskraft.

Seine denkbar schlechten Voraussetzungen, der Intelligenzquotient an der Grenze zum Schwachsinn, die vaterlose Familiensituation, die Ablehnung, die ihm immer wieder entgegengebracht wird, all das ficht diesen Jungen nicht an. Er ist mit einer Art absolutem Karma ausgestattet, das dafür sorgt, daß sich jede Situation zu seinen Gunsten wendet. Und bei all dem bleibt seine Naivität unge-

brochen. Sein Charakter scheint keine Entwicklung durchzumachen. Persönliche Erfolge und weltgeschichtliche Ereignisse perlen an ihm ab wie ein vorübergehender Nieselregen. Gump besteht am Ende des Films noch aus derselben Mischung aus Unbedarftheit und Herzensgüte, die ihn auch zu Anfang schon auszeichnet. Zemeckis selbst hat über seinen Protagonisten gesagt:
»Weil Forrest Gump so ein reiner, simpler Typ ist, der über keine eigene Meinung oder politische Ansicht verfügt, ist er auf seiner dreißig Jahre dauernden Zeitreise durch Amerika der perfekte Spiegel für all den katastrophalen Wahnsinn, der ihn umgibt.«[11]
Den Protagonisten dergestalt als unbeschriebenes und zugleich unbeschreibbares Blatt zu zeichnen, ermöglicht es Zemeckis, die amerikanische Geschichte aus der Perspektive einer Naivität zu rekapitulieren, die keine positionellen Vermittlungen enthält. Die persönliche Biografie des Helden ist dabei zugleich Erfüllung des amerikanischen Traumes und sein teilweises Dementi mit religiösen Mitteln. Denn Forrest Gump verkörpert zum einen den amerikanischen Traum, daß jeder alles erreichen kann, dementiert aber zugleich die in diesem Traum mitschwingende Leistungsideologie zugunsten seiner religiösen Unterströmung. Gump muß nämlich mitnichten hart arbeiten, ihm fällt der Erfolg zu. Und die Regelmäßigkeit, mit der das geschieht, legt die Interpretation nahe, daß es sein reines Herz ist, das hier wiederholt belohnt wird, letztlich seine Liebe zu Jenny. Denn nach nichts anderem trachtet sein Herz.
Er bekennt diese Liebe zum ersten Mal, nachdem er Jenny von der Nachtklubbühne heruntergeholt hat. Sie kann ihn hier noch nicht recht ernstnehmen und erwidert: »Du weißt gar nicht, was Liebe ist.« Als die beiden sich dann nach Gumps Vietnam-Einsatz wiederbegegnen, verläßt sie ihn zwar bald wieder, versichert ihm jedoch: »Ich werde immer dein Mädchen sein.« Als sie dann nach dem Tod von Gumps Mutter wieder bei ihm auftaucht, und er ihr einen Heiratsantrag macht (er sagt unter anderem: »Ich bin kein kluger Mann, aber ich weiß, was Liebe ist«), erwidert sie zwar seine Liebeserklärung, fährt jedoch am Morgen danach mit dem Taxi fort. Erst als sie ganz zum Schluß wieder Kontakt zu Gump aufnimmt und nach Greenbow zurückkehrt, will auch sie heiraten. Doch sie war gekommen, um zu heiraten und zu sterben. So bleibt Jennys Liebe das einzige, was Forrest Gump zu spät ganz für sich gewinnen kann.
Der Handlungsaufbau folgt keinem gängigen Genre-Muster. Eine grobe Dreiaktstruktur ließe sich durch die erste Trennung von Forrest und Jenny in der Collegezeit und durch die Rückkehr Jennys nach dem Tod von Forrests Mutter markieren. Der Handlungsverlauf ist darüberhinaus vor allem durch Zufälle und Verwicklungsstrukturen gekennzeichnet. Forrest Gump stolpert von einem

---

11. Hans-Dieter Seidel, Die Illusion von Realität. Reiner Tor als Hoffnungsträger: »Forrest Gump« von Robert Zemeckis im deutschen Kino, in: FAZ, 13.10.94.

erfolgreichen Abenteuer in das nächste. Dieses episodische Stolpern folgt der Logik der amerikanischen Geschichte und ihrer Großereignisse. Was aus der Perspektive Gumps wie ein Zufall aussieht, muß aus der Sicht des Zuschauers, der das Prinzip durchschaut hat, unweigerlich so kommen.

3.4.3 Ästhetische Besonderheiten

Hier ist noch einmal an die Verwendung von Archivaufnahmen und digitalen Montagetechniken zu erinnern, mit deren Hilfe Zemeckis das Schicksal seines Helden nahtlos mit prominenten Ereignissen und Personen aus dreißig Jahren amerikanischer Zeitgeschichte verbindet. Es gelingt Zemeckis auch in ästhetischer Hinsicht auf überzeugende Weise, die jeweiligen Zeitströmungen und Ereignisse durch treffende Interieurs, Atmosphären, Kulissen und Kostümierungen einzufangen.

Eine wichtige Funktion hat dabei die Verwendung zeittypischer Musiktitel. Ob es sich um »Hey Joy« oder »Sweet Home Alabama« handelt, Zemeckis plaziert die Titel zielgenau im Gesamtkontext seines Filmes.

Auffällig ist die Rede von Schönheit an einigen exponierten Stellen in »Forrest Gump«. Bei aller Begrenztheit seines Intelligenzquotienten erweist sich Gump doch als jemand, der einen ausgeprägten Sinn für das Schöne hat. Das wird schon zu Beginn des Films deutlich, als er aus der Erzählerperspektive seine erste Begegnung mit Jenny im Schulbus schildert und betont: »Ich hatte noch nie im Leben etwas so Schönes gesehen.« Später wiederholt er diesen Satz, als er seinen Sohn kennenlernt. Eine drittes Mal ist von Schönheit die Rede, als Forrest Jenny seine Naturerlebnisse in Vietnam beschreibt. »Ich wußte nie, wo der Himmel aufhörte und die Erde anfing. Es war wunderschön.«

Die Inszenierungen des Naturschönen tragen dabei mehr oder weniger deutlich ein Signum von Versöhnung. So folgt auf Dan Taylos späten Dank gegenüber Forrest für die Lebensrettung in Vietnam, der von Gump im Voice-over-Modus als Versöhnung mit Gott interpretiert wird, ein Sprung Taylors in die blaue See. Die Szene klingt mit einer sonnigen Totale aus. Ebenso endet Forrest nachdenklicher Besuch an Jennys Grab mit einer Totalen von einem großen Baum, über dem sich malerisch der Abendhimmel wölbt.

3.4.4 Religion

Im Zentrum von »Forrest Gump« steht die amerikanische Geschichte. Der Film entwirft ein Panorama der amerikanischen Nachkriegsgeschichte. Eng verknüpft mit diesem Aspekt ist die Frage nach dem Sinn des individuellen Lebens. Sie soll an dieser Stelle zunächst aufgegriffen werden, um sich aus dieser Perspektive der Frage nach der filmischen Konstruktion von Geschichte und ihren religiösen Konnotationen in »Forrest Gump« anzunähern.

Das Feld, auf dem die individuelle Sinnfrage gestellt und reflektiert wird, ist durch die Begriffe Zufall, Schicksal und Wunder markiert. Ausdrücklich thematisiert wird die Frage vor allem von Gump als Voice-over-Erzähler. Dabei spielen die Lebensweisheiten von Gumps Mutter eine wichtige Rolle. Auch die religiöse Dimension der Sinnfrage kommt mehr oder weniger explizit zur Sprache, vor allem im Zusammenhang mit dem Schicksal Dan Taylors.

Gump selbst ist nicht religiös. Er begegnet religiösen Deutungskulturen wie er der amerikanischen Geschichte begegnet: mit einem kindlichen Gemüt.

Den Rahmen für das Thema Zufall und Schicksal bilden die Szenen mit der Feder, mit denen der Film beginnt und endet. Irgendwo himmelwärts von der Kamera erfaßt fliegt und schaukelt die Feder zu Beginn des Films langsam zu Boden, dem an einer Bushaltestelle wartenden Forrest Gump genau vor die Füße. Der legt sie in ein Buch, das sein Sohn am Ende des Films dabei hat, als er zusammen mit seinem Vater auf den Schulbus wartet. Die Feder fällt heraus, Gump wiederum vor die Füße, wird von einem Windstoß erfaßt und fliegt himmelwärts davon.

Am Tag zuvor (ich beziehe mich auf die Feder-Sequenz am Ende des Films) hatte Gump am Grab der toten Jenny darüber nachgedacht, »ob jeder von uns sein Schicksal hat oder ob wir nur zufällig dahingleiten wie ein Blatt im Wind«. Gump war zu dem Schluß gekommen, daß vielleicht beides stimme, vielleicht beides zur selben Zeit geschehe. Die Szene endete mit einer Totalen von einem großen Baum, über dem sich der Abendhimmel wölbt (s. o.).

Die sich anschließende Szene mit der Feder korrespondiert den lebensphilosophischen Überlegungen Gumps: Wir sind wie eine Feder oder ein Blatt im Wind. Ob der individuelle Lebensweg schicksalhaft vorherbestimmt ist oder vom Zufall abhängt, ist eine Frage der Deutungsperspektive. Individueller Lebenssinn ist, so ließe sich vor diesem Hintergrund interpretieren, nichts Vorgegebenes, sondern das Ergebnis einer Deutungsleistung. Die Bildersprache der fraglichen Szenen rekurriert dabei auf Natur als sinnkonstitutivem Hintergrund: Der letzte Blick auf Jennys Grab geht über in die Totale eines Baumes, über dem sich der Abendhimmel wölbt; der letzte Blick auf Gump geht über auf die Feder und folgt ihrem Flug in den Himmel. Dieses Bild des Himmels, das auch am Anfang steht und den Film rahmt, kann als Antwort des Films auf die Fragen nach dem Woher und dem Wohin des Lebens gelesen werden. Menschliche Geschichte und Naturgeschichte werden so in einer Weise, die durch das Bild des Himmels religiös konnotiert ist, miteinander verwoben.

Zur Sprache kommt das lebensphilosophische Thema zum ersten Mal, als Gump zu Beginn des Films zu seiner schwarzen Banknachbarin an der Bushaltestelle sagt: »Meine Mama hat immer gesagt: Das Leben ist wie eine Schachtel Pralinen, man weiß nie, was man kriegt.« Das Bild der Schachtel Pralinen als lebensphilosophische Gesamtinterpretation enthält sowohl den Aspekt des Zufalls als auch den des Geschenks. Welche Pralinen das Leben für Gump bereit hält, wird im folgenden entfaltet.

3. Die Filme 165

Dabei reflektiert der Film immer wieder die Ambivalenz von kontingenten Fakten und ihrer menschlichen Interpretation. Eine symbolische Verdichtung dieser Problematik kann in der Sequenz gesehen werden, in der Gump zu einem kultisch verehrten Läufer avanciert.
Am Morgen, nachdem Jenny ihn verlassen hat, beschließt Gump ohne besonderen Grund, »ein bißchen zu laufen«. Er läuft immer weiter und wird zu einem Läufer-Idol, dessen Tun ein höherer Sinn zugeschrieben wird. Der Erzähler Gump bemerkt: »Ich hatte einfach Lust zu laufen«, und fügt hinzu, es habe Leute gegeben, »die sahen einen Sinn in dem, was ich machte«. Bald folgt eine ganze Jüngerschar dem Läufer Gump, der die Wirkung seines Laufens selbst nicht recht fassen kann und kommentiert: »Später hat mir jemand erzählt, es habe den Leuten Hoffnung gegeben.« Zwei Episoden – die Erfindung des Slogan »Shit happens« und des Smiley-Symbols (man beachte die existentielle Ambivalenz) – konkretisieren die Auswirkungen dieser Hoffnung, wobei die Smiley-Episode als ironische Anspielung auf den katholischen Leichentuch-Kult gedeutet werden kann.
Als Gump schließlich auf einmal stehen bleibt und nach Hause geht, weil er einfach müde ist, nimmt er seinen Jüngerinnen und Jüngern dadurch die Sinnperspektiven. Sie fragen, was denn jetzt aus ihnen werden solle. Die Sequenz veranschaulicht, wie Sinn als Interpretation eines kontingenten Faktums entstehen kann und zugleich an das Vorhandensein dieses Faktums geknüpft ist. Dieser Blick hinter die Kulissen des Phänomens der religiösen Bedeutungskonstitution trägt Züge einer ironischen Dekonstruktion, die jedoch um die inspirierende Wirkungsmacht der Religion im positiven Sinne zugleich weiß.
Das Laufen zieht sich wie ein roter Faden durch den Film. Man könnte von einer Religion des Laufens sprechen. Ihre Urszene spielt sich auf dem Schulweg ab, als der junge Forrest, von Jenny angefeuert, vor anderen Kindern davonläuft und dabei seine Gehbehinderung überwindet. Eingeleitet wird die Szene durch den Erzähler Gump, der eine Lebensweisheit der Mutter zitiert: »Meine Mama sagte immer, Wunder passieren an jedem Tag. Es gibt Leute, die glauben nicht daran, aber es ist so.« Die Deutung erinnert an Schleiermacher, der den Begriff »Wunder« als den religiösen Namen für »Begebenheit« interpretiert hat. Auch hier ist es eine Frage der Deutungsperspektive, ob Gumps Überwindung seiner Gehbehinderung als Wunder oder als Begebenheit gesehen wird.
Religiös konnotierte Motive der Weltflucht häufen sich in diesem ersten Abschnitt des Films. An Forrests Flucht schließt sich eine Szene an, in der Forrest und Jenny vor Jennys betrunkenem und gewalttätigen Vater davonlaufen. Mitten in einem Maisfeld, in das sie gerannt waren, bittet Jenny Forrest, mit ihr zusammen zu beten. Jenny betet: »Lieber Gott, mach, daß ich ein Vogel werde, damit ich von hier wegfliegen kann.«
Ein weiteres Fluchtmotiv schließt sich an, als der vielleicht 16jährige Forrest er-

neut vor seinen Mitschülern davonläuft, in ein Football-Spiel gerät und als Ausnahmespieler entdeckt wird, der es bis ins All American Football Team bringt.

Die Religion des Laufens wird in Vietnam im Zeichen des barmherzigen Samariters fortgeschrieben: Im Laufschritt transportiert Gump verwundete Kameraden aus dem feindlichen Hinterhalt, darunter auch seinen Vorgesetzten, Leutnant Dan Taylor. Der klagt Gump später an: »Wir alle haben unsere Bestimmung, nichts geschieht zufällig. Ich hätte an der Seite meiner Männer sterben sollen. (...) Ich war dazu auserkoren, an der Front zu sterben, ehrenvoll. Das war meine Bestimmung. Du hast mich darum betrogen.«

Die Beziehung zwischen Gump und Taylor ist das am stärksten explizit religiös konnotierte Element des Films. Auch in diesem Zusammenhang ist die Frage nach dem Verhältnis von Zufall und Schicksal zentral, hier im Horizont der Sinnfrage angesichts des Leidens.

Gump trifft Taylor, dem beide Beine amputiert werden mußten, nach dem Krieg in New York wieder. Sie feiern zusammen Weihnachten. Taylor fragt Gump unvermittelt: »Sag mal, hast du Jesus schon gefunden?« Darauf Gump: »Ich hab' überhaupt nicht gewußt, daß ich ihn suchen soll.« Im weiteren Dialog berichtet Taylor voller Verachtung von der Religiosität der »Krüppel im Versehrtenheim« und dem Besuch eines Priesters.

Die Jesus-im-Herzen-Religion des Versehrtenheims wird hier zwar als zu einfache Antwort auf die Sinnfrage angesichts des Leidens abgelehnt und ironisiert, die Frage nach Gott bleibt jedoch im Modus der Anklage im Raum. Aufgegriffen wird sie, als Dan Taylor, inzwischen »erster Offizier« auf Forrests Shrimpkutter, Forrest Gump vorschlägt, um Erfolg für die Shrimp-Fischerei zu beten. Nach einem wieder einmal erfolglosen Fischzug fragt Taylor: »Wo zum Teufel ist denn dein Gott?« Gump (voice-over): »Sofort danach hat Gott sich gezeigt.« Ein Sturm bricht los, den Gumps Kutter als einziger unbeschadet übersteht. Gump und Taylor werden Shrimp-Millionäre. Gumps Interpretation dieser Ereignisse als Gebetserhörung wird nicht weiter problematisiert. Sie bleibt als mögliche Deutung bestehen.

Die Erfolgsgeschichte findet ihren krönenden Abschluß, als Dan sich bei Forrest dafür bedankt, daß dieser ihm in Vietnam das Leben gerettet hat. Gump kommentiert aus der Erzählerperspektive: »Er hat es nie gesagt, aber ich glaube, er hat mit Gott seinen Frieden gemacht.« Die Versöhnung wird von Dan mit einem Sprung ins sonnenbeschienene Meer besiegelt.

Dan Taylors Auseinandersetzung mit seinem Vietnam-Trauma wird mit einer Inszenierung des Naturschönen abgeschlossen, die Glück und Versöhnung repräsentiert. Ähnlich konnotiert ist das Schöne auch an den anderen, oben schon genannten Stellen im Zusammenhang der ersten Begegnung mit Jenny, mit dem Sohn, im Kontext der Rückschau auf Vietnam und des Besuches an Jennys Grab. Momente des Glücks und der Versöhnung kulminieren in Erfahrungen der Schönheit. Sie sind zum Teil religiös konnotiert wie die Versöhnung Taylors mit seinem Schicksal und die Himmelsbilder, die den Film rahmen.

Insgesamt gesehen kann Gumps Erfolgsgeschichte als Widerspiegelung religiöser Elemente des amerikanischen Traumes gelesen werden: als Ausdruck nämlich der calvinistischen Auffassung von einem Zusammenhang zwischen Prädestination und materiellem Wohlstand. In dieser calvinistischen Perspektive ist materieller Reichtum ein Zeichen der göttlichen Erwählung. Gumps Erfolgsgeschichte weist ihn somit als von Gott erwählt aus – und mit ihm die Amerikaner als erwähltes Volk.

3.4.5 Gesamtinterpretation

Im Spiegel der fiktiven Figur Forrest Gump rekapituliert Zemeckis über dreißig Jahre amerikanischer Zeitgeschichte. Sie erscheint dabei aus der naiven Perspektive Gumps, dem schon aufgrund seines geringen Intelligenzquotienten jegliche Reflexivität fehlt, in erster Linie als Abfolge von Fakten. Die von Zemeckis mit Hilfe dieser Konstruktion suggerierte Neutralität erweist sich bei näherer Betrachtung jedoch als trügerisch. Zu recht schreibt Michael Althen: »Der Regisseur behauptet, er habe nur zeigen, nicht kommentieren wollen. Gumps Tour de Force durch die amerikanische Geschichte der letzten vierzig Jahre läßt indes Vietnam wie einen Betriebsunfall aussehen und macht aus Watergate einen Witz. Nimmt man den Film beim Wort, dann gab es in den bewegten Nachkriegsjahren Amerikas nichts, was sich nicht mit einem reinen Herzen, einem schlichten Gemüt und einer Handvoll guter Ratschläge hätte bestehen lassen.«[12] Hans-Dieter Seidel urteilte in der FAZ ähnlich: »Der Film ›Forrest Gump‹ rekonstruiert die amerikanische Geschichte als gelegentlich böses, aber stets und zuverlässig gut ausgehendes Märchen.«[13] Althen formuliert eine plausible Antwort auf die Frage nach den Motivationskräften für diese Sicht Amerikas: »Was also ist es, was ›Forrest Gump‹ mit all seiner Brillianz, Witz und Dramatik auf den Punkt bringt? Es ist die Sehnsucht einer ganzen Generation, mit ihrer Geschichte ins reine zu kommen und Anschluß an jenes Amerika vor dem Sündenfall zu finden.«[14] Abschließend urteilt Althen: »Sein Film, sagt Regisseur Zemeckis, sei der Versuch, die Generation der Baby-Boomer zu porträtieren im Stil des Malers Norman Rockwell, der wie kein anderer den amerikanischen Alltag zum Idyll umgestaltet hat. Daß der Preis für diese neue Beschaulichkeit ziemlich hoch sein könnte, weil sie die Augen vor der Vergangenheit verschließt, hat die Amerikaner selten gestört. Schließlich beschwört der amerikanische Traum auch nichts anderes als die Fähigkeit, sich ständig selbst neu zu erfinden.

---

12. Michael Althen, a.a.O.
13. Hans-Dieter Seidel, a.a.O.
14. Michael Althen, ebd.

›Forrest Gump‹ verhält sich zur amerikanischen Geschichte wie Disneyworld zum Rest der Welt. Das mag unterhaltsam sein, aber es ist nicht die Wahrheit. Und auch eine schöne Lüge ist eine Lüge.«[15]

Religiöse Deutungselemente und Anspielungen dienen der Konstruktion Amerikas als »Sweet Home Alabama«. Besonders deutlich kann diese Funktion des Religiösen an der versöhnlichen Rahmung des Amerika-Bildes durch religiös konnotierte Naturbilder (die Feder als Verweis auf die Friedenstaube, der Wind als Verweis auf den Geist, der Himmel als Verweis auf Gott) im Vor- und Abspann des Films abgelesen werden. Zugute halten kann man Zemeckis vielleicht, daß diese Suche nach Versöhnung mit Amerika und seiner Geschichte Elemente indirekter Selbstkritik enthält. So läßt sich zum einen etwa die Laufkult-Episode als Sequenz lesen, die den Prozeß der Mythisierung als interessengeleiteten Interpretationsprozeß sichtbar macht. Zum anderen enthält das Amerika-Bild Zemeckis Elemente einer religiös interpretierbaren utopischen Umkehrung der amerikanischen Leistungsideologie. »Forrest Gump« transportiert schließlich die Botschaft, daß am Ende nicht die Leistung zählt, sondern das reine Herz und der Glaube an die Liebe.

Insgesamt bleibt die Geschichtskonstruktion des Films jedoch problematisch. Zu sehr zielt der Film darauf, Brüche und Widersprüche zu glätten, indem er die Ereignisse durch Forrest Gumps rosarote Brille betrachtet. Unstrittig ist, daß Geschichte immer aus Perspektiven beschrieben wird und darum nie vollkommen neutral, sozusagen rein faktisch zur Darstellung kommen kann.

Für die christlich inspirierte Geschichtsschreibung und die auch darin sich unweigerlich vollziehende Konstruktion von Geschichte ist ausschlaggebend, daß die Perspektive der Verlierer, der Leidenden und der Armen die Sichtweise bestimmt und dadurch die Brüche und Widersprüche der Geschichtsverläufe in den Vordergrund rücken. In »Forrest Gump« herrscht hingegen eine andere Optik vor. So nimmt die Umdeutung der Vietnam-Katastrophe in eine Art Betriebsunfall eher die Perspektive der Mächtigen und der Davongekommenen ein, jedenfalls nur am Rande die der Gegner dieses Krieges und seiner Opfer. Die Frage der Rekonstruktionsperspektive und der sie bestimmenden Interessenlagen ist dabei nicht unabhängig von der Wahrheitsfrage. Das Verklärungsinteresse »Forrest Gumps« geht, darauf hatte schon Michael Althen in seiner Filmkritik hingewiesen, zu Lasten der geschichtlichen Wahrheit.

15. Ebd.

3.5 Der König der Löwen

USA 1994. Regie: Roger Allers, Rob Minkoff. Buch: Irene Mecchi, Jonathan Roberts, Linda Woolverton. Produktion: Don Hahn für Walt Disney Pictures. Animation: Mark Henn, Tom Bancroft, Ruben Aquino, Tony Fucile u. a. Visuelle Effekte: Scott Santoro. Computergrafik: Scott F. Johnston. Schnitt: Tom Finan, John Carnochan. Musik: Hans Zimmer, Elton John, Tim Rice. Verleih: Buena Vista. Länge: 87 Minuten. Kinostart: 17.11.1994.
Originalstimmen: Jonathan Taylor Thomas, Matthew Broderick, James Earl Jones, Jeremy Irons, Whoopi Goldberg. Stimmen der deutschen Synchronisation: Julius Jellinek, Frank Lenzengel, Wolfgang Kühne, Thomas Fritsch, Rainer Basedow, Ilja Richter, Hella von Sinnen.[1]

1. Vgl. Epd Film 12/1994, 40.

3.5.1 Hintergrundinformationen

»Der König der Löwen« ist der bis heute erfolgreichste Zeichentrickfilm. Auf der deutschen Zuschauerhitliste rangiert er mit 11.319.003 Millionen Besuchern auf Platz zwei, auf der weltweiten Top Grossing-Liste nimmt er mit einem Einspielergebnis von 766 Millionen Dollar den fünften Platz ein.[2]

Der Film und sein Erfolg wurden in umfassender Weise multimedial vermarktet. Allein in Deutschland erschienen rund 30 Kinder- und Bilderbücher, die den Filmstoff verarbeiten, über 60 Lizenznehmer erwarben Rechte an Motiven des Films zur Herstellung von rund 3000 verschiedenen Produkten, die Filmmusik war umgehend als CD und Kassette verfügbar.[3] Der Film erreichte auf diese Weise eine Präsenz in der Lebenswelt von Kindern wie kein massenmediales Produkt zuvor.

Im Unterschied zu den bisherigen Zeichentrickfilmen der Disney-Studios basiert »Der König der Löwen« auf einer Originalidee.[4] In Deutschland wurde der Film zum Teil sehr kritisch besprochen. So lautet das Resümee von Patrick Bahners in der FAZ: »Dieser Film zelebriert das Recht des Stärkeren. Sein Kreis schließt sich im Rassismus.«[5]

Die Regisseure

Über die Regisseure Roger Allers und Rob Minkoff und die Autorinnen und Autoren von »Der König der Löwen« existieren nur wenige Informationen. Für Allers war es die erste Regiearbeit, für Minkoff die zweite Animationsregie.[6]

3.5.2 Die Erzählung

Tiere, Wasserfälle, Berge. Zu afrikanischer Musik wird das Naturschöne als Animation inszeniert. Dann setzt ein Liedtext ein:

»Von Geburt an beginnt das Erlebnis. Wenn wir uns zur Sonne drehen. Es gibt mehr zu sehen, als man je sehen kann, mehr zu tun, so viel mehr zu verstehen. Das Leben ist ein Wunder, alles neu, alles endlos, so weit. Die Sonne zieht leis ihren goldenen Kreis, wird groß und klein, in die Ewigkeit, folgt dem Gesetz der Natur (...) wir sind alle Teil dieses Universums und das Leben ein ewiger Kreis.«

Der Kreislauf beginnt mit einem Löwenbaby, das von dem Affen Rafiki, einem Schama-

---

2. Spitzenorganisation der Filmwirtschaft e. V., a.a.O.; The Internet Movie Database, a.a.O.
3. Vgl. Eckart Gottwald, Umgang mit dem Numinosen in Unterhaltung und Spiel. Walt Disney's »Der König der Löwen« in theologischer und didaktischer Sicht, in: Barbara Heller (Hg.), Kulturtheologie heute? Hofgeismarer Protokolle 311, Hofgeismar 1997, 145-157, 145f.
4. Vgl. Peter Zander, Der König der Löwen, in: epd Film 12/1994, 40.
5. Patrick Bahners, Natürliche Ernährung. Eine umweltbewußter Fürstenspiegel: »Der König der Löwen« aus den Disney-Studios, in: FAZ, 19.11.1994.
6. The Internet Movie Database, a.a.O.

nen, mit dem Saft einer Frucht und mit Staub gesalbt wird. Die Eltern, der Löwenkönig Mufasa und seine Frau, wohnen der Zeremonie bei. Rafiki präsentiert das Baby den anderen Tieren, indem er es über einer Felsklippe in die Höhe hält. Das Tierpublikum applaudiert und verneigt sich. Das Lied setzt wieder ein: »Dem Gesetz der Natur sind wir geweiht (...) das Leben, ein ewiger Kreis.«

Der Löwe Scar, Bruder des Königs Mufasa, fängt eine Maus, spricht (»Das Leben ist ungerecht.«) und spielt mit ihr. Doch ehe er sie verspeisen kann, tritt der Vogel Zuzu auf. Zuzu kündigt den König Mufasa an und berichtet von dessen Ärger über Scars Fehlen bei der morgendlichen Initiationszeremonie. Als der Löwenkönig eintrifft, kommt es zu einem spannungsgeladenen Dialog zwischen den Brüdern, der deutlich macht, daß Scar sich der angekündigten Herrschaft des Königssohnes nicht beugen will.

Der kleine Simba wird von seinem Vater in die Gesetze des Königreiches eingeweiht. Mufasa: »Sieh dir das an. Das ist unser Königreich, alles, was das Licht berührt. Die Herrschaft eines Königs geht auf und unter wie die Sonne. Eines Tages geht meine Herrschaft auch unter und geht mit dir als neuem König wieder auf.« Nur das schattige Land jenseits der Grenze ist Simba verboten. Mufasa: »Alles, was du siehst, lebt in einem empfindlichen Gleichgewicht (...) So sind wir alle eins im ewigen Kreis des Lebens.«

Scar sorgt dafür, daß Simba sich für einen Elefantenfriedhof im verbotenen Schattenland interessiert. Der Vogel Zuzu begleitet Simba und seine Löwenfreundin auf einem Ausflug zu einer Quelle. Die jungen Löwen haben jedoch in Wahrheit ein anderes Ziel, den Elefantenfriedhof außerhalb des geweihten Landes. Unterwegs können sie ihren Begleitschutz vorübergehend abhängen. Als sie den Elefantenfriedhof erreichen, hat Zuzu sie wieder eingeholt. Doch sogleich tauchen Hyänen auf, die die Dreiergruppe bedrohen und verfolgen. In letzter Minute erscheint Mufasa und rettet die Verfolgten. Simba erhält eine Standpauke wegen seines Ungehorsams. Auf die Versöhnung folgt eine Weisheitspredigt des Löwenvaters: »Simba, mein Vater hat mir etwas sehr wichtiges anvertraut: Sieh hoch zu den Sternen, die großen Könige der Vergangenheit sehen von dort auf uns herab. (...) Wenn du dich einsam fühlst, denk immer daran, daß diese Könige dir den Weg weisen werden. Und ich auch.«

Scar kann die Hyänen für seinen Plan gewinnen, Mufasa zu töten, um sich den Thron anzueignen. Während Scar ein teuflisches Kampflied anstimmt, marschieren die Hyänen in faschistoidem Stechschritt vor ihm auf. Das Schlußbild der Sequenz steht im Zeichen der Halbmondsichel.

Scar läßt die Hyänen eine Gnuherde durch ein Tal treiben, in dem sich Simba befindet. Mufasa kann den Sohn retten, kommt selbst aber um.

Scar redet Simba ein, daß er die Schuld am Tod seines Vaters trägt, und hetzt die Hyänen auf ihn, um auch ihn zu töten. Doch Simba kann entkommen.

Scar übernimmt den Thron und macht mit den Hyänen gemeinsame Sache.

Das Warzenschwein Pumbaa und die Meerkatze Timon finden Simba in der Wüste und retten ihn. Timon rät: »Man muß seine Vergangenheit hinter sich bringen.« Die beiden Tiere lehren Simba die Lebensphilosophie des »Hakuna Matata«, was so viel bedeutet wie »Mach dir keine Sorgen«, singen ihm den Hakuna-Matata-Song vor und führen ihn in ihr sorgloses Leben ein.

Währenddessen verkommt das Land unter Scars Herrschaft, die Nahrung ist knapp geworden.

Simba wächst in der Gesellschaft von Warzenschwein und Meerkatze heran.

Eines Tages muß Rafiki an Simba denken, befragt ein Orakel und erkennt, daß der schon totgeglaubte Simba doch noch lebt. Rafiki verkündet: »Die Zeit ist gekommen.«
Die Löwin, gegen die Simba das Warzenschwein verteidigen muß, entpuppt sich als Simbas frühere Freundin Nala. Mit der Liebe ist nun auch die Zeit der Unbekümmertheit vorbei. Nala erinnert Simba an seine Verpflichtungen als Königssohn. Das zerstörte und von Hungersnöten heimgesuchte Land ruft ihn in die Verantwortung. Simba ist hin und her gerissen.

Rafiki taucht auf und überzeugt Simba davon, daß sein Vater in ihm selbst weiterlebt. Die Stimme des Vaters erinnert Simba in einer Vision an seine königliche Bestimmung: »Du mußt deinen Platz im Kreis einnehmen.« Simba macht sich auf den Weg, um sein rechtmäßiges Königtum anzutreten. Nala folgt ihm. Simba bekennt, daß er »zur Vernunft gekommen ist«. Er hat sich entschieden, den Kampf mit Scar aufzunehmen.

Als die beiden schließlich zusammentreffen, fordert Scar Simba auf, seine angebliche Schuld am Tod seines Vaters in aller Öffentlichkeit einzugestehen. Im Verlauf der anschließenden Konfrontation kann Simba Scar jedoch als den eigentlichen Mörder entlarven. Es kommt zum Zweikampf, bei dem Simba den Widersacher am Ende vom Königsfelsen stoßen kann. Scar fällt buchstäblich in die Hände der inzwischen feindseligen Hyänen, die ihn zerfleischen.

Simba besteigt den Königsfelsen und nimmt damit sein Königtum an. Diese Inthronisation wird durch eine Art »Brüll-Liturgie« (Simba brüllt und die Löwinnen und die anderen Tiere antworten) bekräftigt. Nala kommt hinzu und der Schamane Rafiki, der ein Löwenbaby trägt und dem Tier-Publikum entgegenhält. Der Kreis hat sich geschlossen.

3.5.3 Ästhetische Besonderheiten
In ästhetischer Hinsicht fallen zwei Aspekte besonders auf: die spektakulären Naturansichten und die realistische Anmutung der digital unterstützten Animationen. So läßt die fliehende Gnuherde, die den König zu Tode trampelt, fast vergessen, daß es sich um einen Trickfilm handelt. Die animierten Inszenierungen des Naturschönen entfalten eine ähnliche Wirkung. Diese Passagen vermitteln eine Ahnung davon, welches Illusionspotential in der Digitalisierung steckt.

3.5.4 Religion
Georg Seeßlen hat eine ausführliche Analyse der religiösen Texte und Subtexte von »Der König der Löwen« vorgelegt.[7] Die folgenden Ausführungen knüpfen an das dort schon Erarbeitete an.

---

7. Georg Seeßlen, König der Juden oder König der Löwen. Religiöse Zitate und Muster im populären Film, EZW-Texte, Information Nr. 134, Berlin 1996.

Seeßlen hat den Disneyanismus insgesamt als Pop-Religion interpretiert.[8] Die fundamentale Mangel-Erfahrung der Disney-Filme sei dabei die Erfahrung der Einsamkeit. Disney-Filme antworten, so Seeßlen, auf die Frage, was geschieht, wenn Vater und Mutter nicht da sind, um zu helfen. Ihre Lösung: »Im Augenblick der tiefsten Verzweiflung, der vollständigen Trennung des Kindes von den Eltern, erscheinen die Freunde.«[9] Mit dem Erscheinen der Freunde beginnt die Reparatur des Familienromans. »Die Handlung entspricht dabei einer Suche nach dem verläßlichen Sinnsystem. Man könnte sagen, ein Disney-Film spielt in der ›Befreiung‹ und zugleich ›Läuterung‹ von Kindern und Erwachsenen die ganze Religionsgeschichte, vom urtümlichen Animismus über Begegnungen mit verschiedenen Religionen, von Reinkarnationsvorstellungen, von ekstatischen Zaubern, spirituellen Erfahrungen im Tanz bis schließlich zum Christentum und darin wiederum (das ganze Spektrum, d. Verf.) von einer mystischen Erfahrung bis hin zu einer sehr puritanischen Ethik durch. Dieser Prozeß der religiösen Klärung ist identisch mit dem Prozeß des Erwachsenwerdens und der Ordnungsstiftung. Der große Erfolg von ›Der König der Löwen‹ scheint mir darin zu liegen, daß er diesen religionsgeschichtlichen Schnelldurchlauf, den nahezu alle Disney-Filme bieten, auf eine besonders konzentrierte und mit ein wenig New-Age-Spiritualität versetzte Weise vorführt.«[10]
Der Charakter des Sinnsystems von »Der König der Löwen« wird schon in dem Text des Liedes deutlich, das den ersten Szenen unterlegt ist und die Pop-Religion des Films wie eine Art Credo zusammenfaßt.
»Von Geburt an beginnt das Erlebnis. Wenn wir uns zur Sonne drehen. Es gibt mehr zu sehen, als man je sehen kann, mehr zu tun, so viel mehr zu verstehen. Das Leben ist ein Wunder, alles neu, alles endlos, so weit. Die Sonne zieht leis ihren goldenen Kreis, wird groß und klein, in die Ewigkeit, folgt dem Gesetz der Natur (...) wir sind alle Teil dieses Universums und das Leben ein ewiger Kreis.«

Die zunächst beschworene Weite des Lebens wird in der Auflösung des Liedes wieder zurückgenommen und der ehernen Ordnung der Natur und ihrem ewigen Kreislauf unterworfen. Es gibt in diesem System nichts wirklich Neues. Das Leben vollzieht sich im Kern als eine Wiederkehr des Immergleichen. Dem entspricht im Film unter anderem die Parallelität des szenischen Familienportraits der Königsfamilie am Anfang und am Ende des Films. Freiheit ist in diesem System nicht wirklich vorgesehen. Die Story des Films folgt einer unveränderbaren Logik, in der der Mord des bösen Onkels Scar am Löwenkönig Mufasa ebenso seinen festen Platz hat wie die Flucht Simbas, seine Entscheidung, sich

---

8. Ebd., 11ff.
9. Ebd., 12.
10. Ebd., 14.

die Thronfolgerschaft wieder zurückzuerobern, und sein finaler Sieg über den Bösewicht Scar.

Im Rückblick ist klar: Es mußte so kommen. Kein Wunder, wenn der Lauf der Dinge erklärtermaßen der Ordnung der Sterne folgt. Sonne, Mond und Sterne repräsentieren die Ordnung der Natur und sind darum laut Lied und Moralpredigt Mufasas Anfang, Orientierungsordnung und Ziel der Geschichte (s. o.: »Die Herrschaft eines Königs geht auf und unter wie die Sonne.« »Simba, mein Vater hat mir etwas sehr wichtiges anvertraut: Sieh hoch zu den Sternen, die großen Könige der Vergangenheit sehen von dort auf uns herab. (...) Wenn du dich einsam fühlst, denk immer daran, daß diese Könige dir den Weg weisen werden. Und ich auch.«).

Für die rituelle Begleitung des dergestalt vorherbestimmten Lebens ist in »Der König der Löwen« der Schamane Rafiki zuständig. Das Initiationsritual zu Beginn des Films erinnert dabei sehr stark an die christliche Taufe, mit dem Unterschied, daß die Stirn des Löwenbabys nicht mit Wasser, sondern mit Fruchtsaft benetzt wird. Die quer dazu ausgeführte Zeichnung mit Staub vervollständigt die Geste im Sinne des christlichen Kreuzzeichens. Eckart Gottwald hat diese Eingangssequenz als liturgischen Introitus interpretiert, der das Publikum auf die Installation des mythischen Königs einstimmen soll.[11] Zur religiösen Konnotation der Sequenz trägt auch der Lichtstrahl bei, der – wie zum Zeichen der göttlichen Erwählung – vom Himmel auf das Löwenbaby Simba fällt, als Rafiki es dem huldigenden Tiervolk präsentiert, indem er es in die Höhe hält.[12] Georg Seeßlen hat darauf hingewiesen, daß Geburtsgeschichte und Krippenszene sich vom christlichen Vorbild dadurch unterscheiden, daß »ihr immanenter Schrecken herausgekürzt ist«.[13] Das Tremendum und die Ehrfurcht angesichts des Gotteskindes sind der familiären Idylle und der Naturgeborgenheit gewichen. Zugleich wird schon in diesen ersten Szenen die für den ganzen Film charakteristische fundamentalistische Verbindung von Politik (es geht um das Königreich und den Thronfolger), Religion (Krippenszene, Taufritual, Sinndeutung des Liedes) und Magie (der Schamane Rafiki) deutlich. Der politische Bereich ist dabei ausgezeichnet durch eine autoritäre, patriarchale Gesellschaft,[14] die von einem geistlichen Führer (Rafiki) und einem weltlichen Monarchen (Mufasa) gelenkt wird, der religiöse Bereich durch ein naturmythisch-fundamentalistisch umgeformtes Christentum. Beide Bereiche affirmieren sich wechselseitig, so daß die Monarchie nicht als geschichtliche Institution, sondern – im Kontext des ewigen Kreises – als Einrichtung der Natur gedeutet wird.[15]

---

11. Eckart Gottwald, a.a.O., 150.
12. So auch Eckart Gottwald, ebd.
13. Ebd., 19.
14. Vgl. zur »vollständig patriarchalen Perspektive« des Films ebd., 19f.
15. Vgl. u.a.: »Die Herrschaft eines Königs geht auf und unter wie die Sonne.« S. o. 171.

Der heranwachsende Simba wird von Mufasa in die Gesetze des Königreiches eingeweiht, in den lichtmetaphorisch verdeutlichten Unterschied zwischen Gut und Böse, der mit der Unterscheidung zwischen dem eigenen Königreich (»alles, was das Licht berührt«) und dem schattigen Land jenseits der Grenze zusammenfällt; er wird eingeführt in die Lehre vom empfindlichen Gleichgewicht der Natur und der Einheit allen Existierens im »ewigen Kreis des Lebens« und damit in die Religion der Wiederkehr.

Existiert das Königtum Mufasas im Zeichen der Sonne, so stehen die Machenschaften Scars im Zeichen des Halbmondes. Scar verbündet sich zum Zweck der Ermordung Mufasas mit den Hyänen des Schattenreiches. Das Schmieden der Mordpläne wird begleitet von Bilderkaskaden, in denen sich in faschistoider Manier marschierende Hyänenformationen mit Höllenfeuervisionen mischen. Im Reich des Bösen verschmelzen – wie zuvor im Reich des Lichtes – Politisches, Religiöses und Magisches. Daß der Bruder Scar in dieser disneyanischen Kain und Abel-Geschichte den Part des Bösen vertritt, wird im übrigen schon bei seinem ersten Auftritt deutlich, als Scar nämlich eine gefangene Maus auch noch quälen will, bevor er sie verspeist.

Nach dem Mord an Mufasa und der Flucht Simbas in die Wüste der Läuterung wirtschaftet Scar das Land mit seiner egomanisch-faschistoiden Regentenschaft herunter. Die erlösende Rückkehr des rechtmäßigen Herrschers wird durch die zufällige Wiederbegegnung Simbas mit der Freundin aus Kindertagen eingeleitet. Nala erinnert Simba an seine Pflichten als Königssohn. Als schließlich der Schamane Rafiki ihn durch das Anblicken seines Spiegelbildes im Wasser zu der Erkenntnis führt, daß sein Vater in ihm fortlebt, und er dann auch noch dessen Stimme hört (»Du mußt deinen Platz im Kreis einnehmen.«), macht Simba sich endlich auf den Weg. Die väterliche Verpflichtung – und vermittelt durch sie letztlich die Naturordnung – ist stärker als das Hakuna Matata des sorglosen Lebens. Zu beachten ist dabei, daß Simba in dieser Situation keineswegs in freier Entscheidung Verantwortung wahrnimmt, sondern nur gehorsam »seinen Platz im Kreis« einnimmt. In Rafikis Worten, dem Johannes der disneyanischen Heilsgeschichte, bedeutet das: »Die Zeit ist gekommen.«

Rafiki bestätigt diese Prophezeiung wenig später, indem er sie nach dem siegreichen Endkampf Simbas gegen Scar noch einmal wiederholt. Simba besteigt daraufhin den Königsfelsen, hört die Stimme des Vaters in sich (»Erinnere dich.«) und stößt eine laute Gebrüll aus, auf das die Löwinnen zustimmend antworten. Alle Tiere huldigen nun dem neuen Herrscher und bald wird wieder ein Löwenbaby geboren, der Schamane tritt auf zur Wiederholung der Zeremonie vom Anfang und der Chor bejubelt den »ewigen Kreis«.

3.5.5 Gesamtinterpretation

»Der König der Löwen« inszeniert den ewigen Kreislauf, den er zugleich propagiert, bis in die Entsprechung von Anfangs- und Schlußeinstellung hinein. Religion fungiert in diesem System der naturgesetzlichen Vorherbestimmung als Affirmation des Status quo. In den Worten Georg Seeßlens: »Religion ist nun nicht mehr das, was der Seele Flügel gibt, Religion ist das, was das Zentrum vor der Peripherie bewahrt, was nützlich für die Erhaltung der Macht ist.«[16] Die Eindeutigkeit und Geschlossenheit des Religiösen und die vollständige wechselseitig affirmative Verknüpfung von Religion und Politik kennzeichnen die Religion von »Der König der Löwen« als fundamentalistisch. Georg Seeßlen resümiert treffend: »Es ist der richtige Film für Menschen, die mit einer panischen Angst vor radikalen Veränderungen aufwachsen, die sie nicht zu steuern vermögen, und für Menschen, die geschlossenen eher als offenen Systemen von Gesellschaft und Religion zuneigen.«[17]

Seeßlen fügt dieser Diagnose noch eine religionshermeneutische Deutung hinzu: »Wenn man die Grundzüge der Handlung und das seltsame Nebeneinander verschiedener religiöser Grundphantasien noch um eine Ebene tiefer, sozusagen struktureller, behandelt, erkennt man einen geheimen, möglicherweise unbewußten mythischen Abwehrversuch; es ist die Verweigerung des neuen Bundes, die Vermeidung des Neuen Testaments. Der neue Löwenkönig, der der alte ist, oder doch beinahe, hat als Erlöser nur die alten Zustände wiederhergestellt – den großen Schritt zu einer neuen oder erneuerten Religion, den Schritt zur Liebe hat er nicht getan.«[18]

Plausibel erscheint mir an dieser Deutung die Interpretation des Films als mythischen Abwehrversuch gegenüber dem Neuen. Das Alte und das Neue mit dem Alten und dem Neuen Testament zu parallelisieren, halte ich jedoch für problematisch. Abgesehen einmal von der Nähe zum Antijudaismus, in die man mit so einer Analogie gerät, ist sie auch sachlich nicht haltbar. Das Alte Testament bekämpft, besonders in seiner prophetischen Tradition, ausdrücklich jede Form von mythischer Geschlossenheit. Fragt man nach den religiösen Referenzen der naturmythischen Ordnungsreligion des Films, kommen zwei ganz andere Kontexte in den Blick: zum einen das astrologisch und naturmythisch aufgeladene New Age-Denken und zum anderen diejenigen asiatischen Religionen, die die Vorstellung von einem Kreislauf des Lebens vertreten, insbesondere der Hinduismus.

Der Bezug zum fernöstlichen Religionskontext konvergiert im übrigen mit der im Zusammenhang der religiösen Gegenwartslage beschriebenen Ausbreitung

---

16. Ebd., 28.
17. Ebd., 27.
18. Ebd., 28.

des Buddhismus in der westlichen Welt. Neben seiner Naturverbundenheit ist es sicher auch der ordnungstiftende Charakter seines Kreislaufdenkens und die Relativierung des Subjekts, die ihn für die westliche Hemisphäre interessant machen. Denn die kulturell bedingte Zunahme von subjektiven Freiheiten und Optionen wird zugleich als eine das Subjekt überfordernde Entscheidungslast erfahren.[19] Dieser Strukturierungsdruck verstärkt das Bedürfnis nach starken Ordnungsmustern, wie sie sich in »Der König der Löwen«, im naturreligiös oder astrologisch orientierten New Age-Denken, in den Kreislaufmodellen asiatischer Religionen und in vielfältigen anderen Remythisierungstendenzen finden.[20]

---

19. Vgl. auch oben 16ff.
20. Vor dem Hintergrund dieser Gesamteinschätzung kann ich Eckart Gottwalds weitgehend unkritische Auseinandersetzung mit dem Film nicht teilen. Vgl. ders., a.a.O.

3.6 Independence Day

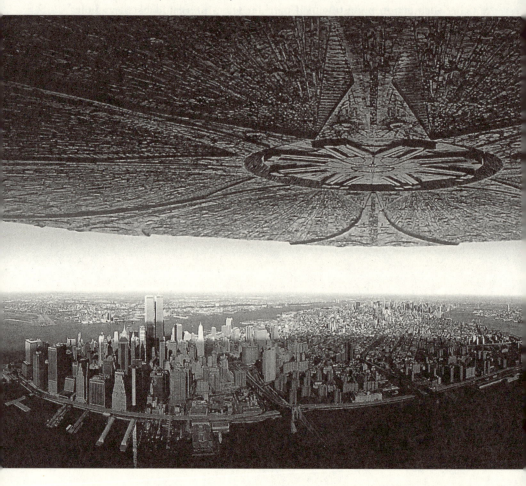

USA 1996. Regie: Roland Emmerich. Buch: Dean Devlin, Roland Emmerich. Produktion: Dean Devlin, Roland Emmerich, Ute Emmerich, William Fasy für 20th Century Fox/Centropolis Entertainment. Kamera: Karl Walter Lindenlaub. Schnitt: David Brenner. Ton: Jeff Wexler. Musik: David Arnold. Verleih: Fox. Länge: 145 Minuten. Kinostart: 19.9.1996.
Darsteller: Will Smith (Capt. Steven Hiller), Bill Pullman (Präsident Thomas J. Whitmore), Jeff Goldblum (David Levinson), Mary McDonnell (Marilyn Whitmore), Judd Hirsch (Julius Levinson), Margaret Colin (Constanze Spano), Randy Quaid (Russell Casse), Robert Loggia (Gen. William Grey).[1]

1. Epd Film, 9/1996, 43.

3.6.1 Hintergrundinformationen

Auf der deutschen Zuschauer-Hitliste rangiert »Independence Day« mit 9.258.993 auf Platz sechs,[2] auf der weltweiten Top Grossing-Liste mit 810 Millionen Dollar sogar auf dem dritten Platz.[3] Trotz der Spezialeffekte hielten sich die Produktions-kosten mit 71 Millionen Dollar in Grenzen.

Die deutsche Filmkritik hat den Film ausführlich besprochen. Der Tenor war dabei kritisch. So schrieb Verena Lueken in der FAZ: »Roland Emmerich hatte, wie man sieht, keine einzige Idee, aber offenbar eine ganze Menge Inspirationsquellen. Der Roman ›The War of the Worlds‹ von H. G. Wells diente schon manchem Film als Vorlage, wurde allerdings, anders als von Emmerich, meistens als Quelle auch erwähnt. (...) Es gibt in der Tat, wie der Kritiker des ›New Yorker‹ schrieb, anders als in den meisten Science-fiction-Filmen, keinen Subtext, nur die reine Lust am Klischee«.[4] Andreas Kilb griff die Kritik des »New Yorker« in seiner Besprechung in »Die Zeit« ebenfalls auf und fügte hinzu, der Film verbrenne keine geistige Energie, sondern Filmgeschichte. Emmerich verfeuere von »Alien« über »2001« bis hin zu »Unheimliche Begegnung« fast das gesamte Science-fiction-Repertoire der Filmgeschichte.[5] Am härtesten geht Jan Schulz-Ojala in »Der Tagesspiegel« mit dem in den USA aus gutem Grund am Independence Day gestarteten Film ins Gericht. »Manche meinen, ›Independence Day‹ appelliere – mit der Metapher der Aliens – an das kollektive schlechte Öko-Gewissen der Erdbewohner, das in Weltsolidarität münden möge. Ich glaube eher, diese schwäbische Wertarbeit in Diensten Hollywoods soll subtil Lust auf kommende Kriege machen, auf die paar mittleren oder größeren, die noch zu führen sind, bevor sympathische Leute wie Pullman die Erde endgültig managen. Diese Kriege werden fast ausschließlich am Computer geführt werden; fließt aber Blut, so fließt es für eine gute Sache. Merkwürdige deutsch-amerikanische Koproduktion, dieser ›Independence Day‹, eine der unheimlichen Art.«[6]

---

2. Spitzenorganisation der Filmwirtschaft e. V., a.a.O.
3. The Internet Movie Database, a.a.O.
4. Verena Lueken, Washington zerstört, Vaterland ungebrochen. Überlebendes Grinsen: Roland Emmerichs Film »Independence Day« füllt die Kinos auch nach dem Unabhängigkeitstag, in: FAZ, 11.7.1996.
5. Andreas Kilb, Lautstark im Weltraum. Der späte Film zum Jubiläum: Roland Emmerichs »Independence Day« verheizt lustvoll 100 Jahre Kinogeschichte, in: Die Zeit, 20.9.1996.
6. Jan Schulz-Ojala, Wollt ihr den totalen Film? Schon vor dem Start eine Legende: »Independence Day«. Das Ufo-Spektakel tut so, als ginge es um Weltsolidarität. Tatsächlich schürt es die Lust auf Krieg, in: Der Tagesspiegel, 18.9.1999.

Der Regisseur

Roland Emmerich wurde am 10. November 1955 in Stuttgart geboren.[7] Er realisierte elf Filme als Regisseur und acht als Produzent. Für acht Filme schrieb er das Drehbuch.[8]

Emmerich gehört zu den wenigen deutschen Regisseuren, die in Hollywoods Traumfabrik erfolgreich Fuß fassen konnten. Er begann seine Karriere als Ausstatter an der Münchner Filmhochschule. Seit dem noch in Deutschland gedrehten Science-fiction »Das Arche Noah Prinzip« (1984) gilt Emmerich als Spezialist für Science-fiction und visuelle Spezialeffekte.

3.6.2 Die Erzählung

Zwischentitel: 2. Juli

Erstes Bild: die amerikanische Flagge auf dem Mond. Dann kommt eine Tafel ins Bild, die von den Astronauten der ersten Mondlandung 1969 dort zurückgelassen wurde. Aufschrift: »Wir kamen in Frieden für die ganze Menschheit.« Fußabdrücke der Astronauten sind zu sehen. Auf einmal fällt ein Schatten über die menschlichen Spuren der Mondlandung, die Erde kommt in den Blick und kurz darauf ein riesiges Raumschiff, das Kurs auf die Erde hält.

Im »Institut für die Suche nach extraterrestrischer Intelligenz« in New Mexico weist ein Rotlicht auf ein Funksignal aus einer anderen Welt hin. Die Signalquelle wird in der Entfernung des Mondes verortet.

Im Pentagon hat man bald weitere Informationen: das unbekannte Flugobjekt hat 550 Kilometer Durchmesser, sein Volumen entspricht einem Viertel des Mondvolumens. Die Geschwindigkeitsveränderung deutet auf ein Raumschiff.

Der Präsident der Vereinigten Staaten, Thomas Whitmore, den Zuschauern als junger, besorgter Familienvater vorgestellt, wird vom Verteidigungsminister über die Vorgänge informiert.

Das Raumschiff der Außerirdischen nähert sich der Erde.

Die New Yorker Freiheitsstatue kommt ins Bild, die Kamera nimmt das Datum der amerikanischen Unabhängigkeitserklärung, den vierten Juli, auf dem Titel des Dokumentes in den Händen der Statue in den Blick.

In New York spielt David Levinson mit seinem Vater Schach. Der Vater kritisiert, daß Levinson vier Jahre nach der Trennung von seiner Frau immer noch alleine ist.

Levinson kommt mit einem Fahrrad ins Büro. Dort erfährt der ökologisch bewußte Computerspezialist – er hält etwas von Recyclingtonnen – von Satellitenübertragungsstörungen.

Kinder in Kalifornien bemerken ungewöhnliche Störungen des Fernsehbildes. Ihr Vater, der Vietnam-Veteran Russell Casse, fliegt ein Flugzeug zum Versprühen von Insektiziden und hat wegen Trunkenheit gerade das falsche Feld besprüht.

7. The Internet Movie Database, a.a.O.
8. Ebd.

Im Weißen Haus berichten die Militärs, daß das Objekt inzwischen in einer Umlaufbahn ist, sich Teile abgespalten haben und in 25 Minuten in die Atmosphäre eintreten werden.

Aus aller Welt kommen Meldungen über unbekannte Flugobjekte. Ein Flugzeug über der kalifornischen Pazifikküste meldet Störungen und fliegt wenig später in eine Feuerwolke.

Während sich in einem Restaurant in Kalifornien einige Männer über »Russ«, den betrunkenen Agrar-Piloten, und seine Geschichte von einer Entführung durch Außerirdische lustig machen, beginnt auf einmal, die Erde zu beben. Hinter einer Feuerwolke erscheint ein Raumschiff am Himmel.

Die Raumschiffe positionieren sich über den Hauptstädten der Welt. Auch über Washington und New York – einschließlich der Freiheitsstatue – gehen die Außerirdischen in Stellung. Über der Skyline von New York treten aus einer Feuerwolke die Konturen eines riesigen Raumschiffes hervor, das sich langsam über die Wolkenkratzer schiebt und auch das letzte Stück blauen Himmels verdunkelt. Die Menschen laufen in Panik auseinander. In Washington beschließt der Präsident, eine Rede an die Nation zu halten.

Pilot Steven Hiller erwacht in einem Haus in Kalifornien, wo er mit der Stripteasetänzerin Jazzman und deren Sohn lebt. Er tritt vor die Tür und erblickt eines der Raumschiffe.

David Levinson hat ein verstecktes Signal im Satellitensystem inzwischen als Countdown identifiziert. In sechs Stunden sei die Zeit abgelaufen, dann drohe die Vernichtung. Am Fernsehmonitor verfolgen David und sein Kollegen die Fernsehansprache des Präsidenten. David ruft seine Ex-Frau Constance an, die Assistentin des Präsidenten ist, und berichtet ihr, daß ein Angriff der Außerirdischen droht.

Captain Steven Hiller macht sich auf den Weg zu seiner Flugbasis.
New York liegt inzwischen vollkommen im Dunkeln.
Der Präsident bittet seine Frau, Los Angeles zu verlassen.
David ist zusammen mit seinem Vater auf dem Weg ins Weiße Haus, um den Präsidenten zu warnen.

Angekommen auf seinem Stützpunkt, erfahren wir von Hillers Jobproblemen und seinen Heiratsplänen.
David ruft seine Ex-Frau an. Sie bringt ihn und seinen Vater mit dem Präsidenten zusammen.
Drei Hubschrauber nähern sich dem Raumschiff über Washington.
David erklärt dem Präsidenten, daß die Außerirdischen das menschliche Satellitensystem mit Hilfe eines versteckten Signals benutzen, um ihren Angriff zu koordinieren.
Die Helicopter werden von den Außerirdischen abgeschossen. Das Weiße Haus wird evakuiert. Überall sind Menschen auf der Flucht aus den Städten, über denen die Ufo-Raumschiffe schweben.

Als David mittels seines Laptops im Präsidentenflugzeug feststellt, daß die Zeit abgelaufen ist, beginnt die Vernichtung. In New York beobachten Menschen, wie sich ein Raumschiff öffnet, das Empire State Building und andere Gebäude mit einem Energiestrahl zerstört und die Stadt in ein Inferno aus Feuer und Hitze verwandelt. Feuersbrünste jagen durch die Straßen und wirbeln Autos durch die Luft.

Während auch das Weiße Haus in Flammen aufgeht, kann die Präsidenten-Maschine gerade noch entkommen.

Die Frau des schwarzen Piloten Hiller, die auf dem Fluchtweg von der Angriffswelle überrascht wird, kann sich mit ihrem Sohn in einen Tunnel retten.

Zwischentitel: 3. Juli

Im Präsidentenflugzeug räsonniert der Präsident darüber, daß man im Golfkrieg noch gewußt habe, was zu tun gewesen sei, heute sei das »alles nicht mehr so einfach, viele Menschen sind heute gestorben«. Er erhält die Nachricht, daß Frau und Tochter verschollen sind.

Die Kampfpiloten, darunter Steven Hiller, werden auf ihren Einsatz vorbereitet. Sie starten zum Gegenangriff. Die Kamera verfolgt den Flug von Hiller und seinem Freund. Letzterer beschwört im Stil des »guten Reverend« den Sieg der »Black Knights« und endet mit »Amen«. Die abgefeuerten Raketen prallen am Schutzschild der Ufo-Raumschiffes ab und können nichts ausrichten. Die Angreifer werden von kleinen Schiffen der Extraterrestrischen verfolgt. Die Mission wird abgebrochen. Nur Hiller kann entkommen, das Verfolgerschiff mit einer Täuschung zum Absturz bringen und sich mit dem Schleudersitz retten. Er findet das feindliche Schiff, schlägt das außerirdische Lebewesen nieder und raucht die Siegeszigarre. Kommentar: »Das nenne ich eine unheimliche Begegnung.«

Im Präsidentenflugzeug spricht Davids Vater mit dessen Ex-Frau Constance über die Liebe. Der Präsident erwägt den Einsatz von Nuklearwaffen. David beschwört ihn, davon Abstand zu nehmen. Sein Vater kritisiert, daß die Regierung keine Konsequenzen aus einem schon 1950 in der Wüste von New Mexico geborgenen Ufo-Fund gezogen habe.

Hiller schleppt das erbeutete Alien[9] in seinem Fallschirm durch die Wüste und trifft auf in Wohnmobilen fliehende Menschen – darunter Russell Casse. Er fährt mit ihnen zu einem Militärstützpunkt, den er zuvor aus der Luft gesehen hatte.

Der Stützpunkt in der Wüste von Nevada ist eine geheime militärische Anlage, genannt »Area 51«. Der Präsident trifft ein und besichtigt die Anlage, von der er bis dato selbst nichts gewußt hatte. Dr. Oken, der Leiter, zeigt dem Präsidenten das 1950 geborgene Raumschiff und die in Formalin konservierten Aliens, die man darin fand und die den Menschen gar nicht so unähnlich seien – auch hinsichtlich ihrer Verwundbarkeit. David Levinson erhält vom Präsidenten den Auftrag, weitere Forschungen anzustellen.

Hiller und der Treck treffen in »Area 51« ein. Dort rechnet man mit der Vernichtung aller Hauptstädte der Welt in 36 Stunden. Hiller erfährt, daß seine Heimatstadt bereits zerstört ist.

Die Freundin von Hiller und ihr Sohn treffen zufällig auf die verschollen gemeldete Präsidentengattin und deren Tochter.

Im Operationssaal des »Area 51« wird der von Hiller mitgebrachte Außerirdische seziert, springt jedoch auf einmal vom OP-Tisch, greift an und nimmt den Forschungsleiter als

---

9. Im folgenden nenne ich die Außerirdischen unter Aufnahme der gängigen Sciencefiction-Terminologie auch Aliens.

Geisel. Der Präsident, der versucht, durch die Glaswand zum Operationssaal hin Frieden mit dem Lebewesen auszuhandeln, bleibt erfolglos, und so muß das Wesen erschossen werden. Zuvor hat der Präsident jedoch telepathischen Kontakt zu dem Alien gehabt und gesehen, was die Extraterrestrischen vorhaben: »Sie sind wie Wanderheuschrecken. Sie wandern von Planet zu Planet. Ihre ganze Zivilisation. Wenn alle natürlichen Ressourcen ausgebeutet sind, ziehen sie weiter. Und wir sind die nächsten.«

David und seine Ex-Frau gestehen sich, daß sie sich immer noch lieben. Der Präsident leitet einen Nuklearangriff ein. Doch auch die erste Atomrakete kann nichts ausrichten. Der Angriff wird abgebrochen.

Frau und Kind (sowohl von Hiller als auch vom Präsidenten) werden gefunden. Die Frau des Präsidenten erliegt ihren Verletzungen.

Zwischentitel: 4. Juli

David ist verzweifelt. Er läßt seine Wut an der Einrichtung im »Area 51« aus. Auf die Naturzerstörung schimpfend stürzt er zu Boden. Sein Vater versucht, ihn zu beruhigen: »An irgendeinem Punkt in seinem Leben verrät jeder mal seinen Glauben. Ich zum Beispiel: Seit dem Tod deiner Mutter habe ich nicht mehr zu Gott gesprochen. Es gibt Zeiten, da dürfen wir nicht vergessen, was wir noch haben.« David: »Und das wäre?« Vater: »Na, ja. Du hast immer noch deine Gesundheit.« Er wolle nicht, daß David sich erkältet, und hilft ihm vom Boden auf. Als David wieder auf die Füße gekommen ist, hat er die entscheidende Erleuchtung, die er sogleich demonstriert: Er hat herausgefunden, wie man das Schutzschild der Alien-Raumschiffe ausschalten kann, indem man ihm »eine Erkältung verpaßt« (des Vaters Rede von der Erkältung hat ihn darauf gebracht, wie er später noch sagen wird) und einen Computervirus einschmuggelt, der das Schutzschild-Programm stört. Wenn es gelänge, das System im Mutterschiff mit dem Virus zu infizieren, könnte man in der Zeit des Schutzschild-Breakdown einen Gegenschlag führen. Hiller meldet sich für den Versuch, das 1950 abgestürzte Alien-Raumschiff zu fliegen, um damit unbemerkt in das Mutterschiff der Außerirdischen einzudringen. Der Präsident stimmt dem Plan zu und entläßt den skeptischen Verteidigungsminister. Die weltweite Gegenoffensive wird via Morsecode koordiniert. Dem Aufruf an alle verfügbaren Piloten folgt auch der Agrar-Flieger, Vietnam-Veteran und Ex-Alien-Entführte Russell Casse.

Hiller heiratet noch kurz vor seinem Einsatz. Nachdem die amerikanische Flagge kurz im Bild war, hält der Präsident eine letzte Moralpredigt: »Sie breiten sich darauf vor, die größte Luftschlacht in der Geschichte der Menschheit zu schlagen. Menschheit, dieses Wort sollte von heute an für uns alle eine neue Bedeutung haben. Wir können uns nicht in kleinlichen Konflikten aufzehren. Unser gemeinsames Interesse verbindet uns. Vielleicht ist es Schicksal, daß heute der vierte Juli ist und daß wir einmal mehr für unsere Freiheit kämpfen werden (...), gegen unsere Vernichtung. Wir kämpfen für unser Recht zu leben. (...) Sollten wir diesen Tag überstehen, wird der vierte Juli nicht länger ein amerikanischer Feiertag sein. (...) Wir werden überleben. Heute feiern wir gemeinsam unseren Independence Day.« Der Präsident fliegt den Angriff selbst mit.

David und Steven starten mit dem Raumschiff der Außerirdischen. Es gelingt ihnen, in das Mutterschiff zu kommen, dort den Virus einzuspeisen und damit die Schutzschilde zu deaktivieren. Die Angriffe sind erfolgreich.

Als bei Russell Casse die Atomrakete klemmt, fliegt er samt aktivierter Atomrakete in das Mutterschiff über dem »Area 51«-Gelände hinein und kann es so zerstören, kurz bevor es seine »Primärwaffe« einsetzen kann. Dem Sohn des Opfer-Helden wird gesagt: »Was dein Vater getan hat, war sehr mutig. Du kannst stolz auf ihn sein.«

Steven und David rauchen die Siegeszigarre, hinterlassen eine Zeitzünderbombe und starten aus dem Mutterschiff. Sie können knapp entkommen, kurz bevor sich die Schleusen des Ufo-Schiffes schließen, das wenig später in einem Atomblitz explodiert.

Im Kontrollzentrum trifft die Siegesmeldung ein. Draußen kehren kurz darauf die siegreichen Piloten Steven Hiller und David Levinson zurück. Der Präsident gratuliert David. Er hat seine Tochter auf dem Arm. Steven Hiller trägt den Sohn seiner Freundin auf dem Arm. Sie blicken auf das abgestürzte Raumschiff, das vor ihren Augen unter einem blauen Himmel schwelend in der Wüste von Nevada liegt. Die Präsidententochter: »Fröhlichen vierten Juli, Daddy!« Hiller zu dem Sohn seiner Freundin: »Ich hatte dir doch ein Feuerwerk versprochen.« Abstürzende Trümmer ziehen Bahnen über den blauen Himmel.

Figuren und dramatische Strukturen

Die Hauptfiguren repräsentieren das multiethnische und multikulturelle Amerika: Der weiße Präsident Thomas J. Whitmore, der jüdische Forscher David Levinson und der schwarze Kampfpilot Steven Hiller. Auch charakterlich repräsentieren sie Typen: Den aufrichtig um das Wohl des Landes besorgten Präsidenten, den ökologisch und wenig statusbewußt eingestellten genialen Forscher, den todesmutigen, durchtrainierten Kampfpiloten. Die Frauen bleiben in diesem Männer-Film im Hintergrund: Sie sterben (die Frau des Präsidenten), sind um das Wohl der Männer besorgt (Hillers Freundin, die Stripperin) oder finden vom Karrieredenken zur Liebe zurück (Davids Ex-Frau). Patriarchale Muster bestimmen die Geschlechterbeziehungen. Am differenziertesten wird in diesem Zusammenhang die Beziehung zwischen David Levinson und seiner Ex-Frau Constance dargestellt. Constance hat die Beziehung abgebrochen, um Karriere zu machen. »Ich wollte meinem Leben einen Sinn geben (...) etwas Besonderes sein«, sagt sie. David hingegen »war glücklich, wo ich war«. Für ihn war die Sehnsucht nach Besonderheit mit seiner besonderen Beziehung zu Constance erfüllt. Diese tendenziell patriarchatskritische Akzentuierung der Rollenverhältnisse (die Frau ist karriereorientiert, dem Mann geht es um die Liebe) wird von Emmerich im Verlauf des Films wieder zurückgedreht: Der Mann vollbringt die Weltrettungsleistung und die Frau findet vom Karrierestreben zu Liebe und Bewunderung zurück.

Die Charaktere sind aufgrund ihrer mangelnden Vielschichtigkeit mit diesen Bemerkungen weitgehend beschrieben. Sie verfolgen alle mehr oder weniger gute Absichten und stehen darin den durch und durch bösartigen Außerirdischen gegenüber. Die Dramaturgie des Films lebt aus der Konfrontation zwi-

schen den guten Menschen, hier vertreten durch die Amerikaner, und den bösen Aliens.
Das Freund-Feind-Schema wird auf die Spitze getrieben.
Die Handlung ist konventionell im Sinne des klassischen Dreierschemas aufgebaut. Die Akte sind dabei klar voneinander abgegrenzt und werden durch die Zwischentitel, die das jeweilige Datum angeben, zusätzlich markiert.
Am 2. Juli werden unbekannte Flugobjekte gesichtet, die über den Hauptstädten der Welt Stellung beziehen. Im schnellen Wechsel werden die Situationen aller Haupt- und Nebenfiguren skizziert, die schrittweise miteinander verflochten werden. Gegen Ende des ersten Aktes beginnen die Außerirdischen ihren Vernichtungskrieg gegen die Menschheit. Der zweite Akt beginnt am 3. Juli mit einem erfolglosen Gegenschlag der Airforce, bei dem sich nur Hiller retten kann und ein außerirdisches Wesen erbeutet. Der Beginn des dritten Aktes am vierten Juli wird durch Levinsons rettenden Einfall markiert, durch den er einen Weg findet, die Schutzschilde der Ufo-Raumschiffe auszuschalten. Der Gegenschlag ist nun erfolgreich, und die Menschheit besiegt die Außerirdischen am Feiertag der amerikanischen Unabhängigkeit.

3.6.3. Ästhetische Besonderheiten

»Independence Day« lebt, darin »Jurassic Park« vergleichbar, zu einem guten Teil von seinen visuellen Sensationen. Im Mittelpunkt stehen dabei die Darstellungen der Kampfszenen mit den Außerirdischen, aber auch die Darstellungen ihrer Raumschiffe und ihrer Körperlichkeit. Das Aussehen der Aliens orientiert sich an bekannten Science-fiction-Konventionen, die die Aliens gern mit großen, blind erscheinenden Augen und Tentakeln ausstatten. Hinzu kommt danach zumeist und eben auch hier eine schleimige Konsistenz der Körperoberfläche.
Bemerkenswert ist das schlechthin Große der Alien-Raumschiffe. Ihr Durchmesser (550 Kilometer) reicht aus, um eine Stadt wie New York am hellichten Tag vollständig zu verdunkeln. Visuell furios sind die Feuerwolkenerscheinungen, die die Raumschiffe umhüllen, und die Szenen, in denen Monumente wie das Empire State Building in New York oder das Weiße Haus in Washington von den Energiewaffen der Außerirdischen vernichtet werden.
Die Bilder der Alien-Raumschiffe und der Kampfhandlungen verweisen auf die ästhetische Deutungskategorie des Technisch-Erhabenen.[10] Dieser wichtige Aspekt soll im Schlußteil noch einmal aufgenommen werden.
An dieser Stelle bleibt noch anzumerken, daß auch »Independence Day« in sei-

---

10. Vgl. Klaus Bartels, Über das Technisch-Erhabene, in: Christine Pries (Hg.), Das Erhabene. Zwischen Grenzerfahrung und Größenwahn, Weinheim 1989, 295-316.

nem Eklektizismus und seiner Konzentration auf die visuelle Sensation stilistische Verwandtschaften mit dem postmodernen Kunstkino aufweist.

Die Themen und ihre Kontexte

»Independence Day« bearbeitet zunächst das Science-fiction-Thema der Begegnung mit den Außerirdischen, die er als eindeutig bösartig schildert. Im Kampf gegen die drohende Vernichtung der Menschheit greift »Independence Day« auf die mythologischen Ressourcen Amerikas zurück: auf den Glauben an die Tatkraft des Einzelnen, an den Zusammenhalt der Gruppe und auf den heroischen und opferbereiten Freiheitswillen amerikanischer Patrioten. Das Szenario des Endkampfes enthält verschiedene Bezüge zur apokalyptischen Tradition des jüdisch-christlichen Kontextes.

Die Untersuchung amerikanischer Mythologien soll an dieser Stelle nicht weiter vertieft werden. Kritisch festzuhalten ist jedoch, daß der Film einem einzelnen Helden, hier dem Wissenschaftler David Levinson, die Rettung der Welt zutraut und ihre Umsetzung durchaus im Sinne der Kritik Jan Schulze-Ojalas als subtile Kriegspropaganda gelesen werden kann. Der Film prolongiert mit den Mitteln Hollywoods die Lehre vom gerechten Krieg. Er zeigt: Kriege sind, eben wenn sie gerechtfertigt sind, nach wie vor eine notwendige und gute Sache, die auch ein heroisches Opfer verlangen können, wie es Russell Casse vorexerziert, als er sich für einen Kamikaze-Flug zur Zerstörung des Alien-Mutterschiffes entscheidet. Daß ausgerechnet Casse, der traumatisierte Vietnam-Veteran, dieses Opfer bringt, wirft ein weiteres Licht auf die ideologische Tonart des Films: Die Vietnam-Erfahrung erscheint als ein Art Vorschule des Opfer-Heroismus.

Vor dem Hintergrund des Kosovo-Krieges weist die Filmhandlung bemerkenswerte Parallelen zur aktuellen Ersetzung der Uno in der Rolle der Weltpolizei durch die Nato unter Führung Amerikas auf. Unter dem Entscheidungsdruck der Ereignisse übernehmen die USA die Führungsrolle in der Auseinandersetzung mit dem gemeinsamen Feind, hier den Aliens, dort Milošević. Der Film gewinnt vor diesem Hintergrund eine bedrückende Aktualität.

Von langfristigerer Aktualität sind seine Bezüge zur Ökologie-Thematik. Sie kommen über den Computerspezialisten David Levinson ins Spiel, der als ökologisch bewußter Wissenschaftler geschildert wird, der mit dem Fahrrad ins Büro fährt, seinen Müll sortiert und den Präsidenten vor den tödlichen Folgen eines nuklearen Schlages warnt. Diesem ökologischen »David« gelingt es, den Goliath der Vernichtung zu besiegen. Die Außerirdischen symbolisieren, so könnte man in dieser Perspektive interpretieren, die naturzerstörerische Seite der Menschheit: Sie werden als Wesen dargestellt, die wie Heuschrecken über Planeten herfallen, ihre Ressourcen ausbeuten und danach weiterziehen.

3.6.4 Religion

Die Fragen der individuellen Sinnfindung werden unter dem Zeitdruck des Apokalyptischen beschleunigt beantwortet. Die Tendenz ist dabei eindeutig: Die Liebe wird über Karriereziele und soziale Hindernisse gestellt. So überwindet Hiller vor dem entscheidenden Einsatz zur Weltrettung seine Skrupel und heiratet die Stripteasetänzerin Jazzman. So erkennt die Präsidentenassistentin Constance die Oberflächlichkeit ihres Karrieredenkens, das zur Trennung von David Levinson geführt hat, und bekennt sich wieder zu ihrer Liebe zu ihm.

Die ökologischen Bezüge könnte man wie oben angedeutet dahingehend zuspitzen, daß man die Aliens als Symbolisierung der naturzerstörerischen Seite des Menschen interpretiert, der zur Natur nur eine ausbeuterische Beziehung hat. Der Film könnte in diesem Kontext als Appell gelesen werden: Wir Menschen können die Welt noch retten, wenn wir unser gemeinsames Interesse am Überleben gemeinsam wahrnehmen. Dann haben wir vielleicht noch eine letzte Chance. Diese ökologischen Bezüge lassen sich zugleich religiös interpretieren. Denn die Natur ist gegenwartskulturell vielfach an die Stelle Gottes getreten, wenn es darum geht, das menschliche Verhältnis zu den sinnkonstitutiven Unverfügbarkeiten des Gegebenen zu bedenken.[11] »Independence Day« wäre vor diesem Hintergrund zu verstehen als eine Art letzter Bußpredigt, sich gemeinsam den Überlebensproblemen zu stellen. Die Art, wie diese gelöst werden, widerspricht allerdings ökologischem Denken zutiefst. Denn nicht eine militärische Entscheidungsschlacht kann das Überleben im ökologischen Sinne sichern, sondern allenfalls ein mimetisches und auf Selbstbegrenzung achtendes Naturverhältnis. Mithin: keine Bomben, sondern Bewußtseinsprozesse. Nicht die Steigerungsform instrumenteller Vernunft, sondern ihr genaues Gegenteil. »Independence Day« würde demnach versuchen, den Teufel mit Beelzebub auszutreiben. Für die ökologische Lesart scheint mir so gesehen doch eher wenig zu sprechen.

Zum Abschluß soll auf die bei »Independence Day« im Blick auf religiöse Spuren naheliegenste Thematik eingegangen werden, auf die Bezüge des Films zu den apokalyptischen Traditionen der Bibel. Zunächst ist in diesem Zusammenhang festzustellen, daß Science-fiction-Filme per se Bezüge zum Apokalyptischen enthalten, geht es doch in beiden, in der Apokalypse wie im Science-fiction um Formen der Reflexion des Themas Zukunft.

Das apokalyptische Nachdenken über die Zukunft hat im jüdisch-christlichen Kontext bestimmte formale und inhaltliche Muster ausgebildet. Die apokalyptischen Texte der jüdischen Tradition bilden dabei die Voraussetzungen für die Offenbarung des Johannes, dem zentralen apokalyptischen Text des Christentums. Dieser Text gab auch der Literaturgattung ›Apokalypse‹ ihren Na-

---

11. Vgl. 1.1.4., 32.

men.¹² Jürgen Ebach faßt ihre Intention prägnant zusammen: »Die apokalyptische Literatur beansprucht, den geheimen Verlauf der Geschichte zu enthüllen, die tatsächlichen Kräfte hinter den historischen und politischen Verhältnissen aufzudecken, die vordergründig bestehenden Macht- und Gewaltverhältnisse zu entlarven und die wahre Macht Gottes zu offenbaren.«¹³

Mit diesem Interesse, so führt Ebach weiter aus, knüpft die apokalyptische Literatur des Judentums an seine prophetischen Traditionen an. Beide Richtungen wollen die gegenwärtigen Verhältnisse im Licht ihrer Folgen zur Darstellung bringen.

Betrachtet man »Independence Day« vor dem Hintergrund dieses Interesses, so läßt sich nicht viel Verwandschaft mit dem Biblischen erkennen. Der Film enthüllt nichts. Er zeigt vielmehr, was wir alle schon wissen: daß Amerika die Weltmacht Nummer eins ist und in globalen Fragen eine Führungsrolle beansprucht.

Motive des Apokalyptischen lassen sich dennoch ausmachen. Neben dem tatsächlichen bzw. möglichen Ende der Geschichte als grober thematischer Schnittstelle zwischen der apokalyptischen Tradition der Bibel und »Independence Day« finden sich eine Reihe von Einzelmotiven und Spuren. Bei der Suche nach ihnen lege ich Philipp Vielhauers Beschreibung der Merkmalskonstellation des Apokalyptischen im Judentum zugrunde.¹⁴ Zu den formalen Merkmalen dieser Konstellation zählt Vielhauer die Pseudonymität apokalyptischer Texte, die Vision als Offenbarungsquelle des Apokalyptischen, die bilderreiche Sprache und die dazu offenbarten Entschlüsselungslogiken, die oft mit Zahlen arbeitenden Systematisierungsschemata, weiterhin Jenseitsschilderungen, Thronsaalvisionen, Paränesen und Gebete. Im Blick auf die Vorstellungswelt der Apokalypsen nennt Vielhauer die Charakteristika Dualismus, Universalismus, Pessimismus, Determinismus, Jenseitshoffnung und Naherwartung.

Einen Anklang an die Pseudonymität des Apokalyptischen könnte man in der Namensgebung für den Weltenretter sehen. Der Apokalyptiker bedient sich großer Namen der Vergangenheit, um seiner Vision Autorität zu verleihen. Emmerich benutzt den Namen »David«. Die Parallelen der Stories – der biblische David besiegt den übermächtigen Goliath mit seiner Steinschleuder, David Levinson die übermächtigen Aliens mit Hilfe seines Labtops und eines Computervirus, mit dem er sie verwundbar macht – stützen die Vermutung, daß hier eine bewußte Wahl vorliegt.

---

12. Jürgen Ebach, Apokalypse. Zum Ursprung einer Stimmung, in: Einwürfe, Heft 2, München 1985, 5-61, 12ff.
13. Ebd., 12.
14. Philip Vielhauer, Geschichte der urchristlichen Literatur, Berlin/New York 2/1978, 485ff.

David verbindet mit den apokalyptischen Sehern, daß er seine Gegenwart entschlüsselt und die Zeichen der Zeit zu lesen versteht: Er entdeckt das versteckte Signal im Satellitensystem, entschlüsselt seine Funktion und stößt auf den Countdown der Vernichtung. Offenbarung in Form einer Vision erhält in »Independence Day« allerdings nicht David Levinson, sondern der Präsident Whitmore: Er sieht durch den telepathischen Kontakt mit dem totgeglaubten Alien, das im Operationssaal des »Area 51«-Labors vom Tisch springt, in die Zukunft. Die Außerirdischen planen die heuschreckengleiche Ausplünderung der Erde. Das Heuschreckenmotiv gehört im übrigen in den Katalog der Plagen, die in der Johannesoffenbarung mit den sechs Posaunen der Engel über die Menschheit hereinbrechen (Offb 9,3ff.). Sogar die Beschreibung der Heuschrecken in der Offenbarung des Johannes (sie haben Schwänze und Stacheln) korrespondiert dem Aussehen der Aliens in »Independence Day«.

Der Countdown wie auch die Datumsgliederung des Films (2.-4. Juli) erinnern an die Zahlenschemata der Apokalypsen. Augenfällige Parallelen bilden auch der expressive Bilderreichtum und der Dualismus von Gut und Böse. »Independence Day« inszeniert wie die Apokalypse eine ultimative Kulmination und Offenbarung des Bösen, das in einer Endschlacht besiegt wird. Die Feuerwolken, die die feindlichen Raumschiffe umhüllen und die ihnen vorausgehen, erinnern dabei an das Wolkenmotiv der Johannesapokalypse, das darin der Gottesoffenbarung zugeordnet ist (Offb 1,7).

Weist »Independence Day« mit dem Motiv des weltgeschichtlichen Endkampfes zwischen Gut und Böse eine Parallele zur apokalyptischen Dramaturgie der Bibel auf, so weicht der Film hinsichtlich der Antriebskräfte des endzeitlichen Geschehens umso deutlicher vom Biblischen ab. Denn der Endkampf findet nicht zwischen Gott und Teufel statt und vollzieht sich auch nicht mit deterministischer Sicherheit nach dem Plan Gottes. In »Independence Day« sind es Menschen, die einen zunächst scheinbar durchaus unsicheren Kampf gegen außerirdische Teufel ums Überleben kämpfen. Apokalyptische Motive werden hier also, so könnte man interpretieren, in einem postaufklärerischen Sinne umgeformt: Der Mensch tritt an die Stelle Gottes. Das Ergebnis seines Endkampfes kann darum keine neue Welt sein, wie sie nach christlichem Verständnis auf den Untergang folgt, sondern nur das schlichte Überleben der Gattung sichern.[15]

Vor dem Hintergrund des Innovationspotentials biblischer Apokalypsen ist »Independence Day« rückwärtsgewandt: Es geht nicht um Verwandlung, sondern um die Verteidigung des Besitzstandes. Der Film steht darin im Horizont einer

---

15. Liest man den Film im Horizont der angedeuteten ökologischen Interpretation, so kämpft der Mensch diesen Endkampf gegen die Bedrohung, die er selber für die Natur und seine eigenen Lebensbedingungen darstellt.

Tendenz, die auch in der frühchristlichen Rezeption der biblischen Apokalypsen wahrzunehmen ist. Jürgen Ebach erläutert: »Aber je mehr die Christen in die Strukturen und nicht selten auch Privilegien der Gesellschaft hineinwuchsen, je mehr sie selbst von den Rändern in die Metropole rückten, desto mehr hatten sie zu verlieren. Nun wurde ihnen die Ansage des Abbruchs der gegebenen Verhältnisse zur Drohung. Das Wort Apokalypse löste von nun an Angst aus. Es bedeutet nicht mehr in erster Linie ›Aufdeckung‹, sondern zuerst ›Schrecken‹. War einst die Apokalypse der Ausdruck der Hoffnung, daß es nicht immer so weiter geht, so wird nun die Hoffnung darauf, daß es immer so weiter gehen werde, der einzige Schutz vor der Apokalypse.«[16]

Apokalypse gleich Untergang lautet entsprechend die Gleichung für »Independence Day«. Ihn abzuwehren und also dafür zu sorgen, daß »es immer so weiter« geht, ist das Thema des Films. In Übereinstimmung damit finden sich in »Independence Day« auch keine Spuren des gesellschaftlichen Gerechtigkeitssinnes der Apokalypsen, die von einer Umkehrung der bestehenden Machtverhältnisse künden.

3.6.5 Gesamtinterpretation

»Independence Day« ist ein visuelles Spektakel, das unter Ausplünderung des Repertoires der Science-fiction-Filmgeschichte und Aufnahme amerikanischer Mythen einen actionreichen Endkampf zwischen bösartigen Aliens und todesmutigen Menschen inszeniert. Der Film enthält Spuren biblisch-apokalyptischer Motive, formt die Grundstrukturen der biblischen Apokalyptik jedoch um: Die »Apokalypse« von »Independence Day« enthüllt nichts mehr und bringt auch nichts Neues. Ihr geht es allein darum, den Untergang des Bestehenden abzuwenden. Die globalen Machtverhältnisse erfahren eine heroische Bestätigung, und Amerika tritt an die Stelle Gottes als Protagonist der Weltrettung.

Der Euphemismus, mit dem Emmerich das Menschheitsthema abhandelt, wird in den Schlußsätzen der Kritik von Verena Lueken deutlich: »Am Ende sind zwar New York, Chicago, Los Angeles und Washington zerstört, Houston und seine Umgebung im nuklearen Fallout verdampft und Millionen Amerikaner tot. Doch die Überlebenden grinsen freundlich, etwa so, bemerkte ein Kritiker, wie nach einem siegreichen Volleyball-Spiel.«[17]

Die darin zum Ausdruck kommende Abwesenheit der anderen Seite des Krieges, seiner Leiden und Schrecken, korrespondiert der durch die militärische Präzisionstechnologie und ihre mediale Vermittlung suggerierten menschenleeren Reinheit und darum auch Unschuld kriegerischer Handlungen, die seit dem

---

16. Jürgen Ebach, a.a.O., 38.
17. Verena Lueken, a.a.O.

Golfkrieg das öffentliche Bild des Krieges bestimmt. Der Krieg erscheint in dieser von seinen Propagandisten inszenierten Präsenz als ein rein technologisches Showdown von Militärmaschinerien. Die Stimmung von »Independence Day« entspricht eben dieser Sichtweise des Krieges – obwohl im Film theoretisch Millionen Menschen gestorben sind.

Im Blick auf die Legitimationsfrage hatte ich schon angedeutet, daß »Independence Day« die Idee des gerechten Krieges perpetuiert. Dabei spielt die eindeutige Bösartigkeit der Aliens eine zentrale Rolle. Sie läßt den Menschen keine andere Wahl und zwingt sie in einen Überlebenskampf. Diese Zuspitzung des Freund-Feind-Schemas leistet die fraglose Legitimation von kriegerischen Handlungen. Krieg, so die Botschaft des Films, ist in entsprechenden Situationen unvermeidbar und darum ein nach wie vor probates Mittel der Politik. Indem die Konfliktkonstellation keinerlei Ambivalenzen aufweist, bleibt nur die Alternative: die oder wir. Krieg erscheint als Notwehr.

Das Aufbauen solcher »Die-oder-wir«-Alternativen kann weder friedenspolitisch noch kulturell gutgeheißen werden. Es stellt vielmehr eine symbolische Kriegslegitimation dar und läuft dem Aufbau von Pluralitätskompetenz zuwider, die gerade auf die Auflösung solcher »Die-oder-wir«-Schemata zielt.[18] Vor dem Hintergrund des Interesses, Krieg als Mittel der Politik auf der Schwelle zum dritten Jahrtausend zu ächten und im Zivilisationsprozeß zu überwinden, ist »Independence Day« als ein rückwärtsgewandter Film zu beurteilen.

---

18. Vgl. zur Pluralitätskompetenz oben 19f.

3.7 Titanic

USA 1997. Regie: James Cameron. Buch: James Cameron. Produktion: James Cameron, Jon Landau für Lightstorm Entertainment. Kamera: Russell Carpenter. Schnitt: Conrad Buff, James Cameron, Richard A. Harris. Ton: Mark Ulano. Musik: James Horner, Randy Gerston. Animation: Peter Lamont, Martin Laing. Spezialeffekte: Robert Legato, Thomas L. Fischer. Verleih: Fox. Länge: 194 Minuten. Kinostart: 8.1.1998.
Darsteller: Leonardo DiCaprio (Jack Dawson), Kate Winslet (Rose DeWitt Bukater), Billy Zane (Carl Hockley), Kathy Bates (Molly Brown), Frances Fisher (Ruth DeWitt Bukater), Gloria Stuart (Old Rose), Bill Paxton (Brock Lovett), Bernard Hill (Captain Smith).[1]

1. Epd Film 1/1998, 41.

3.7.1 Hintergrundinformationen

»Titanic« hält den Kino-Weltrekord: Der Film ist der bis heute erfolgreichste und zugleich teuerste Film der Filmgeschichte. Allein in Deutschland hatte der Film seit seinem Kinostart am 8. Januar 1998 17.888.029 Millionen Zuschauer.[2] Weltweit hat der 1997 in den USA gestartete Film bis heute fast zwei Milliarden Dollar eingespielt, doppelt soviel wie »Star Wars«, der abgeschlagen auf dem zweiten Platz der Einspielhitliste folgt.[3]

Gekostet hat das Untergangsspektakel 200 Millionen Dollar.[4] Die Dreharbeiten waren enorm aufwendig. Sie erforderten Tauchfahrten mit Spezialbooten zum Originalwrack in 3800 Meter Tiefe, den Bau eines 65-Millionen-Liter-Bassins in Mexiko, um ein fast originalgroßes Schiffsmodell darin kippen und untergehen lassen zu können, und nicht zuletzt die Herstellung und Integration von 550 computergenerierten Einstellungen (bei »Jurassic Park« waren es nur 80 gewesen).[5]

War Regisseur James Cameron zum einen bestrebt, alle Mittel der Illusionsmaschine Kino aufzubieten, um den Untergang der Titanic möglichst überzeugend ins Bild zu setzen, so hat er sich zum anderen hinsichtlich der konkreten Filmstory so weit wie möglich an die bekannten Fakten über den Untergang des Luxusliners gehalten, der auf seiner Fahrt von Southampton nach New York am 15. April 1912 von einem Eisberg aufgeschlitzt im Atlantik versank und 1500 Menschen in den Tod riß.[6] Der Frage, warum ausgerechnet Camerons Version der zuvor schon mehrfach verfilmten Katastrophe[7] dieser außergewöhnliche Erfolg beschieden war, wird nachzugehen sein.

Das aufwendige Opus wurde nicht nur mit Einspielerfolgen, sondern auch mit elf Oscars belohnt und konnte damit mit dem bisherigen Oscar-Spitzenreiter »Ben Hur« gleichziehen.[8] Der Soundtrack ist die meistverkaufte Filmmusik der Welt und nur ein Element der Flut von Titanic-Artikeln, die der Film nach sich zog.[9]

2. Spitzenorganisation der Filmwirtschaft e. V., a.a.O.
3. The Internet Movie Database, a.a.O., 31.10.2000.
4. Vgl. taz, »Titanic« ist der große Oscar-Favorit, in: taz, 23.3.1998, 3; auch: Gerhard R. Koch, Still ruht die See. Warum der »Titanic«-Film auf der Erfolgswelle schwimmt, in: FAZ, 25.2.1998, 31.
5. Vgl. Der Spiegel, Selig auf dem Wrack der Träume, in: Der Spiegel, 13/1998, 226-233, 229ff.
6. Vgl. Dietmar Kanthak, Titanic, in: epd Film, 1/1998, 40f.
7. Vgl. ebd., 227f. Der erste Titanic-Film wurde bereits 1915 in Italien hergestellt, weitere folgten 1943 in Deutschland, 1953 in den USA, Fernsehfilme zum Thema wurden 1984 in Deutschland und 1996 in den USA und Kanada produziert, vgl. The Internet Movie Database, a.a.O.
8. Vgl. Georg Seeßlen, Der Höhenflug des sinkenden Schiffs: Das Medienereignis »Titanic«, in: epd Film 5/1998, 8f.
9. Vgl. Christine Krutschnitt, Im Meer der Gefühle. »Titanic« – Mythos, Manie, Milliarden, in: Stern, Nr. 12, 12.3.1998, 58-66, 66.

Die Publikumsstruktur wird zu 60 Prozent von weiblichen Besucherinnen bestimmt, mehr als die Hälfte von ihnen sind unter 25 Jahren. Ein Fünftel der Zuschauer hat den Film schon zweimal gesehen.[10] Als »Titanic« in den Kinos lief, war der Leonardo DiCaprio-Kult das verbindliche Teenager->Evangelium‹. Bravo-Chefredakteur Gerald Büchelmaier berichtete damals: »80 Prozent unserer Leserpost beschäftigen sich nur mit ihm.«[11] »Titanic« und seine Stars hat in einem Umfang eine Kult-Gemeinde mobilisiert wie kein anderer Film der Filmgeschichte zuvor und kann darum mit Recht als ein Kult-Film par excellence bezeichnet werden.

Die deutschen Medien haben dem Film in beispielloser Weise gehuldigt. Allen voran die Wochenzeitung »Die Zeit« mit einem Hauptartikel auf der ersten Seite und die Magazine »Der Spiegel« und »Stern« jeweils mit Titanic-Titeln und entsprechenden Titelgeschichten.[12] Das Interesse dieser Geschichten galt dabei neben der Beschreibung der komplizierten Produktionsgeschichte des Films vor allem der kulturhermeneutischen Analyse seines Erfolgs. Das »Überwältigungskino von Meisterhand«, so Christine Krutschnitt im »Stern«[13], hat eine wahre kulturphilosophische und zeitdiagnostische Deutungsmanie entfesselt. Die professionelle Filmkritik hat den Film demgegenüber eher verhalten aufgenommen und seine konventionelle Machart hervorgehoben.[14]

Der Regisseur

James Cameron wurde am 16. August 1954 im kanadischen Kapuskansing im Bundesstaat Ontario geboren.[15] Ein Physikstudium brach er ab und arbeitete als Trucker – bis er schließlich als Autodidakt beim Film landete.[16] Seit 1981 schrieb er elf Drehbücher und realisierte acht Filme als Regisseur und fünf als Produzent. Er war darüberhinaus auch als Schauspieler, Spezialeffekt-Experte und Produktionsdesigner in der Filmbranche tätig.[17] Der große Erfolg kam 1984 mit dem ersten Terminator-Film. Cameron gilt als ein gnadenloser Antrei-

---

10. Vgl. Der Spiegel, a.a.O., 231.
11. Zitiert bei Christine Krutschnitt, a.a.O.
12. Vgl. Andreas Kilb, Titanic im Kopf. Ein Untergang, der Millionen beglückt, in: Die Zeit, Nr. 13, 19.3.1998; Der Spiegel, a.a.O. (der Titel zeigt das Bild des Liebespaares am Bug des Schiffswracks unter Wasser, über den Köpfen läuft die Zeile: »Tauchfahrt in die Psyche«, unter dem Schiffsbug die Zeilen: »Das Titanic-Gefühl«, und darunter: »Vom Katastrophen-Mythos zum größten Erfolg der Filmgeschichte«); Christine Krutschnitt, a.a.O.
13. Vgl. Christiane Krutschnitt, a.a.O.
14. Vgl. Dietmar Kanthak, a.a.O. und Georg Seeßlen, a.a.O.
15. The Internet Movie Database, a.a.O.
16. Vgl. Der Spiegel, a.a.O.
17. Vgl. The Internet Movie Database, a.a.O.

ber, den besonders die technische Seite des Filmemachens interessiert und der von seinen Ideen besessen ist. Mitglieder seiner »Terminator 2«-Produktionscrew sollen T-Shirts mit der Aufschrift getragen haben: »Terminator 3 – Not with me«.[18]

3.7.2 Die Erzählung

Der Vorspann zeigt Bilder der in Southhampton ablegenden Titanic, die übergehen in Bilder einer Wasseroberfläche. Die Kamera folgt kleinen Tauch-U-Booten, die in die Tiefe vorstoßen. Der Bug des Titanic-Wracks wird sichtbar. Die Unterseeboote stehen im Kontakt mit einem Expeditionsschiff und werden von dort dirigiert. Mit Hilfe eines kleinen Tauchroboters erkunden die Titanic-Forscher das Innere des Wracks. Ein Flügel kommt in den Blick. Der Roboterscheinwerfer gleitet über die Tasten. Die Forscher suchen eine bestimmte Kabine ab, in der unter einer Tür ein kleiner Tresor zum Vorschein kommt, der unter großem Jubel geborgen und geöffnet wird. Darinnen befindet sich jedoch nur verrottetes Papier. Das Gesuchte war offenbar nicht im Safe. Dafür kommt bei der Inspektion des Inhaltes eine Zeichnung zum Vorschein, die eine junge Frau zeigt, die nackt auf einem Sofa liegt und eine Halskette mit einem großen Stein trägt, die zum Erstaunen der Finder exakt dem gesuchten Objekt entspricht.

Eine alte Frau sieht in einem Fernsehbericht die aus dem Tresor geborgene Zeichnung. Es stellt sich heraus, daß die Zeichnung die alte Frau zeigt, eine Überlebende der Titanic-Katastrophe. Die Frau, Rose Calvert, ruft den Expeditionsleiter Rock Lovett an: »Ich wollte sie nur fragen, ob sie das Herz des Ozeans schon gefunden haben.« Lovett läßt die alte Rose und ihre Enkelin Lizzy unverzüglich mit einem Hubschrauber zum Expeditionsschiff bringen.

Der Expeditionsleiter Lovett erklärt: »Ludwig der 16. besaß einen berühmten Edelstein. Er nannte ihn den blauen Diamanten der Krone. Er ging 1792 verloren.« Es gäbe Vermutungen, daß der Diamant in Herzform geschliffen unter dem Namen »Herz des Ozeans« später wieder aufgetaucht ist. Rose berichtet, daß sie den Stein damals auf der Titanic getragen hat.

Einer der Expeditionstechniker erläutert mit Hilfe einer Computersimulation, wie die Titanic den Eisberg rammte, voller Wasser lief, sank, in der Mitte auseinanderbrach und schließlich zwei Stunden und 40 Minuten nach der Kollision vollständig unterging.

Als der Experte geendet hat, bemerkt Rose: »Die persönliche Erfahrung war ein klein bißchen anders.« Lovett: »Lassen sie uns daran teilhaben?«

Rose erinnert sich: »Ich rieche immer noch die frische Farbe. (...) Die Titanic wurde auch ›das Schiff der Träume‹ genannt. Und das war sie wirklich.« Bilder vom Wrack gehen über in Bilder der auslaufbereiten Titanic.

Die junge Rose steigt aus einem Wagen und macht eine geringschätzige Bemerkung über das Schiff. Ihre Mutter: »Das ist also das Schiff, von dem es heißt, es sei unsinkbar.« Carl Hockley, der Verlobte von Rose: »Es ist unsinkbar. Gott selbst könnte dieses Schiff nicht versenken.« Die drei gehen an Bord und die alte Rose kommentiert im Voice-over-Mo-

---

18. Vgl. Der Spiegel, a.a.O., 228.

dus: »Für mich war es ein Sklavenschiff. In Ketten sollte ich zurück nach Amerika gebracht werden.«

Jack Dawson und ein italienischer Freund gewinnen beim Poker zwei Tickets für die Überfahrt mit der Titanic und schiffen sich in letzter Minute ein. Von triumphalistischer Musik begleitet legt die Titanic ab. Ihre Größe wird unter anderem im Vergleich zu zwei Segelschiffen deutlich, an denen sie vorbeifährt.

Jack und sein Freund nehmen ihre Plätze in der Mehrbettkabine der dritten Klasse im Unterdeck ein. Rose und Carl beziehen ihre geräumigen Gemächer in der ersten Klasse auf dem Oberdeck. Die Titanic nimmt Fahrt auf. Jack und der Freund stehen am Bug und beobachten Delphine, die vor dem Schiff herschwimmen und hin und wieder aus dem Wasssser springen. Im Maschinenraum werden Kohlen nachgelegt. Jack und der Freund feiern ihr Freiheitsgefühl lautstark auf dem Bug.

Eine Tischgesellschaft. »Sie ist das größte bewegliche Objekt, das Menschen je schufen«, sagt Mister Ismay, der Reeder, und macht dem Chefkonstrukteur Andrews Komplimente. Der gibt sie an Ismay, zurück: »Ihm (Ismay, d. Verf.) schwebte ein Schiff vor, von solcher Kraft und Größe und so luxuriöser Ausstattung, daß seine Überlegenheit niemals in Frage gestellt werden würde. Und hier ist es.« Als Ismay erläutert, daß er den Namen Titanic gewählt habe, um die Größe und Stärke des Schiffes zum Ausdruck zu bringen, bemerkt Rose, die auch am Tisch sitzt: »Haben sie schon einmal von Doktor Freud gehört, Mr. Ismay, was er über die männliche Besessenheit was Größe anbelangt bemerkt hat, dürfte sie interessieren.« Rose wird von der Mutter getadelt und verläßt den Tisch.

Jack zeichnet. Auf einmal erblickt er Rose auf dem Oberdeck. Einer seiner Mitpassagiere aus der dritten Klasse bemerkt: »Vergiß es, an eine Frau wie die kommst du nicht heran.«

Rose kommentiert im Voice-over-Modus: »Ich sah mein Leben vor mir, als ob ich es bereits hinter mir hätte. (...) Immer dieselben Leute, immer dieselben geistlosen Gespräche. Ich hatte den Eindruck, ich stünde an einem Abgrund.« In ihrer Verzweiflung unternimmt Rose einen Selbstmordversuch. Doch Jack kann sie davon abbringen, sich ins Meer zu stürzen. Sie rutscht jedoch aus und kann gerade noch von Jack gerettet werden. Der wird von den aufgrund ihrer Hilferufe Herbeigeeilten, darunter ihr Verlobter Carl Hockley, zunächst unzüchtiger Anschläge verdächtigt, dann aber aufgrund ihrer Erklärungen zum Dank für die Rettung zum Dinner eingeladen.

Carl schenkt Rose den Diamanten »Das Herz des Ozeans«.

Jack erzählt Rose seine Lebensgeschichte (»Seit meinem 15. Lebensjahr bin ich auf mich allein gestellt.«). Sie bedankt sich dafür, daß er ihren Selbstmordversuch diskret behandelt hat (gegenüber den Herbeigeeilten hatte sie erklärt, sie habe sich zu weit über die Reling gebeugt). Nach den Gründen gefragt, sagt sie unter anderem: »Die Leere, die sich in meinem Leben ausbreitet und meine Machtlosigkeit, etwas dagegen zu unternehmen.« Jack fragt Rose, ob sie ihren zukünftigen Verlobten lieben würde. Sie weist die Frage als unverschämt zurück. Im Verlauf des Dialogs zeigt Jack Rose seine Zeichnungen. Sie bewundert die Aktzeichnungen. Rose: »Sie haben Talent, Jack. Sie sehen die Menschen.« Jack: »Ich sehe sie.«

3. Die Filme 197

Ismay möchte, daß die Jungfernfahrt der Titanic Schlagzeilen macht. Sein Drängen wird den Kapitän später dazu bringen, schneller zu fahren als geplant.

Jack und Rose stehen in der Abendsonne an der Reling. Jack zeigt Rose, wie man weit spuckt. Sie werden von der Mutter von Rose überrascht.

Jack nimmt am versprochenen Dinner teil. Rose stellt ihm die High Society vor. Am Tisch fordert die Mutter von Rose Jack auf, von den Unterkünften in der dritten Klasse zu berichten. Jack verteidigt sein nomadisches Leben. Er sagt unter anderem: »Ich finde, das Leben ist ein Geschenk und ich habe nicht vor, etwas davon zu verschleudern. Man weiß nie, was man als nächstes für Karten kriegt, man lernt das Leben so zu nehmen, wie es gerade kommt. Weil jeder Tag zählt.« Rose und dann die ganze Tischgesellschaft stimmen ein: »Weil jeder Tag zählt.« Sie stoßen an.

Jack inszeniert eine geheime Verabredung mit Rose und bringt sie »auf eine richtige Party« im Unterdeck. Die beiden tanzen.

Der Kammerdiener Carls hat Rose auf der Party gesehen. Beim Frühstück hat Carl deswegen einen Wutanfall. Auch die Mutter liest Rose die Leviten. Sie dürfe Jack nicht wiedersehen. Die Verbindung mit Hockley dürfe nicht gefährdet werden, denn: »Wir haben kein Geld, Rose!«

Jack möchte Rose während des Schiffsgottesdienstes der Erste-Klasse-Passagiere etwas mitteilen, wird jedoch nicht eingelassen.

Der Kapitän erhält eine erste Eisbergwarnung. Er beruhigt Rose und die Mutter, die die Meldung zufällig mitgehört haben, und sagt, daß er die Geschwindigkeit sogar noch erhöhen werde.

Rose rechnet Andrews vor, daß es nicht genug Rettungsboote für alle Passagiere gibt. Andrews gibt zu, daß die Rettungsboote nur für die Hälfte der Passagiere ausreichen. Jack nimmt Rose beiseite. Sie sagt, daß sie Carl heiraten werde. Jack macht ihr eine Liebeserklärung. Doch Rose geht. Aber nicht für lange.

Als Jack am Bug des Schiffes melancholisch in die Abendsonne hineinträumt, taucht Rose auf einmal hinter ihm auf und sagt: »Ich habe meine Meinung geändert.« Jack nimmt ihre Hand, bittet sie, ihre Augen zu schließen und dirigiert sie an die äußerste Spitze der Bugreling. Jack: »Vertrauen sie mir.« Rose: »Ich vertraue ihnen.« Rose streckt ihre Arme in die Abendsonne aus. Jack steht hinter ihr und hält sie. Jack: »Jetzt öffnen sie ihre Augen.« Rose: »Ich fliege, Jack!« Ihre Hände berühren sich zärtlich. Sie dreht zum Kuß den Kopf ein wenig nach hinten. Die Liebenden sind verschmolzen mit der Abendsonne, dem Schiff und der Musik.

Das Bild geht in eine Unterwasservariante desselben Motivs über. Das Gesicht der alten Rose kommt in den Blick. Sie sagt: »Das war das letzte Mal, daß die Titanic das Tageslicht sah.« Expeditionsleiter Lovett erläutert, daß es von diesem Zeitpunkt an noch sechs Stunden bis zur Kollision waren.

Rose möchte, daß Jack sie portraitiert wie »die Mädchen in Frankreich« – nur mit der Diamantenhalskette bekleidet. Er zeichnet sie. Die Portraitzeichnung geht über in eine Nahaufnahme ihres Gesichtes. Eine Detailaufnahme ihres Auges geht über in ein Detail des Auges der alten Rose. Die sagt: »Das war wohl der erotischste Augenblick in meinem Leben.«

Auf der Brücke sagt ein Offizier zum Kapitän: »Es wird schwierig sein, Eisberge zu erkennen, wenn sich an ihnen keine Wellen brechen.«

Rose und Jack fliehen vor dem Kammerdiener Carls unter Deck. Sie landen im Maschinenraum und schließlich in einem abgestellten Wagen, in dem sie sich lieben.

Unterdessen findet Carl im Safe eine Nachricht von Rose: »Jetzt kannst du uns beide in deinem Safe wegschließen.«
Rose sagt zu Jack: »Wenn das Schiff anlegt, werde ich mit dir von Bord gehen.«

Matrosen sichten einen Eisberg direkt voraus. Das Ruder wird herumgerissen, die Umdrehungsrichtung der Schraube umgekehrt. Dennoch kollidiert das Schiff mit dem Eisberg und wird seitlich von ihm aufgeschlitzt. Wasser dringt in die Maschinenräume und dann in die Kabinen ein. Ratten und Menschen fliehen.

Jack und Rose sind inzwischen wieder an Deck. Auf dem Weg in die Gemächer von Rose und Carl steckt der Kammerdiener Jack den Diamanten in die Jackentasche. Carl befiehlt, Jack zu durchsuchen. Man findet den Diamanten bei ihm. Jack wird von der Schiffspolizei abgeführt.

Andrews erklärt den Schiffsverantwortlichen, daß schon fünf Abteilungen mit Wasser vollgelaufen sind und die Titanic darum sinken wird. Der Kapitän zu Ismay: »Ich vermute, sie werden ihre Schlagzeilen kriegen.«

Die Passagiere werden angewiesen, ihre Rettungswesten anzulegen. Der Funker soll einen Notruf absetzen. Die Rettungsboote werden zu Wasser gelassen. Rose fragt Andrews, ob das Schiff sinken wird. Er bejaht und empfiehlt ihr, zu einem Rettungsboot zu gehen.
Ein Streichquartett beschließt, etwas Fröhliches zu spielen, damit keine Panik ausbricht. Die Zwischentüren zu den Unterdecks der dritten Klasse werden geschlossen.

Jack wurde wegen der Diebstahlsanschuldigung von Carls Kammerdiener unter Deck angekettet.

Rose steigt entgegen der Aufforderung der Mutter nicht ins Rettungsboot. Carl: »Wo willst du hin? Zu ihm, um die Hure einer Kanalratte zu werden?« Rose: »Lieber bin ich seine Hure als deine Frau.« Er hält sie fest, sie spuckt ihn an, reißt sich los und läuft davon, um Jack zu suchen.

Die Kabine, in der Jack sich befindet, läuft langsam voll. Er ruft um Hilfe. Rose irrt durch die überfluteten Gänge und findet ihn schließlich. Sie versucht, Hilfe zu holen. Doch sie findet nur ein Beil, mit dem sie sich durch den überfluteten Gang – das Wasser reicht ihr mittlerweile schon bis zur Brust – zu Jack durchkämpft. Es gelingt ihr, Jacks Handschellen-Kette mit dem Beil zu durchtrennen. Die beiden machen sich auf den Weg nach oben.

Das Schiff sinkt. Die Mutter von Rose und Mrs. Brown beobachten das Schauspiel von einem Rettungsboot aus. Die Passagiere der dritten Klasse werden in den Unterdecks eingeschlossen. Jack und seine Mitreisenden – die Rose und er prompt auf ihrer Flucht treffen – rammen eine verschlossene Gittertür mit Hilfe einer Bank ein. Panik greift um sich. Das Streichquartett spielt unbeirrt weiter.

Der Kammerdiener hat Jack und Rose auf der anderen Seite des Schiffes gesichtet. Carl verzichtet auf seinen Platz im Rettungsboot, um Rose zu suchen. Jack und kurz darauf auch der herbeigeeilte Carl beschwören Rose, in das Rettungsboot einzusteigen, was sie auch tut, aber nur, um wenig später – das Boot wird schon heruntergelassen – doch wieder auf die kenternde Titanic zurückzuspringen. Jack hat es beobachtet, macht sich auf die Suche und findet sie. Beide werden von Carl verfolgt, der auf Jack schießt. Auch der Kammerdiener ist noch mit von der Partie. Als Carl die Flucht aufgibt, fällt ihm ein, daß er den Diamanten in die Tasche des Mantels gesteckt hatte, den er Rose vor der Besteigung des Rettungsbootes umgehängt hat.

Jack und Rose versuchen sich durch den Schiffsbauch, in den sie vor Carl geflohen waren, wieder nach oben zu kämpfen und werden dabei von hereinbrechenden Wasserlawinen durch die Gänge gejagt. Eine verschlossene Gittertür können sie in letzter Minute öffnen.

Carl bekommt auch mit seinem Geld nun keinen Platz mehr auf einem Rettungsboot. Der erste Passagier wird in der Panik erschossen – woraufhin sich der Schütze sogleich selbst exekutiert. Carl greift sich ein schreiendes Kind und kann sich damit doch noch Zutritt zu einem der Rettungsboote verschaffen.
Rose und Jack treffen Andrews, den Konstrukteur, der sich nicht retten will. Auch Mister Guggenheim und die Seinen lehnen die Schwimmwesten ab: »Wir sind angemessen gekleidet und bereit, wie Gentlemen unterzugehen.« Der Kapitän zieht sich auf die Kommandobrücke zurück. Das Quartett, das eigentlich auseinandergehen wollte, spielt doch weiter. In der dritten Klasse liest eine Mutter ihren Kindern vor. Das Schiff sinkt nun immer schneller. Der Kapitän wird am Steuer stehend von durch die Fenster einbrechenden Wassermassen umtost. Die Menschen fliehen zum Heck des Schiffes, darunter auch Jack und Rose. Überall brechen Wassermassen ein und das Heck hebt sich aus den Fluten. Ein Priester betet das »Ave Maria« und zitiert aus der Offenbarung des Johannes: »Und ich sah einen neuen Himmel und eine neue Erde. Denn der erste Himmel und die erste Erde vergingen, und das Meer ist nicht mehr.« Bilder von Menschen im Angesicht des Todes. Die Stimme des Priesters: »Und ich hörte eine große Stimme und sie sprach: Siehe da, die Hütte Gottes bei den Menschen. Und sie werden sein Volk sein und er selbst, Gott, wird mit ihnen sein.« Jack und Rose. Rose: »Jack, hier sind wir uns das erste Mal begegnet.« Pfarrer: »Und Gott wird abwischen von ihren Augen alle Tränen. Und der Tod wird nicht mehr sein, noch Leid, noch Geschrei wird mehr sein. Denn das Erste ist vergangen.« Das Bild zeigt eine engelsgleiche Frauengestalt, die im Wasser des Foyers schwimmt. Die Teller fallen stapelweise aus den Küchenregalen. Der Rumpf der Titanic richtet sich immer mehr auf, so daß immer mehr Menschen fallen und in die Tiefe stürzen.

Im Angesicht des schräg aufragenden Schiffsrumpfes murmelt Mrs. Brown auf dem Rettungsboot: »Gott, der Allmächtige.« Kurz darauf gehen die Lichter aus und das Schiff bricht in der Mitte auseinander. Der Rumpf rotiert in die Senkrechte. Rose und Jack sitzen auf der Bugreling und sinken mit dem Bug langsam in die Tiefe.

Sie tauchen aus dem Wasser auf, finden trotz des Getümmels von schreienden Menschen wieder zueinander und können sich auf einer Holztür retten, die allerdings nur Rose Platz bietet. Jack klammert sich an das Holz und muß schwimmend aushalten.

Mrs. Brown möchte, daß das Rettungsboot umkehrt, um den Ertrinkenden zu helfen. Doch sie kann sich nicht durchsetzen.

Rose: »Ich liebe dich, Jack.« Jack mit vor Kälte zitternder Stimme zu Rose: »Du wirst gerettet, du wirst weiterleben, du wirst später einen Haufen Babies kriegen. (...) Diese Fahrkarte zu gewinnen war das Allerbeste, was mir je passiert ist, denn sie hat mich zu dir gebracht. Und dafür bin ich sehr dankbar, Rose. (...) Du mußt mir versprechen, daß du überleben wirst.« Rose: »Ich verspreche es.«
Ein Rettungsboot fährt auf der Suche nach Überlebenden durch den Teppich schwimmender Leichen.
Rose kommt aus der Vogelperspektive auf der Tür liegend und leise singend in den Blick. Im Gegenschuß ist der klare Sternenhimmel zu sehen. Rose bemerkt, daß Jack nun tot ist.

Das Rettungsboot fährt zur Titelmelodie langsam durch die schwimmenden Leichen hindurch. Als es umkehrt, schwimmt Rose hinterher und kann sich mit einer Trillerpfeife bemerkbar machen. Sie wird gerettet.

Die alte Rose erzählt im Voice-over-Modus, daß nur ein Rettungsboot zurückkehrte und nur sechs Menschen aus dem Wasser gerettet wurden, sechs von 1500. Rose: »So brauchten die siebenhundert Menschen in den Booten nichts anderes zu tun, als zu warten, warten auf den Tod, auf das Weiterleben, auf eine Absolution, die aber nie erteilt wurde.«

In der Morgendämmerung wird ein Schiff sichtbar; die Menschen in den Rettungsbooten werden geborgen. Carl sucht unter den Geretteten der dritten Klasse nach Rose. Die sieht ihn vorbeigehen, macht sich jedoch nicht bemerkbar. Die alte Rose erzählt im Voice-over-Modus, daß Carl sich, nachdem er geerbt und geheiratet hatte, aufgrund des Börsenzusammenbruches von 1929 umgebracht hat.

Als das Schiff in New York ankommt und Rose zur Freihheitsstatue hinaufblickt, wird sie nach ihrem Namen gefragt. Ihre Antwort: »Dawson, Rose Dawson.« Die alte Rose bekennt, daß sie vorher noch niemandem von ihren Erlebnissen mit Jack Dawson erzählt hat – von dem Mann, der sie gerettet hat und der nur noch »in meiner Erinnerung existiert«.

Expeditionsleiter Lovett wirft die Zigarre, die er nach dem Finden des Diamanten rauchen wollte, ins Meer.

Die alte Rose geht nachts nur mit einem Nachthemd bekleidet zum Heck des Schiffes, den blauen Diamanten in der Hand. Aufnahmen der jungen Rose, die auf dem Rettungsschiff in ihre Manteltasche greift und den Diamanten hervorholt, werden eingeblendet. Die alte Rose wirft den Diamanten ins Meer. Fotos neben der schlafenden alten Rose zeigen, daß sie ihr »Familienversprechen« gegenüber Jack wahr gemacht hat.

Die Kamera sucht das Wrack auf, das sich auf einmal in die intakte Titanic verwandelt. Ein Schiffsdiener öffnet eine Tür. An der zentralen Treppe im Foyer wartet Jack und streckt seine Hand aus. Unter dem Beifall der umstehenden Menschenmenge umarmen sich Jack und Rose. Die Kamera schwenkt nach oben, ihr Blick verliert sich in der Helligkeit der Glaskuppel.

3.7.3 Ästhetische Besonderheiten

»Titanic« kombiniert das Gefällige mit dem Schrecklichen auf eine Weise, die den Schrecken in der Idylle pittoresker Bilder und dem Klischee romantischer Liebe aufhebt.

Die Kulmination des Pittoresken wird in der Sequenz erreicht, in der Jack und Rose am Bug des Schiffes ihre Liebe feiern und mit ausgestreckten Armen der Abendsonne entgegenfahren. In dieser Sequenz verschmelzen die klischeehaften Schönheiten der Hauptdarsteller mit denen des Schiffes, der Natur und der Musik.

Die Kategorie des Pittoresken betrifft aber ebenso die Bilder des Schiffes noch in seinem Untergang in sternenklarer Nacht. Cameron inszeniert die Katastrophe auf eine Weise, die ästhetisierend Distanz schafft und umso leichter die Position des vom Verstörenden der Katastrophe nicht zu stark berührten Katastrophenvoyerismus ermöglicht. Die melancholische Musik schiebt sich dabei immer wieder wie ein Filter dazwischen, der es ermöglicht, das Grauen aus einer etwas entfernteren Weltschmerz-Perspektive zu beobachten.

Genau genommen inszeniert Cameron ein Wechselbad der Gefühle, zu dem immer auch der Schrecken und damit eine bestimmte Form oder Zerrform des Erhabenen gehört. Im Schlußteil soll die Frage nach der Eigenart von Camerons »Titanic«-Ästhetik im Kontext der ästhetischen Deutungskategorie des Erhabenen noch einmal aufgenommen werden.

3.7.4 Religion

3.7.4.1 Das Schiff und der Untergang

Mit der Titanic-Katastrophe greift Cameron eine Geschichte auf, die schon lange vor seinem Erfolgsfilm zu einem zentralen Mythos des 20. Jahrhunderts geworden war. »Der Spiegel« zählt 3000 Bücher über das Jahrhundertereignis und fast ein Dutzend »Titanic Societies«.[19] Seit der Bergung von Gegenständen aus dem Wrack touren Titanic-Ausstellungen um die Welt, in denen die Beutestücke der Titanic-Schatzsucher in blaues Licht getaucht wie Reliquien bestaunt werden können.[20] Die Ausstellungen stehen im Kontext einer Titanic-Renaissance in den 90er Jahren, zu der auch das 1995 auf deutsch erschienene Buch »Choral am Ende der Reise« gehört, in dem der Norweger Erik Fosnes Hansen den Biographien der sieben Bordmusiker nachgeht, die bis kurz vor dem Unter-

---

19. Der Spiegel, a.a.O., 227.
20. Vgl. ebd.

gang des Schiffes gespielt haben sollen. Sein Buch wurde seither in 25 Sprachen übersetzt.[21]

Angefangen beim Namen des Schiffes und seinem Bezug zur griechischen Mythologie hatte die Titanic-Katastrophe offenbar alle Ingredienzien, um zu einer symbolischen Erzählung mit weiter Verbreitung zu werden. Sowohl die Einzelmotive Schiff, Seefahrt, Meer und Untergang als auch die Kombination dieser Motive im Zusammenhang der konkreten Ereignisse haben symbolische Qualitäten und eine lange Vorgeschichte in den Kontexten der abendländischen Kulturgeschichte.

Hans Blumenberg hat die symbolische Konstellation dieser Motive unter dem Titel »Schiffbruch mit Zuschauer« als »Paradigma einer Daseinsmetapher« interpretiert.[22] Er führt aus: »Der Mensch führt sein Leben und errichtet seine Institutionen auf dem festen Lande. Die Bewegung seines Daseins im ganzen jedoch sucht er bevorzugt unter der Metaphorik der gewagten Seefahrt zu begreifen.«[23] Zwei Voraussetzungen bestimmten dabei vor allem die Metaphorik von Seefahrt und Schiffbruch: »einmal das Meer als naturgegebene Grenze des Raumes menschlicher Unternehmungen und zum anderen seine Dämonisierung als Sphäre der Unberechenbarkeit, Gesetzlosigkeit, Orientierungswidrigkeit. Bis in die christliche Ikonographie hinein ist das Meer Erscheinungsort des Bösen, auch mit dem gnostischen Zug, daß es für die rohe, alles verschlingende und in sich zurückholende Materie steht. Es gehört zu den Verheißungen der Apokalypse des Johannes, daß im messianischen Zustand kein Meer mehr ist.«[24]

Zum Schiff: Die Titanic ist das Gegenbild der Arche. Entsteht die Arche aufgrund göttlicher Anweisungen als ein menschheitliches Rettungsboot, so die Titanic ganz allein aus dem selbstgewissen Geist menschlicher Schöpfungsmacht heraus. Sie ist eine Art Inkarnation menschlichen Fortschrittglaubens zu Beginn des 20. Jahrhunderts und verkörpert den technischen state of the art um die Jahrhundertwende: ein ultimatives Symbol menschlicher Schöpfungspotenz und Naturbeherrschung, das in Konzeption (zu wenig Rettungsboote) und Verwendung (sensationslüsternde Steigerung der Geschwindigkeit) vom Geist selbstgewisser Hybris bestimmt ist und darin nahtlos an die Urgeschichte menschlicher Hybris anknüpft, wie sie in der Sündenfallerzählung (der Mensch will sein wie Gott) und der Erzählung vom Turmbau zu Babel (der Mensch will sich einen Namen machen) symbolisiert ist. Besonders ins Auge fällt die Analo-

---

21. Erik Fosnes Hansen, Der magische Schiffbruch. Die »Titanic«-Legende verzaubert Schiftsteller und Filmemacher – durch ihren Schatz von mächtigen Archetypen: Meer, Tod und Liebe, in: Der Spiegel, a.a.O., 234-239, 235.
22. Hans Blumenberg, Schiffbruch mit Zuschauer. Paradigma einer Daseinsmetapher, Frankfurt/M. 1979.
23. Ebd., 9.
24. Ebd., 10.

gie zur Turmbaugeschichte: der Wille zu einer unüberbietbaren Kulturleistung, die durch Größe und Rekord Schlagzeilen ›im Himmel und auf Erden‹ macht. Im konkreten Kontext der Erzählung kommt das Hybris-Motiv zum ersten Mal durch eine Äußerung von Carl Hockley, dem Verlobten von Rose, explizit zur Sprache. Vor dem Einschiffen sagt er über die Titanic zur Mutter von Rose: »Es ist unsinkbar. Gott selbst könnte dieses Schiff nicht versenken.«
Fortgeschrieben wird die Thematik im ersten Tischgespräch an Bord, an dem der Reeder Ismay, der Chefkonstrukteur Andrews, Rose, ihre Mutter und Carl teilnehmen.
»Sie ist das größte bewegliche Objekt, das Menschen je schufen«, sagt Mister Ismay, der Reeder, und macht dem Chefkonstrukteur Andrews Komplimente. Der gibt sie an Ismay zurück und betont die unverwundbare Überlegenheit des Schiffes. Als Ismay erläutert, daß er den Namen Titanic gewählt habe, um die Größe und Stärke des Schiffes zum Ausdruck zu bringen, bemerkt Rose, die auch am Tisch sitzt: »Haben sie schon einmal von Doktor Freud gehört, Mister Ismay, was er über die männliche Besessenheit was Größe anbelangt bemerkt hat, dürfte sie interessieren.« Rose wird von der Mutter getadelt und verläßt den Tisch.
Wenig später wird Ismay den Kapitän dazu bringen, schneller zu fahren als geplant, um mit der Jungfernfahrt des Schiffes Schlagzeilen zu machen.
Das Motiv des Untergangs appelliert an die Angstlustgefühle des Katastrophenvoyerismus – von je her eine der Hauptattraktionen theatralischer Darstellungen. Blumenberg zitiert den Dramentheoretiker Abbé Galiani aus einem Brief von 1771: »Je sicherer der Zuschauer dasitzt und je größer die Gefahr ist, die er sieht, um so mehr wird er sich für das Schauspiel erwärmen. Hier ist der Schlüssel zu den Geheimnissen der tragischen, komischen, epischen Kunst.«[25]
Die Sicherheit des Zuschauers wird bei Cameron wie schon beschrieben nicht zuletzt auch durch eine massive Ästhetisierung des Katastrophischen erreicht. Durch die Art der visuellen Inszenierung und die unterlegte Musik erscheint das Schreckliche zugleich als das Pittoreske. Beispielhaft ist unter anderem das malerische Bild, das Rose nach dem Untergang auf der Tür treibend aus der Vogelperspektive zeigt. Sie singt leise und beruhigend vor sich hin und treibt auf der Tür wie auf einer Insel der Seligen. Im Gegenschuß kommt der klare Sternenhimmel in den Blick. Diese Bilder lassen an Schleiermachers Religionsdefinitionen aus seinen Reden »Über die Religion« denken: als »Sinn und Geschmack fürs Unendliche« oder »Anschauung des Universums« wird dort die religiöse Kernerfahrung bestimmt.[26] Ebensogut kann man diese Bilder aber

---

25. Hans Blumenberg, a.a.O., 39.
26. Friedrich D. E. Schleiermacher, Über die Religion. Reden an die Gebildeten unter ihren Verächtern, Stuttgart <1799> 1980, 36, 80, 85.

auch einfach nur als pittoreske Inszenierungen des Naturschönen interpretieren, in die Rose und Jack mimetisch eingelassen sind und die auch den Augenblick des Todes von Jack einrahmen.

Läßt sich im Blick auf Jack von einer religiös interpretierbaren Ästhetisierung des Todes sprechen, so setzt das Untergangsgeschehen und die damit verbundene plötzliche Konfrontation mit dem Tod auch eine ganz manifest religiöse Interpretation der Situation frei: ein Priester zitiert aus dem 21. Kapitel der Apokalypse des Johannes: »Und ich hörte eine große Stimme und sie sprach: Siehe da, die Hütte Gottes bei den Menschen. Und sie werden sein Volk sein und er selbst, Gott, wird mit ihnen sein.« Jack und Rose im Bild. Rose: »Jack, hier sind wir uns das erste Mal begegnet.« Pfarrer: »Und Gott wird abwischen von ihren Augen alle Tränen. Und der Tod wird nicht mehr sein, noch Leid, noch Geschrei wird mehr sein. Denn das Erste ist vergangen.«

Indem der Offenbarungstext exakt vor dem endgültigen Untergang plaziert ist, ordnet er die Titanic-Katastrophe zum einen noch einmal ausdrücklich in einen allgemeinen apokalyptischen Horizont ein. Zum anderen fungiert er aufgrund der engen Verknüpfung mit der Geschichte der Liebenden auch als Deutung ihres Schicksals. Retrospektiv könnte man sagen: das Ewigkeitspotential der Liebe, das in der späteren Auferstehungsphantasie noch eine virtuelle Entsprechung findet, wird hier schon angedeutet.

Cameron hebt und reanimiert die mythischen Schätze der Titanic, indem er die Kamera zu Beginn seines Films zum echten Titanic-Wrack hinabtauchen läßt und mit Hilfe eines durch eine Cyber-Brille gesteuerten Tauchroboters in das Innere des Wracks vorstößt. Diese Eingangssequenz ist zugleich ein gutes Bild für das Gesamtunternehmen: Cameron zieht alle Register der Illusionsmaschine Kino, um die Auferstehung der Titanic möglichst überzeugend ins Bild zu setzen. Das gescheiterte Technikwunder von 1912 wird mit allen Mitteln der herkömmlichen und der digitalen Illusionstechnik wieder flott gemacht. Und dieses Mal stört kein Eisberg seine Fahrt durch die Kinos und die Köpfe.

Daß diese Fahrt zu so einem beispiellosen Welterfolg werden konnte, hat sicher etwas mit der zeitgeschichtlichen Aktualität und Kompatibilität des Titanic-Mythos zu tun. Es ist vermutlich vor allem die in den letzten Jahrzehnten erneut deutlich gewordene Ambivalenz des wissenschaftlich-technischen Fortschritts, die dem Titanic-Symbol Aktualität verleiht. In einer Zeit, in der das menschengemachte Ende der Geschichte zur realen Möglichkeit geworden ist, in der man gewissermaßen schon ökologische und soziale Eisbergwarnungen gehört hat, bekommt der Titanic-Soundtrack einmal mehr eine apokalyptische Klangfarbe.

Der Schriftsteller Hans Magnus Enzensberger meinte in einem Interview: »Wahrscheinlich liegt der heutigen Faszination unbewußt zum Teil auch ein ökologisches Denken zugrunde: Der Eisberg, ein unkontrollierbares, zufälliges

Element der Natur, schickt das vom Menschen geschaffene technische Wunder in den Abgrund. Die Natur schlägt zurück!«[27]

Die Titanic eignet sich als symbolisches Bild der Menschheit, die im Schiffsbauch ihrer vielfältigen Technologien zugleich langsam und zu schnell (für die Alltagserfahrung sehr langsam und für manche wissenschaftliche Beobachtung sehr schnell) ihrer Zukunft und damit ihren ökologischen Problemen entgegenfährt, unter sich die ausgebeutete Erde und über sich die zerfressene Atmosphäre, deren Schutzfunktion gegenüber der Kälte des Universums und den tödlichen Röntgenstrahlen der Sonne beeinträchtigt ist. Die Natur rückt in diesem Szenario in die Position Gottes ein: von ihr befürchtet man Bestrafung, zu ihr versucht man das Verhältnis mit ökologischen Bußübungen zu verbessern.

Vor diesem Hintergrund wird deutlich, daß die Titanic-Story eine symbolische Erzählung mit religiös-apokalyptischem Geschichtsdeutungspotential ist. Denn sie interpretiert den technischen Fortschritt im Licht seiner möglichen Folgen: Kollision. Auch hinsichtlich des Bilderreichtums und der feierlichen Tonart ist Camerons Titanic-Film den apokalyptischen Traditionen der Bibel verwandt.

Im Blick auf die Geschichte des 20. Jahrhunderts hat die Titanic als Katastrophe und als Medienereignis eine merkwürdige Stellung: Sie ist nämlich zugleich Symbol und Vorausdeutung des Jahrhunderts. 1912 geht sie im Atlantik unter, 1997 auf den weltweiten Kinoleinwänden – mit bis dahin unerreichter Publikumsresonanz. Dazwischen vollzieht sich der Untergang des alten Europa: seines romantischen Idealismus, seiner ideologischen Totalitarismen, seines Fortschrittsoptimismus. All das geht zu Ende. Zugespitzt: Der Mensch, der Gott spielen will, fährt zur Hölle. Die Bilanz ist bekannt: Zwei Weltkriege, Auschwitz, Hiroshima.

Im Vollzug der Film-Rezeption spielen diese Bezüge und Konnotationen des Titanic-Mythos und des Films auf einer bewußten Ebene vermutlich so gut wie keine Rolle. Sie schwingen aber sicherlich in vielfacher Hinsicht auf indirekte Weise mit.

3.7.4.2 Die Liebesgeschichte

Die Liebesgeschichte besteht aus zwei ineinandergeschachtelten Dreiaktdramaturgien: Die erste erstreckt sich bis zur Kollision mit dem Eisberg. Ihre Exposition reicht bis zum Selbstmordversuch von Rose, die Konfrontation besteht in der Erfahrung der Liebe und im Austragen des damit verbundenen Konfliktes mit Carl, der mit Roses unerwartetem Auftauchen am Bug des Schiffes (»Ich habe es mir anders überlegt.«) in seine Auflösungsphase mündet. Diese endet

---

27. Hans Magnus Enzensberger, »Die Natur schlägt zurück!« Erik Fosnes Hansens Protokoll eines »Titanic«-Fachgespräches mit Hans Magnus Enzensberger, in: Der Spiegel, a.a.O, 238-239, 239.

nach der Liebesszene im Wagen mit Roses Versprechen: »Wenn das Schiff anlegt, werde ich mit dir von Bord gehen.«

Mit der Eisbergsichtung setzt nun eine neue Dreiaktstruktur ein, die mit Jacks Ankettung unter Deck ihren ersten Wendepunkt erreicht und im Mittelteil in Rettungs- und Verfolgungssituationen fortschreitet bis hin zu dem Punkt, an dem Jack und Rose auf der Heckreling in die Tiefe sinken und der letzte Akt beginnt, der mit der geträumten Auferstehungsszene endet.[28]

Die doppelte Dreiaktstruktur erzählt die Geschichte einer doppelten Prüfung der Liebe von Jack und Rose. Im ersten Teil muß sich die junge Liebe an der trennenden Feindschaft des Sozialen bewähren, im zweiten Teil kommt die Feindschaft des Schicksals hinzu. Beide Faktoren schweißen die Liebenden jedoch nur noch enger zusammen: Die Eskalation der Trennungskräfte bewirkt eine Intensivierung der Vereinigungskräfte.

Die Ausgangssituation der Liebesgeschichte wird durch den gesellschaftlichen Kontrast zwischen Rose, dem unglücklichen Upper-Class-Girl, und Jack, dem mittellosen, aber glücklichen Proleten bestimmt.

Rose DeWitt Bukater ist aus ökonomischen Gründen in eine Verbindung mit Carl Hockley gezwungen worden. »In Ketten« und »Leere« sind die Vokabeln, mit denen sie ihre Situation beschreibt, die so verzweifelt ist, daß sie kurz nach der Abfahrt einen Selbstmordversuch unternimmt. Jack Dawson dagegen ist mittellos und vor allem frei. Für ihn ist die Überfahrt ein Aufbruch in neue Freiheiten. Seine Lebensphilosophie wird in seiner kurzen Tischrede anläßlich der Dinner-Einladung aufgrund seiner Rettungstat deutlich: »Ich finde, das Leben ist ein Geschenk und ich habe nicht vor, etwas davon zu verschleudern. Man weiß nie, was man als nächstes für Karten kriegt, man lernt das Leben so zu nehmen, wie es gerade kommt. Weil jeder Tag zählt.«

Mit Rose und Jack begegnen sich erste und dritte Klasse auch in einem metaphorischen Sinn. Cameron hat im Blick auf die Story von »Romeo und Julia im Wasser« gesprochen.[29] Die Filmstory predigt das Hohelied der romantischen Liebe, die diese Klassenschranken zu überwinden vermag. Die romantische Liebe ist zugleich der entscheidende Sinnfaktor des Lebens, der die Leere und Verzweiflung von Rose in Liebesglück und Lebensfülle verwandelt.

Die Todeswelt des Kapitals und der ersten Klasse wird in erster Linie von Carl Hockley, dem Verlobten von Rose, repräsentiert. Symbol seiner Welt ist der blaue Diamant, mit dem er versucht, sich die Liebe von Rose zu erkaufen und den er später verwendet, um die Liebenden auseinanderzubringen, indem er Jack den Stein in die Tasche schmuggeln läßt, um ihn als Dieb hinstellen und

---

28. Unwillkürliche Assoziation: »Hinabgestiegen in das Reich des Todes, am dritten Tage auferstanden von den Toten, aufgefahren in den Himmel.«
29. Der Spiegel, a.a.O., 229.

im Unterdeck festhalten zu können. Das Ende von Carl unterstreicht den Todessog der Welt des Geldes und der gesellschaftlichen Reputation: Carl erschießt sich, wie die alte Rose berichtet, nach dem Börsencrash von 1929. Sie selbst überantwortet den Diamanten, das Signum der Geld-und-Macht-Sphäre, mit einer symbolträchtigen Geste am Schluß den Fluten des Ozeans.
Jack verkörpert im Unterschied zu Carl eine im christlichen Sinne vorbildliche Lebenshaltung. Er faßt das Leben als Geschenk auf, bei dem »jeder Tag zählt«. Gesellschaftliche Konventionen sind ihm nicht wichtig. Er lebt prozessorientiert. Sein Signum ist das Zeichnen, das seine wahrnehmende Haltung symbolisiert. Rose betont: »Sie sehen die Menschen.« Jack: »Ich sehe sie.« In diesem Angesehenwerden blüht Rose auf. Und sie verlangt nach noch mehr narzisstischer Spiegelung: Jack soll sie zeichnen »wie die Mädchen in Frankreich«. Das Gezeichnetwerden wird für sie zum »erotischsten Augenblick in meinem Leben«. Wie weit die Liebe von Jack geht, macht der Untergang deutlich. Er enthüllt die so nicht sichtbare Tiefe der Beziehungen und Absichten. Carls Skrupellosigkeit wird dabei ebenso deutlich wie die Substanz von Jacks Liebe: er ist bereit, sich für Rose zu opfern und ihr den einzigen Platz auf dem rettenden Türblatt zu überlassen. Noch im Angesicht des Todes stellt er dabei die Bedeutung der Liebe über das eigene Leben: Die Fahrkarte zu gewinnen sei das Allerbeste gewesen, was ihm je passiert sei. Denn die Fahrkarte, so preßt er mit vor Kälte zitternder Stimme hervor, habe ihn zu Rose gebracht.
Diese Liebe-ist-stärker-als-der-Tod-Philosophie wird in der von Rose zum Schluß geträumten Auferstehungsszene auch visuell umgesetzt: Jack (in seiner Proletarierkluft!) und Rose schließen sich unter dem Beifall der umstehenden Titanic-Passagiere in die Arme. Dieser Beifall gilt, so könnte man interpretieren, auch der in der Lebenshingabe von Jack enthaltenen Umkehrung patriarchaler Unterdrückungsverhältnisse.

3.7.5 *Gesamtinterpretation*

»Titanic« ist ein mit viel Aufwand hergestellter, in der Struktur aber doch recht konventioneller Film, der eine melodramatische Liebesgeschichte mit einem Katastrophensujet verwebt. Er propagiert die romantische Liebe als grenzüberschreitende und sinngebende Kraft, die äußerster Prüfung standhält und selbst den Tod zu überwinden vermag. Die Figur des Jack Dawson verkörpert dabei eine in vieler Hinsicht als christlich interpretierbare Lebenseinstellung.
Eingelassen ist diese, in Camerons eigenen Worten, »Romeo-und-Julia-im-Wasser«-Story in eine Aktualisierung des Titanic-Mythos, die apokalyptisch konnotiert ist und auch im Kontext apokalyptischer Assoziationen wahrgenommen wird. In einer Zeit der Zuspitzung globaler Überlebensfragen erinnert die Titanic als Symbol für den selbstgewissen Fortschrittsglauben sowohl an die biblischen Symbolisierungen menschlicher Hybris (Turmbau zu Babel usw.) als auch

an die biblischen Traditionen des Apokalyptischen. Die geträumte Auferstehungsszene am Schluß des Films entspricht dabei in Teilen sowohl formal wie inhaltlich der biblischen Dramaturgie des Apokalyptischen. Denn sie symbolisiert eine neue Welt, die nach dem Untergang erscheint und in der die gesellschaftlich Ohnmächtigen – im Film durch den Proletarier Jack vertreten – zu ihrem Recht kommen. Im Unterschied zur apokalyptischen Tradition der Bibel betont »Titanic« stärker die direkte Verantwortung des Menschen für das Untergangsgeschehen. Herbeigeführt wird es allerdings auch hier letztlich durch ein Außen: durch den Eisberg, der das Schiff aufschlitzt. Im Sinnmuster des Apokalyptischen ist, so ließe sich interpretieren, an die Stelle der eingreifenden und die Geschichte wendenden Alterität Gott die Natur in Form eines Eisberges getreten – als Anderes und Grenze des Menschlichen und Kulturellen.

»Titanic« bedient die Sehnsüchte nach großen Gefühlen und Themen mit existenzieller Tiefe: nach der romantischen Liebe, der Überwindung der Klassengrenzen, der Emanzipation der Frau, dem Opfer aus Liebe, dem subtilen Millenniums-Grusel des Apokalyptischen und dem visuellen Spektakel der schönen Katastrophe, eines ästhetisierten Abschiedes auch vom Industriezeitalter. Vermutlich ist der Film nicht nur in dieser zuletzt genannten Hinsicht ein kulturelles Schwellen-Medium. Georg Seeßlen interpretiert: »Dieses Schiff ist der wahre Körper des Industriezeitalters, es ist, auch im Drama des Untergangs, ein letzter Triumph des Sichtbaren in der Welt. Die Titanic geht daher nicht nur für unsere Sünden unter, nicht nur als Protest der Natur gegen den Fortschritt und als nachvollziehbares Bild für die Unfähigkeit, ja Durchgeknalltheit der ›Führung‹, sie geht nicht nur unter, weil sie den schönen Liebestod zum Super-Zeichen adelt, sie geht auch unter, um einen neuerlichen sozialen Wandel zu begleiten, den Wandel von der Spaßgesellschaft zur Emotionsgesellschaft.«[30]

Seeßlens Unterscheidung von Spaß und Emotion weist darauf hin, daß es bei der »Titanic«-Emotion um tiefe, existentielle Gefühle geht – oder jedenfalls: um deren Simulation. Der existentielle und damit im Sinne des funktionalen Religionsbegriffs auch religiöse Aspekt dieser Gefühle wird von den in der Einleitung schon zitierten Werbeslogans auf den Punkt gebracht: »Collide with destiny!« steht für das Widerfahrnis radikal sinnverwirrender Kontingenz im Rahmen des Widerstreites von Fortschritt und Natur; »Nothing on earth could come between them« für den Trost einer Liebe mit überirdischem Unbedingtheitscharakter.

---

30. Georg Seeßlen, a.a.O., 9.

III. Ergebnisse

1. Religion im populären Film

1.1 Explizite und implizite Religion

Die Filmanalysen haben gezeigt, daß das populäre Kino der 90er Jahre sowohl explizit auf die jüdisch-christliche Tradition Bezug nimmt als auch Sinndeutungsmuster transportiert, die als implizite Religion interpretiert werden können.

Zunächst zum Vorkommen expliziter Religion. Fünf der sechs untersuchten Mainstream-Filme im engeren Sinne enthalten explizite Spuren der jüdisch-christlichen Tradition. Nur bei »Pretty Woman« blieb die Spurensuche weitgehend erfolglos. Wenig religiöse Semantik fand sich bei »Independence Day«. Ähnliches gilt für »Jurassic Park« und »Titanic«. Festzuhalten ist allerdings im Blick auf alle drei zuletzt genannten Filme, daß die wenigen Spuren explizit religiöser Semantik zwar keine handlungsrelevante Rolle spielen, aber doch im Umfeld von Schlüsselszenen auftauchen und wichtige Deutungsperspektiven liefern.

Im einzelnen: In »Independence Day« hat der Wissenschaftler Levinson den menschheitsrettenden Einfall im Anschluß an ein Gespräch über Fragen des Glaubens mit seinem Vater. In »Jurassic Park« unterstützt die religiöse Semantik die Kritik am Park. So kritisiert Malcolm bei der Einweisung der Gutachterexpedition »den Mangel an Demut vor der Natur, der hier offen gezeigt wird«. Das zweite Mal bringt er Religion ins Spiel, als die Autos der Parkexpedition wegen eines Stromausfalls vor dem Gehege des Tyrannosaurus stehenbleiben. Auch hier nährt religiöse Semantik die Kritik an der Hybris des Parkes. Malcolm: »Gott erschafft Dinosaurier. Gott vernichtet Dinosaurier. Adam vernichtet Gott. Adam erschafft Dinosaurier.«

In »Titanic« stehen die wenigen expliziten Bezugnahmen auf Christliches ebenfalls im Zusammenhang der Hybris-Thematik. Die erste Bemerkung in dieser Richtung stammt von Carl Hockley, dem Verlobten der Hauptdarstellerin Rose DeWitt Bukater. Kurz vor dem Einschiffen betont er gegenüber der Mutter von Rose: »Es ist unsinkbar. Selbst Gott könnte dieses Schiff nicht versenken.« Als es dann schließlich doch versinkt und der Rumpf sich noch einmal aufrichtet, bevor er endgültig in die Tiefe gezogen wird, rezitiert ein Priester den eschatologischen Trost aus dem 21. Kapitel der Offenbarung des Johannes.

Eine etwas höhere Dosierung religiöser Semantik ergab die Untersuchung von »Forrest Gump«. Charakteristisch für den Film ist dabei, daß Religion fast immer mit einem Augenzwinkern ins Spiel kommt oder gar parodiert wird, wie zum Beispiel in der Sequenz, in der Gump unfreiwillig eine Gemeinde kultischer Läufer um sich sammelt. Die ironischen Brechungen des Religiösen werden oft auch durch die naive Weltsicht Gumps erzeugt. Am Weihnachtsabend fragt der mit seinem Rollstuhl-Schicksal hadernde Taylor Gump: »Sag mal, hast du Jesus schon gefunden?« Gump darauf: »Ich wußte gar nicht, daß ich ihn suchen soll.«

Explizite Religion findet sich insbesondere im semantischen Kontext der Deutung und Verarbeitung sinnverwirrender Kontingenzen (Jennys Gebet aufgrund des Mißbrauchs durch den Vater, Taylors Hadern mit Gott aufgrund seiner Kriegsverletzung).

Das Christentum ist, so könnte man im Blick auf die fünf genannten Filme sagen, als Deutungskultur existentieller Konflikte und Erfahrungen sinnverwirrender Kontingenz nach wie vor präsent. Es berührt jedoch nicht das Zentrum der Filmhandlung, sondern schwingt als kultureller Deutungskontext mit. Diese Positionierung des explizit Christlichen entspricht seiner gegenwartskulturellen Marginalität.

Vergleichbares gilt auch für die beiden bisher in diesem Zusammenhang noch nicht genannten Filmen »Der König der Löwen« und »Pulp Fiction«. Dennoch liegen die Dinge bei diesen beiden Filmen ein wenig anders und verdienen darum eine kurze gesonderte Betrachtung.

»Der König der Löwen« fällt aus dem Rahmen, weil er eine ganz eigene Religion entwirft, die Christliches unter Aufnahme asiatischer und naturmythischer Deutungsmuster stark umformt. »Das Gesetz der Natur« und der »ewige Kreis des Lebens« bestimmen dabei die Grundstruktur des Religionssystems. Elemente des Christlichen sind in dieses System je nach Bedarf integriert und finden sich vor allem auf der visuellen Ebene – etwa in Form des Inthronisationsrituals um das Löwenbaby Simba, das an die christliche Taufe erinnert.

»Pulp Fiction« bildet in doppelter Hinsicht eine Ausnahme. Zum einen bewegt sich der Film auf der Grenze zwischen populärer und avancierter Ästhetik und gehört insofern nicht zum Mainstream-Kino im engeren Sinne. Zum anderen, und darum geht es an dieser Stelle in erster Linie, spielen explizite Bezüge zur christlichen Religionskultur in »Pulp Fiction« eine relativ zentrale Rolle. Den Auftakt bildet die Bibelzitation durch Jules. Sie folgt der Konstruktionslogik von »Pulp Fiction«: dem Sampling von Versatzstücken der populären Kultur. Die Bibelstelle wird – wenn man den Informationen von »Der Spiegel« glauben darf[1] – als Zitat aus einem Kung-Fu-Film importiert. Der Bezug zur religiösen

---

1. Vgl. Susanne Weingarten, a.a.O.

Tradition ist somit schon popkulturell vermittelt. Die formale Eigenlogik des Religionssystems ist dabei offenbar nicht von Interesse. Denn der Text stimmt nur partiell mit der angegebenen Bibelstelle überein. Entweder hat Tarantino nicht nachgeprüft, ob der Kung-Fu-Film die Bibel richtig zitiert, oder er hat bewußt falsch zitiert und eine Differenz setzen wollen, mit der die Bezugnahme auf die biblische Tradition zugleich wieder gebrochen wird. Die bewußte Differenzsetzung würde dabei der in der Analyse von »Pulp Fiction« beobachteten Figur der Aufnahme und Brechung von Traditionen entsprechen.

Im Mittelpunkt der weiteren Bezugnahmen auf Religiöses steht das Wunder der Verschonung der beiden Killer: Alle Kugeln, die der aus dem Versteck hervortretende Jungganove aus nächster Nähe auf die beiden Helden abfeuert, gehen daneben – für Jules ein Eingriff Gottes. Zusätzliches Gewicht erhält die Szene im weiteren Verlauf der Geschichte dadurch, daß sie dazu führt, daß Jules sich schließlich bekehrt, seinem Gangstertum abschwört und als Gewandelter die beiden Coffee Shop-Räuber gnädig behandelt.

Tarantino benutzt die religiösen Motive Wunder und Bekehrung zur Konstruktion seines Geschichtengeflechts. Religiöse Semantik fungiert als Material für das ironische Spiel mit populärkulturellen Kontexten und wird wie diese gebrochen und dekontextualisiert.

Die Rekapitulation der expliziten Religionsbezüge der untersuchten Filme bestätigt die schon im Zusammenhang der Skizzierung der religiösen Gegenwartslage vorgetragene Einschätzung: Der populäre Film bezieht sich in eklektizistischer Weise auf das symbolische Material der jüdisch-christlichen Tradition. Eine zentrale Rolle spielen diese Referenzen jedoch in der Regel nicht. Insgesamt gesehen sind sie von marginaler Bedeutung. Ausnahmen – siehe »Pulp Fiction« – bestätigen die Regel. Diese Diagnose unterstreicht auch noch einmal die Kritik an der These Hans-Martin Gutmanns, die die Resonanz populärer Kultur auf die Aneignung jüdisch-christlicher Symbolik zurückführen möchte.[2]

Vor dem Hintergrund dieser Beobachtungen zur Rolle der expliziten Religion im populären Kino der 90er Jahre kann nun auch die implizite Religion noch einmal gebündelt in den Blick genommen werden. Das soll unter drei thematischen Perspektiven geschehen, die mir für den versteckten Katechismus des populären Kinos der 90er Jahre besonders zentral zu sein scheinen. Mit dieser Akzentuierung ist eine Konzentration verbunden, die zur Folge hat, daß nicht alle im Kontext der Filmanalysen herausgearbeiteten Sinnstrukturen noch einmal aufgegriffen werden können. Die ausgewählten Sinnmuster sollen abschließend zu biblischen und theologischen Topoi in Beziehung gesetzt werden. Anzumerken ist dabei, daß diese Bezugnahmen nicht weniger subjektiv-positionell vermittelt sind als die religionshermeneutischen Filminterpretationen. An die

2. Vgl. 1.1.4., Anm. 85.

durch die Korrelation der Religion des populären Kinos mit materialen theologischen Überlegungen weiter spezifizierten theologischen Deutungsansätze wird im folgenden Kapitel noch einmal angeknüpft. Mit den theologischen Anschlüssen – Theologie verstanden als reflexive Entfaltung der spezifischen Semantiken bzw. Symbolisierungen der jüdisch-christlichen Tradition – kommt dabei zum Schluß noch einmal die Spezifik der traditionellen Religionskultur und ihrer Inhalte stärker in den Blick.

1.2 Die Sinnstrukturen des populären Films in protestantischer Perspektive

1.2.1 *Die Liebe*

Die Liebe ist die zentrale Sinninstanz des populären Films der 90er Jahre. Sie rettet in »Pretty Woman« ein gefallenes Mädchen aus der Gosse und einen einsamen Manager vor dem Kältetod in der Geld-Welt. Sie verwandelt die Hauptfiguren, überwindet sozialen Barrieren und erfüllt das Leben mit Sinn. Dieses ›Evangelium‹ der mit religionsähnlicher Bedeutung aufgeladenen romantischen Liebe findet sich in vergleichbarer Form auch in »Titanic«. Auch hier überwindet die Liebe Klassenschranken, erlöst das unglückliche Upper-Class-Girl Rose aus der Todeswelt des Kapitals und verwandelt ihre Verzweiflung in pures Glück. Der klassentranszendierende Charakter dieser Liebe zeugt von ihrem romantischen Ursprung. Ulrich Beck erläutert: »Liebe ist, ihrem romantischen Ursprung nach, eine Verschwörungsgemeinschaft gegen ›die Gesellschaft‹. Liebe kennt keine Schranken. Weder die von Ständen und Klassen noch die von Gesetz und Moral.«[3]

Die religiöse Unbedingtheit der »Titanic«-Liebe erweist sich im Angesicht des Untergangs. Rose riskiert ihr Leben, als sie den unterdecks angeketteten Jack befreit. Seine Liebe – wie meistens im populären Kino eine Liebe auf den ersten Blick – geht so weit, daß er der Geliebten den einzigen rettenden Platz auf dem treibenden Türblatt überläßt. Noch im Angesicht des Todes bekräftigt er sein Opfer und damit die Todesverachtung seiner Liebe mit vor Kälte zitternder Stimme: die Titanic-Fahrkarte zu gewinnen, sei das Allerbeste gewesen, was ihm je passiert sei. Denn das Ticket habe ihn zu Rose gebracht. »Titanic« verkündet das ›Evangelium‹ einer Liebe, die stärker ist als der Tod. Es liegt in der Konsequenz dieser Konzeption, daß Rose nach dem Untergang und damit auch nach Jacks Tod seine Auferstehung träumt. Einer der beiden Werbe-Slogans des Films bringt es auf den Punkt: »Nothing on earth could come between them.« Nichts konnte sie trennen: nicht der skrupellose Carl Hockley, der noch wäh-

---

3. Ulrich Beck, Die irdische Religion der Liebe, in: Ulrich Beck/Elisabeth Beck-Gernsheim, Das ganz normale Chaos der Liebe, Frankfurt/M. 1990, 222-266, 248.

rend des Untergangs versucht, Jack einen Diebstahl zu unterstellen, um ihn im Unterdeck dem sicheren Tod ausliefern zu können; nicht der Untergang der Titanic und nicht der Tod Jacks. Die Liebe der beiden Protagonisten ist der höchste Wert im »Titanic«-Universum. Tröstet die biblische Tradition angesichts der Trübsal mit der Überzeugung, daß »nichts uns zu scheiden vermag von der Liebe Gottes, die in Christus Jesus ist« (Röm 8,39), so spendet Camerons Film seinen Trost im Namen der Liebesreligion: »Nothing on earth could come between them.« Der Vergleich der verräterisch parallelen Formulierungen macht deutlich, daß die Liebenden des populären Kinos füreinander leisten müssen, was im Christentum von Gott ausgeht: unbedingte Liebe. Der Widerstand der Liebe gegen den Einbruch sinnverwirrender Kontingenz ist gewissermaßen eine Ebene tiefer gelegt: er ist ganz der erotischen Liebe und ihrer Subjektivität aufgebürdet.

Bemerkenswert ist in diesem Zusammenhang, wie genau die beiden zentralen Werbeslogans des Films der Doppelstruktur religiöser Symbolisierungen entsprechen und darin präzise auf seine strukturelle Verwandschaft zur Religion verweisen. Clifford Geertz hatte hervorgehoben, daß die Spezifik religiöser Symbolisierungen darin besteht, daß sie Kontingenz und Leiden einerseits anerkennen und ihm andererseits im Namen einer umfassenderen Wirklichkeit widersprechen. Beide Aspekte finden sich auch in »Titanic« und werden von den Slogans »Collide with destiny!« im Blick auf die Kontingenz und »Nothing on earth could come between them« im Blick auf die Liebe konzise zum Ausdruck gebracht.

Das Liebesevangelium bekommt in »Titanic« vor dem Hintergrund und durch die Prüfung der Katastrophe ein besonderes Pathos. Der Blick auf andere Filme zeigt jedoch schnell, daß es sich um ein verbreitetes Leitmotiv des populären Kinos handelt – vermutlich sein zentralstes Sinndeutungsmuster.[4] Es findet sich in »Forrest Gump« (Gumps Motivation ist seine Liebe zu Jenny), in »Der König der Löwen« (Simbas Wiederentdeckung der Liebe zu Nala leitet die Rückeroberung des verlorenen Königreiches ein), es kommt auch – wenngleich peripherer – in »Pulp Fiction« vor (Vincent und Mia erleben eine latente Liebesgeschichte, das Liebespaar Butch und Fabienne auf dem Motorrad bildet das Schlußbild des Storynetzes) und wird schließlich sogar in »Independence Day« im Angesicht der möglichen Vernichtung als zentrale Orientierung entdeckt (der Pilot Hiller heiratet kurz vor dem entscheidenden Einsatz noch seine Freundin, und Levinsons Ex-Frau findet wieder zur Liebe zurück). Nur in »Jurassic Park« spielt die Liebe nur eine untergeordnete, latente Rolle.

Die zentrale Stellung der Liebe als religionsäquivalente Sinnvermittlungsinstanz

4. Die Analyse der Dramaturgie des populären Films ergab, daß eine heterosexuelle Liebesgeschichte zu den Standards der Mainstream-Konventionen zählt. Vgl. 3.2.1.

im populären Filmen der 90er Jahre korrespondiert den Beobachtungen der zeitdiagnostisch orientierten soziologischen Literatur zur Entwicklung des Liebesthemas. Am prononciertesten hat sich Ulrich Beck in dieser Frage geäußert.[5] Seine Analyse kann den filmischen Befund in einen weiteren Kontext stellen und dadurch plausibilisieren und erläutern. Beck hat die Liebe als »irdische Religion« interpretiert, die postchristlich und innermodern Sinn stiftet.[6] Er liegt damit also ganz auf der Linie der vorliegenden Arbeit, die religionsanaloge Sinndeutungsmuster aufspüren will. Beck sieht ein Bündel von Faktoren für dieses gegenwartskulturelle Aufrücken der Liebe in den Rang einer Religion.[7] Die Abnahme ökonomischer Zwänge, der Bedeutungsverlust von Sinntraditionen, die zunehmende Individualisierung und die Zersplitterung von funktional ausdifferenzierten Arbeitswelten schaffen Freiheiten und erzeugen zugleich Sehnsüchte nach Sinn, Gemeinsamkeit und authentischer Erfahrung. In dieser Lage avanciert das von den Romantikern vorgedachte Konzept der Liebesreligion zum Massenphänomen. Die religionsähnliche Wertigkeit der Liebe zeigt sich für Beck unter anderen daran, daß sie sich im Konflikt mit der Familie immer öfter als der höhere Wert erweist. »Die eigenen Kinder zu verlassen, bedeutet nicht etwa den Bruch mit der Liebe, sondern ihre Erfüllung. Die Liebe gebietet den Bruch mit ihrer falschen Form. Genau dies veranschaulicht die Macht, mit der die irdische Religion der Liebe in den Herzen und Handlungen der Menschen inzwischen regiert.«[8]

Beck begründet seine Interpretation der Liebe als »Nachreligion« mit einer Reihe von Analogien. Wie die Religion sei auch die Liebe »ein Schlüssel aus dem Käfig der Normalität«.[9] Die Liebe unterbricht den Alltag und sprengt den Panzer der Zweckrationalität auf. Sie ist wie die Religion eine Grenzerfahrung. Liebende erschließen sich neue Welten und kommen zugleich zu sich selbst. Die Sehnsucht nach Wahrheit und Authentizität kann Liebende dazu bringen, sich gegenseitig eine Art Lebensbeichte abzunehmen, um sich daraufhin auch die Absolution zu erteilen (siehe »Pretty Woman«).[10] Die Liebe ist so unverfügbar wie die Gnade und kann wie die Religion helfen, existentielle Krisen zu meistern.

Beck sieht gleichwohl auch die Unterschiede zwischen Liebe und traditioneller Religion. Die zentrale Differenz: die Liebesreligion kennt kein extra nos. Sie ist ganz und gar auf sich selbst gestellt. Das heißt unter anderem, daß sie im Unter-

---

5. Erste Andeutungen hatte ich im Zusammenhang mit »Pretty Woman« (138f.) gemacht.
6. Ulrich Beck, a.a.O., 223ff.
7. Vgl. dazu und zum Folgenden: ebd., 258ff., 243ff.
8. Ebd., 229.
9. Ebd., 231.
10. Ebd.

schied zur Religion vollkommen unabhängig von Traditionen und Institutionen ist. Beck führt aus: »Während der Glaube, der nicht mehr gelehrt wird, zerfällt, ist Liebe eine kirchenlose und priesterlose ›Religion‹, deren Bestand so sicher ist wie die Schwerkraft enttraditionalisierter Sexualität. Ihre Nichtinstitutionalisierbarkeit heißt auch: Institutionsunabhängigkeit. Diese aber wiederum legt die Liebe noch einmal in die Hände der Individuen, macht sie – bei aller kulturellen Fassung und Formung – zu einer internen Angelegenheit der Liebenden selbst, prädestiniert sie zu einer traditionslosen, traditionsunabhängigen, nachtraditionalen ›Religion‹, die deswegen gar nicht als solche bewußt wird, weil sie aus dem innersten Wunschzentrum der Individuen aufsteigt, deren ureigenstes, unwiderstehliches Bestreben ist.«[11]

An anderer Stelle faßt Beck noch einmal prägnant zusammen: »Liebe ist Subjektivitätsreligion, ein Glaube, in dem alles: Bibel, Priester, Gott, Heilige und Teufel, in die Hände und Körper, die Phantasie und Ignoranz der sich liebenden und mit ihrer Liebe marternden Individuen gelegt ist.«[12]

Diese radikale Subjektivierung der Liebe führt in der Konsequenz zu einer problematischen Selbstreferentialität: da die subjektive Liebe der höchste Wert ist, gibt es außerhalb ihrer keine Orientierungspunkte, Korrekturen oder Energieressourcen. Der Horizont der Liebesreligion ist zwar konkret und auf diesseitige Erfüllung ausgelegt, aber auch eng, mit Ansprüchen überladen und endlich. Es gibt keinen kulturellen, sozialen oder religiösen Transzendenzbezug, der die Liebe entlasten oder kontextualisieren könnte. Zugespitzt kann Beck darum auch sagen: »Liebe ist Einsamkeit zu zweit.«[13]

Diese Selbstreferentialität der Liebe liefert den Ansatzpunkt der theologischen Kritik. Zwei Aspekte spielen dabei eine besondere Rolle. Zum einen bedeutet die Selbstreferentialität zugleich die absolute Kontingenz der Liebe. Sie ist so launisch wie die Kontingenz von Glück und Pech. Sie stellt sich ein wie das schöne Wetter oder bleibt einfach aus wie der Frühling im April. Die Gnade des Verliebtseins läßt sich weder mit Geld kaufen noch anderweitig erwerben. Sie ist in jeder Hinsicht radikal kontingent. Die Gnade des christlichen Glaubens unterscheidet sich davon vor allem dadurch, daß sie zwar auch durch kein Werk erworben werden kann, aber doch im Glauben für alle unterschiedslos zugänglich ist.

Die Gnade ist dabei als Ausdruck der versöhnenden Liebe Gottes zu verstehen. Entsprechend unterscheidet der christliche Glaube und damit auch die Theologie zwischen menschlicher und göttlicher Liebe. Die menschliche Liebe ist in diesem Modell in der göttlichen Liebe verwurzelt. Diese Liebe bestimmt das

11. Ebd., 233.
12. Ebd., 256.
13. Ebd., 252.

Wesen Gottes. In den Worten des ersten Johannisbriefes: »Gott ist Liebe.«[14] Sie vermittelt sich durch den Glauben. Der Charakter dieser Liebe ist in Person und Geschichte Jesu offenbart. Dieser Kontext bildet den ethischen Orientierungsrahmen für die zwischenmenschliche Liebe.

Vor diesem Hintergrund wird deutlich: Die zwischenmenschliche Liebe ist im Christentum – jedenfalls in der Theorie – religiös kontextualisiert und findet ihren kritischen Maßstab außerhalb ihrer selbst. Das kann von Absolutheitsansprüchen entlasten. Der christliche Glaube weiß: Die Zweideutigkeit zwischenmenschlicher Liebe wird immer nur partiell aufgehoben. Alles andere wäre das realisierte Gottesreich. Und das ist bekanntlich zwar angebrochen, aber in seiner Fülle ein noch ausstehender Gegenstand der Hoffnung. Die Liebesreligion der Gegenwartskultur hat demgegenüber höhere Ansprüche: Sie strebt nach Erfüllung im Hier und Jetzt und droht darum beständig, in Terror umzuschlagen.

Blicken wir auf die lebensweltliche Realität, so wird man allerdings sagen müssen, daß die religiöse Codierung der Liebe zum seltenen Ausnahmefall geworden ist. Diese Situation ist das Ergebnis einer mehrhundertjährigen Entwicklung der Liebessemantik im Zuge gesellschaftlicher Ausdifferenzierungsprozesse. Niklas Luhmann hat herausgearbeitet, daß die religiöse Codierung der Liebe schon im 19. Jahrhundert nur noch als Geste vorhanden ist.[15] Der Diskurs der erotischen Liebe ist aus dem Einflußbereich des Christlichen ausgewandert. Seine Codierung wurde im Verlauf der letzten dreihundert Jahre weitestgehend von der Kultur übernommen. Die Religionskultur hat in diesem Ausdifferenzierungsprozeß die Ausbildung der Semantik der Nächstenliebe übernommen. Diese Entwicklung wird man nicht rückgängig machen können. Man kann allenfalls – wie angedeutet – in einem sehr allgemeinen Rahmen nach Bezügen zwischen diesen Semantiken fragen: etwa nach der ethischen Seite des Erotischen.

Im Blick auf die Liebessemantik der Gegenwartskultur ist festzuhalten: War die kulturelle Codierung der Liebe noch im 19. Jahrhundert eine Sache der Schriftkultur, so wird sie heute zu wesentlichen Anteilen von den audiovisuellen Medien geleistet. Das populäre Kino der 90er Jahre hat in diesem Zusammenhang eine prominente Stellung als Sinnagentur für die Codierung der »großen Liebe«.[16]

Zur lebensweltlichen Realität verhalten sich diese Codierungen wie die utopischen Bilder einer Religion. Es gibt die große Liebe nur im Kino. Das Kino ist die Kirche der Liebesreligion.

14. 1. Joh 4,8
15. Niklas Luhmann, Liebe als Passion. Zur Codierung von Intimität, Frankfurt/M. 4/1998, 218.
16. Rund 80 Prozent der Deutschen glauben an die große Liebe. Das ergab eine Emnid-Umfrage im Frühjahr 1999, vgl. Spiegel Spezial, Liebe, 5/1999, 11.

1.2.2 Die Natur

Die Natur macht der Liebe als höchstem Wert und Sinnquelle im populären Kino Konkurrenz. Im Zusammenhang der untersuchten Filme spielt sie vor allem in »Jurassic Park« und in »Der König der Löwen« eine zentrale Rolle. Aber auch in »Forrest Gump« und »Titanic« hat sie, wie die Analysen gezeigt haben, eine große Bedeutung. Selbst in »Independence Day« kommt ihr eine handlungstragende Rolle zu: Bei dem ökologisch gesonnenen Wissenschaftler Levinson löst das Stichwort »Erkältung« den menschheitsrettenden Einfall aus. Levinson kommt durch die Erkältungssorgen seines Vaters auf die Idee, die Schutzschilde der feindlichen Alien-Raumschiffe durch einen eingeschmuggelten Computervirus zu deaktivieren. Natur ist hier die Inspirationsquelle der Rettung.

Ausdrücklich im Mittelpunkt steht das Naturthema jedoch nur in »Jurassic Park«. Das Sauriergehege läßt sich dabei als Symbolisierung des instrumentellen Naturverhältnisses der Gegenwart interpretieren, bei dem Profitinteressen, Forscherehrgeiz, Sensationslust und Spieltrieb die Naturbeziehung bestimmen. Der Mensch als alter deus erweist sich darin als Schöpfer seiner eigenen Apokalypse. Der Film zeigt, wie die gentechnisch vergewaltigte Natur zurückschlägt und der instrumentell orientierte Eingriff des Menschen Zerstörung bewirkt. Doch der Film zeigt in einigen Szenen auch Beispiele für ein alternatives Naturverhältnis, das Malcolm mit der Wendung »Demut vor der Natur« charakterisiert. Es ist von einer mimetischen Beziehung zur Natur geprägt und wird in »Jurassic Park« vor allem von Malcolm, Grant und den Kindern verkörpert.

Insgesamt spiegelt »Jurassic Park« in seiner Darstellung der Naturbeziehung ziemlich genau die Kritiken und Botschaften der ökologischen Bewegung wider: Der Film symbolisiert die Kritik am Instrumentellen und die Propagierung religiös und ästhetisch konnotierter Mimesis im Naturverhältnis.

In »Der König der Löwen« steht die Natur nicht so ausdrücklich im Mittelpunkt wie in »Jurassic Park«. Gleichwohl kommt ihre religionsanaloge Bedeutung als oberster Wert und sinnstiftender Orientierungsrahmen in »Der König der Löwen« bei genauer Betrachtung noch deutlicher zum Ausdruck als in »Jurassic Park«. Natur als Gleichgewicht, Gesetz und »ewiger Kreis des Lebens« ist die Ursprungs- und Ordnungsmacht im Sinnsystem des Films. Riten, Königtümer und Kämpfe haben ihre festen Plätze in einem ewigen Kreislauf der Natur. Das Soziale, Politische und Religiöse sind dabei auf fundamentalistische Weise miteinander verwoben und in diesen naturmythischen Ordnungsrahmen hineinkopiert. Diesem Vorgang korrespondiert das Konzept des Animationsfilms mit Tierfiguren, bei dem das Menschliche in die Tierwelt hineinprojeziert wird. Man könnte von einem mehrschichtigen Prozeß der Einordnung in einen naturreligiösen Ordnungszusammenhang sprechen.[17] Auch diese Sichtweise von

---

17. Zugespitzt könnte man auch sagen, daß in »Der König der Löwen« Motive der Le-

Natur korrespondiert gesellschaftlichen Entwicklungen: dem ökofundamentalistisch und religiös orientierten Naturinteresse.

Ein ähnliches Hineinkopieren des Sozialen, Politischen und Religiösen in einen naturreligiösen Ordnungsrahmen wie bei »Der König der Löwen« läßt sich in »Forrest Gump« beobachten. Zum einen wird der Film von Bildern des Himmels gerahmt, aus dem eine Feder – Symbol des individuellen Lebens – herabfliegt und in den sie zum Schluß wieder aufsteigt. Zum anderen bilden Inszenierungen des Naturschönen im Verlauf der Filmhandlung immer wieder den visuellen Hintergrund für die großen Momente des Glücks und der Versöhnung, so daß Natur einmal mehr als letzte Bezugsgröße, als fester Grund und schützendes Dach des »Sweet Home Alabama« erscheint. »Sweet Home Alabama« gründet im Schoß der heiligen Mutter Erde.

In »Titanic« hingegen zeigt die Natur vor allem ihr anderes, bedrohliches Gesicht. Das Schiff, Verkörperung der menschlichen Schöpfungsmacht und des technischen Fortschritts, kollidiert mit dem Eisberg und darin mit der Übermacht der Natur. Enzensberger hatte interpretiert: »Der Eisberg, ein unkontrollierbares, zufälliges Element der Natur, schickt das vom Menschen geschaffene technische Wunder in den Abgrund. Die Natur schlägt zurück!«[18] Ähnlich wie in »Jurassic Park« zeigt die Natur der menschlichen Hybris ihre Grenzen auf und wird dadurch als Sinnbedingung höherer Ordnung ausgewiesen.

Im Blick auf alle vier Filme ist die Natur dabei nicht nur eine höhere Ordnung, die dem Menschen überlegen ist und von der menschliches Leben abhängt, sie ist zugleich auch eine bessere Ordnung, die ethische Maßstäbe impliziert. Sie setzt den destruktiven Kräften der Geschäftsleute und Wissenschaftler (»Jurassic Park«), des Krieges (»Forrest Gump«), der Regentenschaft Scars (»Der König der Löwen«), der feindlichen Aliens (»Independence Day«) und des größenwahnsinnigen Reeders (»Titanic«) auf unterschiedliche Weise direkt oder indirekt Widerstand entgegen. Die Natur steht in der Tendenz für Weisheit, Wahrheit, Güte, Glück, Leben, Schönheit und Übermacht.

Die Rekapitulation der Sichtweisen von Natur in diesen vier Filmen konvergiert mit der schon im Zusammenhang mit der Beschreibung der religiösen Gegenwartslage erwähnten aktuellen Dominanz des Öko-Spiritualismus.[19] Im Blick auf das gesamte Spektrum der Naturrenaissance diagnostiziert Norbert Bolz: »Die Heilssorge unserer Zeit artikuliert sich als Sorge um das ökologische Gleichgewicht. Und das bedeutet im Klartext: Für die Grünen ist Natur selbst

---

bensphilosophie vom Anfang des Jahrhunderts trivialästhetisch umgesetzt werden. Denn: »Die Lebensphilosophie macht das Leben zum Prinzip«. Herbert Schnädelbach, Philosophie in Deutschland 1831-1933, Frankfurt/M. 1983, 174.

18. Siehe 3.7., Anm. 27.
19. Vgl. 1.1.4.

die Übernatur. Umwelt heißt der erniedrigte Gott, dem die Sorge und die Heilserwartung gilt. Dieses Glaubenssystem ist natürlich viel stabiler als das kommunistische, das es ablöst.«[20] Bolz entwickelt im weiteren bedenkenswerte Überlegungen zu den Ursachen des gegenwärtigen Naturtrends: »Ich vermute, daß die Faszination des Naturbegriffs darin liegt, daß er eine Norm der richtigen Ordnung suggeriert – ähnlich wie einmal der Begriff Kosmos. Man muß nur das Wort Natur aussprechen, um Ordnung in das Chaos unserer sozialen Systeme zu bringen – durch den auch werbewirksamen Hinweis auf das Fundamentale und Wesentliche, daß die Natur uns nicht braucht, wir aber sie brauchen. Das läßt sich auch durch Wissenschaft nicht entkräften. ›Natur‹ funktioniert also als eine Art Stoppschild für den unendlichen Regreß des Beobachtens und Errechnens. Wenn man das Wort Natur ausspricht, wirft man einen Anker im Meer der Komplexität.«[21]

Die Einschätzung von Bolz paßt insbesondere zu den Naturkonzepten von »Der König der Löwen« und »Forrest Gump«. Beide Filme betonen den ordnenden und rettenden Charakter des Natürlichen. Bei aller Kritik an dem Trend zu fundamentalistischer Eindeutigkeit in solchen populärkulturellen Naturkonzeptionen darf das berechtigte Anliegen der Naturrenaissance dabei nicht unterschlagen werden: die Notwendigkeit, auf die ökologischen Krisensymptome zu reagieren. Die Kehrseite der Öko-Religion ist schließlich eine lange Vorgeschichte der Ausbeutung und Entwertung der Natur. Ihre Heiligsprechung ist vor diesem Hintergrund eine kurzschlüssige, aber verständliche Aufwertungsstrategie. Und bei allen Vorbehalten kann nicht übersehen werden: Die kritische Aufwertung von Natur ist ein notwendiges kulturelles Anliegen. Daß Umweltschutzappelle nicht ausreichen, um den ökologisch notwendigen Wandel von Lebensstil und Werten nachhaltig zu befördern, wird immer deutlicher. Die kulturellen Muster unserer Naturwahrnehmung kommen als motivationale Hintergründe zunehmend in den Blick. Im Horizont dieser kulturellen Vermitteltheit unserer Naturwahrnehmung erweist sich das ökologische Problem zugleich als ein kulturelles Problem. Eine Ökologie, die das Naturverhältnis verändern will, ist darum auf die Arbeit an den kulturell geprägten Optiken unserer Naturwahrnehmung verwiesen. Dieses Problem findet seit einiger Zeit auch im Bereich der Kulturwissenschaften Beachtung und hat zu einer gewissen Renaissance von Naturphilosophie und Naturästhetik geführt. Beide seit der Zeit des deutschen Idealismus marginalisierten und von den dominanten Naturwissenschaften verdrängten Disziplinen sind wieder diskutabel geworden.[22]

Auch in der Theologie hat der Öko-Trend in Form von Ansätzen zu einer »ökolo-

---

20. Norbert Bolz, Die Sinngesellschaft, Düsseldorf 1997, 15f.
21. Ebd., 16.
22. Vgl. dazu auch: Jörg Herrmann, Schöne Augen für Mutter Natur. In der Öko-Ethik

gischen Theologie« seinen Niederschlag gefunden.²³ Diesen Ansätzen geht es darum, die Anteile des Christentums an der Genese des neuzeitlichen Gewaltverhältnisses zur Natur aufzuarbeiten und naturtheologische Perspektiven zu entwickeln. Die naturreligiösen Tendenzen der untersuchten Filme können als weiterer Hinweis auf die Notwendigkeit dieser Auseinandersetzung gelesen werden. Sie verweisen darüberhinaus insbesondere auf den Aspekt der Nähe von Natur und Religion. Es handelt sich dabei um eine Nähe, die sowohl kulturgeschichtlich belegt ist als auch systematisch naheliegt, die aber im Verlauf der Christentumsgeschichte in übergroße Distanz umgeschlagen ist.

Systematisch liegt die Nähe von Religion und Natur nahe, weil der Naturbegriff auf Sachverhalte Bezug nimmt, die auch im Zentrum traditioneller religiöser Kommunikation stehen. Es geht bei Natur schließlich um die Gesamtheit der dem menschlichen Handeln vorgegebenen Welt. Natur ist insofern Bedingung und Gegenstand menschlichen Handelns, während Kultur demgegenüber die Resultate und Vollzüge menschlichen Handelns umfaßt.²⁴ Der Naturbegriff thematisiert die unverfügbaren Sinnbedingungen menschlicher Existenz. Dieses Sachproblem teilt der Naturbegriff mit der Religion: auch Religion reflektiert auf das unverfügbar Gegebene. Die Differenz liegt darin, daß Natur das Gegebene zunächst relativ neutral zu bezeichnen scheint, während Religion eine ganz spezifische Sichtweise desselben beinhaltet. Diese Perspektive ist im Christentum durch das Verständnis der Welt als Schöpfung gekennzeichnet. Der christliche Schöpfungsglaube kann insofern als spezifische Interpretation eines allgemeingültigen, philosophisch wie anthropologisch relevanten Zusammenhanges angesehen werden – eines Zusammenhangs allerdings, der kulturgeschichtlich und systematisch religiös konnotiert ist. Vor diesem Hintergrund ist es plausibel, wenn in Zeiten des Bedeutungsverlustes traditioneller religiöser Semantik eine Neuentdeckung und Aufwertung der Naturbezüglichkeit menschlicher Existenz zwar auf Religion, nicht aber auf den christlichen Schöpfungsglauben zurückgreift. Das Bedürfnis, der Natur eine Aura der Unantastbarkeit zu geben, äußert sich vielmehr in ihrer neopaganen Heiligsprechung.

Zwei Aspekte der wechselseitigen Kritik von Öko-Religion und christlicher Theologie scheinen mir in diesem Zusammenhang von Bedeutung. Zum einen verweist die kritische Differenz, mit der der christliche Schöpfungsglaube zwischen Schöpfer und Schöpfung unterscheidet, auf das Problem der Unmittel-

---

verdrängt die Ästhetik die Theologie, in: Evangelische Kommentare 12/1996, 703-706.
23. Vgl. zum Beispiel: Günter Altner (Hg.), Ökologische Theologie. Perspektiven zur Orientierung, Stuttgart 1989.
24. Vgl. Christoph Schwöbel, Glaube und Kultur. Gedanken zur Idee einer Theologie der Kultur, in: NZSTh, 38. Bd., 137-154, 144.

barkeit, mit der Natur in ökospirituellen Zusammenhängen und eben auch in einem Film wie »Der König der Löwen« zur Sinnquelle erklärt wird. Diese Erhebung der Natur zu einem absoluten Orientierungsrahmen im Zuge ihrer religiösen Aufladung verkennt zum einen die Unhintergehbarkeit ihrer kulturellen Vermitteltheit und zum anderen ihre grundlegende Ambivalenz: die Natur ist nämlich keineswegs identisch mit dem ethisch Guten oder Angemessenen, sondern in höchstem Maße zweideutig. Auch lassen sich aus dem möglichst unmittelbaren Rückgang auf Natur im Blick auf viele Fragen und Konfliktsituationen keine ethischen Kriterien gewinnen. Ethik bedarf einer kognitiven Gesamtorientierung oder anders gesagt: kultureller Orientierungssysteme. Der Schöpfungsglaube kommt hier als eine religionskulturelle Option wieder in den Blick. Denn er enthält zum einen eine Wertschätzung der Natur als zu bewahrender Schöpfung und beinhaltet zum anderen eine kritische Distanz zur Natur, die vor ihrer Vergötzung als heilige Mutter Erde und den damit verbundenen Entwertungen oder kurzsichtigen Ausblendungen notwendiger kultureller Reflexivität im Naturverhältnis schützt.

Gleichwohl kann man mit einem gewissen Recht die Perspektive auch umdrehen und die Beobachtungen der Filmanalysen kritisch auf die Theologie anwenden. Denn die Diagnose der religiösen Aufladung von Natur läßt sich auch als Herausforderung interpretieren, das Naturthema noch stärker ins theologische Denken zu integrieren. Die Bilder eines mimetischen Naturverhältnisses in »Jurassic Park«, »Der König der Löwen« und »Forrest Gump« lassen nach dem Stellenwert der Natur in der gegenwärtigen Theologie fragen und erinnern zugleich an vergessene Aspekte der Tradition. Das nicht-anthropozentrische Naturkonzept des Hiob-Buches und die Bedeutung von Leiblichkeit in der hebräischen Bibel kommen in dieser Perspektive in den Blick.

Aus den Schleiermacher-Assoziationen im Kontext der Deutung von Naturbildern in »Titanic« ließe sich die Frage ableiten, ob die starke Naturbezogenheit von Schleiermachers Religionsbegriff nicht noch stärker gewürdigt werden könnte. Wenn Schleiermacher Religion als »Anschauen des Universums« beschreibt oder vom Bewußtsein »schlechthinniger Abhängigkeit« spricht, liegt es nahe, nach den naturphilosophischen und leibphilosophischen Bezügen dieser Bestimmungen zu fragen.[25] Ein Herausarbeiten dieser Aspekte von Schleiermachers Religionskonzept könnte zu einer stärkeren Integration der Naturthematik in Religionstheorie und Theologie beitragen.

1.2.3 Das Erhabene

Im Zusammenhang der Filmanalysen hatte ich mehrfach auf die ästhetische Deutungskategorie des Erhabenen verwiesen. Vor allem »Jurassic Park«, »Inde-

---

25. Vgl. dazu die Ausführungen in Abschnitt 1.4.2.

pendence Day« und »Titanic« geben Anlaß, nach den Bezügen zum Erhabenen zu fragen. Diese Fragestellung liegt aus mehreren Gründen im Rahmen der vorliegenden Arbeit besonders nahe: zum einen sind es Szenen aus den genannten Filmen, die an das Erhabene denken lassen, zum anderen ist das Erhabene eine Deutungskategorie, die auf der Grenze religiöser und ästhetischer Erfahrung angesiedelt ist und die darüberhinaus im Kontext der Postmoderne-Diskussion eine neue Aktualität gewonnen hat.[26] Mit dem Erhabenen als ästhetischer Kategorie kommt außerdem auch noch einmal der visuelle Aspekt der untersuchten Filme gesondert in den Blick. Das Erhabene liegt also im Zentrum der Koordinaten des Themas: es bezieht sich auf die Bildlichkeit des populären Films und damit auf ein dominantes Charakteristikum des Mediums, es hat Bezüge zur aktuellen kulturwissenschaftlichen Diskussionslage und es thematisiert den Übergang von Ästhetik und Religion.

In einem ersten Schritt sollen die wichtigsten aktuellen und begriffsgeschichtlichen Hintergründe knapp skizziert werden. Dabei ist mit der Schwierigkeit umzugehen, daß es sich beim Erhabenen um einen sehr vieldeutigen Begriff mit einer weit verzweigten Geschichte handelt.[27]

Die aktuelle Renaissance des Erhabenen im Kontext der Postmoderne-Debatte in den 80er Jahren wurde von Jean-François Lyotards kunstbezogener Neuinterpretation Kants ausgelöst.[28] Eine plausible Deutung dieser Konjunktur formulierte Karl-Heinz Bohrer im Editorial eines Merkur-Doppelheftes zum Thema: »Erhabenheit ist diejenige Kategorie geworden, an der sich die unübersehbaren Sinndefizite der modernen, banal gewordenen Gesellschaft ablesen lassen.«[29]

Bevor auf die aktuelle Debatte noch einmal Bezug genommen wird, sollen die für alle weiteren Interpretationen des Begriffs fundamentalen Überlegungen Kants knapp zur Sprache kommen. Kant hat den bis in das erste Jahrhundert nach Christus zurückreichenden Begriff des Erhabenen philosophisch salonfähig gemacht.

Seine »Analytik des Erhabenen« charakterisiert das Erhabene als ein gemischtes

---

26. Vgl. Ernst Müller, Beraubung oder Erschleichung des Absoluten? Das Erhabene als Grenzkategorie ästhetischer und religiöser Erfahrung, in: Jörg Herrmann u. a. (Hg.), a.a.O, 144-164.

27. Vgl. Christine Pries, Einleitung, in: dies. (Hg.), Das Erhabene. Zwischen Grenzerfahrung und Größenwahn, Weinheim 1989, 1-30, 3.

28. Jean-François Lyotard, Das Erhabene und die Avantgarde, in: Das Inhumane. Plaudereien über die Zeit, Wien 1989, 159-187; ders., Der Augenblick. Newman, in: ebd., 141-157; ders., Vorstellung, Darstellung, Undarstellbarkeit, in: ebd., 207-222; ders., Die Analytik des Erhabenen. Kantlektionen, München 1994; Christine Pries, a.a.O., 2.

29. Karl Heinz Bohrer, Editorial, in: Das Erhabene – nach dem Faschismus, Merkur 9/1989, VI.

Gefühl.³⁰ Ausgelöst wird es in erster Linie durch die Anschauung des schlechthin Großen in der Natur. Diese führt zu einem zweiphasigen Wechselspiel zwischen Einbildungskraft und Vernunft, bei der eine durch sinnliche Überforderung der Einbildungskraft hervorgerufene Unlust von der Vernunft in Lust an der eigenen Naturüberlegenheit transformiert wird. Dabei evozieren übermächtige Naturphänomene wie »drohende Felsen, am Himmel sich auftürmende Donnerwolken, mit Blitzen und Krachen einherziehend, Vulkane in ihrer ganzen zerstörenden Gewalt, Orkane mit ihrer zurückgelassenen Verwüstung, der grenzenlose Ozean« das Gefühl des Dynamisch-Erhabenen,³¹ während »die Natur in derjenigen ihrer Erscheinungen, deren Anschauung die Idee ihrer Unendlichkeit bei sich führt«, das Mathematisch-Erhabene auslöst.³² Die von diesen Wahrnehmungen überforderte und bedrohte Einbildungskraft sucht bei der Vernunft Trost. Diese antwortet auf die sinnlichen Erschütterungen mit dem über alle Sinnlichkeit souveränen Sich-Selbst-Fühlen, das heißt: mit dem Bewußtsein ihres Vermögens, Ideen zu denken und sich also in reflexiver Freiheit noch über jede Naturmacht und Naturgröße zu erheben. Die Antwort der Vernunft läßt dabei zugleich das Problem der Undarstellbarkeit von Ideen deutlich werden. So weit eine erste Annäherung an Kant.

Drei Perspektiven soll im Folgenden nachgegangen werden: dem von Klaus Bartels beschriebenen Begriff des »Technisch-Erhabenen«, der von Lyotard bestimmten aktuellen Debatte und den Beziehungen des Begriffs zum Religiösen und zur Theologie.

Nach Bartels wird aus dem Dynamisch-Erhabenen der Natur in der Moderne das »Tempo-Erhabene der Technik« oder auch das »Technisch-Erhabene«.³³ Er findet Ansätze dieser Sichtweise bei Burke in der Rede von einer »künstlichen Unendlichkeit« und bei Kant im Begriff des Mathematisch-Erhabenen, das sich auch an erhabenen Artefakten wie der Peterskirche oder den Pyramiden entzünden kann. Inszenierungen des Technisch-Erhabenen erkennt Bartels in den Landschaftsgärten des 18. Jahrhunderts. Im 19. Jahrhundert eröffnet die Erfindung der Fotografie und später des Fliegens ganz neue Inszenierungsmöglichkeiten, die im Krieg als Medienereignis ihre vorerst letzte Stufe der Darstellung und Abwehr des Schreckens erreichen. Zusammengefaßt: »Die künstliche Natur, die Simulation, erzeugt das Gefühl des Erhabenen, nicht die Natur.«³⁴ Der Film, so wäre Bartels zu ergänzen, bedeutet eine Dynamisierung und Intensivierung

30. Vgl. Immanuel Kant, Kritik der Urteilskraft, in: ders., Werkausgabe in 12 Bdn., hrsg. von Wilhelm Weischedel, Bd. 10, Frankfurt/M. 1974, 164-191.
31. Ebd., 185.
32. Ebd., 178.
33. Klaus Bartels, Über das Technisch-Erhabene, in: Christine Pries (Hg.), a.a.O., 295-316.
34. Ebd., 308.

der Simulationsmöglichkeiten, die eine neue Qualität der Evokation des Erhabenen erschließen.

Eine andere Richtung hat Jean-François Lyotard eingeschlagen. Er knüpft zwar auch an Kant an, überträgt das Problem dann aber auf die Kunst und verfolgt in seiner weiteren Interpretation ein Kant entgegengesetztes Interesse: er betont nicht die ästhetisch-subjektive Domestizierung der Erschütterungserfahrung des Erhabenen, sondern gerade ihr widerständiges Differenzpotential. Am Beispiel Barnett Newmans bestimmt er das Erhabene als das Ereignis des Bildes. Lyotard führt aus: »Wenn er also die Erhabenheit im Hier und Jetzt sucht, bricht Newman mit der Eloquenz der romantischen Kunst. Aber er verwirft nicht die grundlegende Aufgabe: daß die bildnerische, wie jede andere, Expression vom Unausdrückbaren Zeugnis abzulegen hat. Das Unausdrückbare ist nicht in einem Jenseits, einer anderen Welt oder einer anderen Zeit beheimatet, sondern darin, ›daß es geschieht, daß etwas geschieht‹. In der bildenden Kunst ist das Unbestimmte, das ›Es geschieht‹, die Farbe, das Bild. Die Farbe, das Bild ist als Vorkommnis, als Ereignis nicht ausdrückbar, und davon hat sie Zeugnis zu geben.«[35] Lyotard geht es um das Alteritätsmoment des Bild-Ereignisses, das auf Undarstellbares anspielt. Im Rahmen der zweiphasigen Erhabenheitserfahrung legt er den Akzent auf die Krise. Diese Akzentverschiebung markiert in seiner Sicht auch die Differenz zwischen moderner und postmoderner Ästhetik: »Die Differenz ist also folgende: Die moderne Ästhetik ist eine Ästhetik des Erhabenen, bleibt aber als solche nostalgisch. Sie vermag das Nicht-Darstellbare nur als abwesenden Inhalt anzuführen, während die Form dank ihrer Erkennbarkeit dem Leser oder Betrachter weiterhin Trost gewährt und Anlaß von Lust ist. Diese Gefühle aber bilden nicht das wirkliche Gefühl des Erhabenen, in dem Lust und Unlust aufs innerste miteinander verschränkt sind: Die Lust, daß die Vernunft jegliche Darstellung übersteigt, der Schmerz, daß Einbildungskraft und Sinnlichkeit dem Begriff nicht zu entsprechen vermögen. Das Postmoderne wäre dasjenige, das im Modernen in der Darstellung selbst auf ein Nicht-Darstellbares anspielt; das sich dem Trost der guten Formen verweigert, dem Konsensus eines Geschmacks, der ermöglicht, die Sehnsucht nach dem Unmöglichen gemeinsam zu empfinden und zu teilen; das sich auf die Suche nach neuen Darstellungen begibt, jedoch nicht, um sich an deren Genuß zu verzehren, sondern um das Gefühl dafür zu schärfen, daß es ein Undarstellbares gibt.«[36]

Lyotards Interpretation des Erhabenen hat vielfältig Schule gemacht. So plädiert

---

35. Jean-François Lyotard, Das Erhabene, a.a.O., 164f.
36. Ders., Beantwortung der Frage: Was ist postmodern? In: Peter Engelmann (Hg.), Postmoderne und Dekonstruktion. Texte französischer Philosophen der Gegenwart, Stuttgart 1990, 33-48, 47.

Christine Pries in der Einleitung zu dem von ihr herausgegebenen Sammelband zum Erhabenen für seine Akzentuierung im Sinne Lyotards. Pries nennt dieses Verständnis des Erhabenen vor dem Hintergrund eines an Baumgarten orientierten weiten Ästhetikbegriffs ästhetisch. Die Linie der metaphysischen auf Domestizierung zielenden Interpretation zieht sie demgegenüber bis zum Faschismus aus und erkennt in ihr die Signatur neuzeitlichen Größenwahns. Die ästhetische Akzentuierung, die das Überfordernde wahrnehme, beinhalte demgegenüber das »Bewußtsein der Endlichkeit des Menschen«.[37] Im Sinne der Wahrnehmung von Alterität verstanden könne das Erhabene als Ausdruck heutiger Komplexität gelten. Und an anderer Stelle: »Das Erhabene ist eine Möglichkeit, die Herausforderung (...) der Komplexität anzunehmen.«[38]

Wie läßt sich diese Debatte nun Theologischem zuordnen? Und wie schließlich auf das populäre Kino anwenden? Zunächst ist daran zu erinnern, daß das Erhabene zwischen religiöser und ästhetischer Erfahrung changiert. Ernst Müller ist dieser Mehrdeutigkeit nachgegangen und hat die religiösen und ästhetischen Komponenten in der Geschichte des Begriffes seit Kant nachgezeichnet.[39] Dabei konstatiert er: »Nach Kant ließe sich der Gegensatz zwischen der religiösen und der ästhetischen Fassung des Erhabenen so fassen: religiös ist es, insofern der Mensch das Erhabene dem Objekt zuschreibt, ästhetisch insofern das Erhabene als das Gefühl der Achtung, die ›Idee der Menschheit in unserm Subjekte‹ entdeckt wird, das Subjekt also letztlich in den Ideen sich als Grund des Erhabenen lustvoll erfährt.«[40] Dem wäre hinzuzufügen: Eindeutig religiös ist das Erhabene auch dann noch nicht, wenn man seinen Alteritätspol betont. Es ist ja gerade eine ästhetische Kategorie, die in Abgrenzung vom Religiösen formuliert wurde. Insofern ist sie allenfalls religiös interpretierbar: als Verweis auf das Absolute oder auf Gott.

Daß der religiöse Aspekt in der Vorgeschichte des Erhabenen selbst enthalten ist, hat Reinhard Hoeps herausgearbeitet.[41] Er hat gezeigt, daß die ästhetische Kategorie des Erhabenen bei Kant den biblischen Begriff der Herrlichkeit Gottes beerbt.[42] Mit dieser Ablösung sind jedoch grundlegende Differenzen verbunden.

Sie haben mit einer wesentlichen Voraussetzung der Ästhetik Kants zu tun: der Kritik am Gottesgedanken. Die zentrale Differenz beschreibt Hoeps folgendermaßen: »Während Herrlichkeit die Antwort auf die Frage ist, wie das höchste

---

37. Christine Pries, a.a.O., 28f.
38. Dies., a.a.O., 26.
39. Ernst Müller, a.a.O.
40. Ebd., 150.
41. Reinhard Hoeps, Das Gefühl des Erhabenen und die Herrlichkeit Gottes, Würzburg 1989.
42. Ebd., 45ff.; 229ff.

Sein oder die höchste Wahrheit in der Welt des Scheins anwesend sein kann, geht das Erhabene den umgekehrten Weg, wenn es im Schein nach der Möglichkeit der Darstellung des höchsten Seins sucht.«[43] Repräsentiert der Begriff der Herrlichkeit eine Antwort auf die Frage nach dem Absoluten, so vergegenwärtigt die Kategorie des Erhabenen gerade die Frage nach ihm. Steht die Herrlichkeit für die Fülle der Anwesenheit, so vertritt das Erhabene einen Verweis auf Abwesendes, der von überfordernden Sinneswahrnehmungen ausgelöst wird. Hoeps sieht die beiden Begriffe in einem gegenseitigen Erläuterungsverhältnis, nicht ohne jedoch das Problematische des Herrlichkeitsbegriffs benannt zu haben, das im Licht des Erhabenen deutlich wird: »die Vorstellung einer ohne Vermittlung von Reflexion oder Geschichte sich ereignenden Gegenwart Gottes«.[44] Ästhetik als Einsicht in Vermitteltheit macht sich in dieser kritischen Sichtweise als eine Art philosophisch fundiertes Bilderverbot geltend. Ähnliche Überlegungen ließen sich aus der Filmästhetik im Blick auf die religiöse Semantik ableiten.

Eine postmoderne Interpretation der Differenz zwischen der biblischen Herrlichkeits-Ästhetik der Anwesenheit und dem Fragegestus des Erhabenen könnte man in Lyotards Ästhetik des Erhabenen erblicken. Seine ereignisontologische Deutung der abstrakten Malerei kommt der Mystik nahe. »Etwas« ist anwesend, aber es kann nicht symbolisiert werden.[45] Das »Es geschieht« vergegenwärtigt keinen darstellbaren Inhalt. Dieses »Now« der reinen Präsenz verweist vielmehr nur darauf, daß es Undarstellbares gibt. Strukturell entspricht dieses Konzept der Figur negativer Theologie, die Gott im Modus der Verneinung auf der Spur ist. Nur die Semantiken unterscheiden sich: hier das Undarstellbare, dort Gott. Das populäre Kino ist von derartiger Negativität weit entfernt. Es schwelgt vielmehr in positiver Bildlichkeit: bigger than life.

Vor dem Hintergrund der Skizzierung der grundlegenden Verzweigungen und Konstellationen des Erhabenen sollen nun die Filme in den Blick genommen werden, die an das Erhabene denken lassen. Im Vordergrund stehen dabei Korrespondenzen zu Kants Bestimmungen und zum Technisch-Erhabenen, wie es Bartels beschrieben hat.

In »Jurassic Park« sind es Saurierbilder, die die Assoziation des Erhabenen

---

43. Ebd., 231.
44. Ebd., 233. Jürgen Ebach verweist allerdings darauf, daß im Gegensatz zur vorisraelitischen Kabod-Tradition, in der Kabod als beziehungslose Herrlichkeit verstanden wird, in der israelitischen Tradition Kabod geradezu als eine »Kommunikationsinstanz« begriffen wird. Vgl. Jürgen Ebach, »Kabod – Versuch über die Schwere Gottes«, in: Dietrich Neuhaus (Hg.), Von der Schwere Gottes und der Leichtigkeit des Seins, Arnoldshain 1992, 5-27, 24f.
45. Vgl. dazu: Jörg Herrmann, »Wir sind Bildhauern gleich.« Von der Verwandlung mystischer in ästhetische Erfahrung, in: ders. u. a. (Hg.), a.a.O., 87-105.

wachrufen. So zum Beispiel, als Grant und Sattler kurz nach ihrer Ankunft im Park auf dem Weg vom Hubschrauberlandeplatz zum Kontrollzentrum zum ersten Mal einen riesigen Saurier erblicken. Brüllend – wie zum Nachdruck seiner Größe – stolziert er über eine Wiese und äst Laub von den umstehenden Bäumen. Grant und Sattler blicken ihn vom Jeep aus mit aufgerissenen Augen an, beeindruckt von Existenz und schierer Größe des gentechnologisch erzeugten Tieres. Weitere Szenen, die an Erhabenheit denken lassen, sind mit dem Erscheinen des Tyrannosaurus Rex verbunden, des größten fleischfressenden Sauriers des Parks. Das Ungeheuer taucht zum ersten Mal aus der Dunkelheit auf, als die beiden Elektroautos der Park-Expedition aufgrund eines Stromausfalls ausgerechnet auf der Höhe seines Geheges feststecken. Bodenvibrationen kündigen seine Nähe an, ein Stück rohes Fleisch klatscht an das Seitenfenster des Expeditionsautos, in dem die Kinder Tim und Lex sitzen, kurz darauf lugt der übergroße Kopf des Sauriers drohend aus dem Dunkel hervor.
»Jurassic Park« inszeniert das Erschrecken vor der gentechnologisch hergestellten Natur und damit ein Gefühl, das dem Dynamisch-Erhabenen Kants nahekommt und dem von Bartels beschriebenen Technisch-Erhabenen der Landschaftsgärten des 18. Jahrhunderts exakt entspricht.
Anders akzentuiert ist das Technisch-Erhabene bei »Independence Day«. Hier sind es das Übergroße der Alien-Raumschiffe und die Geschwindigkeit und Zerstörungskraft der Kriegshandlungen, die die Assoziation des Technisch-Erhabenen evozieren. Schon in der Eingangssequenz werden wir mit einem übergroßen Alien-Raumschiff konfrontiert, das sich als Schatten über den Spuren der menschlichen Mondlandung ankündigt, bevor es in seiner unübersehbaren Monumentalität ins Bild gleitet. Spätere Erscheinungen der feindlichen Raumschiffe sind zumeist von Feuerwolken begleitet, die an biblische Erscheinungen der Herrlichkeit Gottes erinnern. Zum ersten Mal taucht dieses Motiv auf, als ein Passagierflugzeug über der kalifornischen Pazifikküste Störungen meldet und bald darauf in einer Feuerwolke verschwindet; wenig später zeigt sich das Phänomen, als in Kalifornien die Erde bebt und der Agrar-Pilot Russ eines der Alien-Raumschiffe am Himmel entdeckt, das sich aus einer Feuerwolke schält. Auch das Erscheinen eines riesigen Schiffes über der Skyline von New York wird von einer Feuerwolke begleitet. In dieser Szene werden Macht und Schrecken der außerirdischen Technik dadurch unterstrichen, daß das Raumschiff den vormals blauen Himmel über der Stadt langsam vollständig verdunkelt. Nachdem der vom Wissenschaftler Levinson entdeckte Vernichtungs-Countdown abgelaufen ist, öffnet sich das Schiff und zerstört das Empire State Building mit einem Energiestrahl, um daraufhin die ganze Stadt in ein Inferno aus Feuer und Hitze zu verwandeln.
Technisch-Erhabenes etwas anderen Zuschnitts repräsentieren demgegenüber die Kampfszenen in der Luft. Hier ist es vor allen Dingen die Geschwindigkeit

des Fliegens und der Waffensysteme, die im Kontext des Tempo-Erhabenen gedeutet werden kann.

Aufs Ganze gesehen läßt sich »Independence Day« als Simulation des Erhabenen interpretieren, dessen Dramaturgie eine Action-Parallele zu Kants Zweiphasenmodell des Erhabenen darstellt: der Schrecken der Ufos wirft das menschliche Subjekt auf seine Denkfähigkeit zurück, mit deren Hilfe es schließlich eine Idee entwickeln kann, die am symbolträchtigen Unabhängigkeitstag zum Sieg über die Außerirdischen führt. Der Triumph menschlicher Vernunft wird im Atomblitz der Vernichtung des Mutterschiffes ebenso gefeiert wie in der Schlußszene, als die Helden auf das abgestürzte Schiff blicken, das schwelend vor ihren Augen und zu ihren Füßen in der Wüste liegt, und die Präsidententochter ihrem Daddy einen »fröhlichen vierten Juli« wünscht.

In »Titanic« zeigt sich das Technisch-Erhabene mehr unter dem Aspekt seiner Größe. Von Beginn an wird die Titanic unter diesem Gesichtspunkt thematisiert. In den Szenen des Auslaufens werden die gigantischen Maße des Schiffes besonders im Kontrast zu zwei Segelschiffen herausgestellt, hinter denen die Titanic als bildfüllende, schwarze Schiffswand vorbeifährt. Der visuelle Eindruck wird wenig später in einem Gespräch von den Schöpfern des Schiffes, dem Reeder Ismay und dem Chefkonstrukteur Andrews, bekräftigt, indem Ismay die Titanic als »größtes bewegliches Objekt, das Menschen je schufen« bezeichnet und Andrews von einem Schiff »von solcher Kraft und Größe und so luxuriöser Ausstattung, daß seine Überlegenheit niemals in Frage gestellt würde«, spricht. Diese Erhabenheit der Größe erscheint im Untergang gebrochen als eine Art Spiegel der sich nun als siegreich erweisenden Übermacht von Eis und Ozean. Das Technisch-Erhabene wird vom Dynamisch-Erhabenen des Ozeans in seine Schranken verwiesen. Beide Phänomene sind Inszenierungen bzw. Simulationen und insofern wiederum im Technisch-Erhabenen aufgehoben.

Innerfilmisch wird der Triumph der Natur über die Technik aus zwei Perspektiven gezeigt. Aus der Außenperspektive eines Rettungsbootes kommt ihre Macht am Auseinanderbrechen, Sich-Aufrichten und Versinken des erleuchteten Riesendampfers zur Darstellung. Aus der Innensicht der auf dem Schiff Verbliebenen zeigt sie sich in Form von einbrechenden Wassermassen, die Glas splittern lassen und unter anderem die Kommandobrücke zerquetschen, in welcher der Kapitän den Untergang erwartet.

Gegen die Schrecken der Katastrophe stellt Cameron Szenen des Pittoresken und die Liebesbotschaft. Auf die Erfahrung des »Collide with destiny!« antwortet das »Nothing on earth could come between them« der Liebe.

Im Durchgang der drei Filme hatte ich auf einzelne Motive verwiesen: auf Saurier und Raumschiffe, auf das übergroße Schiff und sein Scheitern am noch größeren Eisberg. Diese Beobachtungen stehen im Kontext einer allgemeinen Tendenz des populären Kinos der 90er Jahre zur ästhetischen Aufrüstung im Inter-

esse der Erlebnisintensität. Darauf hat Knut Hickethier aufmerksam gemacht. Er sieht diesen Trend vor dem Hintergrund von Medienkonkurrenz und Erlebnisgesellschaft. Das Kino habe sich wieder auf das besonnen, was es vom Fernsehen unterscheide: auf »die sinnliche Attraktion der übergroßen Bilder, die uns zu überwältigen scheinen, die mitreißende Dynamik schneller Bewegungen auf diesen großen Flächen, natürlich auch die Opulenz der vorgeführten filmischen Räume, die Präenz der tiefen und leuchtenden Farben, der sonore Raumklang, der uns als Zuschauer ganz einhüllt. (...) Es ist ja unverkennbar, daß der vor allem aus Amerika kommende Unterhaltungsfilm gegenüber der Narration seine optischen Schauwerte ausgebaut hat, und daß die im Kinospielfilm immer vorhandenen präsentativen Elemente an Bedeutung gewonnen haben. (...) Der neuere Kinofilm will eben gerade nicht mehr vorrangig durch seine Narration den Zuschauer für sich gewinnen, sondern durch die Präsentation des noch nie Gesehenen, des Überraschenden und Faszinierenden.«[46]
Hickethiers Diagnose macht vor dem Hintergrund der Ausführungen zum Erhabenen darauf aufmerksam, daß die ästhetische Aufrüstung des Mainstream-Kinos eine im wesentlichen erhabenheitsästhetische Aufrüstung ist. Denn im Kern geht es dabei um eine ästhetische Überforderung, um die »übergroßen Bilder, die uns zu überwältigen scheinen«. An dieser Formulierung wird außerdem deutlich, daß diese Aufrüstung auch eine ganz formale, von Bildinhalten unabhängige Seite hat. Übergroße Bilder, leuchtende Farben und einhüllender und in seiner Lautstärke manchmal durchaus auch gewalttätiger Klang sind ja Technika, die in dieser Form erst in den 90er Jahren mit den Projektionsbedingungen der Multiplex-Kinos realisiert wurden.
Die Steigerung der Erlebnisintensität des populären Kinos läßt sich also auf vielen Ebenen im Kontext der ästhetischen Kategorie des Erhabenen deuten.
Die Bildlichkeit steht dabei ohne Frage im Vordergrund. Es lassen sich aber auch auf der Ebene des Narrativen Analogien feststellen. Was bei »Independence Day« schon beobachtet worden war, gilt für alle drei Filme: die filmischen Simulationen des Erhabenen kommen auch dramaturgisch der Zweiphasigkeit des kantschen Modells nahe. Der durch Ungeheuer, Außerirdische oder Katastrophen ausgelöste Schrecken wird im Fortgang der Handlung durch Aktionismus, geniale Einfälle, heroische Kampfhandlungen und Liebesschwüre domestiziert. Es bleibt mithin keine Irritation zurück. Die filmische Vernunft triumphiert vollständig über den von ihr simulierten Schrecken. Man geht getröstet aus dem Kino: es ist ja noch einmal gut gegangen. Vor diesem Hintergrund wäre das populäre Kino mehr der Moderne als der Postmoderne zuzuordnen: es spendet schließlich den Trost der stimmigen Form, hier des canonic story for-

---

46. Knut Hickethier, Kino in der Erlebnisgesellschaft. Zwischen Videomarkt, Multiplex und Imax, unveröffentlichtes Vortragsmanuskript, Bremen 24.1.1999, 12.

mat, von dem Bordwell spricht. Das Zuviel der sinnlichen Sensationen wird in diesem Kosmos abgefedert und ist darum gefahrlos konsumierbar. Das populäre Kino korrespondiert in dieser Hinsicht der von Christine Pries gerade kritisierten Akzentuierung des Erhabenen: Es erscheint nicht als Chance der Wahrnehmung von Komplexität, sondern als vereinfachende Antwort auf sie.

Diese Figur von Bedrohung und Tröstung, von Thrill und Happy-End ähnelt dabei nicht nur der Dramaturgie des Erhabenen nach Kant, sie weist auch strukturelle Parallelen zu Bestimmungen des Religiösen auf. Religiöse Symbolisierungen waren nach Clifford Geerts dadurch gekennzeichnet, daß sie sinnverwirrende Kontingenz zunächst anerkennen, um ihr in einem zweiten Schritt im Namen einer umfassenderen Wirklichkeit zu widersprechen. Dieser Widerspruch erfolgt allerdings im Christentum in der Dualität von präsentischer und futurischer Eschatologie: das Reich Gottes ist angebrochen und noch ausstehend zugleich. Der Trost kann darum nie den Charakter ungebrochener Positivität annehmen, der das Happy-End des populären Kinos im Unterschied auszeichnet. Diese Differenz hat natürlich auch damit zu tun, daß der Trost des populären Kinos eine kulturell konstruierte Fiktion ist, während der Trost der Religion auf die Macht Gottes verweist und damit eine bleibende Differenz von kultureller Form und angezeigtem Inhalt reklamiert. Weist das populäre Kino also strukturelle Parallelen zum kantschen Triumph der Vernunft über die Wahrnehmung des Übermächtigen in der Außenwelt auf, so bekämpft die Religion sein Erschütterungspotential mit den Waffen des Glaubens und der Hoffnung. Am nüchternsten begegnet die postmoderne Ästhetik des Erhabenen dem Problem überfordernder Alterität, indem sie auf die Wahrnehmung der Krisen und Komplexitäten setzt und vorschnellen Trost ablehnt. Dieser Haltung kommt unter den untersuchten Filmen vielleicht noch am ehesten »Pulp Fiction« entgegen.

1.3 Das populäre Kino als Sinnmaschine

Im populären Kino spiegeln sich – wie wir gesehen haben – allgemeine Trends der Gegenwartskultur wieder: die Liebesreligion, die Öko-Religion und die Suche nach Erlebnisintensität durch die Simulation des Erhabenen. Dieser Befund ist plausibel: Das populäre Kino ist als Massenkunst schließlich den dominanten kulturellen Trends verpflichtet. Es partizipiert darum auch an der doppelten Reaktionsform auf die Verunsicherungen durch Modernisierungsprozesse. Hier ist an die Unterscheidung zwischen geschlossenen und offenen Reaktionsweisen zu erinnern, deren Extreme durch die Flucht in Eindeutigkeit und den fundamentalistischen Rückgriff auf Traditionen auf der einen Seite und durch die Bereitschaft zur offenen Auseinandersetzung mit den Unsicherheiten der Situation auf der anderen Seite markiert werden.[47] Ich hatte diese Tendenzen in kultur-

---

47. Vgl. 1.1.4.

1. Religion im populären Film 231

theoretischer Sicht in eine generelle Ambivalenz von Symbolisierungsprozessen eingeordnet, bei der reproduktive und affirmative Trends innovativen und herausfordernden gegenüberstehen. Im Filmischen entspricht dieser Ambivalenz die Dualität von Mainstream-Kino und Kunstkino. Die Muster von Offenheit und Geschlossenheit zeigen sich dabei schon sehr deutlich an den formalen Strukturen: der geschlossenen Dramaturgie des populären Kinos steht die offenere Dramaturgie des Kunstkinos gegenüber.[48]
Das populäre Kino entwirft einen geschlossenen Sinnkosmos, in dem Selbstreferentialität, Ambivalenzen, Irritationen und offene Fragen auf der formalen und inhaltlichen Ebene vermieden werden. Das Kunstkino gibt sich demgegenüber inhaltlich wie formal offener: es arbeitet mit offeneren Formen des Handlungsaufbaus und entläßt den Zuschauer mit offenen Fragen. Zu seiner formalen Offenheit gehört, daß das Kunstkino seine Medialität reflektiert. Zugespitzt könnte man sagen: Während das populäre Kino Bekanntes konventionell inszeniert und seinen Thrill weitgehend aus der erhabenheitsästhetischen Steigerung visueller Intensitäten bezieht, ist das Kunstkino bemüht, auf ästhetisch und kognitiv herausfordernde Weise neue Erfahrungen zu erschließen. Für das Kunstkino gilt, was die moderne Kunst allgemein charakterisiert: »Kunst transformiert nicht, wie die Religion, unbestimmbare Komplexität in bestimmbare, sondern sie erzeugt in ihren Werken neue unbestimmbare Komplexität.«[49]
Im Zusammenhang der vorliegenden Arbeit zeigte sich die Geschlossenheit des populären Films besonders prägnant in »Der König der Löwen«. Die größere Offenheit des Kunstkinos wurde demgegenüber an »Pulp Fiction« deutlich. Dies gilt formal wie inhaltlich, für die Verarbeitung religiöser Traditionen wie für die Organisation der Sinnmuster. Während »Pulp Fiction« religiöse Sinntraditionen im Rahmen seiner Überraschungsdramaturgie ironisch aufgreift und bricht, bedient sich »Der König der Löwen« religiöser Sinnmuster, um eine naturmythische Kreislaufreligion zu konstruieren, die einen geschlossenen Sinnkosmos bildet. Während »Der König der Löwen« das ›Evangelium‹ des »ewigen Kreises« predigt, zeugt »Pulp Fiction« mit seinem ständigen schockartigen Aufbrechen konventioneller Sinnkontinuitäten vom Anwachsen der Kontingenz in einer komplexer werdenden Welt. Man könnte auch sagen: »Der König der Löwen« ist die Antwort des populären Kinos auf die Frage, die »Pulp Fiction« widerspiegelt: auf die Zunahme von Kontingenzerfahrungen. Hinsichtlich der Unterscheidung von moderner und postmoderner Ästhetik ist festzuhalten: »Pulp Fiction« repräsentiert mit seinem Strukturmuster der fortlaufenden Bre-

---

48. Vgl. 3.2.1. Die Begriffe »Kunstkino« und »populäres Kino« bezeichnen zwei Pole eines breiten Spektrums mit vielen Übergangsformen; auch die Begriffe »offen« und »geschlossen« bezeichnen dementsprechend Tendenzen.
49. Thomas Lehnerer, Methode der Kunst, Würzburg 1994, 152, Anm. 133.

chung das verunsichernde Krisenpotential des »Es geschieht« der Postmoderne; »Der König der Löwen« hingegen den regressiven Trost der fundamentalistisch geschlossenen Form. Ordnung, Befriedung und Affirmation hier, Brüche, Widersprüche und Irritation dort. Antworten auf der einen Seite, Fragen auf der anderen. Das populäre Kino erscheint vor dem Hintergrund dieser Gegenüberstellungen als eine Sinnmaschine, die die Komplexität des Wirklichen im Interesse unserer Wünsche radikal reduziert. Es eignet sich darum nur bedingt als Medium differenzierterer gesellschaftlicher Problemanzeigen und aufgrund seiner ästhetischen Konventionalität auch kaum als Medium der ästhetischen Irritation. Im Sinne der künstlerisch orientierten Filmkritik anspruchsvolle Filme wird man darum unter den Mainstream-Filmen nicht finden: dafür sind sie intellektuell und ästhetisch zu konventionell gemacht.[50] Ihre Konventionalität macht sie jedoch theologisch in bestimmter Hinsicht interessant. Denn populäre Filme eignen sich aufgrund dieser Eigenschaft zur theologischen Auseinandersetzung mit verbreiteten Sinndeutungsmustern: Sie verkörpern den Katechismus der populären Kultur. Seine aktuellen Hauptartikel: der Ordnungsrahmen Natur, das Sinnmuster Liebe und der Thrill der Simulation des Erhabenen.

2. Wechselseitige Irritation – Populäre Filmkultur und traditionelle Religionskultur im Dialog

Resümieren wir die herausgestellten Sinnmuster und die korrespondierenden theologischen Deutungsansätze, so zeigt sich, daß in allen Bereichen wechselseitige Herausforderungen sichtbar geworden sind. So kann der populäre Film die Theologie an ihre Naturvergessenheit erinnern, während die Theologie den populären Film auf die Naivität einer unreflektierten Heiligsprechung der Natur aufmerksam machen kann. So kann das populäre Kino die Theologie über die gegenwartskulturellen Codierungen der Liebe aufklären, während die Theologie dem populären Kino die Selbstreferentialität seiner Liebesbotschaft bewußt machen kann. So kann der populäre Film die Kirche auf ihre Erlebnisarmut stoßen, während die Theologie Anlaß gibt, die Eindeutigkeit und den Märchencharakter der Krisenbewältigung des populären Films zu hinterfragen.
Im Zusammenhang der vorliegenden Arbeit soll es bei diesen Schlaglichtern bleiben, die Perspektiven eines Dialogs über die genannten Themen andeuten. Sie können in religionspädagogischen oder homiletischen Kontexten zielgerichteter entfaltet werden. An dieser Stelle sollen darum nun noch einige grundsätz-

---

50. Vgl. Zur Unterscheidung von populärem Film und Kunstfilm vgl. auch 2.3.

2. Populäre Filmkultur u. traditionelle Religionskultur im Dialog

liche Aspekte der wechselseitigen Kontextualisierung von populärer Filmkultur und traditioneller Religionskultur in den Blick genommen werden.

Die Kritik an der Eindeutigkeit, mit der der populäre Film Probleme auflöst, macht auf einen generellen Differenzpunkt zwischen dem populären Film und der Religionskultur aufmerksam, der mit dem Warencharakter des populären Films zusammenhängt. Die Kommerzialität des Mainstream-Kinos bedingt, daß es auf leichte Konsumierbarkeit ausgerichtet ist. Populäre Filme sollen in erster Linie unterhalten. Sie sollen als Unterhaltungsware »funktionieren« und möglichst ein Mehrfaches ihrer Produktionskosten einspielen. Komplexe Formen stören dabei ebenso wie schwierige Inhalte und Minderheitenthemen. Der populären Film als ein Massenphänomen vermeidet Problemthemen. Oder er verarbeitet sie jedenfalls so, daß sie ohne Schwierigkeiten konsumierbar werden, das heißt, er hebt Konflikte und Widersprüche im Happy-End auf. Sozialer Realismus ist seine Sache nicht. Realistische Darstellungen von Leidenserfahrungen und gesellschaftlichen Problemlagen sucht man im populären Film vergebens. Er konstruiert seine Geschichten durchweg als Heilsgeschichten mit Happy-End, die den Bedürfnissen und Wünschen der Konsumenten entgegenkommen. Das Herantragen christlicher Deutungskultur an den populären Film kann dazu beitragen, die damit verbundenen Realitätsverkürzungen genauer wahrzunehmen. Denn die christliche Religionskultur zeichnet sich durch eine Wahrnehmung gesellschaftlicher Realitäten aus, bei der die Widersprüche und Brüche deutlicher hervortreten. Sie repräsentiert eine Erzählkultur und damit auch eine Erzähl- und Wahrnehmungsperspektive, die von der memoria passionis bestimmt ist.[51] Darauf hat Johann Baptist Metz wiederholt aufmerksam gemacht.[52] »Christlicher Glaube«, so Metz, »artikuliert sich als memoria passionis, mortis et resurrectionis Jesu Christi. In der Mitte dieses Glaubens steht das Gedächtnis des gekreuzigten Herrn, eine bestimmte memoria passionis, auf die sich die Verheißung künftiger Freiheit für alle gründet.«[53] Und zugespitzt wenig später: »Es gibt kein Verständnis der Auferweckung, das nicht über das Gedächtnis des Leidens entfaltet werden müßte. Es gibt kein Verständnis der Herrlichkeit der Auferweckung, das frei wäre von den Finsternissen und Bedrohungen der menschlichen Leidensgeschichte. Eine memoria resurrectionis, die sich nicht als memoria passionis verstünde, wäre bare Mythologie.«[54] Metz betont, daß der unauflösliche Zusammenhang von Passion und Auferstehung, von Leiden und Freiheit auch die christliche Wahrnehmung von Geschichte bestimmt.

51. Vgl. 4.2.
52. Zuerst in dem Aufsatz »Kleine Apologie des Erzählens« (concilium 9/1973, 329-333), später in der Publikation: Johann Baptist Metz, Glaube, a.a.O., bes. 87ff. und 181ff.
53. Ebd., 97.
54. Ebd., 99.

»Die christliche memoria insistiert darauf, daß die Leidensgeschichte der Menschheit nicht einfach zur Vorgeschichte der Freiheit gehört, sondern daß sie ein inneres Moment der Geschichte der Freiheit ist und bleibt. Die Imagination künftiger Freiheit nährt sich aus dem Gedächtnis des Leidens, und Freiheit verdirbt, wo die Leidenden mehr oder minder im Klischee behandelt und degradiert werden.«[55] Das Gedächtnis des Leidens hat dabei für Metz eine politische Dimension, »es bringt (...) eine neue moralische Phantasie ins politische Leben, eine neue Imagination fremden Leidens, aus der eine überschießende, unkalkulierte Parteilichkeit für die Schwachen und Nichtvertretenen reifen soll. So aber kann die christliche memoria passionis zum Ferment für jenes politische Leben werden, das wir um unserer menschlichen Zukunft willen suchen.«[56] Die memoria passionis konstituiert eine Wahrnehmungsperspektive des Mitleids. Diese kann dabei nicht nur an der heilsgeschichtlichen memoria, sondern auch schon am Verhalten Jesu abgelesen werden: »Das Christentum ist ursprünglich eine Erinnerungs- und Erzählgemeinschaft in der Nachfolge Jesu, dessen erster Blick dem fremden Leid galt.«[57] Die Geschichte Jesu ist, so könnte man interpretieren, ein doppelter Verweis auf die Wahrnehmung des Leidens: Jesus hat sie im Blick auf andere praktiziert und in seiner Passion zugleich bis aufs Äußerste an der menschlichen Leidensgeschichte partizipiert.

Diese von Metz betonte zentrale Bedeutung der memoria passionis für die christliche Wahrnehmung von Geschichte und Gesellschaft und ihr gesellschaftliches Wirkungspotential als Ferment für eine humane politische Kultur erfährt Bestärkung durch Überlegungen Richard Rortys zur Konstitution von Solidarität. Rorty betont, daß Solidarität etwas zu Schaffendes ist. Ganz im Sinne von Metz schreibt er: »Es (das Ziel der Solidarität, d. Verf.) ist nicht durch Untersuchung, sondern durch Einbildungskraft erreichbar, durch die Fähigkeit, fremde Menschen als Leidensgenossen zu sehen. Solidarität wird nicht entdeckt, sondern geschaffen. Sie wird dadurch geschaffen, daß wir unsere Sensibilität für die besonderen Einzelheiten des Schmerzes und der Demütigung anderer, uns nicht vertrauter Arten von Menschen steigern. (...) Der Prozeß, in dessen Verlauf wir allmählich andere Menschen als ›einen von uns‹ sehen statt als ›jene‹, hängt ab von der Genauigkeit, mit der beschrieben wird, wie fremde Menschen sind, und neubeschrieben, wie wir sind.«[58] Diese Beschreibung sei eine Aufgabe für die Medien. »Das ist der Grund, warum Roman, Kino und Fernsehen langsam aber

---

55. Ebd., 98.
56. Ebd., 103.
57. Johann Baptist Metz, Kirche in der Gotteskrise. Oder: Entlaubte Bäume in der postmodernen Landschaft. Eine Einladung zu elementaren Vergewisserungen, in: FR, 27.6.1994, 12.
58. Richard Rorty, Kontingenz, Ironie und Solidarität, Frankfurt/M. 1992, 15f.

2. Populäre Filmkultur u. traditionelle Religionskultur im Dialog 235

sicher Predigt und Abhandlung in der Rolle der Hauptvehikel moralischer Veränderungen und Fortschritte abgelöst haben.«[59]
Vor diesem Hintergrund wird die Bedeutung des Kinos und damit auch des populären Kinos für Theologie und Gesellschaft noch einmal herausgestellt. Zugleich wird ein kritisches Kriterium für die Beurteilung von Filmen deutlich, das aus christlicher Sicht in der memoria passionis verwurzelt ist, das aber auch ganz unabhängig davon allgemeine Plausibilität im Rahmen humanistischer Kulturtheorien beanspruchen kann: die Genauigkeit der Beschreibung des Leidens anderer. Von diesem Kriterium ausgehend ist zu fragen, wie genau das populäre Kino Leidenserfahrungen beschreibt und wie stark es seine Geschichten im Sinne des Unterhaltungsinteresses stilisiert. Im Zusammenhang der Analyse von »Pretty Woman« war diese Fragestellung schon einmal indirekt zur Sprache gekommen. Andreas Kilb hatte kritisiert, daß es in diesem Film und im Anschluß daran in Mainstreamfilmen überhaupt schon längst nicht mehr um Gesellschaftliches gehe, sondern nur noch um das reine Klischee.[60] Ich hatte demgegenüber die Vermitteltheit des Gesellschaftsbezuges von »Pretty Woman« betont.[61] Das Klischee ist in diesem Zusammenhang ein Baustein in der Konstruktion einer Liebesreligion, die als Spiegel und Antwort auf spezifische gesellschaftliche Entwicklungen bezogen ist. Der Metzsche Hinweis darauf, daß sich die Positivität des christlichen Glaubens nur über die Negativität der Passion erschließt, würde im Blick auf »Pretty Woman« zum Beispiel bedeuten, daß eine religionspädagogische Auseinandersetzung mit dem Film besonderen Wert auf das legen müßte, was »Pretty Woman« ausblendet oder jedenfalls nur flüchtig streift: die Kehrseite des Glücks der großen Liebe. Zu thematisieren wäre u. a. das Leiden in Liebesbeziehungen und das Leiden am unerfüllten Glücksversprechen der Liebesreligion. Generell: zu thematisieren wäre also der Bezug des populären Films zu den konkreten gesellschaftlichen Erfahrungen, insbesondere zu den ausgegrenzten Erfahrungen von Leiden und Benachteiligung.[62] Zielt der populäre Film auf die Resonanz mit gesellschaftlichen Mehrheiten, so lenkt die memoria passionis den Blick auf die Minderheiten. Ist das populäre Kino interessiert an der spannungsvollen Inszenierung von Träumen, so der christliche Glaube an einer möglichst genauen Wahrnehmung der sozialen Realitäten.
Verweist der Glaube in der Perspektive der memoria passionis auf die gesellschaftliche Referenzialisierbarkeit des Films, auf die Frage seiner Wahrheit, so

---

59. Ebd., 16.
60. S. o. 132.
61. S. o. 141.
62. U. a. etwa zu den Schrecken des Krieges in »Independence Day« und »Forrest Gump«. Diese Perspektiven waren im übrigen unabhängig von der Formulierung des Kriteriums der memoria passionis als Kritik in den Filminterpretationen schon aufgetaucht.

läßt sich die formale Seite dieser Fragestellung im Sinne einer dialogischen Wechselbeziehung zwischen Filmkultur und traditioneller Religionskultur auch umkehren, das heißt, es läßt sich vor dem Hintergrund der Fiktionalität des Kinos fragen, welcher Wahrheitswert religiösen Symbolisierungen eigentlich zukommt.

Der Film ist per se Fiktion. Das Wissen um seine konstruierte Medialiät gehört zu den Voraussetzungen seiner Rezeption. Im Kunstkino wird diese Fiktionalität sogar ausdrücklich thematisiert. Traditionelle religiöse Symbolisierungen hingegen sind – in den Worten von Clifford Geertz – durch eine »Aura von Faktizität« gekennzeichnet. Sie beanspruchen eine bestimmte Form von objektiver Geltung. Die Gottesbeweise des Mittelalters sind Versuche, diesen Geltungsanspruch rational zu plausibilisieren. Die Moderne hat diesen Anspruch zwar gebrochen und gezeigt, daß es sich bei religiösen Symbolisierungen um unbeweisbare kulturelle Interpretationen handelt. Diese Einsicht hat sich jedoch bis heute nicht auf breiter Basis durchgesetzt. Im allgemeinen Bewußtsein wird der Geltungsanspruch religiöser Symbolisierungen nur zu oft dem Geltungsanspruch von lebensweltlichen Tatsachenbehauptungen gleichgestellt. Dadurch entstehen Plausibilitätsprobleme, die die Aneignung traditioneller religiöser Symbolisierungen erschweren.

Die Auseinandersetzung mit dem Film kann in diesem Zusammenhang vielleicht helfen, das Plausibilitätsproblem dadurch abzubauen, daß sie den Konstruktionscharakter kultureller Symbolisierungen und damit auch religiöser Symbolisierungen bewußter macht. Das kann auf verschiedenen Ebenen geschehen. Eine Perspektive eröffnet die Thematik der Selbstreferentialität. Die mediale Selbstreferentialität des Films verweist auf die selbstreferentiellen Elemente der jüdisch-christlichen Tradition: an erster Stelle auf das Bilderverbot. Das Bilderverbot als Hinweis auf die bleibende Differenz zwischen Darstellung und Dargestelltem erinnert daran, daß auch religiöse Symbolisierungen kulturelle Artefakte und darum zeitgebundene Konstruktionen sind. Als selbstkritischer Verweis auf die Medialität religiöser Symbolisierungen macht das Bilderverbot damit zugleich auf die unabschließbare Aufgabe der Interpretation aufmerksam, die immer wieder neu das herausarbeiten muß, worauf religiöse Symbolisierungen jenseits ihrer zeitgebundenen Form hinweisen wollen.[63]

> 63. Der funktionale Religionsbegriff hatte sich im Kontext des Interpretationsdiskurses als Instrument erwiesen, um sachliche Kontinuitäten und Überschneidungsfelder von Gegenwartskultur und traditioneller Religionskultur sichtbar zu machen. Vor dem Hintergrund des Plausibilitätsproblems traditioneller religiöser Symbolisierungen wird noch einmal deutlich, daß die Weite der funktionalen Religionsbestimmung zugleich ihre große Schwäche ist. Denn das Spezifische des Religiösen und damit auch seine heutigen Plausibilitätsprobleme kommen erst mit der konkreten religiösen Semantik in den Blick. Der funktionale Religionsbegriff und auch jeder

2. Populäre Filmkultur u. traditionelle Religionskultur im Dialog 237

Interpretation ist, so gesehen, ein Übersetzungsvorgang. Das Sprachspiel der Tradition und das der Gegenwart werden ineinander übersetzt und zueinander in Beziehung gesetzt. Die Auseinandersetzung mit dem populären Kino als wichtigem Sinngenerator zeitgenössischer Sprachspiele macht allerdings deutlich, daß sich die Gegenwartssituation radikal wandelt. Elementare menschliche Erfahrungen und ihre Sinncodierungen begegnen uns heute mit hoher Erlebnisintensität in medialisierter Form: Erfahrungen der Natur, der Liebe, des Erhabenen. Ich hatte darauf hingewiesen, daß diese Entwicklung auch von biographischer Prägekraft ist und Medienerfahrungen die Identitätsbildung beeinflußen.[64]

Die Analyse des populären Kinos der 90er Jahre hat gezeigt, daß dabei gerade Simulationen derjenigen Erfahrungen im Mittelpunkt stehen, die lebensweltlich zu den intensivsten Primärerfahrungen gehören und die zugleich zunehmend aus dem lebensweltlichen Erfahrungsraum verschwinden. Am deutlichsten wird dies vielleicht am Thema Natur, die in ihrer Schönheit und Erhabenheit im Alltag des urbanen Westens am ehesten noch als filmische Inszenierung erfahren werden kann. Selbst der Appell zur Ökologie begegnet in der äußersten Künstlichkeit kulturindustrieller Produkte (siehe »Jurassic Park«).

Das Kino, so läßt sich interpretieren, kompensiert den Verlust an primärer Erfahrung durch filmische Inszenierungen derselben. Es steht für den Triumph der totalen Künstlichkeit von Erfahrung. In dem Film »Truman Show« von Peter Weir (1998) hat diese Situation einen aktuellen filmischen Ausdruck gefunden: der Hauptdarsteller einer Reality-TV-Serie lebt in einer künstlichen Studio-Welt, ohne dies selbst zu bemerken. Erst langsam kommt er der Wahrheit auf die Spur und entdeckt, daß seine vermeintlich wirkliche Welt Teil einer medialen Inszenierung ist.

Was bedeutet das für die Theologie? Welche Konsequenzen sind aus der umfassenden Medialisierung von Erfahrung für die theologische Arbeit zu ziehen? Zunächst einmal geht es wohl darum, Medialität als Zeichen der Zeit wahrzunehmen. Erfahrungsbezug theologischer Arbeit bedeutet vor diesem Hintergrund auch und nicht zuletzt, sich auf die Medialität heutiger Erfahrung zu beziehen. Die Auseinandersetzung mit den Medien der Gegenwartskultur wird darum zu einem wichtigen Faktor theologischer Reflexion. Ein bloßes »Zurück-zur-wirklichen-Wirklichkeit« würde der Realität der Medialisierung und damit der aktuellen Gegenwartssituation nicht gerecht werden.

Insgesamt gesehen handelt es sich um einen Diskurs, der die Bedeutung des kulturellen Zeichengebrauchs neu bewußt macht: dies ist einerseits *nur* ein

---

andere die traditionelle religiöse Semantik nicht berücksichtigende Begriff von impliziter Religion hat darum nur eine begrenzte Reichweite.

64. Vgl. 1.1.3.

Film, *nur* ein Symbol, *nur* ein Wort, *nur* ein Bild. Auf der anderen Seite ist Bedeutungskonstitution Wirklichkeitskonstitution. Der Film ist mehr als nur ein Film: er ist eine Weltansicht, eine Brille, durch die wir für zwei Stunden auf das Leben blicken, die für diese Zeit Teil unserer Erfahrung wird und die unsere Erfahrung als weiterwirkende Sinncodierung auch über die zwei Stunden hinaus beeinflußt. Allgemeiner: Der Zeichengebrauch konfiguriert die Erfahrung. Die Theologie ist durch diesen Diskurs herausgefordert und zugleich an eigene Traditionen und Einsichten erinnert. Vertraut ist ihr: »Am Anfang war das Wort.« Die Theologie hatte von je her ein Bewußtsein von der Bedeutung und Schöpfungsmacht des Wortes – von Medialität also. Neu ist die gesteigerte lebensweltliche Bedeutung von menschengemachter Medialität als Spiegel und Codierung von Erfahrungen. Paul Tillichs Beschreibung der Wechselwirkung zwischen Kultur und Leben ist heute aktueller denn je: »Während er [der Mensch, d. Verf.] in den Formen lebt, die er selbst schafft, schafft er sich selbst durch sie um.«[65] Im Medienzeitalter wird der Mensch einmal mehr zum Schöpfer seiner selbst. Die neuen Kommunikations- und Biotechnologien eröffnen ihm dabei noch weitere und über die Möglichkeiten des Kinos noch weit hinausgehende Selbstgestaltungsmöglichkeiten. Für die Theologie ergibt sich daraus ein umfangreicher Reflexionsbedarf, der hier nur angedeutet werden kann.

3. Populäre Filmkultur und traditionelle Religionskultur zwischen Ausdifferenzierung und Ablösung

Bedeutet der Prozeß der funktionalen Ausdifferenzierung der Kulturformen, daß die traditionelle Religionskultur Schritt für Schritt von anderen Kulturformen ersetzt wird? Welche Funktionen der traditionellen Religionskultur kann das Kino im Prozeß der Umformungskrise des Christentums in Moderne und Postmoderne übernehmen, welche Funktionen hat es schon übernommen?[66]
Ich hatte die Sinndeutung als funktionale Schnittstelle benannt. Nun ist Sinndeutung zweifellos nicht das Hauptmotiv für den Kinobesuch – schon gar nicht im Blick auf das Publikum populärer Filme. Dieses Publikum geht ins Kino, weil es unterhalten werden will, weil es den Alltag vergessen will, weil es etwas erleben will. Peter Wuss hat auf die psychohygienische, ikonisierende, affirmative, vereinfachende und Vorbilder und Verhaltensmodelle anbietende Funktion

---

65. Paul Tillich, Systematische Theologie, Bd. 1, a.a.O., 214.
66. Vgl. dazu auch: 1.1.4., Anm. 67.

3. Populäre Filmkultur und traditionelle Religionskultur 239

des populären Films hingewiesen.[67] Fragen der Gesamtorientierung und der Lebensdeutung schwingen dabei dennoch mit. Sie sind, wie die Filmanalysen gezeigt haben, ein zunächst zwar nicht im Vordergrund stehendes, aber doch wichtiges Element des populären Kinos. Im Blick auf die zentrale kulturelle Funktion der Sinndeutung wird man, denke ich, von einer Überschneidung und partiellen Ablösung der traditionellen Religionskultur durch die populäre Filmkultur sprechen können: Denn im Blick auf die kulturelle Gesamtpräsenz narrativer Lebensdeutung ist das Kino heute ein wichtiger und in der Alltagskultur Jugendlicher sogar bestimmender Faktor. Biblische Geschichten gehören zwar auch immer noch zu den kulturell relevanten Materialien narrativer Sinndeutung, ihre alltagskulturelle Präsenz hat im Kontext postmoderner Veränderungsprozesse aber an Bedeutung verloren.

Gleichwohl sind die Differenzen zu beachten. Ein wichtiger Gesichtspunkt ist mit dem Stichwort Alltagskultur benannt. Das Kino ist ein Teil der populären Alltagskultur. Diese ist von Unterhaltungsinteressen und der Schnelllebigkeit des Marktes bestimmt. Das beinhaltet die Erfahrung: So beeindruckend eine populärer Abenteuerfilm wie »Jurassic Park« heute sein kann, morgen ist er längst vergessen. Die traditionelle Religionskultur ist demgegenüber schon kontextuell ganz anders positioniert. Sie ist zum einen noch immer ein fester Bestandteil der Curricula des Bildungssystems (zum Beispiel im Religionsunterricht öffentlicher Schulen) und wird zum anderen von den Kirchen u. a. im Kontext biographischer Sinndeutungsarbeit gezielt vermittelt. Dadurch hat sie historisch-kulturell und existentiell-biographisch eine ganz andere Reichweite, die vermuten läßt, daß die Bibel (und darin das Buch Hesekiel) noch in relevanten Auflagen gedruckt wird, wenn »Pulp Fiction« nur noch als Archivkopie existiert. Nun könnte man einwenden, daß die durch Tradition und Institution bedingte Wirkungsmacht der traditionellen Religionskultur ja gerade abnehme. Zwei kulturhistorische Gesichtspunkte sprechen gegen dieses Argument, einer dafür. Gegen die These vom Ende der Religionskultur durch Traditionsabbruch – die Erosion der Institution Kirche ist hier mitzudenken – spricht zum einen ihre bisherige mehrtausendjährige Geschichte. Es ist schlicht historisch unwahrscheinlich und widerspricht aller Erfahrung, daß ein solch breiter, tief verwurzelter und institutionalisierter Traditionsstrom auf einmal versiegt. Wenn der Prozeß diese Tendenz hat, dann wird es vermutlich immer noch sehr lange dauern, bis die Religionskultur nur noch rein musealen Charakter hat.

Der andere Gesichtspunkt, der gegen ein baldiges Ende der traditionellen Religionskultur spricht, ist ihr Zu-Sich-Kommen im Prozeß der Ausdifferenzierung. Wer sich im eigenen kulturellen Umfeld umsieht, wird beobachten können, daß das Kino zwar alltagskulturell in Gesprächen eine große Rolle spielt und in die-

---

67. Peter Wuss, Filmanalyse, a.a.O., 406ff.

sen Kommunikationen biographisch relevantes Sinndeutungspotential entfalten kann. Für den Bereich jedoch, den Thomas Luckmann mit dem Begriff der »großen Transzendenzen« umschreibt, ist weiterhin die traditionelle Religionskultur zuständig. Geburten, Todesfälle und Hochzeiten lassen sich nicht gut im Cinemaxx begehen. Auch existentielle Lebenskrisen sind mit Mainstream-Movies nicht zu bewältigen. In diesen Situationen sind Experten gefragt, die das Potential kultureller Deutungskulturen, sei es nun das des Protestantismus oder der Psychoanalyse, persönlich kommunizieren können. Mit am deutlichsten wird die Spezifität der Religionskultur im engeren Sinne vielleicht am Ritual. Das Ritual kann als eine zu einer Inszenierung verdichtete narrative Lebensdeutung im Kontext letztinstanzlicher Sinnhorizonte angesehen werden.

An der Taufe etwa läßt sich deutlich machen, was das bedeutet. Thematisch geht es um die letzten Fragen von Herkunft und Zukunft des Lebens, um die großen Transzendenzen also. Das diesbezügliche Deutungspotential der Tradition und die biographischen Situationen der Beteiligten werden vom Pfarrer – unter anderem in der Taufansprache – aufeinander bezogen. Formal gesehen ist die Taufhandlung die symbolisch verkürzte Inszenierung einer komplexen Narration. Sie enthält dabei sowohl die biblischen Taufgeschichten als auch das gesamte heilsgeschichtliche Narrativ. Denn die Taufe symbolisiert nicht weniger als das Begräbnis des alten Menschen und die Auferstehung der neuen Kreatur in Christus. Damit wird auf das Geschehen von Kreuz und Auferstehung, darin auf das gesamte Neue Testament und damit im weiteren Kontext auf den gesamten jüdisch-christlichen Erzählstrom angespielt.

Das Beispiel der Taufe sollte Aspekte verdeutlichen, die die traditionelle Religionskultur von der populären Filmkultur so deutlich unterscheiden, daß sie ein vollständiges Substitutionsverhältnis der Kulturformen ausschließen. Der kulturelle Ausdifferenzierungsprozeß scheint mit dem Muster der nur partiellen Beerbungen einherzugehen. Das Hauptcharakteristikum des Prozesses liegt offenbar darin, daß die Ausdifferenzierung der kulturellen Diskurse das ihnen jeweils Spezifische stärker hervortreten läßt.[68] Diese Beobachtung gilt auch im Blick auf das Verhältnis von populärer Kultur und religiöser Tradition. Vor diesem Hintergrund läßt sich sagen: Funktionen der alltagskulturellen Sinndeutung, die früher in stärkerem Maße von der Religionskultur erfüllt wurden, sind zu großen Teilen in die populäre Kultur übergegangen. Die Deutung der großen Transzendenzen an den Wendepunkten des Lebens ist hingegen nach wie vor eine Domäne der traditionellen Religionskultur.

Inhaltliche Gesichtspunkte schließen sich hier an. So war im Blick auf den populären Film deutlich geworden, daß seine Sinndeutungsmuster sich durch eine

---

68. Vgl. Andreas Mertin, »Complete this Sculpture.« Gemeinsamkeiten und Differenzen zweier Erfahrungsräume, in: Jörg Herrmann u. a. (Hg.), a.a.O., 23-43, 26, 28f., 35.

3. Populäre Filmkultur und traditionelle Religionskultur 241

hochgradige formale und inhaltliche Konventionalität und Geschlossenheit auszeichnen. Die religiöse Tradition hat demgegenüber den Vorteil, daß zumindest Teile von ihr die Ambivalenzen und Widerspüche menschlicher Erfahrung stärker widerspiegeln und darum auch besser deutend aufzunehmen vermögen. Das ist ein gerade im Blick auf die Deutung großer Transzendenzen wichtiges Sinnpotential. Andere Züge der Tradition sind dem populären Kino in puncto Geschlossenheit hingegen nur zu verwandt. Hans Robert Jauß weist im Blick auf die Schwelle zur Neuzeit zu recht darauf hin, daß die »Prämissen des christlichen Glaubens, die alles Zukünftige an die schon in der Vergangenheit geoffenbarte Wahrheit zurückbanden, das Weltverständnis des Alltags in der Tat als Barriere gegen neue Erfahrungen abdichten konnten«.[69]

Sprechen die vorgetragenen Sichtweisen des kulturellen und religionskulturellen Prozesses in der Tendenz gegen ein baldiges Zuendekommen der traditionellen Religionskultur, so gibt es doch ein wichtiges Argument, das zwar nicht für eine Substitution der Kirche durch das Kino spricht – diese ist in bestimmter Hinsicht, wie das Beispiel der Taufe erläutern sollte, aufgrund zu großer Differenzen gar nicht vollständig möglich –, wohl aber für eine nochmalige Beschleunigung des Bedeutungsverlustes der traditionellen Religionskultur. Ich meine das schon verschiedentlich erwähnte Plausibilitätsproblem, das die Aneignung traditioneller religiöser Semantik heute erschwert. Hier muß man in der Tat fragen, ob diese Semantik irgendwann nicht mehr angeeignet werden kann, weil die Plausibilitätsprobleme den Deutungsgewinn übersteigen. Daß das Plausibilitätsproblem einen wesentlichen Anteil am Bedeutungsverlust der Religion seit der Aufklärung hat, ist unstrittig.[70] Auch, daß die Problematik unter den Bedingungen der postmodernen Beschleunigung des Traditionsabbruches weiterwirkt. Wie entwickelt sich dieser Prozeß weiter? Wenn man einräumt, daß die religiöse Tradition sinnvolle Funktionen erfüllt und existentielle Sachprobleme bearbeitet, stellt sich die Frage nach ihrer Zukunft als die Frage nach den Möglichkeiten und Grenzen der Interpretation und Aneignung ihrer traditionellen Semantik. Für eine kulturhermeneutische theologische Arbeit, die in der Tradition der natürlichen Theologie an der allgemeinen Plausibilisierung ihrer Aussagen interessiert ist, verweist diese Frage zurück auf die theologische Auseinandersetzung mit der medialisierten Gegenwartskultur und damit auf den Dialog mit dem populären Kino.[71] Denn der Zugang zu den Sinndeutungen der jüdisch-christlichen Tradition erschließt sich einem breiteren Publikum nur dann, wenn Bezüge zwischen den gegenwartskulturellen und religionskulturellen Sinndeutungsangeboten hergestellt werden können, wenn also plausibel gemacht wer-

69. Hans Robert Jauß, a.a.O., 664.
70. Vgl. 1.1.4.
71. Vgl. 1.2.

den kann, daß die realen und mit ihnen verwobenen medialen Erfahrungen der Zeitgenossen etwas mit der traditionellen Religionskultur zu tun haben. Albrecht Grözinger hat darum im Prinzip zu recht konstatiert: »Ich kann mir nicht vorstellen, daß man Theologie treiben kann, ohne regelmäßig zeitgenössische Literatur zu lesen oder die Tendenzen der Bildenden Kunst zur Kenntnis zu nehmen.«[72] Grözingers Formulierung wäre im Sinne des Kinos zu aktualisieren. Denn das Kino ist, wie beschrieben, als ein zentraler Ausdruck heutiger Erfahrung zugleich ein wesentlicher Bezugspunkt theologischer Arbeit – das populäre Kino zumal. Es spiegelt Gegenwartserfahrung wider und kompensiert zugleich ihre Negativität. Es wirkt als Sinncodierung selbst erfahrungsgenerativ und im Sinne des funktionalen Religionsbegriffs auch religionsgenerativ. Aufgrund seines gesteigerten Illusionismus, seiner Tendenz, jede Geschichte als Heilsgeschichte mit Erfüllungscharakter zu konstruieren, ist das populäre Kino nicht nur die Sinnmaschine, sondern auch der Wunschgenerator der Gegenwartskultur. Der Vergleich von »Pulp Fiction« und »Der König der Löwen« hatte das noch einmal unterstrichen: konstruiert »Pulp Fiction« ein komplexes Spiel von Kontingenzen, so entwirft »Der König der Löwen« seine eigene Heilsgeschichte. Wie die theologische Auseinandersetzung mit den Botschaften des populären Kinos als wechselseitig kritischer Dialog angelegt werden könnte, als Diskurs also, in dem nicht nur Gemeinsamkeiten konstatiert werden, sondern auch Differenzen zwischen Gegenwartskultur und traditioneller Religionskultur erhoben und wechselseitig produktiv gemacht werden, hatte ich angedeutet.

Im Blick auf die Filmproduktion ist der Sinn theologischer Reflexion zugegebenermaßen eingeschränkt. Theologische Filminterpretationen werden kaum Einfluß auf Hollywoods Produktionspläne haben können. Das Herantragen protestantischer Deutungskultur an das Kino ist in erster Linie für die Rezipienten von Bedeutung. Es kann den kritischen Diskurs über Film in spezifischer Weise erweitern und bereichern und Gesichtspunkte einbringen, die von Filmkritik und Filmwissenschaft vernachlässigt werden: eben die Fragen nach Weltbildern und Lebensdeutungen, nach der gelebten Religion des Kinos und ihrer kritischen Beurteilung im Licht protestantischer Religionskultur. Wie stark der konkrete biographische Einfluß der Religion des Kinos auf Weltsichten und Verhaltensweisen im Einzelfall ist, müßte mit Mitteln der qualitativen Medienwirkungsforschung untersucht werden. In der vorliegenden Arbeit ging es zunächst um den Aufweis von religionsanalogen Sinnstrukturen im populären Kino am Beispiel von Filmen der 90er Jahre. Die Ergebnisse zeigen, daß die religionspädagogische, homiletische und kulturtheologische Auseinandersetzung mit dem populären Kino sinnvoll ist. Sie kann Übergänge zwischen den Sinncodierungen der traditionellen Religionskultur und der populären Filmkultur aufzeigen und

---

72. Albrecht Grözinger, a.a.O., 209.

neue Zugänge zu den jeweiligen Diskursen eröffnen. Für die Theologie ist der populäre Film eine unverzichtbare Bezugsgröße für die zeitgemäße Interpretation ihrer Tradition. Aufgrund der großen Bedeutung des populären Kinos für die Jugendkultur gilt dies in besonderem Maße für die Religionspädagogik.[73] Religionspädagogik und Medienpädagogik gehen dabei ineinander über. Denn die Inszenierung eines kritischen Dialogs zwischen filmischen und traditionell-religiösen Sinnmustern trägt sowohl zur Erweiterung der religiösen Kompetenz als auch zum Erwerb von Medienkompetenz bei.

73. Vgl. 1.1.3.

Literatur

Abarbanell, Stephan/Middel, Reinhard/Visarius, Karsten, Medien und Kultur, in: Kirche und Kultur in der Gegenwart. Beiträge aus der evangelischen Kirche, hrsg. im Auftrag des Kirchenamtes der Evangelischen Kirche in Deutschland, Frankfurt/M. 1996, 374-390.
Adorno, Theodor W., Noten zur Literatur, Frankfurt/M. 1981.
Ahn, Gregor, Religion. I. Religionsgeschichtlich, in: TRE, Bd. 28, hrsg. von Müller, Gerhard, Berlin/New York 1997, 513-522.
Albrecht, Gerd, Film, in: TRE, Bd. 11, hrsg. von Müller, Gerhard, Berlin/New York 1983, 174-177.
– Kann Unterhaltung als Parabel dienen? Bemerkungen zur christlichen Interpretation von Unterhaltungsfilmen und ähnlichen Materialien, in: Handbuch Jury der Evangelischen Filmarbeit, Frankfurt am Main 1976, 97-102.
Althen, Michael, Seelentröster Forrest Gump, in: Süddeutsche Zeitung, 29.3.1995.
Altner, Günter (Hg.), Ökologische Theologie. Perspektiven zur Orientierung, Stuttgart 1989.
Ammon, Martin/Gottwald, Eckart (Hg.), Kino und Kirche im Dialog, Göttingen 1996.
Arnheim, Rudolf, Film als Kunst, Frankfurt/M. <1932> 1979.
Baacke, Dieter/Schäfer, Horst/Vollbrecht, Ralf, Treffpunkt Kino. Daten und Materialien zum Verhältnis von Jugend und Kino, Weinheim/München 1994.
Bahners, Patrick, Natürliche Ernährung. Eine umweltbewußter Fürstenspiegel: »Der König der Löwen« aus den Disney-Studios, in: FAZ, 19.11.1994.
Bartels, Klaus, Über das Technisch-Erhabene, in: Christine Pries (Hg.), Das Erhabene. Zwischen Grenzerfahrung und Größenwahn, Weinheim 1989, 295-316.
Barth, Ulrich, Religion oder Gott? Die religionstheoretische Bedeutung von Kants Destruktion der spekulativen Theologie, in: Barth, Ulrich/Gräb, Wilhelm (Hg.), Gott im Selbstbewußtsein der Moderne. Zum neuzeitlichen Begriff der Religion, Gütersloh 1993, 11-34.
– Was ist Religion? In: ZThK 93, 1996, 538-560.
Barthes, Roland, Mythen des Alltags, Frankfurt/M. 1981.
Barz, Heiner, Meine Religion mach ich mir selbst! In: Psychologie heute, 22. Jg., Heft 7/ 1995, 20-27.
Bayerische Rückversicherung Aktiengesellschaft/Beck, Ulrich u. a. (Hg.), Eigenes Leben. Ausflüge in die unbekannte Gesellschaft, in der wir leben, München 1995, 71-75.
Beck, Ulrich, Die irdische Religion der Liebe, in: ders., Elisabeth Beck-Gernsheim, Das ganz normale Chaos der Liebe, Frankfurt/M. 1990, 222-266.
– Kinder der Freiheit: Wider das Lamento über den Werteverfall, in: ders. (Hg.), Kinder der Freiheit, Frankfurt/M. 1997, 9-33.
– Ursprung als Utopie: Politische Freiheit als Sinnquelle der Moderne, in: ders. (Hg.), Kinder der Freiheit, Frankfurt/M. 1997, 382-401, 395ff.
– Von der gottgefälligen Ehe zum Liebesbündnis auf Zeit: das Beispiel der Ehe, in: Beck, Ulrich/Wilhelm Vossenkuhl/Ulf Erdmann Ziegler (Hg.), Eigenes Leben. Ausflüge in die unbekannte Gesellschaft, in der wir leben, München 1995.
Belgrad, Jürgen, Analyse kultureller Produkte in Film und Literatur. Tiefenhermeneutik als detektivisches und archäologisches Verfahren der Kulturanalyse. Zur Interpretationsdebatte in medien praktisch, in: medien praktisch 4/1996, 50-56.

Benjamin, Walter, Der Erzähler. Betrachtungen zum Werk Nikolai Lesskows, in: ders., Illuminationen, Frankfurt/M. 2/1980, 385-410.
Berger, Peter L, Zur Dialektik von Religion und Gesellschaft. Elemente einer soziologischen Theorie, Frankfurt/M. 1973.
Birkner, Hans-Joachim, Natürliche Theologie und Offenbarungstheologie. Ein theologiegeschichtlicher Überblick, in: NZSTh 3, 1961, 279-295.
Blumenberg, Hans, Arbeit am Mythos, Frankfurt/M. 1996.
- Schiffbruch mit Zuschauer. Paradigma einer Daseinsmetapher, Frankfurt/M. 1979.
- Wirklichkeitsbegriff und Wirkungspotential des Mythos, in: Fuhrmann, Manfred (Hg.), Terror und Spiel. Probleme der Mythenrezeption, München 1971, 11-66.
Blumenberg, Hans-Christoph, Die Geschäfte des Herrn Peter Pan. Über Steven Spielberg und seinen neuen Film »Jurassic Park«, in: Die Zeit, 3.9.1993, 48-49.
Boehm, Gottfried, Bildsinn und Sinnesorgane, in: Stöhr, Jürgen (Hg.), Ästhetische Erfahrung heute, Köln 1996, 148-165.
- Zu einer Hermeneutik des Bildes, in: Boehm, Gottfried/Gadamer, Hans-Georg (Hg.), Seminar: Die Hermeneutik und die Wissenschaften, Frankfurt/M. 1978, 444-471.
Bohrer, Karl Heinz, Editorial, in: Das Erhabene – nach dem Faschismus, Merkur 9/1989.
Bolz, Norbert, Die Sinngesellschaft, Düsseldorf 1997.
- Die Welt als Chaos und Simulation, München 1992.
Bordwell, David, »The classical Hollywood style, 1917-1960«, in: Bordwell, David/Steiger, Janet/Thompson, Kristin, The Classical Hollywood Cinema: Film Style and Mode of Production to 1960, New York 1985, 1-84.
- Narration in the Fiction Film, London/Wisconsin 1985.
- Postmoderne und Filmkritik: Bemerkungen zu einigen endemischen Schwierigkeiten, in: Rost, Andreas/Sandbothe, Mike (Hg.), Die Filmgespenster der Postmoderne. Reden über Film, Frankfurt/M. 1998, 29-39.
Bourdieu, Pierre, Die Auflösung des Religiösen, in: ders., Rede und Antwort, Frankfurt/M. 1992, 231-237.
Bubner, Rüdiger, Über einige Bedingungen gegenwärtiger Ästhetik, in: ders., Ästhetische Erfahrung, Frankfurt/M. 1989, 9-51.
- Zur Analyse ästhetischer Erfahrung, in: ders., Ästhetische Erfahrung, Frankfurt/M. 1989, 52-69.
Burke, Edmund, Philosophische Untersuchungen über den Ursprung unserer Ideen vom Erhabenen und Schönen, hrsg. von Strube, W., Hamburg 1980.
Carroll, Noël, A philosophy of mass art, Oxford 1998.
Cassirer, Ernst, Versuch über den Menschen, Einführung in eine Philosophie der Kultur, Hamburg 1996.
- Wesen und Wirkung des Symbolbegriffs, Darmstadt 1983.
Dancyger, Ken/Rush, Jeff, Alternative Scriptwriting: Writing beyond the Rules, Stoneham 1991.
Dannowski, Hans Werner, 40 Jahre evangelische Filmarbeit, in: Roth, Wilhelm/Thienhaus, Bettina (Hg.), Film und Theologie. Diskussionen, Kontroversen, Analysen, Frankfurt/M. 1989, 7-16.
- Interfilm. Evangelische Filmarbeit in ökumenischer und internationaler Perspektive, in: Ammon, Martin/Gottwald Eckart (Hg.), Kino und Kirche im Dialog, Göttingen 1996, 183-206.

- Schnittstellen. Erfahrungen mit Kirche, Film und Öffentlichkeit, in: PTh 81. Jg., 12/1992, 494-501.
Der Spiegel, Selig auf dem Wrack der Träume, in: Der Spiegel, 13/1998, 226-233.
Dux, Günther, Artikel »Liebe«, in: Wulf, Christoph (Hg.), Vom Menschen. Handbuch Historische Anthropologie, Weinheim/Basel 1997, 847-854.
Ebach, Jürgen, »Kabod – Versuch über die Schwere Gottes«, in: Neuhaus, Dietrich (Hg.) Von der Schwere Gottes und der Leichtigkeit des Seins, Arnoldshain 1992, 5-27.
- Apokalypse. Zum Ursprung einer Stimmung, in: Einwürfe, Heft 2, München 1985, 5-61.
Ebertz, Michael N., Forschungsbericht zur Religionssoziologie, in: International Journal of Practical Theology, Volume 1, 1997, 268-301.
Eder, Jens, Dramaturgie des populären Films. Konventionen des Handlungsaufbaus in Drehbuchpraxis und Filmtheorie, Münster/Hamburg/London 1999.
- Pulp Fiction: Der Autor als DJ. Dramaturgie als Sampling und Mixing von Versatzstücken, unveröffentlichte Seminararbeit, Hamburg 1996.
Elsaesser, Thomas, Augenweide am Auge des Maelstroms? – Francis Ford Coppola inszeniert Bram Stoker's Dracula als den ewig jungen Mythos Hollywoods, in: Rost, Andreas/Sandbothe, Mike (Hg.), Die Filmgespenster der Postmoderne. Reden über Film, Frankfurt/M. 1998, 63-105.
- Time Travel and Trauma in New Hollywood Film, unveröffentlichtes Vortragsmanuskript, Bergen 1997.
Enzensberger, Hans Magnus, »Die Natur schlägt zurück!« Erik Fosnes Hansens Protokoll eines »Titanic«-Fachgespräches mit Hans Magnus Enzensberger, in: Der Spiegel, Nr. 13, 23.3.1998, 238-239.
Evangelische Kirche in Deutschland u.a. (Hg.), Gestaltung und Kritik. Zum Verhältnis von Protestantismus und Kultur im neuen Jahrhundert, Hannover und Frankfurt/M. 1999.
Faulstich, Werner, Einführung in die Filmanalyse, Tübingen 4/1994.
Faulstich, Werner/Korte, Helmut, Der Film zwischen 1977 und 1995: ein Überblick, in: dies. (Hg.), Fischer Filmgeschichte Band 5: Massenware und Kunst 1977-1995, 11-20.
Feierabend, Sabine/Klingler, Walter, Was Kinder sehen. Eine Analyse der Fernsehnutzung 1997 von Drei- bis 13jährigen, in: Media Perspektiven 4/1998, 167-178.
Felix, Jürgen, Ironie und Identifikation. Die Postmoderne im Kino, in: Heller, Heinz B. (Hg.), Leben aus zweiter Hand? Soziale Phantasie und mediale Erfahrung, Münster 1991, 50-74.
Field, Syd, Das Drehbuch, in: Meyer, Andreas und Witte, Gunter (Hg.), Drehbuchschreiben für Fernsehen und Film. Ein Handbuch für Ausbildung und Praxis, München 1987, 11-120.
Filmförderungsanstalt, URL: http://ffa.de.
Fischer, Robert, Quentin Tarantino – Die Filme, in: Fischer, Robert/Körte, Peter/Seeßlen, Georg, Quentin Tarantino, Berlin 2/1998.
Flader, Dieter und Giesecke, Michael, Erzählen im psychoanalytischen Erstinterview – eine Fallstudie, in: Ehlich, Konrad (Hg.), Erzählen im Alltag, Frankfurt/M. 1980, 209-262.
Flusser, Vilém, Medienkultur, hrsg. von Stefan Bollmann, Frankfurt/M. 1997.
Frank, Manfred, Die Unhintergehbarkeit von Individualität. Reflexionen über Subjekt, Person und Individuum aus Anlaß ihrer »postmodernen« Toterklärung, Frankfurt/M. 1986.

Früchtl, Josef, Ästhetische Erfahrung und Einheit der Vernunft. Thesen im Anschluß an Kant und Habermas, in: Koppe, Franz (Hg.), Perspektiven der Kunstphilosophie. Texte und Diskussionen, Frankfurt/M. 1991, 147-164.

Gabriel, Karl, Gesellschaft im Umbruch – Wandel des Religiösen, in: Höhn, Hans-Joachim (Hg.), Krise der Immanenz. Religion an den Grenzen der Moderne, Frankfurt/M. 1996, 31-49.

Gadamer, Hans-Georg, Wahrheit und Methode, Tübingen 2/1965.

Gast, Wolfgang, Grundbuch. Einführung in Begriffe und Methoden der Filmanalyse, Frankfurt/M. 1993.

Geertz, Clifford, Dichte Beschreibung. Bemerkungen zu einer deutenden Theorie von Kultur, in: ders., Dichte Beschreibung. Beiträge zum Verstehen kultureller Systeme, Frankfurt/M. 4/1995, 7-43.

– Religion als kulturelles System, in: ders., Dichte Beschreibung. Beiträge zum Verstehen kultureller Systeme, Frankfurt/M. 4/1995, 44-95.

– The Impact of the Concept of Culture on the Concept of Man, in: ders., The Interpretation of Cultures, New York 1973, 33-54.

Geisendörfer, Robert, Editorial, in: Evangelischer Film-Beobachter, 1/1948.

Gerhards, Maria und Klingler, Walter, Fernseh- und Videonutzung Jugendlicher. Eine Analyse der Fernsehforschungsdaten 1997 von Zwölf- bis 19jährigen, in: Media Perspektiven 4/1998, 179-189.

Gerz, Raimund, Praxis und Perspektiven evangelischer Filmpublizistik. »Evangelischer Filmbeobachter« – »Kirche und Film« – »epd Film«, in: Ammon, Martin/Gottwald, Eckhart(Hg.), Kino und Kirche im Dialog, Göttingen 1996, 115-136.

Gestrich, Christof, Die unbewältigte natürliche Theologie, in: ZThK 68, 1971, 82-120.

Geyer, Carl-Friedrich, Mythos. Formen, Beispiele, Deutungen, München 1996.

Girard, René, Das Heilige und die Gewalt, Zürich 1987 <Paris 1972>.

Gottwald, Eckart, Umgang mit dem Numinosen in Unterhaltung und Spiel. Walt Disney's »Der König der Löwen« in theologischer und didaktischer Sicht, in: Heller, Barbara (Hg.), Kulturtheologie heute? Hofgeismarer Protokolle 311, Hofgeismar 1997, 145-157.

– Zwischen Mythos und Spiel. Theologische Zugänge zum Unterhaltungsfilm, in: Ammon, Martin/Gottwald, Eckart (Hg.), Kino und Kirche im Dialog, Göttingen 1996, 34-53.

Gräb, Wilhelm, Kunst und Religion in der Moderne. Thesen zum Verhältnis von ästhetischer und religiöser Erfahrung, in: Herrmann, Jörg u.a. (Hg.), Die Gegenwart der Kunst. Ästhetische und religiöse Erfahrung heute, München 1998.

– Lebensgeschichten – Lebensentwürfe – Sinndeutungen. Eine praktische Theologie gelebter Religion, Gütersloh 1998.

– Religion in der Alltagskultur, in: Heller, Barbara (Hg.), Kulturtheologie heute? Hofgeismarer Protokolle 311, Hofgeismar 1997, 97-108.

Gräb, Wilhelm/Osmer, Richard R., Editorial, International Journal of Practical Theology, Volume 1, 1997, 6-10.

Graf, Friedrich Wilhelm/Tanner, Klaus, Kultur. II. Theologiegeschichtlich, in: TRE, Bd. XX, hrsg. von Müller, Gerhard, Berlin/New York 1990, 187-209.

Gregor, Ulrich/Patalas, Enno, Geschichte des Films, Gütersloh 1962.

Grözinger, Albrecht, Theologie und Kultur. Praktisch-Theologische Bemerkungen zu einem komplexen Zusammenhang, in: Theologia Practica 24. Jg., 1989, Heft 3, 201-213.

Gumbrecht, Hans Ulrich, Erzählen in der Literatur – Erzählen im Alltag, in: Ehlich, Konrad (Hg.), Erzählen im Alltag, Frankfurt/M. 1980, 403-419.
Gundlach, Thies, Bilder – Mythen – Movies, Gottesdienste zu Unterhaltungsfilmen der Gegenwart, in: PTh 83. Jg., 12/1994, 550-563.
Gutmann, Hans-Martin, Der Herr der Heerscharen, die Prinzessin der Herzen und der König der Löwen. Religion lehren zwischen Kirche, Schule und populärer Kultur, Gütersloh 1998.
Hahn, Ronald M./Jansen, Volker, Die 100 besten Kultfilme von »Metropolis« bis »Fargo«, München 1998.
Hansen, Erik Fosnes, Der magische Schiffbruch. Die »Titanic«-Legende verzaubert Schiftsteller und Filmemacher – durch ihren Schatz von mächtigen Archetypen: Meer, Tod und Liebe, in: Der Spiegel, Nr. 13, 23.3.1998, 234-239.
Härle, Wilfried, Dogmatik, Berlin/New York 1995.
Hasenberg, Peter, Der Film und das Religiöse. Ansätze zu einer systematischen und historischen Spurensuche, in: Hasenberg, Peter u.a. (Hg.), Spuren des Religiösen im Film. Meilensteine aus 100 Jahren Filmgeschichte, Mainz/Köln 1995, 9-23.
– Film und Theologie im Dialog, in: film-dienst, 27.6.1990, 12-13.
Herrmann, Jörg, »Götter auf der Durchreise.« Hamburger Dialoge zwischen Kirche und Kino, in: epd Film, 5/1998, 6-7.
– »Wir sind Bildhauern gleich.« Von der Verwandlung mystischer in ästhetische Erfahrung, in: ders./Mertin, Andreas/Valtink, Eveline (Hg.), Die Gegenwart der Kunst. Ästhetische und religiöse Erfahrung heute, München 1998, 87-105.
– Kino und Kirche. Für die Annäherung zweier Erzählgemeinschaften, in: Dannowski, Hans Werner (Hg.), Kirchen – Kulturorte der Urbanität, 39-52.
– Schöne Augen für Mutter Natur. In der Öko-Ethik verdrängt die Ästhetik die Theologie, in: Evangelische Kommentare 12/1996, 703-706.
– Zusammenarbeit mit einem Programmkino am Ort, in: Runge, Rüdiger (Hg.), Kirchentag '95: gesehen – gehört – erlebt, Gütersloh 1995, 230-231.
Hickethier, Knut, Film- und Fernsehanalyse, Stuttgart/Weimar 2/1996.
– Kino in der Erlebnisgesellschaft. Zwischen Videomarkt, Multiplex und Imax, unveröffentliches Vortragsmanuskript, Bremen 24.1.1999.
– Nach einhundert Jahren Film – ein Ende des Films oder ein neuer Anfang in der digitalen Medienwelt? In: Faulstich, Werner/Korte, Helmut (Hg.), Fischer Filmgeschichte Band 5: Massenware und Kunst 1977-1995, Frankfurt/M. 1995, 318-332.
Hoeps, Reinhard, Das Gefühl des Erhabenen und die Herrlichkeit Gottes, Würzburg 1989.
Hoffmann, Bernward, »Der Blick auf das Andere.« Filmarbeit zwischen Unterhaltung, Kultur und Bildung, in: Zentralstelle Medien der Deutschen Bischofskonferenz (Hg.), Kirche und Kino. Arbeitshilfe zum Mediensonntag 1995, Medienpraxis/Grundlagen 8, Bonn 1995, 22-34.
Holloway, Ronald, Beyond the Image. Approaches to the religious Dimension in the Cinema, Genf 1977.
Horkheimer, Max und Adorno, Theodor W., Dialektik der Aufklärung, Frankfurt/M. <1944> 1969.
Horx, Matthias/Trendbüro, Trendbuch 2. Megatrends für die späten 90er Jahre, Düsseldorf 1995.
Irwin, Mark, Pulp and Pulpit: The Films of Quentin Tarantino and Robert Rodriguez,

in: Literature & Theology. A International Journal of Religion, Theory and Culture, Volume 12, Number 1, 3/1998.

Jameson, Frederic, Zur Logik der Kultur im Spätkapitalismus, in: Huyssen, Andreas/ Scherpe, Klaus R. (Hg.), Postmoderne. Zeichen eines kulturellen Wandels, Reinbek 1986, 45-102.

Jauß, Hans Robert, Ästhetische Erfahrung und literarische Hermeneutik, Frankfurt/M. 2/1997.

Joos, Rudolf, Jury der Evangelischen Filmarbeit – ihre Organisation, Aufgabe und Auswahlkriterien, in: Kriterien der Filmbeurteilung, Arnoldshainer Protokolle 2/1986, Schmitten 1986, 32-36.

Jung, Werner, Von der Mimesis zur Simulation – Eine Einführung in die Geschichte der Ästhetik, Hamburg 1995.

Kant, Immanuel, Kritik der reinen Vernunft, Stuttgart <1787> 1966.

- Kritik der Urteilskraft, in: ders., Werkausgabe in 12 Bdn., hrsg. von Wilhelm Weischedel, Bd. 10, Frankfurt/M. 1974.

Kanthak, Dietmar, Titanic, in: epd Film, 1/1998, 40f.

Kaufmann, Franz-Xaver, Religion und Modernität. Sozialwissenschaftliche Perspektiven, Tübingen 1989.

- Zur Einführung: Probleme und Wege einer historischen Einschätzung des II. Vatikanischen Konzils, MS, Bielefeld 1995.

Kehrer, Günter, Einführung in die Religionssoziologie, Darmstadt 1988.

Kellner, Douglas, Populäre Kultur und die Konstruktion postmoderner Identitäten, in:

Kuhlmann, Andreas (Hg.), Philosophische Ansichten der Kultur der Moderne, Frankfurt/M. 1994, 214-237.

Kennedy, Lisa, Der Wille zum Cool, in: taz, 3.11.1994.

Kilb, Andreas, Feuchte Augen. Der Erfolg des Films »Pretty Woman« und die Ohnmacht der Filmkritik, in: Die Zeit, 9.11.1990.

- Lautstark im Weltraum. Der späte Film zum Jubiläum: Roland Emmerichs »Independence Day« verheizt lustvoll 100 Jahre Kinogeschichte, in: Die Zeit, 20.9.1996.
- Titanic im Kopf. Ein Untergang, der Millionen beglückt, in: Die Zeit, 19.3.1998.

Kirchenamt der EKD (Hg.), Der Dienst der Evangelischen Kirche an der Hochschule, Gütersloh 1991.

Kirsner, Inge, Erlösung im Film. Praktisch-theologische Analysen und Interpretationen, Stuttgart/Berlin/Köln 1996.

Koch, Gerhard R., Still ruht die See. Warum der »Titanic«-Film auf der Erfolgswelle schwimmt, in: FAZ, 25.2.1998.

Korsch, Dietrich, Kulturprotestantismus als Kulturhermeneutik, in: Heller, Barbara (Hg.), Kulturtheologie heute? Hofgeismarer Protokolle 311, Hofgeismar 1997, 7-21.

- Religion mit Stil. Protestantismus in der Kulturwende, Tübingen 1997.

Körte, Peter, Tarantomania, in: Fischer, Robert/Körte, Peter/Seeßlen, Georg (Hg.), Quentin Tarantino, Berlin 2/1998, 7-70.

- Waisen, Saurier, Regressionen. Steven Spielbergs »Jurassic Park«, der kommerziell erfolgreichste Film der Kinogeschichte, in: FR, 2.9.1993.

Kothenschulte, Daniel, Reality TV Bites: Quentin Tarantino und seine Schule – eine neue Strömung im Hollywood-Kino, in: film-dienst 47/1994.

Kracauer, Siegfried, Theorie des Films: Die Errettung der äußeren Wirklichkeit, Frankfurt/M. <1960> 3/1979.

Kröger, Matthias, Die Notwendigkeit der unakzeptablen Kirche. Eine Ermutigung zu distanzierter Kirchlichkeit, München 1997.
Krutschnitt, Christine, Im Meer der Gefühle. »Titanic« – Mythos, Manie, Milliarden, in: Stern, Nr. 12, 12.3.1998, 58-66.
Kübler, Hans-Dieter, »Medienkindheit« und Mediensozialisation, in: medien praktisch 4/1997, 4-9.
Kuhlbrodt, Dietrich, Kino auf dem Evangelischen Kirchentag, in: epd Film, 8/1995, 2-3.
Kunstmann, Joachim, Christentum in der Optionsgesellschaft. Postmoderne Perspektiven, Weinheim 1997.
Lehnerer, Thomas, Methode der Kunst, Würzburg 1994.
Lewandowski, Rainer, Die Oberhausener. Rekonstruktion einer Gruppe 1962-1982, Diekholzen 1982.
Lowry, Stephen, Film – Wahrnehmung – Subjekt. Theorien des Filmzuschauers, in: montage/av, 1/1992, 113-128.
Luckmann, Thomas, Die ›massenkulturelle‹ Sozialform der Religion, in: Soeffner, Hans-Georg (Hg.), Kultur und Alltag, Soziale Welt, Sonderband 6, Göttingen 1988, 37-48.
– Die unsichtbare Religion, Frankfurt/M. 2/1993.
– Religion – Gesellschaft – Transzendenz, in: Hans-Joachim Höhn (Hg.), Krise der Immanenz. Religion an den Grenzen der Moderne, Frankfurt/M. 1996, 112-127.
Lueken, Verena, Washington zerstört, Vaterland ungebrochen. Überlebendes Grinsen: Roland Emmerichs Film »Independence Day« füllt die Kinos auch nach dem Unabhängigkeitstag, in: FAZ, 11.7.1996.
– Das Monster gehört mit in die Ordnung der Welt. Das Phänomen »Jurassic Park«: Steven Spielbergs wundersame Dino-Show – wissenschaftlich, ökonomisch, sexuell, in: FR, 2.9.1993.
Luhmann, Niklas, Liebe als Passion. Zur Codierung von Intimität, Frankfurt/M. 4/1998.
– Die Kunst der Gesellschaft, Frankfurt/M. 1997.
– Brauchen wir einen neuen Mythos? in: Höhn, Hans-Joachim (Hg.), Krise der Immanenz. Religion an den Grenzen der Moderne, Frankfurt am Main 1996, 128-153.
– »Ich denke primär historisch.« Religionssoziologische Perspektiven. Ein Gespräch mit Fragen von Detlev Pollack, in: Deutsche Zeitschrift für Philosophie 39, 1991, 937-956.
Luther, Henning, Religion und Alltag. Bausteine zu einer praktischen Theologie des Subjekts, Stuttgart 1992.
– Religion als Weltabstand, in: ders., Religion und Alltag. Bausteine zu einer Praktischen Theologie des Subjekts, Stuttgart 1992, 22-29.
Lyotard, Jean-François, Die Analytik des Erhabenen. Kantlektionen, München 1994.
– Das postmoderne Wissen. Ein Bericht, hrsg. von Engelmann, Peter, Wien 1993.
– Beantwortung der Frage: Was ist postmodern?, in: Engelmann, Peter (Hg.), Postmoderne und Dekonstruktion. Texte französicher Philosophen der Gegenwart, Stuttgart 1990, 33-48.
– Das Erhabene und die Avantgarde, in: ders., Das Inhumane. Plaudereien über die Zeit, Wien 1989, 159-187.
– Der Augenblick. Newman, in: ders., Das Inhumane. Plaudereien über die Zeit, Wien 1989, 141-157.
– Der Widerstreit, München <Paris 1983> 2/1989.
– Vorstellung, Darstellung, Undarstellbarkeit, in: ders., Das Inhumane. Plaudereien über die Zeit, Wien 1989, 207-222.

Marquardt, Odo, Apologie des Zufälligen. Philosophische Überlegungen zum Menschen, in: ders., Apologie des Zufälligen, Stuttgart 1986, 117-139.
Mathy, Dietrich, Zur frühromantischen Selbstaufhebung des Erhabenen im Schönen, in: Christine Pries (Hg.), Das Erhabene. Zwischen Grenzerfahrung und Größenwahn, Weinheim 1989, 143-160.
Mertin, Andreas, »Complete this Sculpture.« Gemeinsamkeiten und Differenzen zweier Erfahrungsräume, in: Herrmann, Jörg/Mertin, Andreas/Valtink, Eveline (Hg.), Die Gegenwart der Kunst. Ästhetische und religiöse Erfahrung heute, München 1998, 23-43.
- Videoclips im Religionsunterricht, Göttingen 1999.
Metz, Christian, Semiologie des Films, München 1972.
Metz, Johann Baptist, Kirche in der Gotteskrise. Oder: Entlaubte Bäume in der postmodernen Landschaft. Eine Einladung zu elementaren Vergewisserungen, in: FR, 27.6.1994, 12.
- Glaube in Geschichte und Gesellschaft. Studien zu einer praktischen Fundamentaltheologie, Mainz 4/1984.
- Kleine Apologie des Erzählens, in: concilium 9/1973, 329-333.
Meyer-Blanck, Michael, Vom Symbol zum Zeichen. Symboldidaktik und Semiotik, Hannover 1995.
Meyers Grosses Taschenlexikon in 24 Bänden, 4. vollständig überarbeitete Auflage, hrsg.und bearb. von Meyers Lexikonredaktion, Bd. 7, Mannheim/Leipzig/Wien/Zürich 1992.
Mikos, Lothar, Erinnerung, Populärkultur und Lebensentwurf. Identität in der multimedialen Gesellschaft, in: medien praktisch, 1/1999, 4-8.
- Filmverstehen. Annäherung an ein Problem der Medienforschung, in: Filmverstehen. Vier methodische Ansätze am Beispiel von »Trainspotting«, Texte Nr. 1, Sonderheft der Zeitschrift medien praktisch, 10/1998.
- Die Geschichte im Kopf des Zuschauers. Struktur-funktionale Film- und Fernsehanalyse. Teil 2, in: medien praktisch, 4/1996, 57-62.
- Computeranimation im populären Film: Jurassic Park (1993), in: Faulstich, Werner/Korte, Helmut (Hg.), Fischer Filmgeschichte Band 5: Massenware und Kunst 1977-1995, 305-317.
- Das Leben ist ein Roman. Zur filmischen Verarbeitung von Wunsch und Wirklichkeit am Beispiel »Pretty Woman«, in: medien praktisch 1/1992, V-X.
Monaco, James, Film verstehen. Kunst, Technik, Sprache, Geschichte und Theorie des Films und der Medien. Mit einer Einführung in Multimedia, überarbeitete und erweiterte Neuauflage, <London/New York 1977> Reinbek 1996.
Müller, Ernst, Beraubung oder Erschleichung des Absoluten? Das Erhabene als Grenzkategorie ästhetischer und religiöser Erfahrung, in: Herrmann, Jörg/Mertin, Andreas/Valtink, Eveline (Hg.), Die Gegenwart der Kunst. Ästhetische und religiöse Erfahrung heute, München 1998, 144-164.
Oelmüller, Willi (Hg.), Wiederkehr von Religion? Perspektiven, Argumente, Fragen. Kolloquium Religion und Philosophie Bd. 1, Paderborn/München/Wien/Zürich 1984.
Otto, Rudolf, Das Heilige. Über das Irrationale in der Idee des Göttlichen und sein Verhältnis zum Rationalen, München <1917> 1991.
Panofsky, Erwin, Stil und Form des Films, in: Filmkritik 1967, Heft 6, 343-355.
- Stil und Medium im Film (1947), in: ders., Die ideologischen Vorläufer des Rolls-Royce-Kühlers, Frankfurt/M. 1993, 19-48.

Plate, S. Brent, Religion/Literature/Film: Toward a Religious Visuality of Film, in: Literature & Theology, Vol. 12 No. 1, (Oxford University Press) 3/1998, 16-38.
Pöhlmann, Horst Georg, Abriß der Dogmatik, Gütersloh 3/1980.
Preul, Rainer, Religion. III. Praktisch-theologisch, in: TRE, Bd. 28, hrsg. von Müller, Gerhard, Berlin/New York 1997, 546-559.
Pries, Christine, Einleitung, in: dies. (Hg.), Das Erhabene. Zwischen Grenzerfahrung und Größenwahn, Weinheim 1989, 1-30.
Rentsch, Thomas, Der Augenblick des Schönen. Visio beatifica und Geschichte der ästhetischen Idee, in: Herrmann, Jörg/Mertin, Andreas/Valtink, Eveline (Hg.), Die Gegenwart der Kunst. Ästhetische und religiöse Erfahrung heute, München 1998, 106-126.
– Religiöse Vernunft: Kritik und Rekonstruktion. Systematische Religionsphilosophie als kritische Hermeneutik, in: Höhn, Hans-Joachim (Hg.), Krise der Immanenz. Religion an den Grenzen der Moderne, Frankfurt/M. 1996, 235-262.
Röll, Franz Josef, Mythen und Symbole in populären Medien. Der wahrnehmungsorientierte Ansatz in der Medienpädagogik, Frankfurt/M. 1998.
Rorty, Richard, Kontingenz, Ironie und Solidarität, Frankfurt/M. 1992.
Rössler, Dietrich, Grundriß der Praktischen Theologie, Berlin/New York 1986.
Schatten, Thomas, 50 Jahre film-dienst. Ein Beispiel für das Verhältnis von Kirche und Kultur in der Bundesrepublik Deutschland, Köln 1997.
Scheer, Brigitte, Einführung in die philosophische Ästhetik, Darmstadt 1997.
Scheer, Thorsten, Postmoderne als kritisches Konzept, München 1992.
Schillebeeckx, Eduard, Glaubensinterpretation. Beiträge zur hermeneutischen und kritischen Theologie, Mainz 1971.
Schleiermacher, Friedrich, Der christliche Glaube. Nach den Grundsätzen der Evangelischen Kirche im Zusammenhange dargestellt, aufgrund der zweiten Auflage <1830> neu herausgegeben von Redeker, Martin, Berlin 1960.
– Über die Religion. Reden an die Gebildeten unter ihren Verächtern, Stuttgart <1799> 1969.
Schmid, Wilhelm, »Lebenskunst: Die einzige Utopie, die uns geblieben ist.« Ein Gespräch mit dem Philosophen Wilhelm Schmid, in: Psychologie heute, 7/1996, 22-29.
Schmidt, Burghart, Postmoderne – Strategien des Vergessens, Darmstadt 1986.
Schmidt, Siegfried J., Konstruktivismus in der Medienforschung: Konzepte, Kritiken, Konsequenzen, in: Merten, Klaus/Schmidt, Siegfried J./Weischenberg, Siegfried (Hg.), Die Wirklichkeit der Medien, Opladen 1994, 592-623.
– Medien und Kommunikation, in: Funkkolleg Medien und Kommunikation. Einführungsbrief, Tübingen 1990, 33-38.
Schnädelbach, Herbert, Philosophie in Deutschland 1831-1933, Frankfurt/M. 1983.
Schneider, Hans-Helmuth, Rollen und Räume. Anfragen an das Christentum in den Filmen Ingmar Bergmans, Frankfurt/M. 1993.
Schneider, Werner, Gleichnisse des Lebens. Die »Jury der evangelischen Filmarbeit« im Kontext von Theologie, Kirche, Film und Kultur, in: Ammon, Martin/Gottwald, Eckart (Hg.), Kino und Kirche im Dialog, Göttingen 1996, 54-68.
Schneider, Werner/Kiesel, Doron, Thesen zum Verhältnis von Theologie, Kirche und Film, in: Thienhaus, Bettina/Roth, Wilhelm (Hg.), Film und Theologie. Diskussionen, Kontroversen, Analysen, Frankfurt/M. 1989, 25-27.
Schneider-Quindeau, Werner, Perspektivwechsel. Zum Verhältnis von theologischer Reflexion und Filmkultur, in: PTh 81. Jg., 12/1992, 482-493.

Schnelle, Frank, Forrest Gump, in: epd Film, 10/1994, 33-35.
Schreckenberger, Ernst, Die Wonnen der Künstlichkeit. Postmodernes Erzählen im Unterhaltungskino, agenda 2/1992, 50-52.
Schröder, Markus, Immanente Transzendenz. Die Religionstheorie Georg Simmels, in: Herrmann, Jörg/Mertin, Andreas/Valtink, Eveline (Hg.), Die Gegenwart der Kunst. Ästhetische und religiöse Erfahrung heute, München 1998, 233-248.
Schulze, Gerhard, Die Erlebnisgesellschaft, Frankfurt 1992.
Schulz-Ojala, Jan, Wollt ihr den totalen Film? Schon vor dem Start eine Legende: »Independence Day«. Das Ufo-Spektakel tut so, als ginge es um Weltsolidarität. Tatsächlich schürt es die Lust auf Krieg, in: Der Tagesspiegel, 18.9.1999.
Schwarze, Bernd, Die Religion der Rock- und Popmusik. Analysen und Interpretationen, Stuttgart 1997.
Schwemmer, Oswald, Die kulturelle Existenz des Menschen, Berlin 1997.
Schwöbel, Christoph, Glaube und Kultur. Gedanken zur Idee einer Theologie der Kultur, in: NZSTh, 38. Bd., 1996, 137-154.
Seel, Martin, Ästhetik und Aisthetik. Über einige Besonderheiten ästhetischer Wahrnehmung, in: Recki, Birgit/Wiesing, Lambert (Hg.), Bild und Reflexion, München 1997, 17-38.
- Martin, Eine Ästhetik der Natur, Frankfurt/M. 1991.
Seeßlen, Georg, Das Kino und der Mythos, in: Der Evangelische Erzieher, 44. Jg., Nr. 6/1992, 537-554.
- Der Höhenflug des sinkenden Schiffs: Das Medienereignis »Titanic«, in: epd Film 5/1998, 8f.
- König der Juden oder König der Löwen. Religiöse Zitate und Muster im populären Film, EZW-Texte, Information Nr. 134, Berlin 1996.
Seidel, Hans-Dieter, Edelschund. Und jetzt »Pulp Fiction«: Beherrscht das Kino die Gewalt? In: FAZ, 5.11.94.
- Die Illusion von Realität. Reiner Tor als Hoffnungsträger: »Forrest Gump« von Robert Zemeckis im deutschen Kino, in: FAZ, 13.10.94.
Silbermann, Alfons/Schaaf, Michael/Adam, Gerhard, Filmanalyse. Grundlagen – Methoden – Didaktik, München 1980.
Simmel, Georg, Das Problem der religiösen Lage, in: ders., Philosophische Kultur. Über das Abenteuer, die Geschlechter und die Krise der Moderne. Gesammelte Essays. Mit einem Nachwort von Jürgen Habermas, Berlin 1983 <Leipzig 1911>, 168-182.
Spitzenorganisation der Filmwirtschaft e.V., Die 50 erfolgreichsten Kinofilme in Deutschland seit 1985, Wiesbaden, 7. Dezember 1998, gefaxte Liste.
Tarantino, Quentin, »Ich mache kein Neo-noir.« Quentin Tarantino über seinen Film »Pulp Fiction«, von Peter Körte übersetzt aus »Sight an Sound«, FR, 3.11.1994.
- Pulp Fiction. Das Buch zum Film, Reinbek 1994.
Taz, »Titanic« ist der große Oscar-Favorit, in: taz, 23.3.1998.
The Internet Movie Database, www.imbd.com.
Thomas, Günter, Medien – Ritual – Religion. Zur religiösen Funktion des Fernsehens, Frankfurt/M. 1996.
Tillich, Paul, Das Problem der theologischen Methode, in: ders., Ergänzungsband IV zu den gesammelten Werken, hrsg. von Henel, Ingeborg C., Stuttgart <1946> 1975, 19-35.
- Liebe, Macht, Gerechtigkeit, in: ders., Sein und Sinn. Zwei Schriften zur Ontologie,

Gesammelte Werke Bd. XI, hrsg. von Albrecht, Renate, Stuttgart 2/1996, 143-225, 163, 220.
- Systematische Theologie, Bd. 1, Stuttgart <Chicago 1951> 5/1977.
- Systematische Theologie, Bd. II, Stuttgart <Chicago 1957> 5/1977.
- Über die Grenzen von Religion und Kultur, in: ders., Gesammelte Werke Bd. IX, hrsg. von Albrecht, Renate, Stuttgart 1959ff., 94-99.
- Über die Idee einer Theologie der Kultur, in: ders., Gesammelte Werke Bd. IX, hrsg. von Albrecht, Renate, Stuttgart 1959ff., 13-31.

Updike, John, »Amerika hat sein Versprechen gehalten.« Star-Autor John Updike über Kirche, Kino und das Land der unbegrenzten Möglichkeiten, in: Focus, 31/1998, 96-98.

Vielhauer, Philip, Geschichte der urchristlichen Literatur, Berlin/New York 2/1978.

Visarius, Karsten, Der Genuß des Bösen. Film als Provokation von Ethik und Moral, in: Der Evangelische Erzieher, 44. Jg., 6/1992, 549-554.
- Die Sprache des Films. Zur Ästhetik eines Mediums der Moderne, in: Ammon, Martin/Gottwald, Eckart (Hg.), Kino und Kirche im Dialog, Göttingen 1996, 19-31.

Wagner, Falk, Religion. II. Theologiegeschichtlich und systematisch-theologisch, in: TRE, Bd. 28, hrsg. von Müller, Gerhard, Berlin/New York 1997, 523-532.

Weber, Max, Gesammelte Aufsätze zur Religionssoziologie I, Tübingen 4/1947.

Weingarten, Susanne, Der Killer als Plauderer, in: Der Spiegel, 3.10.1994, 237-242.

Welsch, Wolfgang, Ästhetische Grundzüge im gegenwärtigen Denken, in: ders., Grenzgänge der Ästhetik, Stuttgart 1996, 62-105.
- Ästhetisierungsprozesse – Phänomene, Unterscheidungen, Perspektiven, in: ders., Grenzgänge der Ästhetik, Stuttgart 1996, 9-61.
- Vernunft. Die zeitgenössische Vernunftkritik und das Konzept der transversalen Vernunft, Frankfurt/M. 1996.
- Haus mit vielen Wohnungen. Der Pluralismus läßt Absolutismus zu, wenn er privat bleibt, in: Evangelische Kommentare, 8/1994, 476-479.
- Unsere postmoderne Moderne, Weinheim 3/1991.
- Zur Aktualität ästhetischen Denkens, in: Kunstforum Bd. 100, April/Mai 1989, 135-149.

Wilkinson, Helen, Kinder der Freiheit. Entsteht eine neue Ethik individueller und sozialer Verantwortung? In: Beck, Ulrich (Hg.), Kinder der Freiheit, Frankfurt/M. 1997, 85-123.

Wolf, Stefan, Dialog als Konzept kirchlich-theologischer Filmarbeit im Hinblick auf Gemeindearbeit, unveröffentlichtes Manuskript einer Hausarbeit zum Zweiten Theologischen Examen in der Hannoverschen Landeskirche im Frühjahr 1998.

Wolf, Stefan/vom Scheidt, Thomas, Die Wirklichkeit des Films. Das Kino und die Sehnsucht nach Erlösung, in: medien praktisch 1/1996, 29-35.

Wuchterl, Kurt, Methoden der Gegenwartsphilosophie, Stuttgart 2/1987.

Wuss, Peter, Filmanalyse und Psychologie: Strukturen des Films im Wahrnehmungsprozeß, Berlin 1993.

Wyss, Beat, Die Zukunft des Schönen, in: Kursbuch 122, Die Zukunft der Moderne, 1995, 1-10.

Zander, Peter, Der König der Löwen, in: epd Film 12/1994, 40.

Praktische Theologie und Kultur
Herausgegeben von Wilhelm Gräb und Michael Meyer-Blanck

Band 1
Martin Kumlehn
Kirche im Zeitalter der Pluralisierung von Religion
Ein Beitrag zur praktisch-theologischen Kirchentheorie
296 Seiten, Gütersloh 2000
ISBN 3-579-03481-2

Band 2
Christoph Dinkel
Was nützt der Gottesdienst?
Eine funktionale Theorie des evangelischen Gottesdienstes
339 Seiten, Gütersloh 2000
ISBN 3-579-03480-4

Band 3
Isolde Karle
Der Pfarrberuf als Profession
Eine Berufstheorie im Kontext der modernen Gesellschaft
352 Seiten, Gütersloh 2001
ISBN 3-579-03483-9

Band 4
Jörg Herrmann
Sinnmaschine Kino
Sinndeutung und Religion im populären Film
256 Seiten, Gütersloh 2001
ISBN 3-579-03482-0

Chr. Kaiser
Gütersloher
Verlagshaus